투자론

Investments

김남곤

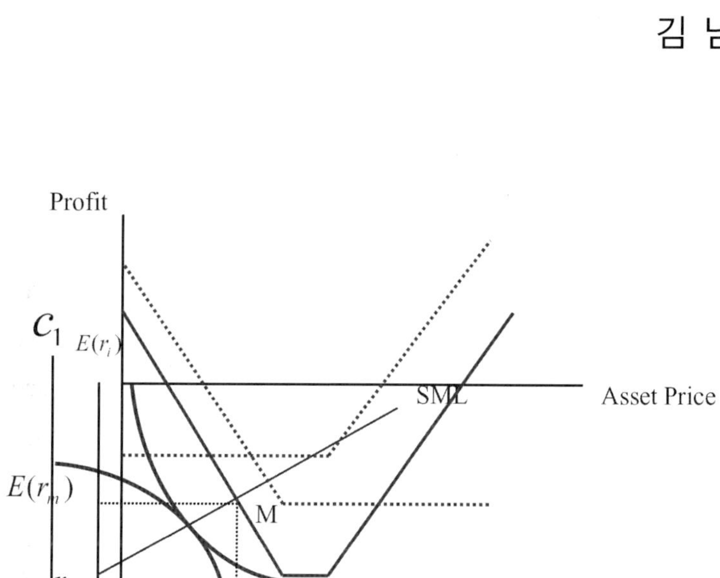

經文社

Preface

〈Essence, Easy, Example, English, Effective〉

Globalization은 21세기를 특징짓는 키워드이고, Global language로서 영어가 전 세계적으로 사용되고 있으며, 경영학이나 투자 및 금융 분야에서는 특히 영어가 중요하게 사용되고 있다. 투자 및 금융분야를 공부하는 학생들은 금융 이론에 대해 정확히 잘 이해하고, 투자 및 금융 분야에 대한 깊이 있는 지식을 학습하기 위해 영어 실력을 향상시킬 필요가 있으며, 금융 분야에서 사용되는 영어 표현에 익숙해지는 기회를 통하여 투자 및 금융 분야에 대한 향후의 심화학습으로 쉽게 발전시켜 나갈 수 있다.

이 책은 다양한 Numerical Example과 투자 및 금융 분야의 English Expression을 통하여, 투자 및 금융 분야의 핵심적이고 기본적인 내용을 학생들이 쉽게, 그리고 효과적으로 이해할 수 있게 하는데 중점을 두고 작성하였다. 수익과 위험, 그에 대한 리스크관리를 다루는 투자 및 금융의 핵심적 내용(Essence)을 쉽게(Easy) 전달하기 위해 예제(Example) 중심으로 설명하였으며, 영어(English) 표현에 익숙할 수 있는 기회를 제공하여 투자 및 금융의 이론과 실무를 효과적(Effective)으로 이해할 수 있도록 하였다.

2014년 7월

김남곤

Contents

Contents

chapter 1

Introduction

What is Finance?

Finance consists of three interrelated areas:

(1) Money and capital markets, which deals with securities markets and financial institutions;

(2) Investments, which focuses on the decisions made by both individual and institutional investors as they choose securities for their investment portfolios; and

(3) Financial management, or "business finance", which involves decisions within firms.

Types of business organization

Proprietorships

A proprietorship is a form of business organization with a single owner who has unlimited liability for the firm's debts and other legal obligations.

Advantages: Easy to establish, simple decision making process, and profits are only taxed once.

Disadvantages: Decisions are not checked by a group consensus, the owner's entire wealth is exposed to risk, and raising capital can be difficult and relatively expensive.

Partnerships

A partnership is a form of business organization involves two or more owners who both unlimited liability for the debts and other legal obligations of the partnership.

Advantages: Easy to establish, decision making is diversified among partners, and profits are only taxed once.

Disadvantages: It can be difficult to achieve consensus decisions, owners' entire wealth is exposed to risk. Since each partner may bring capital to the firm, capital is generally more readily available than for a proprietorship, but there are still significant limitations on the ability to raise large amounts of capital.

Corporations

A corporation is owned by its stockholders, and their liability is legally limited to the amount of money they have invested in the firm. The firm is a legal entity that pays (corporate) income taxes.

Advantages: Owners have limited liability, large amounts of relatively inexpensive capital are available, and management expertise is not limited to that of the owners.

Disadvantages: Relatively complex management structure may make the decision-making process slow and costly, and double taxation — corporate earnings are taxed when earned and again when distributed to owners as dividends.

Stocks

기업이 주식을 발행하여 조달한 자금은 대차대조표에 자기자본으로 계상된다. 기업이 발행한 채권은 은행으로부터 빌린 차입금과 마찬가지로 기업의 부채로 계상된다. 주식은 채권과 달리 만기가 없으며, 기업이 청산하는 경우를 제외하고는 기업으로부터 원금을 상환받지 못한다. 주주는 기업으로부터 배당금(dividends)을 받는데, 배당금은 그때그때 기업의 경영성과에 따라 달라질 수 있다. 배당과 달리, 채권에 대한 이자는 액면가의 일정한 비율로서, 채권을 발행할 때 정해진다.

기업이 청산할 때 채권자는 주주에 우선하여 자기 몫을 찾아갈 수 있다. 기업 자산에 대한 청구권자는 세무당국, 노동자, 원료공급자, 채권자, 주주 등이 있다. 기업이 청산할 때의 청구권 우선순위에서 주주의 순서는 맨 나중이다. 즉 여러 청구권자들에게 지불한 후 남는 금액이 주주의 몫이다. 만일 남는 금액이 없다면 주주는 아무것도 가져갈 수 없게 된다. 그러므로 주주를 잔여청구권자(residual claimants)라고 부르기도 한다. 주주는 유한책임(limited liability)을 진다. 즉 기업이 청산할 경우 주주는 자기가 투자한 금액 이상의 부담을 지지 않는다.

Example

다음 진술이 맞으면 T, 틀리면 F

1) 기업이 주식을 발행하여 조달한 자금은 대차대조표에 자기자본으로 계상된다.
2) 기업이 발행한 채권은 은행으로부터 빌린 차입금과 마찬가지로 기업의 부채로 계상된다.
3) 주식은 채권과 달리 만기가 없으며, 기업이 청산하는 경우를 제외하고는 기업으로부터 원금을 상환받지 못한다.
4) 주주는 기업으로부터 배당금(dividends)을 받는데, 배당금은 그때그때 기업의 경영성과에 따라 달라질 수 있다.
5) 채권에 대한 이자는 액면가의 일정한 비율로서, 채권을 발행할 때 정해진다.
6) 기업이 청산할 때 채권자는 주주에 우선하여 자기 몫을 찾아갈 수 있다.
7) 기업 자산에 대한 청구권자는 세무당국, 노동자, 원료공급자, 채권자, 주주 등이 있다.

8) 기업이 청산할 때의 청구권 우선순위에서 주주의 순서는 맨 나중이다.

9) 채권자를 잔여청구권자(residual claimants)라고 부르기도 한다.

10) 기업이 청산할 경우 주주는 자기가 투자한 금액 이상의 부담을 지지 않는다.

11) 회사가 영업을 잘해서 발생한 이익을 주주들에게 나누어 주는 것을 이자라고 한다.

12) 기업의 자본금을 늘리는 방법으로 필요한 자금을 조달하는 것을 투자라 한다.

Solution

1) T, 2) T, 3) T, 4) T, 5) T, 6) T, 7) T, 8) T, 9) F, 10) T

11) F, 이익을 주주들에게 나누어 주는 것을 배당금이라고 한다.

12) F, 기업의 자본금을 늘리는 방법으로 필요한 자금을 조달하는 것을 증자라 한다.

Example

다음 진술 중 틀린 것은?

1) 채권은 회사의 해산시 주식에 우선하여 원리금을 지급받을 권리가 있다.

2) 채권자에게는 경영참가권이 있다.

3) 채권은 만기가 정해져 있는 반면, 주식은 만기가 없다.

4) 주식의 발행은 자본금의 증가를 수반하지만, 채권은 부채의 증가를 수반한다.

Solution

2)

주식 샘플

SAMSUNG
삼성전자주식회사株券
壹株券
金五阡원整
第 46 回發行
가第059607號
1. 會社의商號 삼성전자주식회사
1. 會社의成立年月日 西紀 1969年 1月 13日
1. 會社가發行할株式의總數 壹億五阡萬株
1. 壹株의金額 金五阡원整
1. 株式의種類 記名式普通株式
西紀 1993年 10月 29日
대한민국정부
인지세
200원
여의도세무서
인쇄승인 제94-461호
삼성전자주식회사
代表理事 金光浩
아64460640가

채권 샘플

일백만
三星電子株式會社 第80回社債券
金壹百萬원整
₩ 1,000,000
제 80 회
다 000000 호
발행일 1991년 11월 26일
상환일 1995년 11월 26일
1991년 11월 26일
三星電子株式會社
代表理事 강 진 구
무보증
見
樣

Characteristics of debt and equity

	Debt	Equity
Risk to the investor	Low, protected by security and covenants	High
Yield	Interest, normally contractually agreed	Dividends, at the discretion of the directors
Potential upside to the investor	None	Very high

Debt is a low risk instrument from the lender's point of view. A contract is entered into which specifies how long the monies will be outstanding, and schedules their repayments; legally, the lender is a creditor of the company. The agreement also states what interest is to be paid, and how.

Equity is permanent capital for the company. The investor puts money into the company with no guarantee of any return at all. The yield comes, if it comes at all, at the directors' discretion, dependent on the levels of cash and profit, and the company's future investment needs.

Going Public

기업공개(going public)란 일정한 요건을 갖춘 기업이 새로운 주식을 발행하여 일반투자자들에게 균일한 조건으로 공모하거나, 개인이나 소수의 주주에게 집중되어 있는 주식을 일반투자자에게 널리 분산시키기 위하여 매출하는 것을 말한다.

The act of selling stock to the public at large by a closely held corporation or its principal stockholders.

Going Private

공개된 주식을 매수하여 개인기업화하는 것.

Initial Public Offering (IPO) Market

The market consisting of stocks of companies that are in the process of going public.

상장

증권거래소는 상장요건을 충족한 기업들이 발행한 유가증권을 매매거래될 수 있는 대상물로 인정하고 있다. 이와 같이 증권거래소가 유가증권을 매매거래의 대상으로 인정하는 행위를 상장이라 한다.

Benefits of Listing

필요자금 조달의 용이.
기업인지도 제고.

Exemption of tax on capital gains - In case of listed stocks, tax on capital gains of ordinary investors (excluding majority shareholders who hold more that 3% of shares or more than KRW 10 billion, or a person who has special relationship with the companies) is exempted.
Application of elastic tax rate on the securities transaction - Securities transaction tax for unlisted stocks is at the rate of 0.5%, but for the listed stocks, it is 0.15%.
상장주식의 경우 일반투자자(지분율 3% 이상 또는 시가총액 100억원 이상 대주주 및 특수관계자 제외)의 주식 양도에 따른 양도소득세는 면제된다.
비상장기업의 주식양도는 0.5%의 증권거래세율이 적용되지만 증권거래소를 통해 양도되는 주식은 0.15%의 증권거래세가 적용된다.

주간사회사

유가증권 발행업무 총괄대행 회사. 주식 채권 등 유가증권 발행업무를 총괄하는 회사를 뜻한다. 발행사와 협의를 거쳐 유가증권의 모집주선 및 인수에 따른 모든 업무를 대행해 주는 역할을 한다.
주간사회사는 유가증권 인수가능여부에 대한 예비분석을 비롯하여 청약사무와 발행관련 공시 등 인수업무에 대해 총괄적인 책임을 진다. 발행규모가 방대하면 간사회사들이 간사단을 구성, 공동으로 간사업무를 수행하기도 한다. 이 경우 간사업무의 핵심역할을 하는 회사를 주간사회사, 다른 간사업체들은 공동간사회사라고 한다. 간사회사와 협의해 발행되는 유가증권을 인수하는 기관은 인수기관이라 부른다.

公募와 私募

공모(public offering)는 증권의 인수자로 하여금 인수증권을 불특정다수인에게 공개매매하게 하는 방식이고, 사모(private placement)는 증권발행자가 직접 특정 소수의 인수인과의 교섭을 통하여 증권을 발행하는 방식이다. 공모는 일반투자자를 대상으로 주주를 모집하므로 일시에 거액의 자금조달이 가능하고 선전효과를 얻을 수도 있다. 반면 사모는 발행절차가 간편하고 발행자와 인수자간의 긴밀하고 신축적인 교섭이 가능하며 발행비용도 공모에 비해 저렴하고, 공모시 요구되는 재무상태의 공개의무가 부과되지 않는 이점이 있다.

IR

기업과 주주 및 투자자간의 적극적인 Communication을 통하여 기업의 내용과 경영방침 등에 관한 정보를 현재 또는 잠재적 투자자에게 제공함으로써 기업에 대한 이해를 증진시키고, 신뢰관계를 구축하려는데 그 목적이 있으며, 증권시장에서 안정주주의 확대와 함께 자금조달의 원활화를 도모함으로써 기업의 지속적인 성장 · 발전에 기여하도록 하는 전략적 Marketing활동이다.

장기적인 증권시장 홍보전략의 일환이므로 주가에 긍정적인 영향을 주게 되어 주가의 상승이나 안정적인 주가유지에 기여한다.

기업정보를 자발적으로 신속하게 투자자들에게 전달함으로써 기업에 대한 신뢰성을 증대한다.

Securities market

증권시장

The financial market may be divided into the money market and capital market. Securities market is an important, organized capital market where transaction of capital is facilitated by means of direct financing using securities as a commodity. Securities market can be divided into a primary market and secondary market.

금융시장은 금융자산의 만기에 따라 화폐시장(money market)과 자본시장(capital market)으로 구분된다. 화폐시장에서는 만기가 1년 미만인 증권이 거래가 되는데 여기에 참가하는 주체들은 이러한 단기증권을 매매함으로써 유동성을 조절하고 있다. 자본시장은 기업이나 정부가 1년 이상의 장기자금을 조달하기 위해 참가하는 시장인데, 주식, 회사채, 국공채 등 여러 종류의 장기증권이 거래된다.

화폐시장(money market)에는 콜시장, 기업어음시장, 양도성 예금증서시장 등이 있다.

Money markets are the financial markets in which funds are borrowed or loaned for short periods.

콜시장

금융기관 상호간에 일시적인 자금과부족 조절을 위해 초단기로 자금을 차입하거나 대여하는 시장

Direct financing

직접금융

자금의 수요자가 발행한 주식과 채권 등의 증권을 자금투자자인 투자자가 매입함으로써 자금이 투자자로부터 수요자에게로 직접 들어가는 금융거래를 직접금융이라 한다.

Direct finance is a method of financing where borrowers borrow funds directly from the financial market without using a third party service, such as a financial intermediary.

Indirect financing

간접금융

자금의 수요자와 공급자가 거래상대방을 직접 찾는다는 것은 매우 어려운 일이며 많은 시간과 비용이 든다. 이에 따라 금융기관이 자금의 공급자로부터 자금을 예치받아 이를 자금 수요자에게 공급해 주게 되는데, 이러한 금융방식을 간접금융이라 한다.

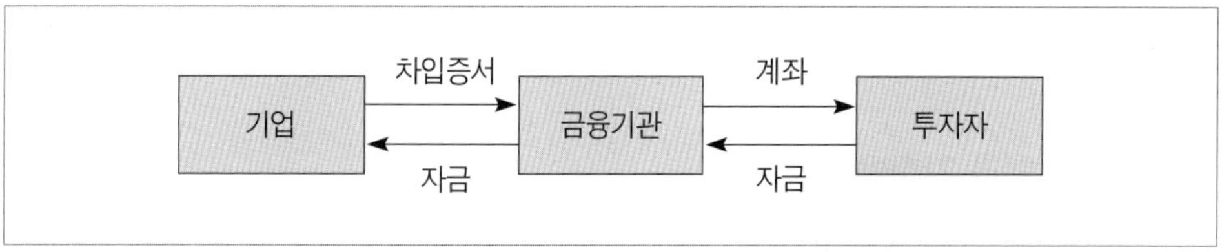

Primary markets

발행시장

New issues market

Primary markets are the markets in which corporations raise capital by issuing new securities.

Primary markets are the markets in which corporations raise new capital.

증권을 발행하는 시장을 발행시장이라 하고, 발행된 증권이 거래되는 시장을 유통시장이라 한다.

The primary market is an intermittent and discrete market where the initially listed shares are traded first time, changing hands from the listed company to the investors. It refers to the process through which the companies, the issuers of stocks, acquire capital by offering their stocks to investors who supply the capital.

Secondary markets

유통시장

Secondary markets are the markets in which securities and other financial assets are traded among investors after they have been issued by corporations.

Secondary markets are markets in which existing securities are traded among investors.

Investment Banking House

Investment banking house is an organization that underwrites and distributes new investment securities and helps businesses obtain financing. Merrill Lynch, Dean Witter and Goldman Sachs are examples of financial service corporations which offer investment banking services.

직접발행과 간접발행

증권의 발행은 발행위험을 발행자와 인수자(underwriter) 사이에 누가 부담하느냐에 따라 직접발행과 간접발행으로 나누어진다.

직접발행은 증권발행자 자신이 증권발행에 따른 위험, 즉 공모발행시 미인수 잔여분이 발생하였을 경우 이를 인수해야 하는 위험을 직접 부담하는 발행방식이며, 간접발행은 인수자가 증권발행자로부터 발행증권을 인수하는 방식이다.

직접발행은 발행회사가 일반공중에게 직접 증권을 발행하고 발행예정액이 전액 소화될 수 없을 때 야기되는 자금조달계획의 차질이라는 위험을 자신이 부담하는 방법이다. 반면에 간접발행은 증권의 발행위험이나 발행사무를 계약에 의해 제3의 인수기관이 맡는 방법이다.

인수는 유가증권의 매매차익을 목적으로 단순이 취득하는 것이 아니라 인수자가 유가증권이 공정한 가격에 거래가 이루어질 수 있도록 하기 위해 일단 자기계산으로 취득하였다가 분매하는 행위를 말한다.

간접발행은 증권인수방식에 따라 총액인수방식(firm commitment underwriting), 잔액인수방식(stand-by underwriting), 전부 아니면 무효방식(AON : all or none)으로 구분된다.

총액인수방식은 인수인이 사전에 발행자와 약정한 가액으로 증권발행 총액을 인수하여 이에 소정의 이익을 붙여 일반대중에게 판매하는 방식이다. 인수기관이 증권발행에 대한 모든 위험을 부담하고 증권발행 총액을 인수하여 인수회사의 자기책임하에 이를 투자자에게 매출하는 방법이다.

잔액인수방식은 인수인이 일차적으로 발행증권을 발행인과 사전에 약정한 가격으로 일반대중에게 매각한 다음 미소화분이 있을 경우 이를 인수하는 방식이다. 일정기간 동안은 발행자를 대신하여 신규로 발행되는 증권의 모집 또는 매출을 위탁판매하지만, 일정기간이 경과한 후 발행증권의 미매각분이 있을 경우 이를 발행자로부터 미리 정해진 발행가액으로 인수하여 자기책임하에 투자자에게 매각하는 방법이다.

전부 아니면 무효방식은 인수자가 일단 발행증권 특정량을 모두 맡아 분매하되, 일정기간 내에 인수전량을 분매하지 못할 경우 인수제의 자체가 무효가 되는 계약이다.

장외시장

장외시장(off-board market)이란 거래소 밖에서 증권의 매매가 이루어지는 시장을 말한다.

장외시장은 증권회사의 점두에서 증권회사와 고객 간에 거래가 이루어지는 점두시장(over-the-counter market)과 증권회사를 거치지 않고 거래당사자 간에 직접 증권을 매매하는 직접거래시장으로 분류할 수 있다.

이동평균

2일 이동평균: $MA_t = \dfrac{P_t + P_{t-1}}{2}$

3일 이동평균: $MA_t = \dfrac{P_t + P_{t-1} + P_{t-2}}{3}$

Example

주가가 다음과 같을 때, 2일 이동평균선과 3일 이동평균선을 그리시오.

	1일	2일	3일	4일	5일	6일	7일
주가	1,000	1,500	2,000	2,500	2,100	1,700	3,100

Solution

	1일	2일	3일	4일	5일	6일	7일
주가	1,000	1,500	2,000	2,500	2,100	1,700	3,100
2일 이동평균		1,250	1,750	2,250	2,300	1,900	2,400
3일 이동평균			1,500	2,000	2,200	2,100	2,300

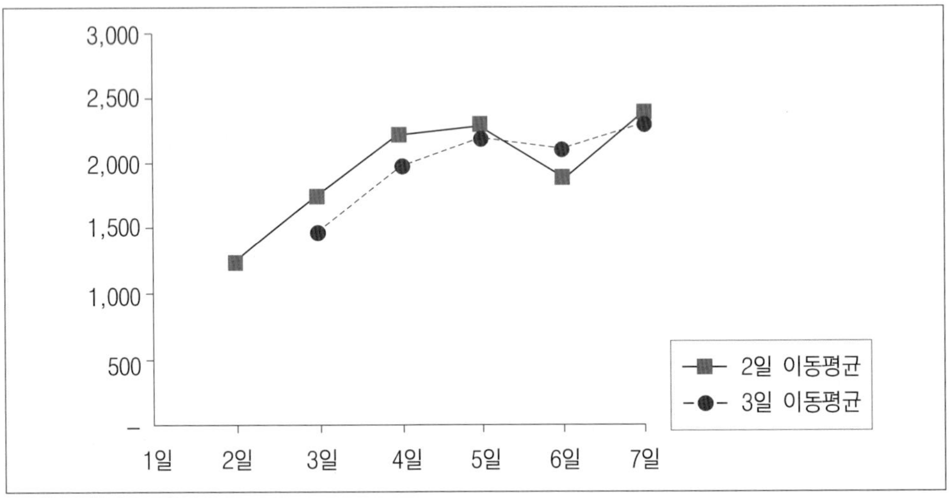

Example

주가가 다음과 같을 때, 2일 이동평균선과 3일 이동평균선을 그리시오.

	1일	2일	3일	4일
주가	1,600	1,500	2,000	2,800

Golden cross

단기이동선이 중장기이동선을 아래로부터 상향 돌파할 때 골든크로스가 발생하였다고 한다. 골든크로스가 발생하였을 경우, 강세시장으로의 전환신호로 해석되어 매수신호로 받아들여진다. 그러나 주가는 이보다 먼저 상승하는 경우가 많으며, 때로는 골든크로스가 발생한 이후에 하락하는 경우도 있음에 유의해야 한다.

Bull market

강세시장

기술적 분석을 통한 매매전략은 추세추종거래(momentum trade)와 추세반대거래(contrarian trade)로 나뉜다. 추세추종거래는 일단 추세가 형성되면 관성에 의해 추세가 지속되는 경우에 유용하다. 추세반대거래는 추세가 붕괴되는 시점을 포착하여 이루어진다.

Candle-stick chart

봉차트

봉의 끝은 시가와 종가를 의미하고, 수직선의 끝은 고가와 저가를 의미한다. 종가가 시가보다 높은 경우에는 봉을 적색 또는 흰색으로 표시하고 양봉이라고 부른다. 반대의 경우에는 봉을 청색 또는 흑색으로 표시하고 음봉이라고 부른다. 따라서 양봉이 나타나면 하루 중 강세를 보였음을 알 수 있고, 음봉이 나타나면 하루 중 약세를 보였음을 알 수 있다.

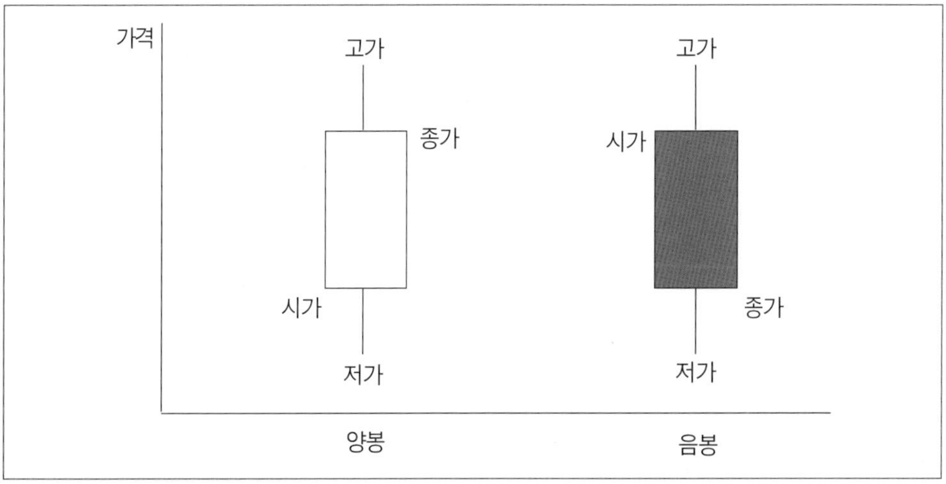

The wick illustrates the highest and lowest traded prices of a security during the time interval represented. The body illustrates the opening and closing trades. If the security closed higher than it opened, the body is white, with the opening price at the bottom of the body and the closing price at the top. If the security closed lower than it opened, the body is black, with the opening price at the top and the closing price at the bottom.

Example

서울기업 주가가 하루 중 시가 5,200원, 저가 4,700원, 고가 5,500원, 종가 5,300원인 경우, 봉차트를 그리시오.

Solution

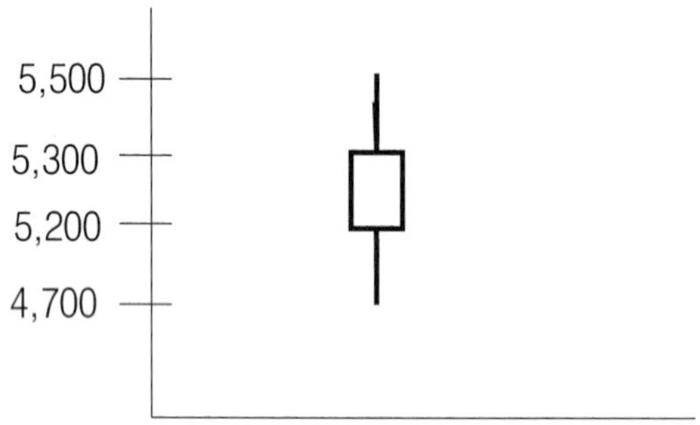

Example

서울기업 주가가 하루 중 시가 5,300원, 저가 4,700원, 고가 5,500원, 종가 5,200원인 경우, 봉차트를 그리시오.

Solution

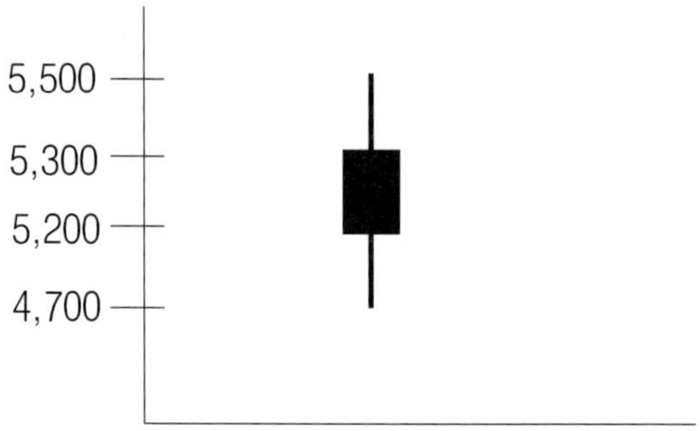

Disparity

$$이격도=\frac{당일의주가}{당일의이동평균주가}\times 100$$

이격도가 100% 이상이라는 것은 당일의 주가가 이동평균선보다 위에 있는 상태이고, 반대로 100% 이하는 당일주가가 이동평균선 아래에 있는 상태를 말한다.

VR

Volume Ratio

VR은 일정기간 동안의 주가상승일의 거래량과 주가하락일의 거래량과의 비율을 백분비로 나타낸 것이다. VR이 200%라면 대체로 주가상승시의 거래량이 주가하락시의 거래량의 2배라는 것을 나타낸다.

$$VR=\frac{주가상승일의거래량합계+변동이없는날의거래량합계\times 1/2}{주가하락일의거래량합계+변동이없는날의거래량합계\times 1/2}\times 100$$

일반적으로 VR은 150%가 보통 수준이며 450%를 초과하면 단기적으로 주가의 경계신호가 되고, 70% 이하이면 단기매입시점으로 본다.

ADR

Advance Decline Ratio

등락비율

$$ADR=\frac{분석대상기간동안의상승종목수}{분석대상기간동안의하락종목수}\times 100$$

등락비율이 120~125%에 속할 때 과열양상, 경계지대, 매도신호로 간주하며, 70~75% 범위 내에서는 침체양상, 안정지대, 매수신호로 파악한다.

PL

psychological line

투자심리선

$$PL=\frac{10일동안주가상승일수}{10}\times 100$$

투자심리선의 값이 75% 이상이면 과열상태로 경계지대이며, 25% 이하이면 침체상태로 안전지대에 속하고, 25~75% 사이는 중립지대이다.

Efficient Market Hypothesis: EMH

An efficient capital market is one in which the current price of a security fully reflects all the information currently available about that security. An informationally efficient capital market is one in which security prices adjust rapidly and completely to new information.

시장이 효율적이라 함은 시장에서 거래되는 자산과 관련된 모든 정보가 신속하고 충분히 그 자산의 가격에 반영하고 있는 상태를 말한다.

There are three major versions of the hypothesis: "weak", "semi-strong", and "strong". The weak-form EMH claims that prices on traded assets already reflect all past publicly available information. The semi-strong-form EMH claims both that prices reflect all publicly available information and that prices instantly change to reflect new public information. The strong-form EMH additionally claims that prices instantly reflect even hidden or "insider" information.

In an influential academic paper, Eugene Fama divided the efficient market hypothesis into three categories.

Weak-form of EMH

The weak form of the EMH states that all information contained in past price movements is fully reflected in current market prices.

No investor can earn excess returns by developing trading rules based on historical price or return information.

현재의 주가는 과거의 주가가 지니는 정보를 모두 반영하고 있다는 가설이다. 따라서 과거의 정보를 이용하여 초과수익을 얻을 수 없다.

Semistrong-form of EMH

The semistrong form of the EMH states that current market prices reflect all publicly available information.

No investor can earn excess returns from trading rules based on any publicly available information.

현재의 주가는 공식적으로 이용 가능한(publicly available) 정보를 모두 반영하고 있다는 가설이다. 즉, 일반에게 공개되는 모든 정보가 신속하고 정확하게 주가에 반영된다는 것이다. 따라서 공식적으로 이용 가능한 정보를 이용하더라도 초과수익을 얻을 수 없다.

Strong-form of EMH

The strong form of the EMH states that current market prices reflect all pertinent information, whether publicly available or privately held.

No investor can earn excess returns using any information, whether publicly available or not.

현재의 주가는 이용 가능한 모든 정보를 반영하고 있다는 가설이다. 즉, 공개된 정보뿐만 아니라 비공개된 내부정보까지도 주가에 완전히 반영되어 있다는 것이다. 따라서 어떤 투자자라도 초과수익을 얻을 수 없다.

Many empirical studies have been conducted to test for the three forms of market efficiency. Most of these studies suggest that the stock market is indeed highly efficient in the weak form and reasonably efficient in the semistrong form, at least for the larger and more widely followed stocks. However, the strong-form EMH does not hold, so abnormal profits can be made by those who possess inside information.

Chartist

Chartists plot past patterns of stock price movements.

A chartist might discover the following pattern: If a stock falls three consecutive days, its price typically rises 10 percent the following day.

People who believe that weak-form efficiency exists believe that chartists are wasting their time.

Information

정보는 다음의 세 종류로 구분된다.

Past information, Publicly available information, Privately held information

위 정보가 시장가격에 얼마만큼 효율적으로 반영되느냐에 따라 약형, 준강형, 강형 효율적 시장가설으로 나뉜다.

Investors in stock market

주식시장에 대한 투자자의 믿음과 행동에 대해 연결하라.

1) Supporters for market inefficiency
2) Supporters for weak-form EMH
3) Supporters for semistrong-form EMH
4) Supporters for strong-form EMH

a) Tom tries to dig out inside affairs of the firm.
b) Jenny invests in real estate.
c) Romeo draws the graphs of the stock prices.
d) Juliet reads newspapers.

정답 1-c, 2-d, 3-a, 4-b

Example

다음의 진술이 맞으면 T, 틀리면 F를 표시하시오.

(1) 약형 효율적 시장가설은 현재의 주가가 공식적으로 이용 가능한 정보를 모두 반영하고 있다는 가설이다.

(2) 준강형 효율적 시장이 성립되면 약형 효율적 시장가설은 자동적으로 성립된다.

(3) 효율적 시장가설에 의하면, 시장이 효율적이라면 모든 투자자들은 수익을 얻을 수 없다.

(4) 주가가 10% 오르면 사고, 10% 하락하면 파는 전략으로 우월한 수익률을 올렸다면 이는 약형 효율적 시장가설을 부인하는 증거이다.

정답 1–F, 현재의 주가는 과거의 주가가 지니는 정보를 모두 반영하고 있다는 가설이다. 2–T, 3–F, 4–T

> Sow a thought and you reap an act;
> Sow an act and you reap a habit;
> Sow a habit and you reap a character;
> Sow a character and you reap a destiny.

Event study

사건연구

사건연구는 배당, 유상증자, 합병 및 인수, 이익공시 등과 같은 기업의 고유한 사건들(firm-specific events)이 해당기업의 주식가격에 미치는 영향을 평가하는 연구방법론이다.

An event study describes a technique of empirical financial research that enables an observer to assess the impact of a particular event on a firm's stock price.

사건연구를 하기 위해서는 모형추정기간(estimation period)과 검증기간(test period)이 필요하다. 모형추정기간은 정상수익률을 추정하기 위한 기간으로서, 보통 해당 사건의 영향을 받지 않을 것으로 판단되는 기간을 모형추정기간으로 정하게 된다.

추정기간(estimation window)은 사건과 무관한 정상수익률에 대한 모형을 추정하는데 사용되는 기간이고, 사건기간(event window)은 표본회사의 시장가격이 사건의 공표에 반응하는 것으로 판단되는 기간이다.

비정상수익률(abnormal return)을 측정하는 방법에는 시장모형(market model), 평균조정모형(mean-adjusted model) 및 시장조정모형(market-adjusted model)이 있다.

market model

$AR_{it} = r_{it} - \alpha_i - \beta_i r_{Mt}$

α_i, β_i: 모형추정기간 동안의 일별수익률 자료를 이용하여 구한 추정치

mean-adjusted model

$AR_{it} = r_{it} - \overline{r_i}$

$\overline{r_i}$: 모형추정기간 동안의 일별수익률의 평균값

market-adjusted model

$AR_{it} = r_{it} - r_{Mt}$

An event study is a statistical method to assess the impact of an event on the value of a firm. For example, the announcement of a merger between two business entities can be analyzed to see whether investors believe the merger will create value. The basic idea is to find the abnormal return attributable to the event being studied by adjusting for the return that stems from the price fluctuation of the market.

Example

모형추정기간으로 사건일 −255부터 −6까지 모두 250 거래일을 이용하고, 검증기간으로 사건일 −5일부터 +30까지 36거래일을 이용한다. 표본이 100개의 회사로 구성되어 있다면, 평균비정상수익률(average abnormal return)은 다음과 같다.

$$AAR_t = \frac{1}{100}\sum_{i=1}^{100} AR_{it}$$

누적평균비정상수익률(cumulative average abnormal return)은 다음과 같다.

$$CAAR_T = \sum_{t=-5}^{T} AAR_t$$

PB

이익참가부사채(Participating Bond)

기업수익의 급증으로 주주가 일정률 이상의 배당을 받을 때 사채권자도 참가할 수 있는 권리가 부여된 사채이다.

BO

옵션부사채(Bond with imbedded option)

채권 발행 시 발행채권의 일부 또는 전부를 만기일 이전에 일정조건으로 상환할 수 있는 조건이 첨부된 사채이다.

RP

환매조건부채권매매(Repurchursing Agreement)

일정기간 경과 후에 사전에 정해진 매매가격으로 채권을 다시 매수하거나 매도할 것을 조건으로 한 채권매매방식이다.

PEF

Private Equity Fund

PEF는 미공개 주식에 투자를 한 뒤 기업 공개 또는 협상 등의 방식으로 매각 후 차익을 남기는 펀드이다.

BIS

Bank for International Settlements

금융의 세계화가 진행되어 특정 국가의 은행부실화에 따른 영향이 다른 국가에까지 파급될 가능성이 크게 높아짐에 따라 BIS 산하의 바젤위원회를 중심으로 은행자본규제에 관한 국제협력을 추진하였으며, 그 결과 1988년 자기자본비율규제에 관한 국제적 통일기준이 마련되었다. 바젤합의에 의한 자기자본비율규제는 은행의 자산별로 위험가중치를 부여하여 산출한 위험가중자산의 8% 이상에 해당하는 자기자본을 보유하도록 한 것이다.

1999년 국제결제은행(BIS)의 바젤위원회는 자기자본규제의 리스크 민감도를 높이고, 개별은행의 리스크를 측정할 때 재량권을 부여하는 '신바젤협약'(New Basel Capital Accord)을 발표하였다. 신바젤협약은 3개 부문(pillars)으로 구성되어 있는데, Pillar Ⅰ은

최소자기자본규제, Pillar Ⅱ는 금융당국의 점검, Pillar Ⅲ는 시장자율규제를 주요내용으로 하고 있다.

Munis

Municipal Bonds

지자체 채권

Risks faced by Financial Intermediaries

금융기관의 경영에 있어 손실 가능성은 여러 가지 요인에 의해 발생하게 되는데, 이를 유형별로 살펴보면 다음과 같다.

Interest Rate Risk

금리위험이란 금융기관의 자금조달과 운용에 있어서 시장이자율의 예측하지 못한 변동으로 인하여 금융기관의 순자산가치가 변동할 위험을 말한다.

The risk incurred by an FI when the maturities of its assets and liabilities are mismatched.

Market risk

시장위험

시장가격의 변동으로 인해 발생하는 위험

The risk incurred from assets and liabilities in an FI's trading book due to changes in interest rates, exchange rates, and other prices.

Credit risk

신용위험

거래상대방의 채무불이행위험

The risk that promised cash flows from loans and securities held by FIs may not be paid in full.

Off-balance-sheet risk

부외거래위험

The risk incurred by an FI as the result of activities related to its contingent assets and liabilities held off the balance sheet.

Technology risk

기술위험

The risk incurred by an FI when its technological investments do not produce anticipated cost savings.

Operational risk

운영위험

The risk that existing technology, auditing, monitoring, and other support systems may malfunction or break down.

Foreign exchange risk

환위험

The risk that exchange rate changes can affect the value of an FI's assets and liabilities denominated in nondomestic currencies.

Country or sovereign risk

국가위험

The risk that repayments to foreign lenders or investors may be interrupted because of restrictions, intervention, or interference from foreign governments.

Liquidity risk

유동성위험

The risk that a sudden surge in liability withdrawals may require an FI to liquidate assets in a very short period of time and at less than fair market prices.

Insolvency risk

지급불능위험

The risk that an FI may not have enough capital to offset a sudden decline in the value of its assets.

The Balance sheet

은행의 경우, 대차대조표는 일정시점에서 은행자금원이 어떻게 조달되어 각 자산에 어떻게 배분되었는가를 나타낸다.

Assets = Liabilities + Stockholders' equity

The Income statement

금융기관의 손익계산서는 일정 기간 동안 생산, 판매한 금융서비스로부터 얼마나 수익을 얻었고, 금융서비스의 생산에 필요한 자금과 기타 자원을 취득하는데 얼마나 비용이 들었는가를 나타낸다.

The income statement measures performance over a specific period of time.

Revenue - Expenses = Income

Altman Z Score

$$Z_i = \beta_1 X_1 + \cdots + \beta_5 X_5$$

Z_i: 기업 i의 판별점수

X_1 : 순운전자본/총자산

X_2 : 유보이익/총자산

X_3 : 영업이익/총자산

X_4 : 자기자본시장가치/총부채장부가치

X_5 : 매출액/총자산

X_1 : 순운전자본/총자산

순운전자본을 총자산으로 나눈 비율은 기업의 단기채무상환능력인 유동성을 측정하는 비율이다.

X_3 : 영업이익/총자산

영업이익을 총자산으로 나눈 비율은 기업자산의 생산성을 측정하는 비율이다.

X_5 : 매출액/총자산

매출액을 총자산으로 나눈 총자산회전율은 기업자산의 매출창출능력을 측정하는 비율이다.

Altman의 신용평점모형에 따르면, Z값이 크면 클수록, 차입자의 채무불이행위험은 낮아진다. Z값이 1.81 미만인 기업은 높은 채무불이행위험을 가지고 있는 것으로 본다.

The lower the score, the higher the odds of bankruptcy. Companies with Z-Scores above 3 are considering to be healthy and, therefore, unlikely to enter bankruptcy. Scores in between 1.8 and 3 lie in a grey area.

Credit Risk

DD

부도거리(Distance to Default)

$$DD = \frac{A - D}{\sigma_A}$$

A: 자산의 시장가치

D: 부채의 장부가치

σ_A: 자산가치의 변동성

Example

서울기업의 1년 후 기대 기업가치가 100억원이고, 표준편차는 10억원이며, 부채가치는 70억원이다. 부도거리를 계산하라.

Solution

$$DD = \frac{A - D}{\sigma_A} = \frac{100 - 70}{10} = 3$$

EL

예상손실(Expected Loss)

$EL = EAD \times DP \times LGD$

EAD: Exposure at default

DP: Default probability

LGD: Loss Given Default

Example

국민은행이 100억원의 대출을 하고 있다. 대출의 부도율은 1%이고, 손실률은 30%이다. 예상손실을 계산하라.

Solution

$EL = EAD \times DP \times LGD = 100 \times 1\% \times 30\% = 0.3$ 억

화폐의 기능

교환매개의 기능

Medium of exchange

거래과정에서 화폐가 일반적인 지불수단으로 사용된다는 것을 뜻한다. 모든 경제주체가 화폐를 교환의 매개물로 인정해 자신이 보유하고 있는 물건과 기꺼이 교환하려고 한다. 그러므로 적합한 거래 상대방을 찾기 위해 아까운 시간과 노력을 써야 할 필요가 없어진다.

가치척도의 기능

Unit of account

각 상품의 가치가 화폐의 단위로 측정될 수 있다는 것을 뜻한다.

가치저장의 기능

Store of value

화폐는 한 시점에서 다른 시점까지 구매력을 보관해 주는 역할을 한다.

거래비용

Transaction Cost

거래 당사자들이 거래를 성사시키기 위해 소비하는 시간과 노력을 의미한다.

은행의 금융중개 기능

돈의 여유가 있는 사람으로부터 자금을 조성해 이를 필요로 하는 사람에게 융통해 주는 기능이다. 금융중개기관이 존재하는 않는다면 자금의 수요자와 공급자는 서로를 직접 찾아다녀야 한다. 그 과정에서 높은 거래비용이 발생하는데, 이 때문에 여유자금이 있어도 빌려주지 못한 사람과 좋은 투자기회가 있어도 자금을 얻지 못한 사람이 생겨나게 된다. 은행은 금융중개 업무에 특화함으로써 대규모 자금을 조성할 수 있고, 자금을 필요로 하는 수요자를 효과적으로 찾을 수 있다.

금융기관은 수많은 자금의 공급자 및 수요자와 거래를 하고, 예금, 대출, 투자, 신용정보수집 및 분석, 법률서비스에 관한 전문인력을 보유하고 있으므로, 금융거래에서 규모의 경제와 범위의 경제를 가진다. 금융기관이 없을 경우에는 자금의 공급자와 수요자는 금융거래시마다 직접 거래 상대방을 찾아 신용정보를 분석하고 거래와 관련된 법규나 절차를 검토하여야 하는 등 막대한 금융거래비용이 소요될 것이다. 금융기관은 다양한 만기와 규모의 자금을 모아 자금 수요자에게 필요한 자금을 일정기간 안정적으로 공급해 준다. 금융기관이 없을 경우, 자금의 규모, 이용기간 등에 있어 자금의 공급자와 수요자가 각각 희망하는 조건이 다르기 때문에 금융거래가 성립되기 어려울 것이다.

통화지표

Measures of money
한 경제에 유통되는 화폐의 양을 나타내는 지표

현금통화

민간이 보유하는 지폐 및 주화

M1

협의의 통화
현금통화+요구불예금+수시입출식 저축성예금

M2

광의의 통화
M1+정기예적금 및 부금+시장형 상품+실적 배당형 상품+금융채 및 기타 (만기 2년 이상은 제외)

Lf

금융기관 유동성
M2+만기 2년 이상 정기예적금 및 금융채+생명보험회사의 보험계약준비금 및 기타

L

광의의 유동성
Lf+정부 및 기업 등이 발행한 금융상품(국채, 지방채, 기업어음, 회사채 등)

FINANCIAL MANAGEMENT

chapter 2

Intertemporal Choice Model

화폐의 시간가치

화폐의 시간가치는 소비자들이 미래의 소비보다는 현재의 소비를 선호하는 유동성 선호(liquidity preference)에 그 기반을 두고 있다.

Future Value

Value of a sum after investing it over one or more periods.

The amount to which a cash flow will grow over a given period of time when compounded at a given interest rate.

Compounding

The arithmetic process of determining the final value of a cash flow when compound interest is applied.

Example

Suppose you deposit 100 thousand won in an account. If the account earns 10%, how much will be in the account after one year?

Solution

$100(1+0.1)=110$ thousand won.

Example

Suppose you deposit 100 thousand won in an account. If the account earns 10%, how much will be in the account after two years?

Solution

$100(1+0.1)^2 = 121$ thousand won.

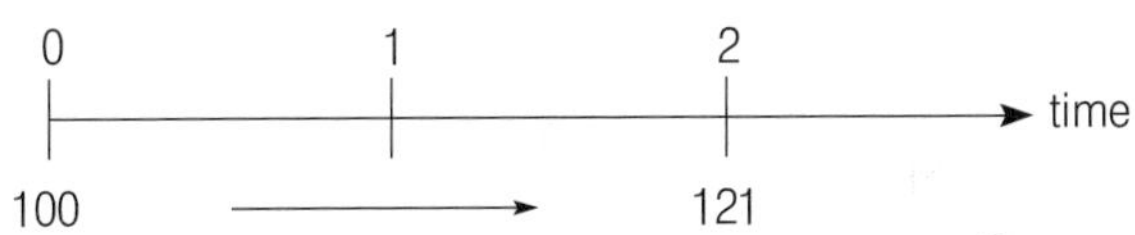

Example

Suppose you deposit 10,000 won in an account. If the account earns 20%, how much will be in the account after two years?

Solution

$10,000(1+0.2)^2 = 14,400$

Example

Suppose you deposit 300 thousand won in an account. If the account earns 5%, how much will be in the account after three years?

Solution

$300(1+0.05)^3 = 347$ thousand won

Present Value

The value of a future cash stream discounted at the appropriate market interest rate.
The value today of a future cash flow.
현재가치(present value)는 미래에 발생하게 될 현금흐름을 현재 시점의 가치로 환산한 금액을 말한다.

Discounting

The process of finding the present value of a cash flow; discounting is the reverse of compounding.

Example

Calculate the present value of the following cash flows discounted at 10%.

1) 100 thousand won received one year from today.

2) 100 thousand won received two years from today.

Solution

1) $\dfrac{100}{(1+0.1)} = 90.91$ thousand won.

2) $\dfrac{100}{(1+0.1)^2} = 82.64$ thousand won.

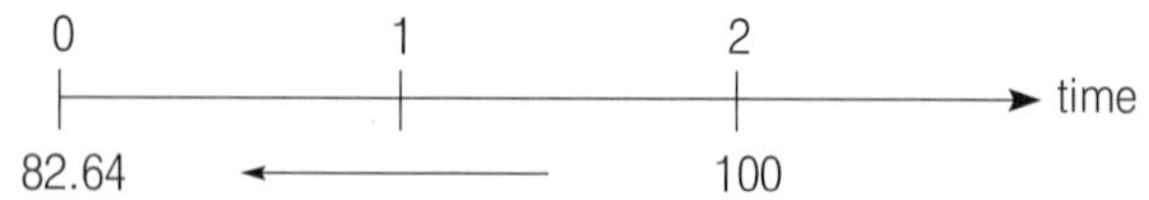

Example

Calculate the present value of 10,000 won discounted back for 2 years at 20 percent.

Solution

$$PV = \frac{10{,}000}{1.2^2} = 6{,}944$$

Cost of Capital

기업에서는 새로운 투자를 위해서나 원활한 경영을 위해서 자금이 필요하다. 기업이 자금을 조달하는 데는 그 代價를 지불하여야 한다. 은행으로부터 자금을 차입했을 때는 대출이자를 지급하여야 하며, 株主로부터 자금을 조달한 경우에는 투자수익을 지급하여야 한다. 이처럼 기업이 자금을 조달할 때에는 타인자본뿐만 아니라 자기자본에서도 비용이 수반되는 것이다.

Firms need to acquire capital from others to operate and grow. Individuals who are willing to provide their funds to others desire to be rewarded. Capital providers seek returns on their funds, which must be commensurate with the risk undertaken.
Firms obtain capital from two kinds of sources: lenders and equity investors. From the perspective of capital providers, lenders seek to be rewarded with interest and equity investors seek dividends and appreciation in the value of their investment. From a firm's perspective, they must pay for the capital it obtains from others.

수익률은 자금의 공급자인 투자자의 관점에서 볼 때 투자한 자금에 대한 보상의 결과로 주어지는 이익률을 의미한다.
자본비용은 자금의 수요자인 기업의 관점에서 볼 때 조달된 자금에 대한 사용의 대가로 지불해야 하는 비용을 의미한다.

Cost of Debt

The cost of debt is the firm's borrowing rate.
타인자본비용(cost of debt)은 기업이 타인자본 즉, 부채(debt)를 사용할 때 지급하여야 하는 대가이다.

Cost of Equity

자기자본비용(cost of equity)은 보통주를 발행하여 자금을 조달하는 대가로 지급하는 비용이다.
The cost of equity is the return a firm pays to its equity investors to compensate for the risk they undertake by investing their capital.
The required return on the company's common stock in capital markets. It is also called the equity holders' required rate of return because it is what equity holders can expect to obtain in the capital market.

Common Stock

Common stock is a form of corporate equity ownership, a type of security. It is called "common" to distinguish it from preferred stock. If both types of stock exist, common stock holders cannot be paid dividends until all preferred stockholders are paid.

Preferred stock

A type of stock whose holders are given certain priority over common stockholders in the payment of dividends. Preferred stockholders normally do not receive voting rights.

Dividend

Dividends are payments made by a corporation to its shareholders. It is the portion of corporate profits paid out to stockholders. When a corporation earns a profit, that money can be put to two uses: it can either be re-invested in the business, or it can be distributed to shareholders.

Retained Earnings

Retained earnings refers to the portion of net income which is retained by the corporation rather than distributed to its owners as dividends.

Dividend discount model

A procedure for valuing the price of a stock by using predicted dividends and discounting them back to present value.

$$S_0 = \frac{D_1}{1+r_S} + \frac{D_2}{(1+r_S)^2} + \frac{D_3}{(1+r_S)^3} + \cdots$$

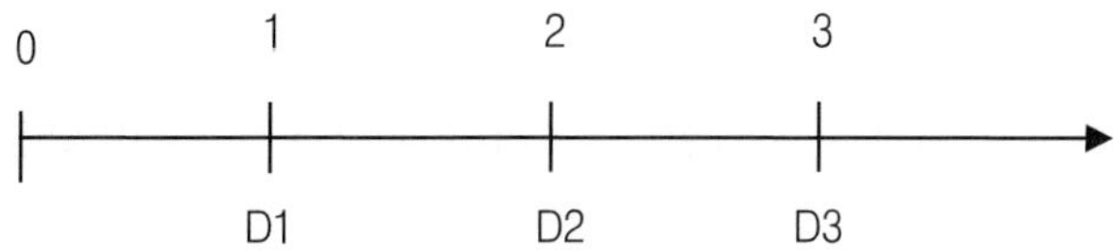

미래의 배당이 일정한 경우

$$S_0 = \frac{D_1}{1+r_S} + \frac{D_1}{(1+r_S)^2} + \frac{D_1}{(1+r_S)^3} + \cdots = \frac{D_1}{r_S}$$

Example

서울기업은 매년 1,500원의 배당을 지급한다. 할인율이 15%라고 한다면, 이 기업의 주식가격은?

Solution

$$S_0 = \frac{D_1}{r_s} = \frac{1,500}{0.15} = 10,000$$

미래의 배당이 일정하게 성장하는 경우

Constant Growth Model or Gordon Model.

$$D_t = D_1(1+g)^{t-1}$$

$$S_0 = \frac{D_1}{1+r_S} + \frac{D_2}{(1+r_S)^2} + \frac{D_3}{(1+r_S)^3} + \cdots$$

$$S_0 = \frac{D_1}{1+r_S} + \frac{D_1(1+g)}{(1+r_S)^2} + \frac{D_1(1+g)^2}{(1+r_S)^3} + \cdots = \frac{D_1}{r_S - g}$$

Example

한라기업은 1년 후에 1,500원의 배당을 지급한다. 그리고 배당은 매년 10%의 비율로 성장한다고 한다. 이 때 할인율이 15%라고 한다면, 이 기업의 주식가격은?

Solution

$D_1 = 1,500, \quad D_2 = 1,650, \quad D_3 = 1,815$

$$S_0 = \frac{D_1}{r_S - g}$$

$$S_0 = \frac{1,500}{0.15 - 0.1} = 30,000$$

Example

한국기업은 1년 후에 1,000원의 배당을 지급한다. 그리고 배당은 매년 10%의 비율로 성장한다고 한다. 이 때 할인율이 15%라고 한다면, 이 기업의 주식가격은?

Solution

$$S_0 = \frac{D_1}{r_S - g}$$

$S_0 = 20,000$

If we assume that a constant fraction, b, of earnings is retained for investment and the average rate of return, r_A, on all projects is the same. The fraction of earnings to be retained for investment is usually called the retention ratio.

The investment at time t is as follows:

$I_t = bN_t$

where I_t: the investment at time t

N_t: the earnings at time t

$$
\begin{aligned}
N_t &= N_{t-1} + r_A I_{t-1} \\
&= N_{t-1} + r_A b N_{t-1} \\
&= (1 + br_A) N_{t-1}
\end{aligned}
$$

Note that br_A is the same as the rate of growth, g.

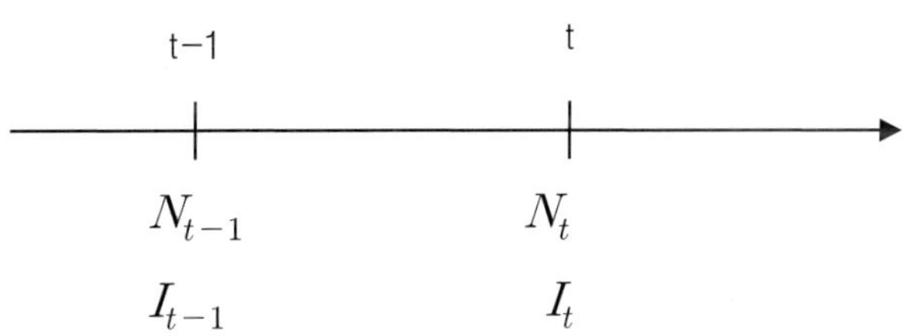

Example

Gordon Model에서, 서울기업의 t년도 순이익이 10,000원이고, 유보율이 0.4, 투자수익률이 20%인 경우, $(t+1)$년도 순이익과 투자액, $(t+2)$년도 순이익과 투자액을 구하라.

Solution

$I_t = 0.4 \times 10{,}000 = 4{,}000$

$N_{t+1} = N_t + r_A I_t = 10{,}000 + 0.2 \times 4{,}000 = 10{,}800$

$I_{t+1} = 0.4 \times 10{,}800 = 4{,}320$

$N_{t+2} = 10{,}800 + 0.2 \times 4{,}320 = 11{,}664$

$I_{t+2} = 0.4 \times 11{,}664 = 4{,}666$

Example

Given $N_{t-1} = 20,000$, retention ratio: 0.5, $r_A = 10\%$

Find V_{t-2}, I_{t-1}, V_{t-1}, N_t

Solution

$r_A V_{t-2} = N_{t-1}$, $V_{t-2} = 200,000$

$I_{t-1} = bN_{t-1} = 10,000$

$V_{t-1} = V_{t-2} + bN_{t-1} = 210,000$

$N_t = N_{t-1} + r_A I_{t-1} = 21,000$

Example

Gordon Model에서, 서울기업의 t년도 순이익이 50,000원이고, 유보율이 0.8, 투자수익률이 20%인 경우, $(t+1)$년도 순이익과 투자액, 자산가치를 구하라.

Dividend Policy

배당정책(dividend policy)이란 기업이 벌어들인 이익을 배당금과 유보이익으로 나누는 결정을 말한다.

유보이익(retained earnings)은 미래 기업의 투자를 위하여 필요한 기업내 자금의 원천으로서, 그리고 배당(dividend)은 주주가 제공한 자본을 사용한 대가로서 그 중요성을 갖는다. 기업이 너무 많은 배당을 하면, 성장기회를 잘 활용하지 못 할 수 있다. 기업의 성장을 위해서는 이익을 유보하여 재투자하는 것이 바람직하지만 주주의 입장에서는 배당도 중요하므로 이 상반되는 유보이익과 배당금의 영향을 잘 조화시켜 기업가치를 극대화하는 배당수준을 결정하는 것이 배당정책의 목표이다.

Cf.

In mathematics, a geometric series is a series with a constant ratio between successive terms.

For example, the series

$a+ar+ar^2+\cdots$

is geometric, because each successive term can be obtained by multiplying the previous term by r.

The formula for the sum of an infinite geometric series is

$$a+ar+ar^2+\cdots=\frac{a}{1-r}$$

$$\frac{a}{1+b}+\frac{a}{(1+b)^2}+\cdots=\frac{\frac{a}{1+b}}{1-\frac{1}{1+b}}=\frac{a}{b}$$

$$\frac{a}{1+b}+\frac{a(1+c)}{(1+b)^2}+\frac{a(1+c)^2}{(1+b)^3}\cdots=\frac{\frac{a}{1+b}}{1-\frac{1+c}{1+b}}=\frac{a}{b-c}$$

Bonds

채무자가 채권자에게 미래의 정해진 시점에서 일정한 이자와 원금을 지급하기로 약속한 증서

채권(bond)은 발행자가 자금을 조달하기 위하여 발행한 유가증권으로 일정한 이자를 지급함과 동시에 일정기간 후에는 액면금액을 상환할 것을 약속한 증서이다.
A bond is a long-term contract under which a borrower agrees to make payments of interest and principal, on specific dates, to the holders of the bond.
채권은 일반 대중 투자자들로부터 비교적 장기의 자금을 집단적, 대량적으로 조달하기 위하여 정부, 공공기관, 기업이 부담하는 채무를 표시하는 유가증권으로서 일종의 차용증서이다.
채권의 이자와 액면금액을 마지막으로 지급하기로 한 날을 만기일(maturity date)이라 한다.
Maturity date is a specific date on which the par value of a bond must be repaid.

Face Value

만기일에 지급하기로 증서에 기재된 금액을 액면금액 또는 액면가(face value 혹은 par value)라 한다.

Coupon rate

채권증서에는 액면금액 뿐만 아니라 만기일까지 매기간 지급하기로 약속한 이자율이 표시되어 있다. 이 이자율을 표면이자율(coupon rate)이라 하고, 실제로 지불하게 되는 금액을 표면이자(coupon) 또는 액면이자라 한다. 표면이자는 (액면금액×표면이자율)이다.
Coupon payment is the specific number of dollars of interest paid each period.
Coupon interest rate is the stated annual rate of interest on a bond.
채권은 다음의 세 종류로 구분된다. 첫째는 할인채권(discount bond 혹은 zero coupon bond)으로 만기까지 이자지급이 전혀 없고 만기일에 액면금액을 지급받는 채권이다. 둘째는 이표채(coupon bond)로 만기까지 매기간 일정액의 이자를 지급받고 만기일에 마지막 기의 이자와 액면금액을 받는 채권이다. 셋째는 영구채권(perpetual bond 혹은 consol)으로 만기가 없이 영원히 이자만을 받는 채권이다.

Coupon Bond

이자부채권

Zero Coupon Bond의 현재가치

$$B_0 = \frac{P}{(1+r)^T}$$

P : 액면가

T : 만기

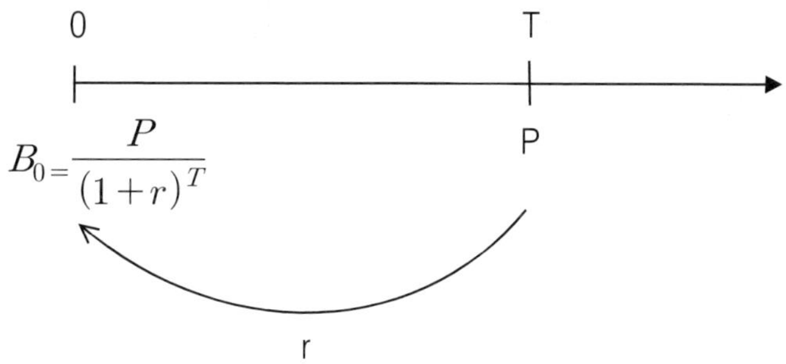

Example

시장이자율이 10%일 때 액면가가 100만원이고 만기가 2년인 zero coupon bond의 현재가치는?

Solution

$$B_0 = \frac{100}{1.1^2} = 82.6$$

Example

시장이자율이 10%일 때 액면가가 100만원이고 만기가 5년인 zero coupon bond의 현재가치는?

Solution

$$B_0 = \frac{100}{(1+0.1)^5} = 62.1$$

Coupon Bond의 현재가치

$$B_0 = \frac{C}{1+r} + \cdots + \frac{C}{(1+r)^T} + \frac{P}{(1+r)^T}$$

where C: the coupon payment

P: the par value of the bond

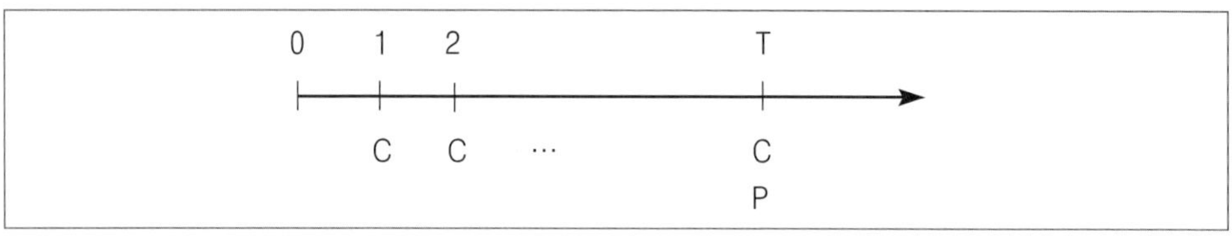

Example

액면가가 100만원이고 만기가 10년이며 표면이자율이 15%인 채권이 있다. 현재 시장이자율이 10%라면 이 채권의 가격은 얼마인가?

Solution

$$B_0 = \frac{15}{1+0.1} + \cdots + \frac{15}{(1+0.1)^{10}} + \frac{100}{(1+0.1)^{10}} = 130.7 \text{ 만원}$$

Example

액면가가 100만원이고 만기가 2년이며 표면이자율이 10%인 채권이 있다. 현재 시장이자율이 5%라면 이 채권의 가격은 얼마가 되어야 하는가?

채권의 가치

채권의 가치는, 채권을 보유하게 되면 얻게 될 미래 현금흐름을 적절한 할인율로 할인한 현재가치의 합이다.

Consumer Behavior

We will let $\succ$ denote this ordering and write $A \succ B$ whenever the consumer prefers bundle A to bundle B.

선호체계의 공리

Completeness

완전성

Any two bundles can be compared.

어떠한 두 개의 상품묶음을 비교한다 하더라도 하나가 다른 것보다 선호된다든가 아니면 양자 사이에 차이를 느끼지 못한다는 판단을 내릴 수 있다.

Transitivity

이행성

If $x \succ y$ and $y \succ z$, then $x \succ z$.

If an individual prefers x to y and y to z, then x is preferred to z.

Continuity

연속성

Strong monotonicity

강단조성

The more, the better.

Convexity

볼록성

Law of decreasing marginal utility

Utility function
효용함수란 특정한 상품묶음 X가 주어졌을 때 이것이 소비자에게 주는 만족감의 정도를 하나의 실수(real number)로 나타내 주는 함수이다.
Utility is a measure of satisfaction.

The St. Petersburg Paradox

St. Petersburg의 어떤 도박장에는 다음과 같은 게임이 있었다.
동전을 던지는 게임에서 앞면이 나올 때까지 동전을 던져 n번째에서 앞면이 나오면 2^n 원의 상금을 받는 경우, 게임의 기대수익은 ∞ 이다.

$$E(x)=\frac{1}{2}2+\frac{1}{4}4+\cdots+\frac{1}{2^n}2^n+\cdots=\infty$$

도박의 참가비가 100원일 경우, 게임의 기대값이 무한대가 됨에도 불구하고, 누구도 이 게임에 참가하려 하지 않는다.
A casino offers a game of chance for a single player in which a coin is tossed at each stage. The pot starts at 2 dollars and is doubled every time a tail appears. The first time a head appears, the game ends. The player wins 2 dollars if a head appears on the first toss, 4 dollars if a tail appears on the first toss and head on the second, 8 dollars if a tail appears on the first two tosses and a head on the third, and so on. In short, the player wins 2^k dollars if the coin is tossed k times until the first head appears.

Bernoulli's Solution

Bernoulli's solution rests on the idea that individuals are concerned with the utility, rather than the money value, of the alternative prizes.

$$U(x)=b\log x-b\log a$$

$$E[U(x)]=\frac{1}{2}(b\log 2-b\log a)+\frac{1}{4}(b\log 4-b\log a)+\cdots$$

$$+\frac{1}{2^n}(b\log 2^n-b\log a)+\cdots$$

$$E[U(x)]=\left(\frac{1}{2}+\frac{2}{4}+\cdots+\frac{n}{2^n}+\cdots\right)b\log 2-\left(\frac{1}{2}+\frac{1}{4}+\cdots+\frac{1}{2^n}+\cdots\right)b\log a$$

$$\frac{1}{2}+\frac{1}{4}+\frac{1}{8}+\frac{1}{16}\cdots=\frac{\frac{1}{2}}{1-\frac{1}{2}}=1$$

$$\frac{1}{4}+\frac{1}{8}+\frac{1}{16}\cdots=\frac{\frac{1}{4}}{1-\frac{1}{2}}=\frac{1}{2}$$

$$\frac{1}{8}+\frac{1}{16}\cdots=\frac{\frac{1}{8}}{1-\frac{1}{2}}=\frac{1}{4}$$

$$\frac{1}{2}+\frac{2}{4}+\cdots+\frac{n}{2^n}+\cdots=1+\frac{1}{2}+\frac{1}{4}+\cdots=\frac{1}{1-\frac{1}{2}}=2$$

$$\frac{1}{2}+\frac{1}{4}+\cdots+\frac{1}{2^n}+\cdots=\frac{\frac{1}{2}}{1-\frac{1}{2}}=1$$

$$E[U(x)]=2b\log 2-b\log a$$

$$E[U(x)]=b\log 4-b\log a=U(4)$$

An individual whose tastes are characterized by the Bernoulli utility function will pay 4 won at most to take part in the game.

Cramer's Solution

$$U(x)=\sqrt{x}$$

$$E[U(x)]=\frac{\sqrt{2}}{2}+\frac{2}{4}+\frac{2\sqrt{2}}{8}+\cdots=\frac{\frac{\sqrt{2}}{2}}{1-\frac{\sqrt{2}}{2}}=2.414$$

$$=U(5.828)$$

5.828 won: the maximum price that such an individual will be ready to pay in order to participate in the game.

Utility function

Bernoulli's utility function

$$U(x) = b\log\frac{x}{a}$$

$U(x)$ is the utility derived from an amount of money x, and a and b are positive coefficients.

$$U(x) = b\log x - b\log a$$

We obtain for the first derivative $U'(x) = \frac{b}{x} > 0$

$$U''(x) = -\frac{b}{x^2} < 0$$

The marginal utility of money decreases as wealth is increased.

Cramer's utility function

$$U(x) = \sqrt{x}$$

$$U'(x) = \frac{1}{2}x^{-\frac{1}{2}} > 0$$

$$U''(x) = -\frac{1}{4}x^{-\frac{3}{2}} < 0$$

Example

X 財의 효용함수가 $U(X) = 8X - X^2$ 일 때 X 財의 한계효용함수는?

Solution

$$U'(X) = 8 - 2X$$

Alternative Attitudes Toward Risk

An individual whose utility function is concave will be called a risk averter.

$U[E(W)] > E[U(W)]$

The utility of the expected value of wealth is greater than the expected utility of wealth.

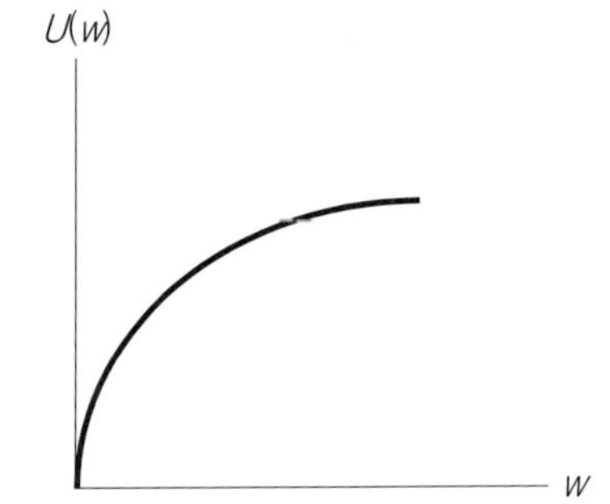

An individual whose utility function is convex will be called a risk lover.

$U[E(W)] < E[U(W)]$

An individual whose utility function is linear will be called a risk-neutral individual.

$U[E(W)] = E[U(W)]$

확실성등가

Certainty Equivalence

불확실한 상태에서 기대되는 효용의 크기인 기대효용과 동일한 효용을 주는 확실한 현금의 크기

위험프리미엄

Risk premium

불확실한 자산을 확실한 자산으로 교환하기 위하여 지불할 용의가 있는 금액

Example

상금 100원에 당첨될 확률이 0.5, 상금 300원에 당첨될 확률이 0.5인 복권이 있다. 효용함수는 $U(W)=\sqrt{W}$ 이다.

$E(W)=200$

$U[E(W)]=14.1$

$U(100)=10,\quad U(300)=17.3$

$E[U(W)]=13.65$

$U[E(W)]>E[U(W)]$

위험기피자는 기대값이 200원인 불확실한 복권보다 확실한 현금 200원을 더 선호한다.

확실성등가는 $13.65^2=186.3$ 이다.

위험프리미엄은 13.7원이다.

Example

철수의 소득이 100원이 될 확률이 0.5, 400원이 될 확률이 0.5이다. 효용함수는 $U(W)=\sqrt{W}$ 이다. 소득의 불확실성을 피하기 위해 지불할 용의가 있는 금액은 얼마인가?

Solution

$E(W)=250$

$U(100)=10,\quad U(400)=20$

$E[U(W)]=15$

확실성등가는 $15^2=225$ 이다.

위험프리미엄은 25원이다.

Example

철수의 소득이 100원이 될 확률이 0.5, 400원이 될 확률이 0.5이다. 효용함수는 $U(W)=\sqrt{W}$ 이다. $U[E(W)]$과 $E[U(W)]$은 얼마인가? 철수는 위험회피자인가, 위험선호자인가?

Solution

$E(W)=250$

$U[E(W)]=15.8$

$U(100)=10,\quad U(400)=20$

$E[U(W)]=15$

위험회피자

Example

철수의 소득이 10원이 될 확률이 0.5, 20원이 될 확률이 0.5이다. 효용함수는 $U(W)=W^2$ 이다.

$E(W)=15$

$U[E(W)]=225$

$U(10)=100,\quad U(20)=400$

$E[U(W)]=250$

$U[E(W)]<E[U(W)]$

위험선호자는 확실한 현금 15원보다 기대값이 15원인 불확실한 경우를 더 선호한다.

Example

민수의 소득이 100원이 될 확률이 0.5, 400원이 될 확률이 0.5이다. 효용함수는 $U(W)=W^2$ 이다. $U[E(W)]$과 $E[U(W)]$은 얼마인가? 민수는 위험회피자인가, 위험선호자인가?

Solution

$E(W)=250$

$U[E(W)]=62{,}500$

$U(100)=100{,}00,\quad U(400)=160{,}000$

$E[U(W)]=85{,}000$

위험선호자

Example

You have a logarithmic utility function $U(W) = \ln W$, and your current level of wealth is 5,000 won.

Suppose you are exposed to a situation that results in a 50/50 chance of winning or losing 1,000 won. If you can buy insurance that completely removes the risk for a fee of 125 won, will you buy it or take the gamble?

Solution

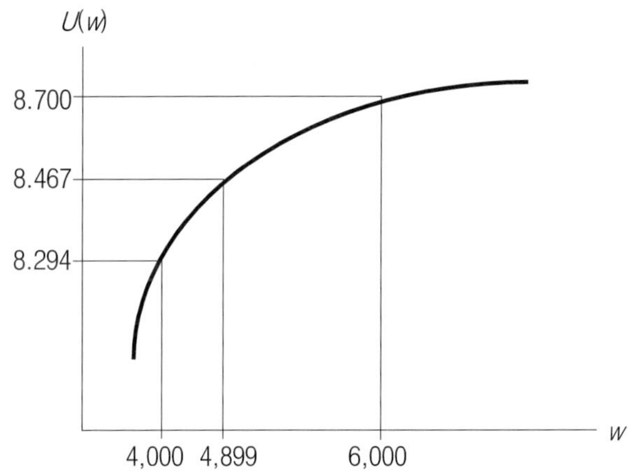

$E[U(W)] = 8.497$, $U(4{,}875) = 8.492$

$5{,}000 - 4{,}899 = 101$

I will take the gamble.

Cf.

With e as the base, the logarithm is referred to as natural logarithm.

Example

You have a logarithmic utility function $U(W) = \ln W$, and your current level of wealth is 4,000won.

Suppose you are exposed to a situation that results in a 50/50 chance of winning or losing 1,000 won. If you can buy insurance that completely removes the risk for a fee of 125 won, will you buy it or take the gamble?

Solution

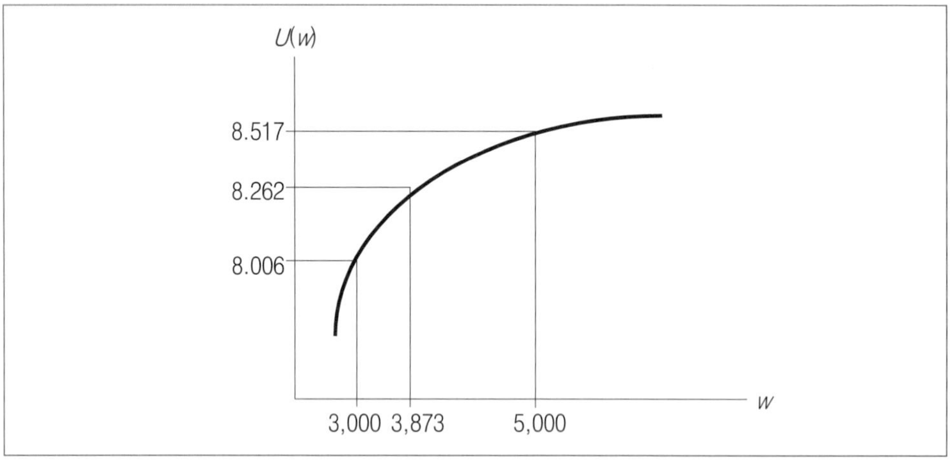

$4,000 - 3,873 = 127$

I will buy it.

Example

철수의 효용함수가 $U(W) = \sqrt{W}$ 이다. 철수의 현재 보유액은 250원이고 150원을 벌 확률이 0.5이고 150원을 잃을 확률이 0.5인 게임에 놓여 있고, 게임의 위험을 제거하는 보험의 수수료는 30원일 때, 보험에 가입하겠는가, 아니면 게임에 임하겠는가?

Solution

$E(W) = 250$

$U(100) = 10, \quad U(400) = 20$

$E[U(W)] = 15$

확실성등가는 $15^2 = 225$ 이다.
위험프리미엄은 25원이다.
게임에 임한다.

Example

효용함수가 $U(W) = \sqrt{W}$ 인 투자자가 있다. 이 투자자의 현재 보유액은 800원이고 100원을 벌 확률이 0.5이고 100원을 잃을 확률이 0.5인 게임에 놓여 있고, 게임의 위험을 제거하는 보험의 수수료는 20원일 때, 보험에 가입하겠는가, 아니면 게임에 임하겠는가?

Solution

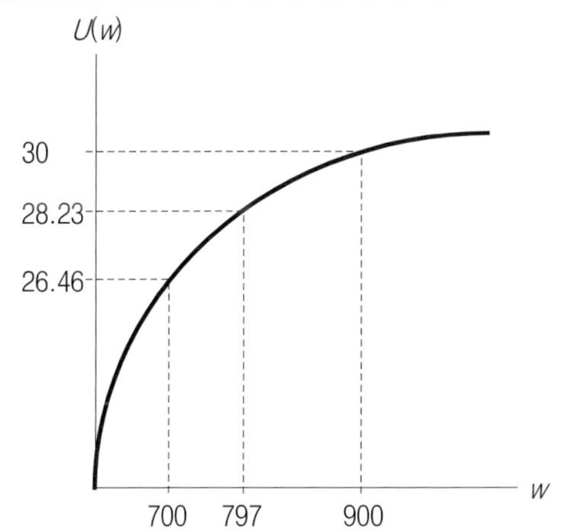

확실성등가는 $28.23^2 = 797$ 이다.
위험프리미엄은 3원이다.

게임에 임한다.

Cf.

$E(W) = 800$

위험기피자는 기대값이 800원인 불확실한 게임보다 확실한 현금 800원을 더 선호한다.

게임에 임했을 때의 기대효용은 28.23.

보험에 가입했을 때의 효용은 $U(780) = \sqrt{780} = 27.93$

Example

효용함수가 $U(W) = \sqrt{W}$인 투자자가 있다. 이 투자자의 현재 보유액은 650만원이고 250만원을 벌 확률이 0.5이고 250만원을 잃을 확률이 0.5인 게임에 놓여 있고, 게임의 위험을 제거하는 보험의 가입수수료는 20만원일 때, 보험에 가입하겠는가, 아니면 게임에 임하겠는가?

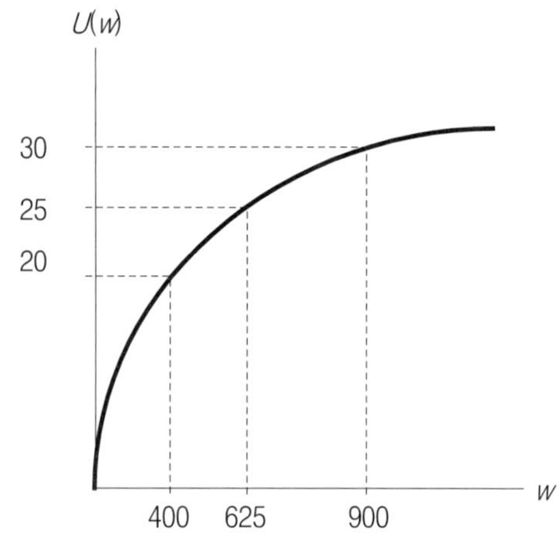

Solution

위험프리미엄: 25만원

보험에 가입한다.

게임에 임했을 때의 기대효용은 25.

보험에 가입했을 때의 효용은 $U(630) = \sqrt{630} = 25.1$

Example

You have a utility function $U(W) = \sqrt{W}$, and your current level of wealth is 650 won. Suppose you are exposed to a situation that results in a 50/50 chance of winning or losing 250 won. If you can buy insurance that completely removes the risk for a fee of 20 won, will you buy it or take the gamble?

Example

효용함수가 $U(W) = \sqrt{W}$ 인 투자자가 있다. 이 투자자의 현재 보유액은 1,650만원이고 250만원을 벌 확률이 0.5이고 250만원을 잃을 확률이 0.5인 게임에 놓여 있고, 게임의 위험을 제거하는 보험의 가입수수료는 20만원일 때, 보험에 가입하겠는가, 아니면 게임에 임하겠는가?

Solution

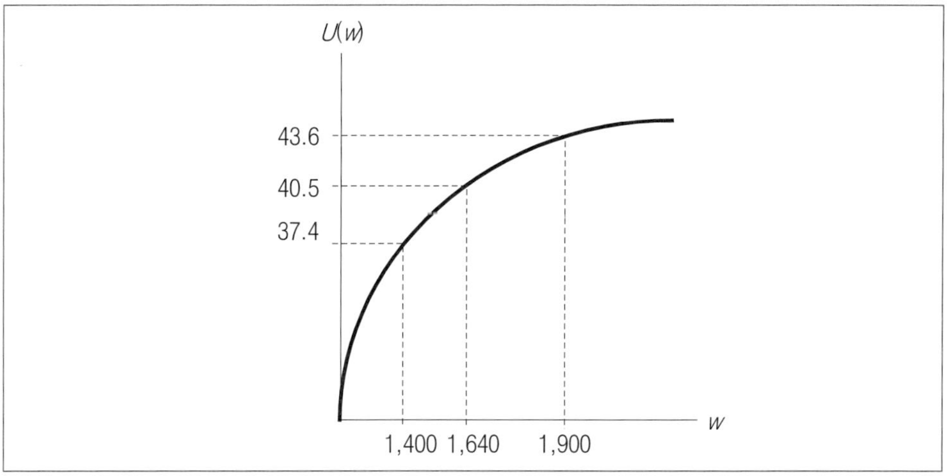

위험프리미엄: 10만원

게임에 임한다.

게임에 임했을 때의 기대효용은 40.5.

보험에 가입했을 때의 효용은 $U(1{,}630) = \sqrt{1{,}630} = 40.4$

Example

효용함수가 $U(y)=\sqrt{y}$ 인 운전자의 사고확률이 0.4이다. 사고가 발생하지 않으면 자동차의 가치는 900원이고 사고가 발생하면 자동차의 가치는 100원이다. 자동차 보험에 가입하는 경우 275원의 보험료를 지불해야 하며 사고발생시 575원의 보상금을 지급받는 경우 보험가입시와 미가입시 기대효용의 차이와 보험가입여부는?

Solution

보험에 가입하지 않을 때의 기대효용

$$E(U)=0.6\times\sqrt{900}+0.4\times\sqrt{100}=22$$

보험에 가입할 때의 기대효용

$$E(U)=0.6\times\sqrt{(900-275)}+0.4\sqrt{(100-275+575)}=23$$

보험에 가입할 때의 기대효용이 더 크므로 보험에 가입한다.

Indifference Curve

무차별곡선

A curve that defines the combinations of two or more goods that give a consumer the same level of satisfaction.

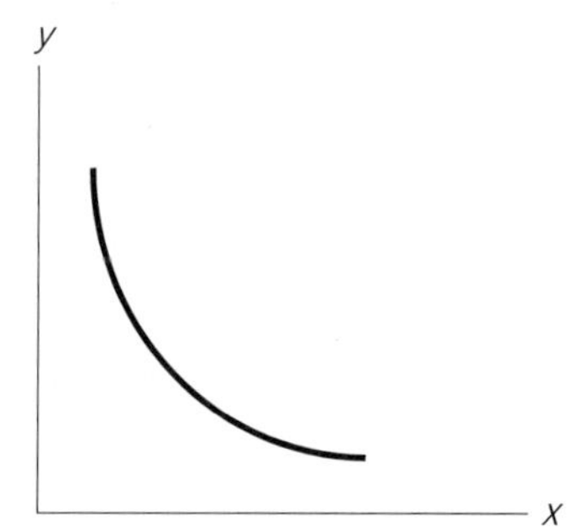

Utility function

$U(x, y)$

An indifference curve is defined as the locus of the combinations of x and y that will yield a constant level of U. This means that on an indifference curve we must find

$$dU = U_x dx + U_y dy = 0$$

$$\frac{dy}{dx} = -\frac{U_x}{U_y}$$

Example

$$U(x, y) = xy$$

$$dU = U_x dx + U_y dy = 0 = ydx + xdy$$

$$\frac{dy}{dx} = -\frac{y}{x}$$

Example

효용함수가 $U(x,y)=\sqrt{xy}$ 인 경우, 무차별곡선은 다음과 같다.

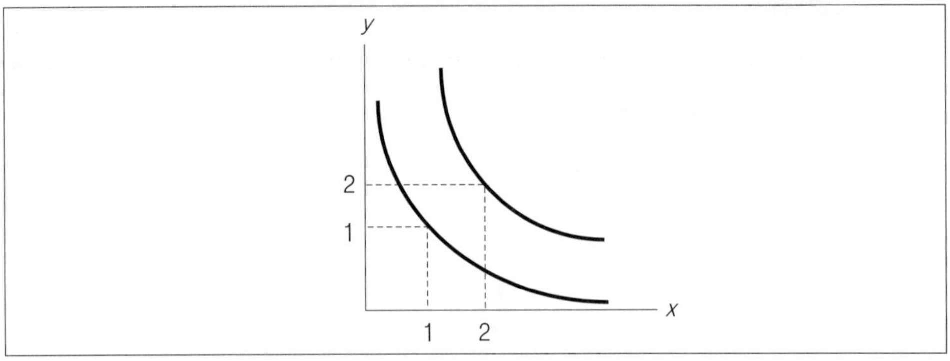

추가적인 재화의 소비가 소비자의 만족수준을 감소시키지 않는 한 B점은 A점보다 더 큰 만족을 준다.

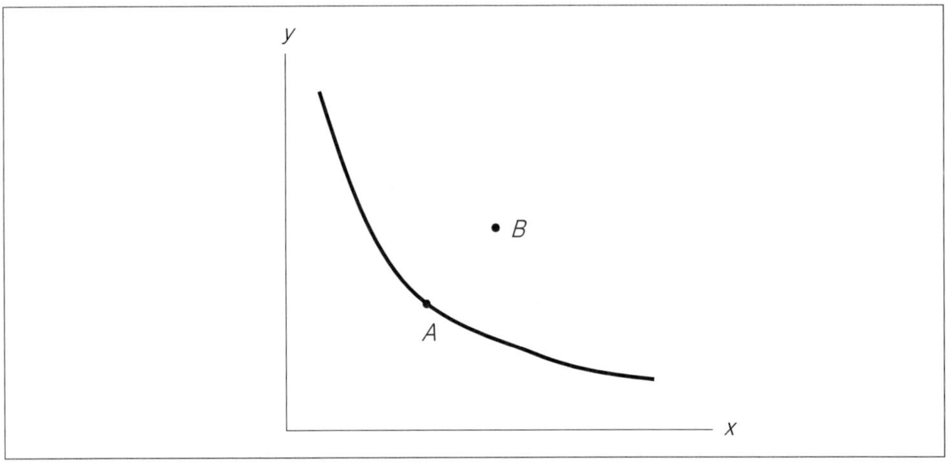

Example

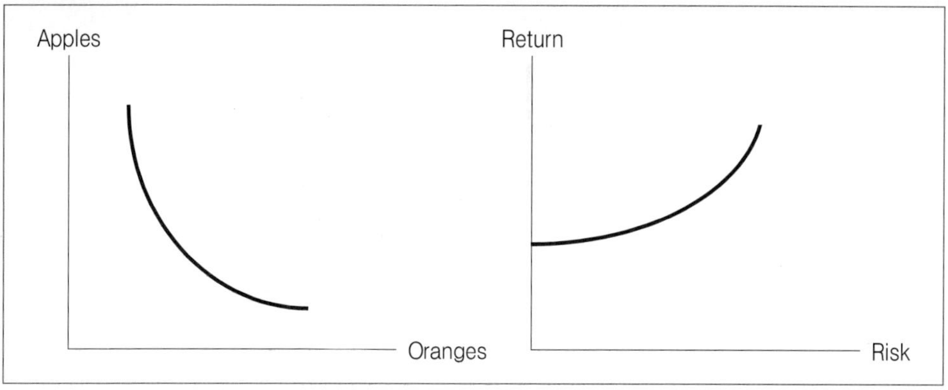

두 재화 중 하나가 負의 효용을 주는 비재화(bads)라면 무차별곡선은 우상향한다.

Bads

A bad is a commodity that the consumer doesn't like.

Perfect Complements

Perfect complements are goods that are always consumed together in fixed proportions.

효용함수가 $U(x,y)=Min(x,y)$ 인 경우, 무차별곡선은 다음과 같다.

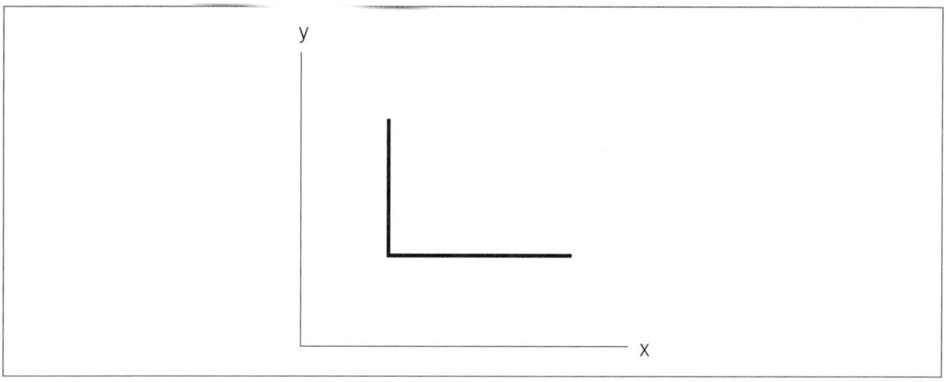

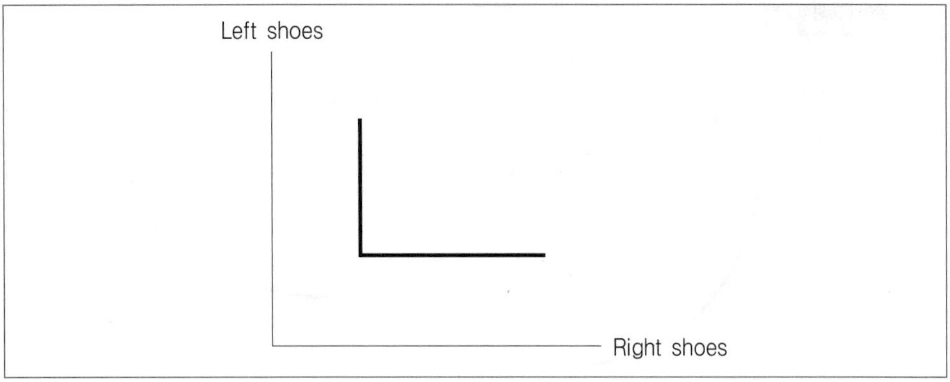

Example

효용함수는 $U(x,y)=\sqrt{xy}$ 이다. 세 개의 점 A(2,8), B(3,b), C(c,5)가 동일한 무차별곡선에 있을 때, b와 c는 얼마인가?

점A에서 점B로 이동할 때, $\triangle U$는 얼마인가?

Solution

$b=\frac{16}{3},\ c=\frac{16}{5}$

$\triangle U=0$

MRS

한계대체율

Marginal Rate of Substitution

$\frac{U_x}{U_y}$

The rate at which a consumer is willing to substitute one good for another good and still maintain the same level of satisfaction.

Utility function

$U(x,y)$

If we plot an indifference curve in the xy plane, its slope must be equal to the negative of the marginal-utility ratio.

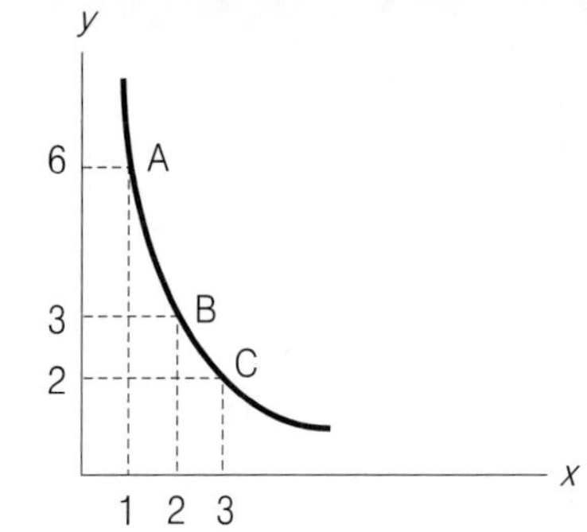

어떤 재화의 소비량이 많아질수록 그 재화의 상대적 중요성은 감소한다.

Convexity

볼록성

극단적인 상품묶음보다는 고루 섞여 있는 상품묶음을 더 선호한다.

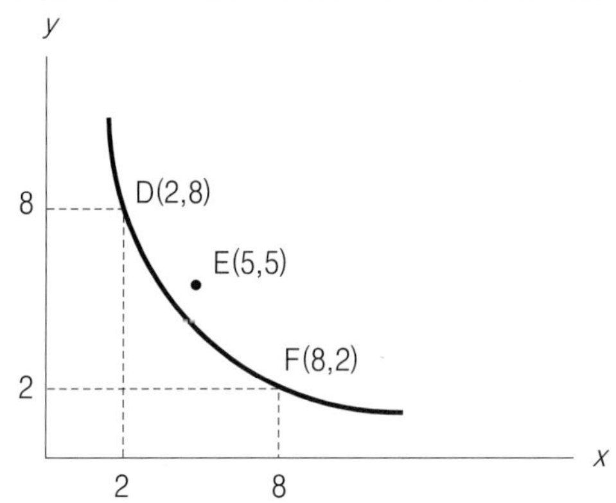

E(5,5): Averaged bundle

상품묶음 D, F보다 고루 섞여 있는 E를 선호한다.

Example

효용함수는 $U(x,y)=xy$ 이고, $(x,y)=(2,3)$ 인 경우의 한계대체율은?

Solution

$$MRS_{xy} = \frac{U_x}{U_y} = \frac{y}{x} = \frac{3}{2}$$

Example

철수의 효용함수는 $U(x,y) = (x+2)(y+1)$이고, 한계대체율은 3이다. 철수의 x재의 소비량이 10이라면 y재 소비량은 얼마인가?

Solution

$$MRS_{xy} = \frac{U_x}{U_y} = \frac{y+1}{x+2}$$

$$MRS_{xy} = \frac{U_x}{U_y} = \frac{y+1}{10+2} = 3$$

$$y = 35$$

Example

1) 효용함수는 $U(x,y) = xy$이고, $(x,y) = (1,3)$인 경우의 한계대체율은?

2) 1)번의 경우, 무차별곡선과 한계대체율의 관계를 그림으로 나타내라.

Solution

$$MRS_{xy} = \frac{U_x}{U_y} = \frac{y}{x} = 3$$

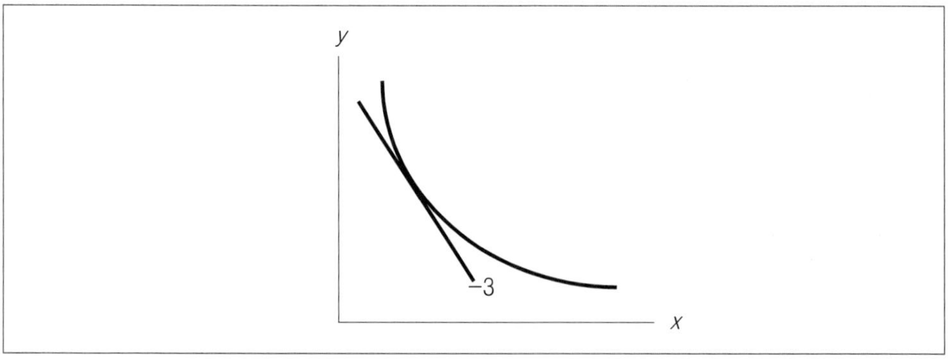

Example

효용함수는 $U(x,y)=\sqrt{xy}$ 이고, $(x,y)=(2,8)$인 경우의 한계대체율은?

Solution

$$U_x=\frac{1}{2}x^{-\frac{1}{2}}y^{\frac{1}{2}}$$

$$U_y=\frac{1}{2}x^{\frac{1}{2}}y^{-\frac{1}{2}}$$

$$MRS_{xy}=\frac{U_x}{U_y}=\frac{y}{x}=4$$

Example

효용함수는 $U(x,y)=\sqrt{xy}$ 이고, $(x,y)=\left(3,\frac{16}{3}\right)$인 경우의 한계대체율은?

Solution

$$U_x=\frac{1}{2}x^{-\frac{1}{2}}y^{\frac{1}{2}}$$

$$U_y=\frac{1}{2}x^{\frac{1}{2}}y^{-\frac{1}{2}}$$

$$MRS_{xy}-\frac{U_x}{U_y}=\frac{y}{x}=\frac{16}{9}$$

Budget Line

예산선

주어진 소득을 전부 사용했을 때 구입할 수 있는 상품묶음의 집합을 그림으로 나타낸 것이다.

A graphical depiction of the various combinations of two selected products that a consumer can afford at specified prices for the products given their particular income level.

$M=P_x x+P_y y$

M: 소득

x: x재 구입량

y: y재 구입량

Example

소득이 120원, x재 가격이 4원, y재 가격이 2원이고, 효용함수는 $U(x,y)=\frac{1}{2}xy$ 이다. 소비자 균형점을 구하라.

Solution

$y=-2x+60$

$\frac{U_x}{U_y}=\frac{y}{x}=2$

$2x=-2x+60$

$x=15,\ y=30$

Example

장동건의 효용함수는 $U(x,y)=xy$ 이다. 그는 60의 소득을 가지고 전액을 x,y財의 구입에 사용한다. x재 가격이 1, y재 가격이 2라고 할 때, 장동건의 효용을 극대화하기 위한 x,y財의 양은?

Solution

$y=-\frac{1}{2}x+30$

$\frac{U_x}{U_y}=\frac{y}{x}=\frac{1}{2}$

$\frac{1}{2}x=-\frac{1}{2}x+30$

$x=30,\ y=15$

Example

장동건의 효용함수는 $U(x,y)=xy$ 이다. 그는 60의 소득을 가지고 전액을 x,y財의 구입에 사용한다. x재 가격이 2, y재 가격이 3라고 할 때, 장동건의 효용을 극대화하기 위한 x,y財의 양은?

Solution

$$y=-\frac{2}{3}x+20$$

$$\frac{U_x}{U_y}=\frac{y}{x}=\frac{2}{3}$$

$$\frac{2}{3}x=-\frac{2}{3}x+20$$

$$x=15,\ y=10$$

Example

지은이의 효용함수는 $U(x,y)=xy$이다. 지은이는 120의 소득을 가지고 전액을 x,y財의 구입에 사용한다. x재 가격이 2, y재 가격이 3라고 할 때, 지은의 효용을 극대화하기 위한 x,y財의 양은?

Example

소비자의 효용함수는 $U(x,y)= x^{0.7}y^{0.3}$이다. 그는 1,000,000원의 소득을 가지고 전액을 x,y財의 구입에 사용한다. x재 가격이 1,000원, y재 가격이 5,000원이라고 할 때, 효용을 극대화하기 위한 x,y 財의 양은?

Solution

$dU = U_x dx + U_y dy = 0$

$U_x = 0.7x^{-0.3}y^{0.3}$, $U_y = 0.3x^{0.7}y^{-0.7}$

$\frac{dy}{dx} = -\frac{U_x}{U_y} = -\frac{7y}{3x}$

예산선은 다음과 같다.

$x + 5y = 1{,}000$

$y = -\frac{1}{5}x + 200$

$\frac{dy}{dx} = -\frac{U_x}{U_y} = -\frac{7y}{3x} = -\frac{1}{5}$

$35y = 3x$

다음 두개의 식을 연립해서 푼다.

$x + 5y = 1{,}000$

$35y = 3x$

$x = 700,\ \ y = 60$

Example

소비자의 효용함수는 $U(x,y)=x^{0.6}y^{0.4}$이다. 그는 100,000원의 소득을 가지고 전액을 x,y財의 구입에 사용한다. x재 가격이 1,000원, y재 가격이 5,000원이라고 할 때, 효용을 극대화하기 위한 x,y財의 양은?

Solution

$x=60, y=8$

Example

소득이 6원, x재 가격이 2원, y재 가격이 1원이고,

효용함수는 $U(x,y)=x+y$ 이다.

소비자 균형점을 구하라.

Solution

$y=-2x+6$

$U(3,0)=3$

$U(2,2)=4$

$U(1,4)=5$

$U(0,6)=6$

$x=0,\ y=6$

Example

소득이 6원, x재 가격이 1원, y재 가격이 2원이고,

효용함수는 $U(x,y)=x+y$ 이다.

소비자 균형점을 구하라.

Solution

$y=-\frac{1}{2}x+3$

$U(6,0)=6$

$U(4,1)=5$

$U(2,2)=4$

$U(0,3)=3$

$x=6,\ y=0$

Example

소득이 1,000원, x재 가격이 100원, y재 가격이 50원이고,

효용함수는 $U(x,y)=x+y$ 이다.

소비자 균형점을 구하라.

Solution

$y=-2x+20$

$x=0,\ y=20$

Example

효용함수는 $U(x,y)=\min(2x,y)$이다.

소득이 60만원, x재와 y재의 가격이 각각 1만원일 때, 효용극대화를 위한 x재와 y재의 최적소비량은?

Solution

$$x+y=60$$

$$y=2x$$

$$x=20,\quad y=40$$

Example

효용함수는 $U(x,y)=\min(x,2y)$이다.

소득이 80만원, x재의 가격이 1만원이고, y재의 가격이 2만원일 때, 효용극대화를 위한 x재와 y재의 최적소비량은?

Solution

$$x+2y=80$$

$$y=\frac{1}{2}x$$

$$x=40,\quad y=20$$

Lagrange–Multiplier Method

Given an objective function

$$z = f(x, y)$$

subject to the constraint

$$g(x, y) = c$$

we can write the Lagrangian function as

$$Z = f(x, y) + \lambda[c - g(x, y)]$$

$$Z_\lambda = c - g(x, y) = 0$$

$$Z_x = f_x - \lambda g_x = 0$$

$$Z_y = f_y - \lambda g_y = 0$$

Example

Find the extremum of

$z = xy$ subject to $x + y = 6$

Solution

$$Z = xy + \lambda[6 - x - y]$$

$$Z_\lambda = 6 - x - y = 0$$

$$Z_x = y - \lambda = 0$$

$$Z_y = x - \lambda = 0$$

$$\bar{\lambda} = 3, \ \bar{x} = 3, \ \bar{y} = 3$$

Example

Find the extremum of

$z = xy$ subject to $2x + y = 6$

Solution

$Z_\lambda = 6 - 2x - y = 0$

$Z_x = y - 2\lambda = 0$

$Z_y = x - \lambda = 0$

$\bar{x} = \frac{3}{2}, \quad \bar{y} = 3$

Investment Decisions Under Certainty

Intertemporal Choice Model

c_0 : consumption today

c_1 : consumption tomorrow

or c_0 : consumption in the first period

c_1 : consumption in the second period

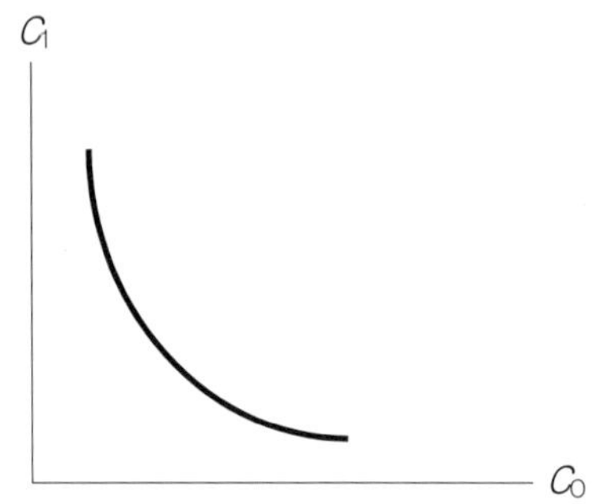

The curve has been drawn convex to the origin on the assumption that each additional decrease in current consumption requires increasingly larger increments of future consumption if the individual is to remain indifferent to the change.

MRT

Marginal Rate of Transformation
한계변환율

$$MRT_{XY} = -\frac{\Delta Y}{\Delta X}$$

X재 생산량을 1단위 증가시키기 위하여 감소시켜야 하는 Y재의 수량

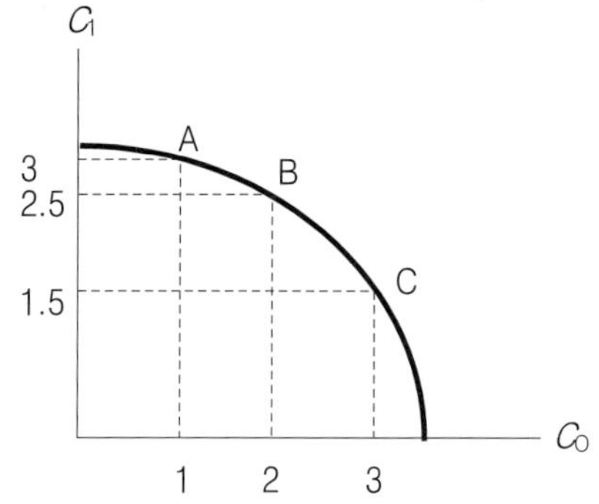

The production opportunity set

This implies diminishing marginal returns to investment because the more an individual invests, the lower the rate of return on the marginal investment.

규모에 대한 수익체감을 가정한다.

생산의 기회가 있다고 함은 주어진 소득을 사용하여 다른 형태의 자원을 생산할 수 있음을 뜻한다. 이렇게 생산의 기회가 있을 경우, 주어진 소득의 일부를 생산활동에 투자하여 원하는 시점에서의 소비의 양을 조절할 수 있다.

실물투자안에 투자하는 경우 현재소득은 투자금액만큼 감소하나 투자수익만큼 미래소득이 증가한다. 실물투자기회를 이용하는 경우 현재소득이 감소하면서 미래소득이 증가하는데, 이러한 소득의 가능한 조합들을 연결한 궤적이 생산기회선이다.

Consumption and investment without capital markets

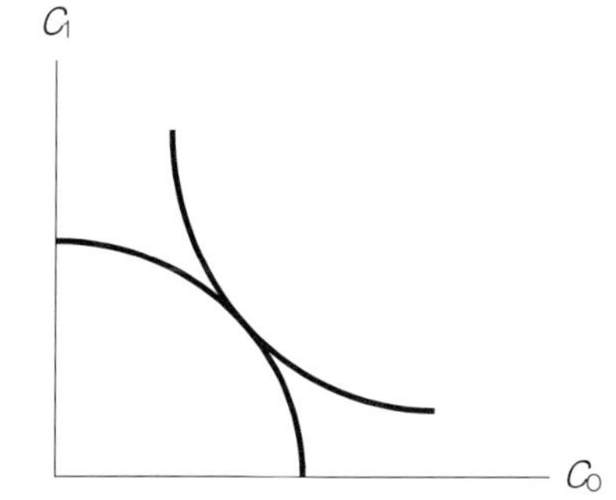

$MRS = MRT$

Example

효용함수는 $U(c_0, c_1) = c_0 \times c_1^2$ 이고, 생산기회선은 $c_1 = 90 - \frac{1}{90}c_0^2$이다. 효용을 극대화하기 위해 어떤 의사결정을 해야 하는가?

Solution

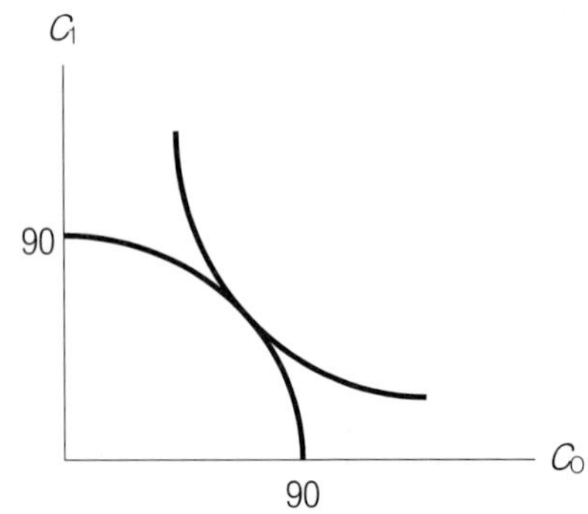

MRS는 다음과 같다.

$$dU = c_1^2 dc_0 + 2c_0 c_1 dc_1 = 0$$

$$\frac{dc_1}{dc_0} = -\frac{c_1}{2c_0}$$

MRT는 다음과 같다.

$$\frac{dc_1}{dc_0} = -\frac{1}{45}c_0$$

$$\frac{c_1}{2c_0} = \frac{1}{45}c_0$$

$$c_1 = \frac{2}{45}c_0^2$$

$$c_1 = 90 - \frac{1}{90}c_0^2$$

$$c_0 = 40.25, \ c_1 = 72$$

40.25를 현재소비하고, 72를 미래소비한다.

효용수준은 다음과 같다.

$$U(40.25, 72) = 208,656$$

49.75를 투자한다.

Example

효용함수는 $U(c_o, c_1) = c_0 \times c_1^2$이고, 생산기회선은 $c_1 = 100 - \frac{1}{9}c_0^2$이다. 효용을 극대화하기 위해 얼마를 현재소비하고, 투자를 얼마하며, 미래소비를 얼마하는 선택을 하겠는가?

[Solution]

현재소비: $\sqrt{180} = 13.4$,

투자: 16.6, 미래소비: 80

Example

효용함수는 $U(c_0, c_1) = c_0 \times c_1^2$ 이고, 생산기회선은 $c_1 = 100 - \frac{1}{4}c_0^2$이다. 효용을 극대화하기 위해 얼마를 현재소비하고, 투자를 얼마하며, 미래소비를 얼마하는 선택을 하겠는가?

Consumption and investment with capital markets

The Money Market Line

$c_1 = W_1 - (1+r)c_0$

r: market rate

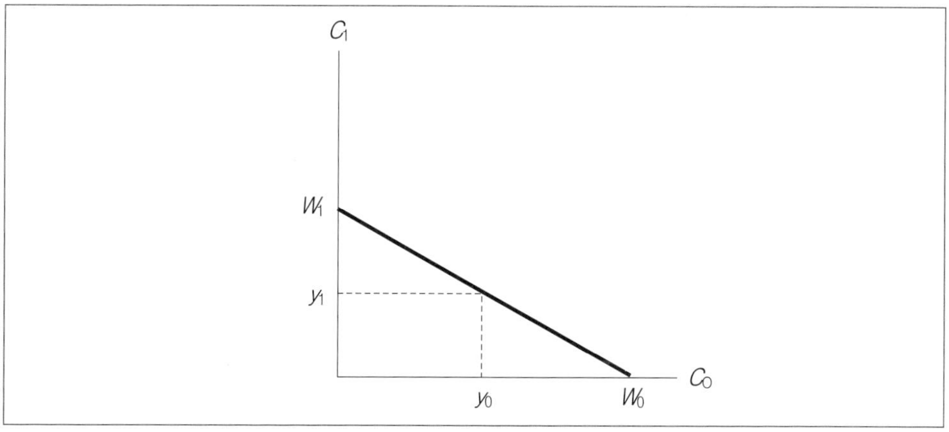

(y_0, y_1): initial endowment

$W_0 = y_0 + \frac{y_1}{1+r}$

$W_1 = W_0(1+r)$

Example

오늘 소득이 20,000원이고, 내일 소득이 15,000원으로 주어지고 시장이자율이 25%인 경우, 최대로 가능한 오늘 소비와 내일 소비는 각각 얼마인가?

Solution

$$W_0 = y_0 + \frac{y_1}{1+r} = 20,000 + \frac{15,000}{1.25} = 32,000$$

$$W_1 = W_0(1+r) = 32,000 \times 1.25 = 40,000$$

Example

오늘 소득이 20,000원이고, 내일 소득이 15,000원으로 주어지고 시장이자율이 25%인 경우, 오늘 소비를 25,000원 하기 위해 5,000원을 차입하면, 내일 소비할 수 있는 금액은?

Example

오늘 소득이 2,000원이고, 내일 소득이 3,000원으로 주어지고 시장이자율이 20%인 경우, 오늘 소비를 3,500원 하기 위해 1,500원을 차입하면, 내일 소비할 수 있는 금액은?

Solution

The Money Market Line

$c_1 = -1.2(c_0 - 2{,}000) + 3{,}000$
$c_0 = 3{,}500$이면 $c_1 = 1{,}200$

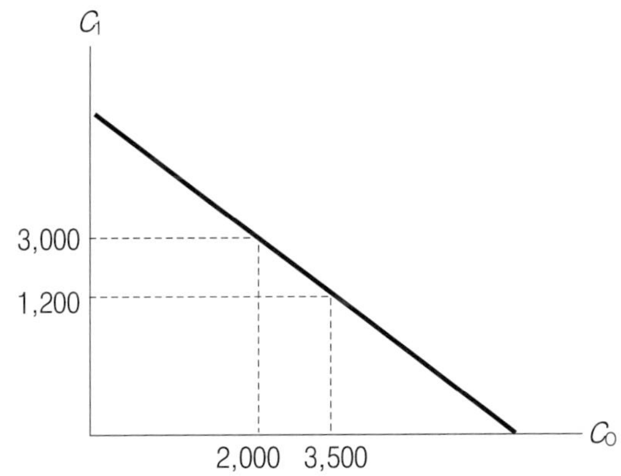

Example

오늘 소득이 2,000원이고, 내일 소득이 3,000원으로 주어지고 시장이자율이 20%인 경우, 최대로 가능한 오늘 소비와 내일 소비는 각각 얼마인가?

Example

오늘 소득이 2,000원이고, 내일 소득이 3,000원으로 주어지고 시장이자율이 20%인 경우, 오늘 소비를 1,000원 하고 1,000원을 대출하면, 내일 소비할 수 있는 금액은?

Solution

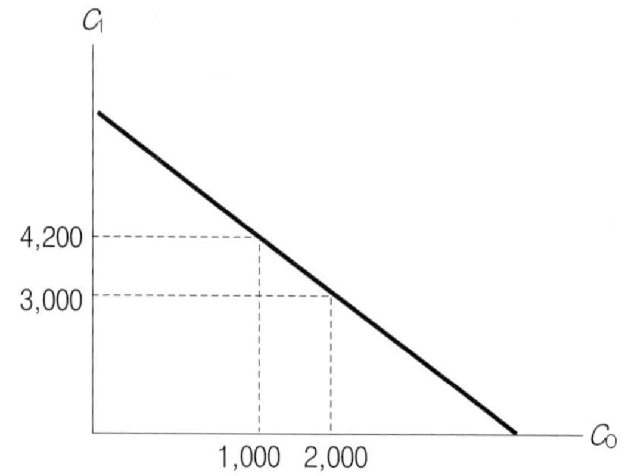

$c_1 = -1.2(c_0 - 2{,}000) + 3{,}000$
$c_0 = 1{,}000$이면 $c_1 = 4{,}200$

Fisher's separation theorem

Given perfect and complete capital markets, the production decision is governed by an objective market criterion without regard to individuals' subjective preferences that enter into their consumption decisions.

개인의 소비투자결정에 있어 그 과정이 분리된 두 단계로 이루어진다는 것이다. 즉 ① 우선 투자로부터의 현금흐름의 현가가 가장 크도록 실물투자에 대한 결정을 하여 개인의 소비기회집합을 최대로 한 후 ② 소비에 대한 개인의 시간선호에 따라 차입 내지 대출을 통하여 최적의 소비조합을 선택하게 된다. 이와 같이 투자결정과 소비결정이 분리되어 이루어진다는 것이 피셔의 분리이론(Fisher's separation theorem)이다.

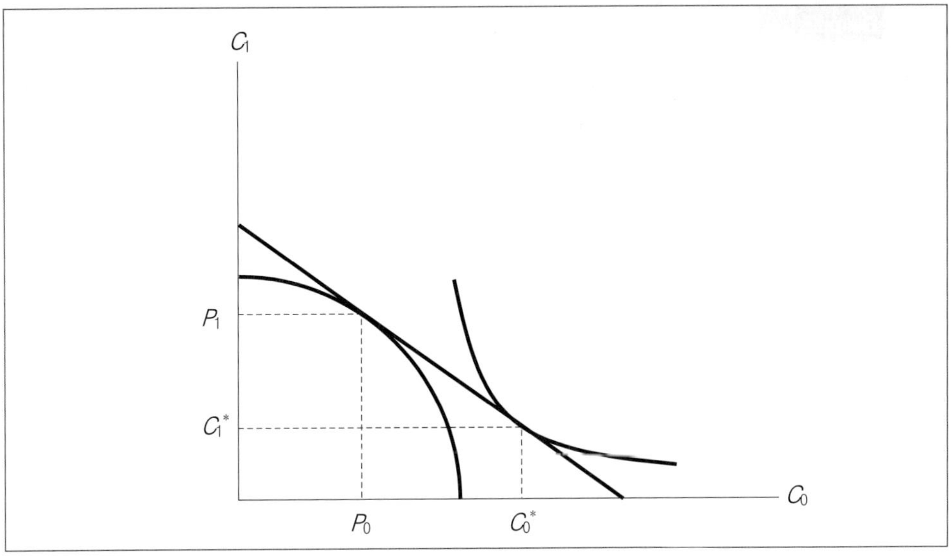

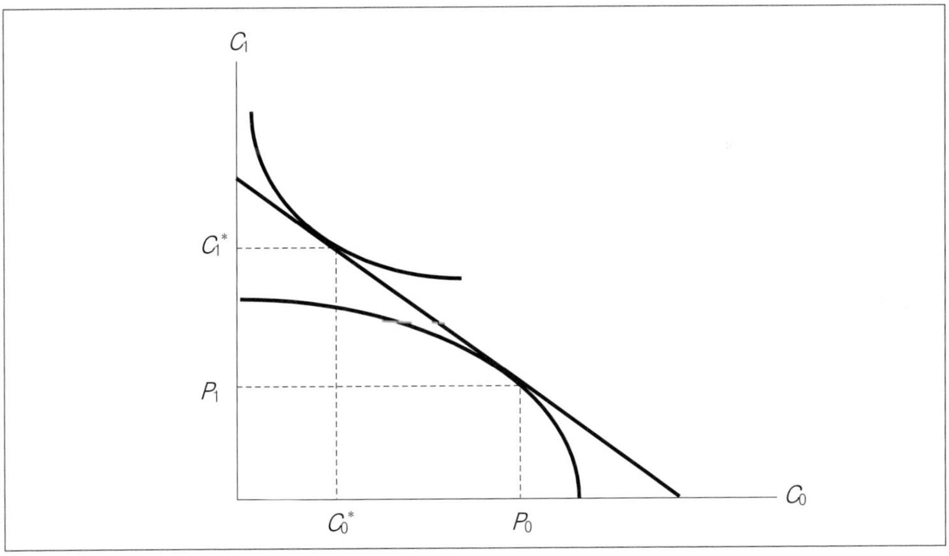

Perfect and complete capital markets

Perfect market에서는 transaction cost가 0이다.

시장이 complete하다는 것은 시장에서 증권의 수와 미래상황의 수가 일치하는 것을 의미한다.

Example

1) 시장이자율은 얼마인가?

2) 생산활동에 얼마를 투자하는가?

3) 최적소비를 위하여 얼마를 차입 또는 대출하는가?

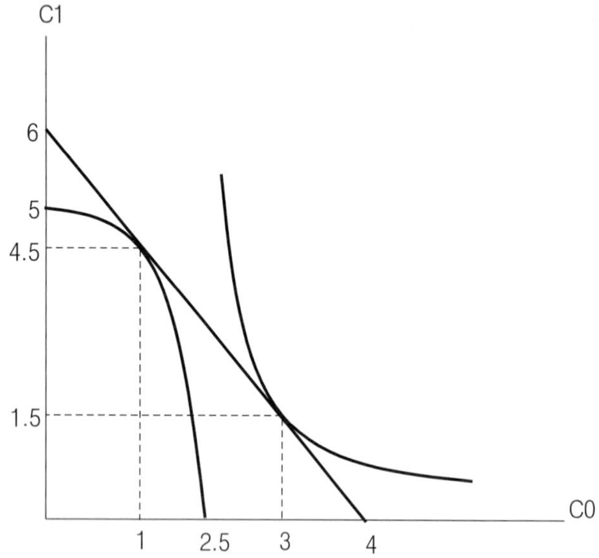

Solution

1) 0.5

2) 1.5원

3) 2원 차입

Example

1) 시장이자율은 얼마인가?

2) 생산활동에 얼마를 투자하는가?

3) 최적소비를 위하여 얼마를 차입 또는 대출하는가?

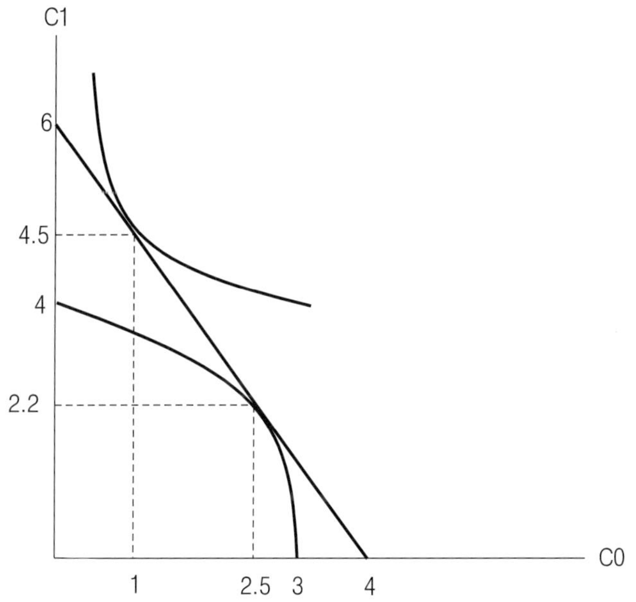

Solution

1) 0.5

2) 0.5원

3) 1.5원 대출

Example

1) 시장이자율은 얼마인가?

2) 생산활동에 얼마를 투자하는가?

3) 최적소비를 위하여 얼마를 차입 또는 대출하는가?

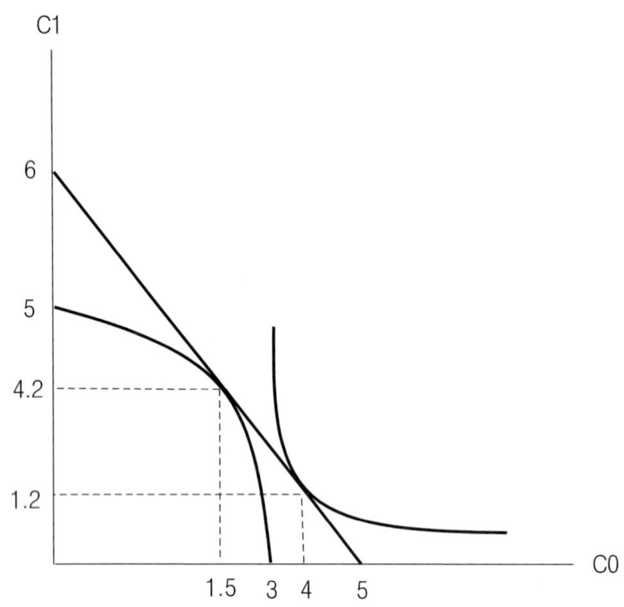

Example

1) 시장이자율은 얼마인가?

2) 생산활동에 얼마를 투자하는가?

3) 최적소비를 위하여 얼마를 차입 또는 대출하는가?

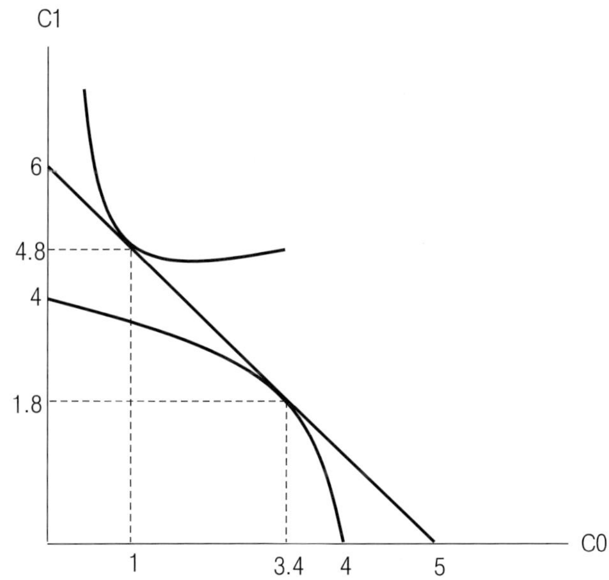

Example

An investor with an initial endowment of 16,000 won is confronted with the productivity curve defined as follows: $c_1 = 240(16{,}000 - c_0)^{\frac{1}{2}}$

where c_0 indicates consumption at present and c_1 is the consumption in the future. Assume that the interest rate is equal to 20%.

The investor's utility function is defined as: $U(c_0, c_1) = c_0 c_1$

1) How much will the investor invest in production?

2) Does the investor borrow or lend in the capital market? Give a numerical answer.

Solution

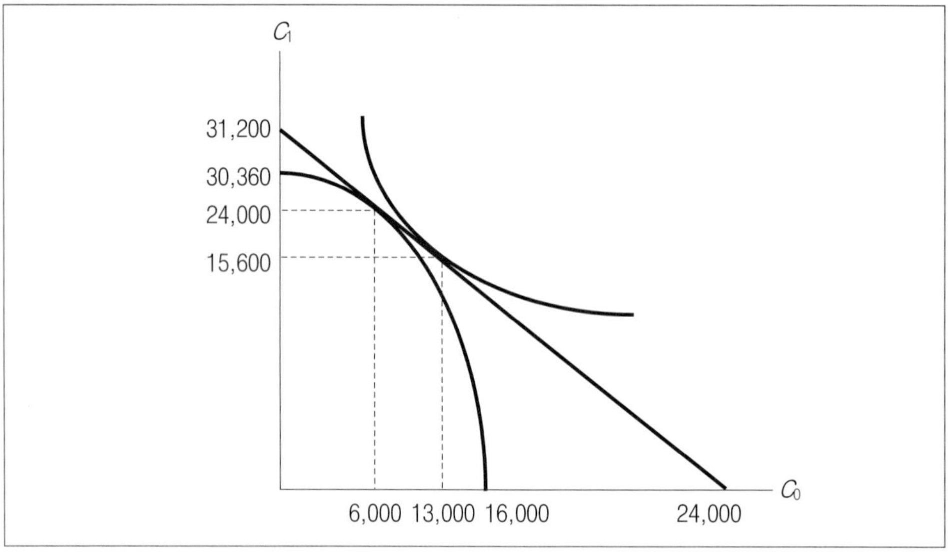

1)

$$\frac{dc_1}{dc_0} = -\frac{120}{(16{,}000 - c_0)^{\frac{1}{2}}} = -1.2$$

$c_0^* = 6{,}000$

The investor invests 10,000 won in production.

2)

$$U(c_0, c_1) = c_0 c_1$$

$$dU = c_1 dc_0 + c_0 dc_1 = 0$$

$$\frac{dc_1}{dc_0} = -\frac{c_1}{c_0} = -1.2$$

$c_0^* = 6{,}000$

$c_1^* = 240 \times (10{,}000)^{\frac{1}{2}} = 24{,}000$

The money market line is $c_1 = -1.2(c_0 - 6{,}000) + 24{,}000$

$1.2c_0 = -1.2(c_0 - 6{,}000) + 24{,}000$

$c_0^{**} = 13{,}000$

The investor borrows 7,000 won.

Example

효용함수는 $U(c_o, c_1) = c_0 \times c_1^2$이고, 생산기회선은 $c_1 = 90 - \frac{1}{90}c_0^2$이다. 시장이자율이 20%일 때, 효용을 극대화하기 위해 어떤 의사결정을 해야 하는가?

Solution

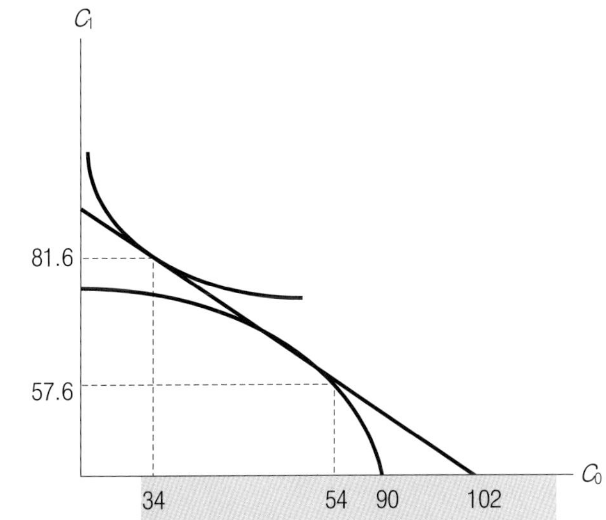

MRT는 다음과 같다.

$$\frac{dc_1}{dc_0} = -\frac{1}{45}c_0$$

$$\frac{1}{45}c_0 = 1.2$$

$c_0 = 54, c_1 = 57.6$

36을 투자한다.

Money Market line: $c_1 = -1.2(c_0 - 54) + 57.6$

MRS는 다음과 같다.

$$dU = c_1^2 dc_0 + 2c_0 c_1 dc_1 = 0$$

$$\frac{dc_1}{dc_0} = -\frac{c_1}{2c_0}$$

$$\frac{c_1}{2c_0} = 1.2$$

$c_0 = 34,\ c_1 = 81.6$

34를 현재소비하고, 20을 예금하며, 81.6을 미래소비한다.

$U(34, 81.6) = 226{,}391$

Example

효용함수는 $U(c_o, c_1) = c_0^2 \times c_1$이고, 생산기회선은 $c_1 = 100 - \frac{1}{4}c_0^2$이다. 시장이자율이 50%일 때, 효용을 극대화하기 위해 현재소비, 미래소비, 차입 또는 대출, 투자를 어떻게 해야 하는가?

Solution

MRT는 다음과 같다.

$$\frac{dc_1}{dc_0} = -\frac{1}{2}c_0$$

$$\frac{1}{2}c_0 = 1.5$$

$$c_0 = 3, \quad c_1 = 97.75$$

17을 투자한다.

Money Market line: $c_1 = -1.5(c_0 - 3) + 97.75$

MRS는 다음과 같다.

$$dU = 2c_0c_1dc_0 + c_0^2dc_1 = 0$$

$$\frac{dc_1}{dc_0} = -\frac{2c_1}{c_0}$$

$$\frac{2c_1}{c_0} = 1.5$$

$$c_1 = -1.5\left(\frac{2}{1.5}c_1 - 3\right) + 97.75$$

$$3c_1 = 102.25$$

$$c_1 = 34.1$$

$$c_0 = 45.5$$

45.5를 현재소비하고, 42.5를 차입하며, 34.1을 미래소비한다.

Example

효용함수는 $U(c_o, c_1) = c_0^2 \times c_1$ 이고, 생산기회선은 $c_1 = 100 - \frac{1}{4}c_0^2$ 이다. 시장이자율이 20%일 때, 효용을 극대화하기 위해 현재소비, 미래소비, 차입 또는 대출, 투자를 어떻게 해야 하는가?

The concept of derivative

When x changes from an initial value x_0 to a new value $(x_0 + \Delta x)$, the value of function $y = f(x)$ changes from $f(x_0)$ to $f(x_0 + \Delta x)$.

$$\frac{\Delta y}{\Delta x} = \frac{f(x_0 + \Delta x) - f(x_0)}{\Delta x}$$

$$\frac{dy}{dx} \equiv f'(x) \equiv \lim_{\Delta x \to 0} \frac{\Delta y}{\Delta x}$$

$$f'(x) = \lim_{h \to 0} \frac{f(x+h) - f(x)}{h}$$

In calculus, a branch of mathematics, the derivative is a measure of how a function changes as its input changes.

Rules of Differentiation

The derivative of $y = ax^n$ is $y' = anx^{n-1}$.

Example

Find the derivative of $y = 7x^6$.

Solution

$y' = 42x^5$

Example

다음 함수에서 $x=3$에서의 접선의 기울기는 얼마인가?

$y=x^2-4x+5.$

Solution

$y'=2x-4$

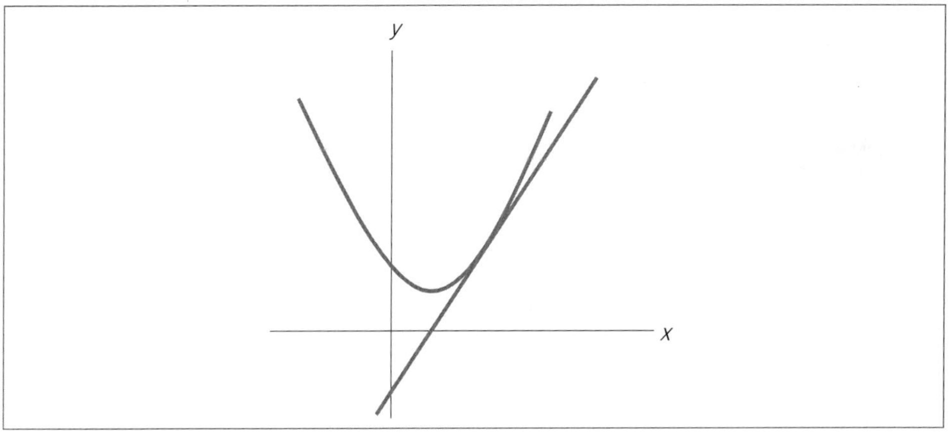

$x=3$에서의 접선의 기울기는 $y'=2$이다.

Example

$y=3x^2-9x+7$를 미분하면 $y'=6x-9$가 됨을 미분의 정의를 이용하여 증명하시오.

Solution

$$y'=\lim_{h\to 0}\frac{f(x+h)-f(x)}{h}=\lim_{h\to 0}\frac{3(x+h)^2-9(x+h)+7-(3x^2-9x+7)}{h}$$

$$=\lim_{h\to 0}\frac{6xh+3h^2-9h}{h}=\lim_{h\to 0}(6x+3h-9)=6x-9$$

Example

Find the derivative of $y=(ax^2+bx+c)^n$.

Solution

$y'=n(ax^2+bx+c)^{n-1}(2ax+b)$

Example

Find the derivative of $y = (2x^3 + 3x + 1)^2$.

Quotient Rule

The derivative of the quotient of two functions, $\frac{f(x)}{g(x)}$, is

$$\frac{d}{dx}\frac{f(x)}{g(x)} = \frac{f'(x)g(x) - f(x)g'(x)}{g^2(x)}$$

Example

Find the derivative of $\frac{2x-3}{x+1}$.

Solution

$$\frac{d}{dx}\left(\frac{2x-3}{x+1}\right) = \frac{5}{(x+1)^2}$$

Interpretation of the Derivative

$f'(x_0) > 0$ means that the value of the function tends to increase.

$f''(x_0) > 0$ means that the slope of the curve tends to increase.

$y = 3x^2 + 5$

$y = -3x^2 + 5$

$y = 2x^3 + 5$

$y = -2x^3 + 5$

Example

Find the first and second partial derivatives of

$z = x^3 + 5xy - y^2$

Solution

$f_x = 3x^2 + 5y \qquad f_y = 5x - 2y$

$f_{xx} = 6x \qquad f_{xy} = 5 \qquad f_{yy} = -2$

Example

Find the first and second partial derivatives of

$z = 8x^3 + 2xy - 3x^2 + y^2 + 1$

Solution

$f_x = 24x^2 + 2y - 6x \qquad f_y = 2x + 2y$

$f_{xx} = 48x - 6 \qquad f_{xy} = 2 \qquad f_{yy} = 2$

Example

Find the first and second partial derivatives of

$z = (x-2)^3 + (y-3)^5$

Solution

$f_x = 3(x-2)^2 \qquad f_y = 5(y-3)^4$

$f_{xx} = 6(x-2) \qquad f_{xy} = 0 \qquad f_{yy} = 20(y-3)^3$

Total differential

For the function

$z = f(x, y)$

$dz = f_x dx + f_y dy$

Example

Given $z = x^3 + 5xy - y^2$, find dz.

Solution

$dz = (3x^2 + 5y)dx + (5x - 2y)dy$

Cf.

At the point $x=1$ and $y=2$, we have

$dz = 13dx + dy$

Demand curve

A graph of the relationship between the price of a good and the quantity demanded

Market Demand Function

$Q_d = f(P, P_R, M, N, T)$

P: 상품의 가격

P_R: 다른 상품들의 가격

M: 소득수준

N: 인구의 크기

T: 기호

Ceteris Paribus

Other things being equal

다른 모든 조건이 변하지 않는다면

$Q_d = f(P; P_R, M, N, T)$

Example

The demand for ice cream cones is $P = 800 - 2Q_D$.

The supply of ice cream cones is $P = 200 + Q_S$.

Find the equilibrium price and equilibrium quantity.

Solution

To find the equilibrium price and equilibrium quantity, substitute Q^* for Q_D and Q_S and P^* for P.

That is,

$$P^* = 800 - 2Q^*$$

$$P^* = 200 + Q^*$$

$$Q^* = 200$$

$$P^* = 400$$

Example

Let the demand and supply function be as follows:

$$Q_d = 40 - 3P$$

$$Q_s = 7P - 10$$

find $\overline{P}$ and $\overline{Q}$.

Solution

$\overline{P} = 5$ and $\overline{Q} = 25$.

Price elasticity of demand

수요의 가격탄력성

$$e_p = -\frac{\frac{\Delta Q_d}{Q_d}}{\frac{\Delta P}{P}} = -\frac{\Delta Q_d}{\Delta P}\frac{P}{Q_d}$$

$$e_p = -\frac{dQ_d}{dP}\frac{P}{Q_d}$$

Example

The figure shows the demand for pens.

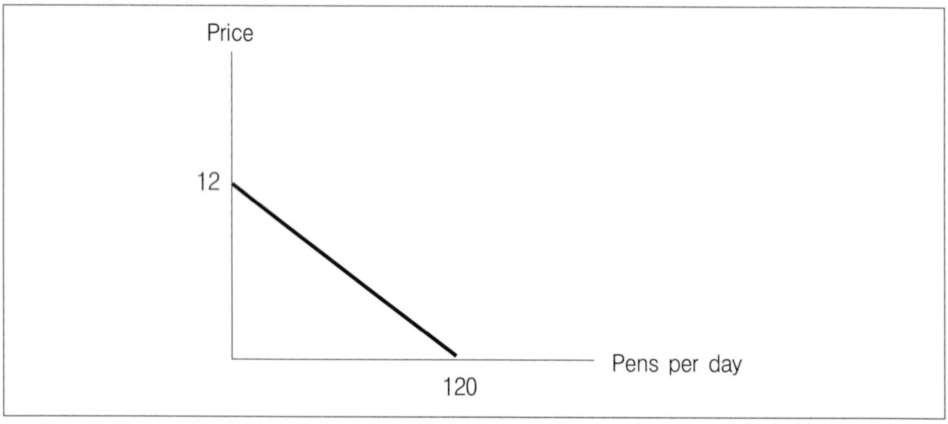

Calculate the elasticity of demand when the price is $2.

Solution

$$P = -\frac{1}{10}Q + 12$$

$$2 = -\frac{1}{10}Q + 12$$

$$Q = 100$$

$$e_p = -\frac{dQ_d}{dP}\frac{P}{Q_d} = 10 \times \frac{2}{100} = 0.2$$

Example

어떤 사람의 맥주에 대한 수요함수가 $Q=\dfrac{100}{P^3}$ 으로 주어져 있다면 가격이 1% 상승할 때, 맥주 구입량은 몇% 감소하겠는가?

Solution

$$\frac{dQ_d}{dP}=-\frac{300}{P^4}$$

$$e_p=-\frac{dQ_d}{dP}\frac{P}{Q_d}=\frac{300}{P^4}\frac{P}{\frac{100}{P^3}}=3$$

맥주가 가격이 1% 상승하면 맥주구입량은 3% 감소한다.

Example

어떤 사람의 맥주에 대한 수요함수가 $Q=\dfrac{100}{P^2}$ 으로 주어져 있다면 가격이 2% 상승할 때, 맥주 구입량은 몇% 감소하겠는가?

Solution

$$\frac{dQ_d}{dP}=-\frac{200}{P^3}$$

$$e_p=-\frac{dQ_d}{dP}\frac{P}{Q_d}=\frac{200}{P^3}\frac{P}{\frac{100}{P^2}}=2$$

맥주가 가격이 2% 상승하면 맥주구입량은 4% 감소한다.

Price elasticity of supply

공급의 가격탄력성

$$e_p = \frac{\frac{\Delta Q_s}{Q_s}}{\frac{\Delta P}{P}} = \frac{\Delta Q_s}{\Delta P}\frac{P}{Q_s}$$

$$e_p = \frac{dQ_s}{dP}\frac{P}{Q_s}$$

Example

공급곡선이 다음과 같다.

$Q_s = 5P - 25$

$Q_s = 100$ 인 점에서의 공급탄력성을 구하라.

Solution

$100 = 5P - 25$

$P = 25$

$$e_p = \frac{dQ_s}{dP}\frac{P}{Q_s} = 5 \times \frac{25}{100} = 1.25$$

Price elasticity of demand

The price elasticity of demand measures the change in the quantity demanded in response to a change in market price.

중간점을 이용한 탄력성 계산

$$e_p = -\frac{\dfrac{Q_2 - Q_1}{(Q_2 + Q_1)/2}}{\dfrac{P_2 - P_1}{(P_2 + P_1)/2}}$$

Example

If the price of product A is increased from \$1 per unit to \$1.1 per unit, the demand will decrease from 5 million units to 4.8 million units. Calculate the price elasticity of demand for product A.

Solution

$$e_p = -\frac{\dfrac{4.8 - 5}{4.9}}{\dfrac{1.1 - 1}{1.05}} = 0.43$$

Elasticity of supply

The price elasticity of supply is a measure of the responsiveness of the quantity supplied to changes in price.

Example

Suppose that the price for a pound of coffee increases from \$8 to \$10 per pound. At the new price, the quantity supplied increases from 100,000 kilograms per month to 120,000 kilograms per month. Calculate the elasticity of supply for coffee.

Solution

$$e_p = \frac{\dfrac{120,000 - 100,000}{110,000}}{\dfrac{10-8}{9}} = 0.82$$

Cross elasticity

Cross elasticity of demand measures the change in the demand for a good in response to the change in price of a substitute or complementary good.

Example

Suppose that the price of ice cream is \$1.5 per scoop and 600 scoops per day are sold. Now, assume that the price of frozen yogurt increases \$1.25 to \$1.75 per scoop. The sale of ice cream increased from 600 to 750 scoops per day. Calculate the cross elasticity of demand of ice cream relative to frozen yogurt.

Solution

$$e_p = \frac{\dfrac{750 - 600}{675}}{\dfrac{1.75-1.25}{1.5}} = 0.67$$

Example

Suppose that the price of donuts is$0.5 and the local donut shop serves 800 donuts per day. The price of coffee is increased from $0.75 to $1.25 per cup. The number of donuts sold decreases to 600 per day. Calculate the cross elasticity of demand for donuts relative to the price of coffee.

Solution

$$e_p = \frac{\dfrac{600-800}{700}}{\dfrac{1.25-0.75}{1}} = -0.57$$

Income elasticity

The income elasticity of demand measures the sensitivity of the quantity demanded to a change in a consumer's income.

An inferior good has negative income elasticity. As income increases, quantity demanded decreases. Normal goods that have relatively low income elasticities (between 0 and 1) are considered necessities, while normal goods with high income elasticities (values greater than 1) are considered luxury goods.

Example

Suppose that your income has risen by $10,000 from an initial rate of $50,000. Your consumption of bread has increased from 100 loaves per year to 110 loaves per year. Calculate the income elasticity of bread.

Solution

$$e_p = \frac{\dfrac{110-100}{105}}{\dfrac{60{,}000-50{,}000}{55{,}000}} = 0.52$$

Production function

A function that defines the maximum amount of output that can be produced with a given set of inputs

$Q = f(K, L)$

We will let K denote the quantity of capital, L the quantity of labor, and Q the level of output produced in the production process.

생산함수는 주어진 시간 동안 사용된 여러 가지 생산요소의 양과 이를 통해 그 기간 동안 생산될 수 있는 최대한의 상품량과의 관계를 나타내는 함수이다.

Linear Production function

$Q = f(K, L) = aK + bL$

Example

A firm can manufacture a product according to the production function

$Q = f(K, L) = 2K + 3L$

How much output is produced when 2 units of labor and 5 units of capital are employed?

Solution

2 units of labor and 5 units of capital produce 16 units of output.

Leontief Production function

$Q = f(K,L) = Min\{aK, bL\}$

Example

A firm can manufacture a product according to the production function

$Q = f(K,L) = Min\{2K, 3L\}$

How much output is produced when 2 units of labor and 5 units of capital are employed?

Solution

$Q = f(K,L) = Min\{2K, 3L\} = Min\{10, 6\} = 6$

2 units of labor and 5 units of capital produce 6 units of output.

Cobb-Douglas Production function

$Q = f(K,L) = K^a L^b$

Example

A firm can manufacture a product according to the production function

$Q = f(K,L) = K^{\frac{1}{2}} L^{\frac{1}{2}}$

How much output is produced when 4 units of labor and 9 units of capital are employed?

Solution

4 units of labor and 9 units of capital produce 6 units of output.

Returns to Scale

Constant Returns to Scale

If we scale all of the inputs up by some amount m, constant returns to scale implies that we should get m times as much output:

$f(mx, my) = mf(x, y)$

Increasing Returns to Scale

$f(mx, my) > mf(x, y)$

for all $m > 1$

Decreasing Returns to Scale

$f(mx, my) < mf(x, y)$

for all $m > 1$

Example

Consider the production function $f(x, y) = 4x + y$. Does this exhibit constant, increasing, or decreasing returns to scale?

Solution

$f(mx, my) = 4mx + my = m(4x + y)$

$mf(x, y) = m(4x + y)$

$f(mx, my) = mf(x, y)$

for all $m > 1$

Constant returns to scale

Example

Consider the production function $f(x,y)= x^2y^2$. Does this exhibit constant, increasing, or decreasing returns to scale?

Solution

$$f(mx,my)=m^4x^2y^2$$

$$mf(x,y)=mx^2y^2$$

$$f(mx,my)>mf(x,y)$$

for all $m>1$

Increasing returns to scale

Example

Consider the production function $f(x,y)= x^{\frac{1}{2}}y^{\frac{1}{3}}$. Does this exhibit constant, increasing, or decreasing returns to scale?

Solution

$$f(mx,my)=m^{\frac{5}{6}}x^{\frac{1}{2}}y^{\frac{1}{3}}$$

$$mf(x,y)=mx^{\frac{1}{2}}y^{\frac{1}{3}}$$

$$f(mx,my)<mf(x,y)$$

for all $m>1$

Decreasing returns to scale

Measures of Productivity

Total Product

The maximum level of output that can be produced with a given amount of inputs.

Average Product

A measure of the output produced per unit of input.

자본의 평균생산

$$AP_K = \frac{Q}{K}$$

노동의 평균생산

$$AP_L = \frac{Q}{L}$$

Example

A firm can manufacture a product according to the production function

$$Q = f(K, L) = K^{\frac{3}{4}} L^{\frac{1}{4}}$$

Calculate the average product of labor when the level of capital is fixed at 16 units and the firm uses 16 units of labor.

Solution

$$AP_L = \frac{Q}{L} = \frac{16}{16} = 1$$

Example

A firm can manufacture a product according to the production function

$Q = f(K,L) = K^{\frac{3}{4}} L^{\frac{1}{4}}$

Calculate the average product of labor when the level of capital is fixed at 16 units and the firm uses 81 units of labor.

Solution

$AP_L = \frac{Q}{L} = \frac{24}{81} = \frac{8}{27}$

Marginal Product

The change in total output attributable to the last unit of an input.

Homogeneous function of degree k

아래 식을 만족하는 함수를 k차 동차함수라 한다.

$f(mx, my) = m^k f(x, y)$

Example

어떤 기업의 생산함수는 $Q = f(K,L) = aK^b L^c$ 이며, 1차 동차함수이다. $L = 1,\ K = 1$ 에서 노동의 한계생산성은 $\frac{1}{3}$, 자본의 한계생산성은 $\frac{1}{6}$ 이다.

a, b, c 의 값은?

Solution

$MP_K = abK^{b-1}L^c = ab = \frac{1}{6}$

$MP_L = acK^b L^{c-1} = ac = \frac{1}{3}$

$\frac{b}{c} = \frac{1}{2}$

$f(mK, mL) = am^{b+c} K^b L^c$

$b + c = 1$

$a = \frac{1}{2}, b = \frac{1}{3}, c = \frac{2}{3}$

Example

어떤 기업의 생산함수는 $Q = f(K, L) = aK^b L^c$ 이며, 1차 동차함수이다. $L = 1$, $K = 1$ 에서 노동의 한계생산성은 $\frac{1}{6}$, 자본의 한계생산성은 $\frac{1}{3}$ 이다. a,b,c의 값은?

Solution

$$ab = \frac{1}{3}$$

$$ac = \frac{1}{6}$$

$$\frac{b}{c} = 2$$

$$b + c = 1$$

$$a = \frac{1}{2},\ b = \frac{2}{3},\ c = \frac{1}{3}$$

총비용

$TC = FC + VC$

TC : Total Cost, 총비용

FC : Fixed Cost, 고정비용

생산량과 관계없이 항상 일정한 크기를 유지

VC : Variable Cost, 가변비용

생산량이 커짐에 따라 함께 커짐

Example

어떤 기업의 비용함수가 $C = Q^3 - 10Q^2 + 40Q + 50$ 으로 주어져 있다. 생산량이 10단위일 때 평균고정비용, 평균가변비용, 평균비용, 한계비용은 각각 얼마인가?

Solution

$TVC = Q^3 - 10Q^2 + 40Q$

$TFC = 50$

$$AFC = \frac{TFC}{Q} = 5$$

$AVC = Q^2 - 10Q + 40 = 40$

$$AC = \frac{TC}{Q} = 45$$

$MC = 3Q^2 - 20Q + 40 = 140$

Example

어떤 기업의 비용함수가 $C = 35 + 6Q - 10Q^2 + 2Q^3$ 으로 주어져 있다. 생산량이 5단위일 때 평균고정비용, 평균가변비용, 평균비용, 한계비용은 각각 얼마인가?

Solution

$TVC = 2Q^3 - 10Q^2 + 6Q$

$TFC = 35$

$$AFC = \frac{TFC}{Q} = 7$$

$AVC = 2Q^2 - 10Q + 6 = 6$

$$AC = \frac{TC}{Q} = 13$$

$MC = 6Q^2 - 20Q + 6 = 56$

Example

어떤 기업의 비용함수가 $C = 35 + 6Q - 12Q^2 + 2Q^3$ 으로 주어져 있다면 평균가변비용이 최소가 되는 생산량은?

Solution

$TVC = 6Q - 12Q^2 + 2Q^3$

$AVC = 6 - 12Q + 2Q^2$

$$\frac{dAVC}{dQ} = -12 + 4Q = 0$$

$Q = 3$

이윤극대화 생산량

$\pi = TR - TC$

π : 이윤

TR : 총수입

TC : 총비용

Example

수요함수가 $P = -Q + 30$, 총비용이 $TC = Q^2 + 10Q + 20$ 으로 주어져 있다면 이윤극대화 생산량, 가격, 그리고 이윤의 크기는?

Solution

$TR = P \times Q = -Q^2 + 30Q$

$TC = Q^2 + 10Q + 20$

$\pi = -2Q^2 + 20Q - 20$

$$\frac{d\pi}{dQ} = -4Q + 20 = 0$$

$Q = 5, P = 25, \pi = 30$

Example

수요함수가 $P=-3Q+24$, 총비용이 $TC=2Q^2+4Q+1$으로 주어져 있다면 이윤극대화 생산량, 가격, 그리고 이윤의 크기는?

Solution

$TR = P \times Q = -3Q^2 + 24Q$

$TC = 2Q^2 + 4Q + 1$

$\pi = -5Q^2 + 20Q - 1$

$\frac{d\pi}{dQ} = -10Q + 20 = 0$

$Q = 2, P = 18, \pi = 19$

Example

수요함수가 $P=-Q+8$, 한계비용이 $MC=4$으로 주어져 있다면 이윤극대화 생산량은?

Solution

이윤극대화 조건은 $MR = MC$

$TR = -Q^2 + 8Q$

$MR = -2Q + 8$

$MR = MC = -2Q + 8 = 4$

$Q = 2$

chapter 3

Risk & Return

위험(risk)은 미래 수익(return)의 불확실성(uncertainty) 또는 불확실성에의 노출(exposure to uncertainty)로 정의된다.

Example

K Company has 2,000 shares of common stock outstanding that are currently being sold for 30,000 won per share. The firm's debt is 20 million won.

$S = 60{,}000{,}000$

$B = 20{,}000{,}000$

Given the following end-of-period price:

Probability	Stock Price
0.4	24,000
0.6	36,000

What is the expected rate of return? The variance of end-of-period returns?

Solution

Probability	Stock Price	Return
0.4	24,000	−20.0%
0.6	36,000	20.0%

$E(r) = 0.4 \times (-20) + 0.6 \times 20 = 4$

$E(r) = 4.0\%$

$Var(r) = 0.4 \times (-20-4)^2 + 0.6 \times (20-4)^2 = 384$

Example

The current price : 30,000 won per share.

Given the following end-of-period return:

Probability	Return
0.4	−10%
0.6	10%

What is the expected price? The variance of price?

Solution

Probability	Return	Stock Price
0.4	−10%	27,000
0.6	10%	33,000

$$E(P) = 0.4 \times 27{,}000 + 0.6 \times 33{,}000 = 30{,}600$$

$$E(P) = 30{,}600$$

$$Var(P) = 0.4 \times (27{,}000 - 30{,}600)^2 + 0.6 \times (33{,}000 - 30{,}600)^2$$

$$Var(P) = 8{,}640{,}000$$

Example

The current price: 5,000 won per share.

Given the following end-of-period price:

Probability	Stock Price
0.2	4,000
0.3	5,000
0.5	6,000

What is the expected rate of return? The standard deviation of end-of-period returns?

Solution

Probability	Stock Price	Return
0.2	4,000	−20%
0.3	5,000	0%
0.5	6,000	20%

$$E(r) = 0.2 \times (-20) + 0.3 \times 0 + 0.5 \times 20 = 6$$

$$E(r) = 6\%$$

$$Var(r) = 0.2 \times (-20-6)^2 + 0.3 \times (0-6)^2 + 0.5 \times (20-6)^2$$

$$Var(r) = 244$$

$$\sigma = 15.6$$

Standard deviation & Expected rate of return

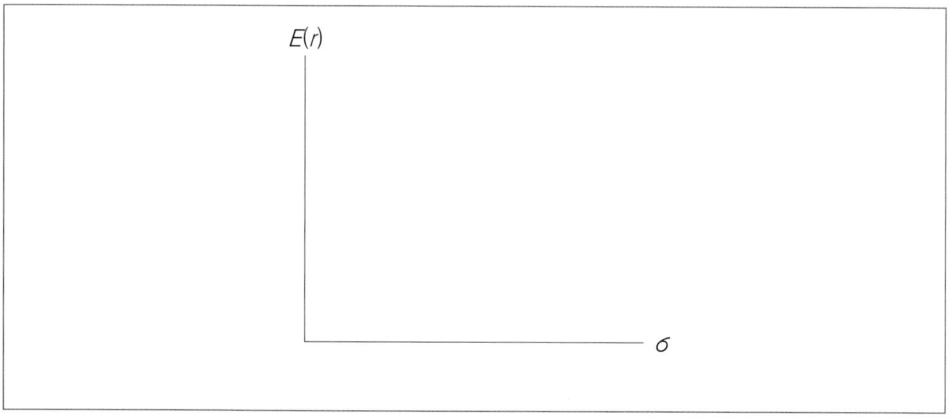

The standard deviation of a random variable is a measure of the spread or dispersion of the values of the random variable. In many applications it is preferable to the variance as such a measure since it will have the same measurement units as the random variable itself.

Rate of Return

Example

1 년 전 주가가 11,000원이었고, 올 해 주가가 13,200원, 배당금이 600원인 경우, 수익률은?

Solution

$$\frac{(13,200-11,000)+600}{11,000}=25.45\%$$

Holding period return

보유기간수익률

일별수익률이 r_{t-1}과 r_t인 경우, 이틀간의 보유기간수익률은 다음과 같다.

$$(1+r_{t-1})(1+r_t)-1$$

Example

$(t-2)$일, $(t-1)$일, t일의 종가가 각각 100원, 125원, 100원인 경우, 일별수익률은 다음과 같다.

$r_{t-1} = 25\%$, $r_t = -20\%$

이틀간의 보유기간수익률은 0%이다.

Example

일별 수익률이 10%, -5%일 때, 이틀간의 보유기간수익률은?

Solution

4.5%

Probability distribution

A listing of all possible outcomes with a probability assigned to each outcome.

Example

Given the following end-of-period prices,

Stock Price	13,700	14,500
Probability	$\frac{1}{2}$	$\frac{1}{2}$

What is the expected price? The variance of prices? The standard deviation of prices?

Solution

$$E(P) = \frac{1}{2} \times 13{,}700 + \frac{1}{2} \times 14{,}500 = 14{,}100$$

$$Var(P) = (-400)^2 \times \frac{1}{2} + 400^2 \times \frac{1}{2} = 160{,}000$$

$$\sigma = 400$$

Example

Given the following end-of-period return:

(%)

Return	10	20	30
Probability	$\frac{1}{3}$	$\frac{1}{3}$	$\frac{1}{3}$

What is the expected return? The variance of return?

Solution

$$E(r)=\frac{1}{3}10+\frac{1}{3}20+\frac{1}{3}30=20\%$$

$$Var(r)=\frac{1}{3}(-10)^2+\frac{1}{3}\times 0+\frac{1}{3}10^2=66.7$$

Example

삼성전자 주가가 현재 50만원이다. 한 달 후 45만원이 될 확률이 0.4이고, 55만원이 될 확률이 0.6이다. 기대가격, 가격의 분산, 기대수익률, 수익률의 분산을 구하라.

Solution

Probability	Price
0.4	45
0.6	55

$E(P)=51$, $Var(P)=24$

현재주가 50만원이 45만원이 될 때의 수익률은 $\frac{45-50}{50}$ 이다.

현재주가 50만원이 55만원이 될 때의 수익률은 $\frac{55-50}{50}$ 이다.

(%)

Probability	Return
0.4	−10
0.6	10

$E(r)=2\%$, $Var(r)=96$

Expectation

기댓값은 어떤 사건이 일어날 확률에 그 사건에서 얻게 되는 이득을 곱해서 계산한다.

Example

Consider the experiment of tossing two coins.

Let X denote the number of heads.

Find the Probability distribution of X.

Solution

X	0	1	2
Probability	$\frac{1}{4}$	$\frac{1}{2}$	$\frac{1}{4}$

Example

Consider the experiment of tossing two coins.

Let X denote the number of heads.

Find $E(X)$ and $Var(X)$.

Solution

X	0	1	2
Probability	$\frac{1}{4}$	$\frac{1}{2}$	$\frac{1}{4}$

$$E(X) = \frac{1}{4}\times 0 + \frac{1}{2}\times 1 + \frac{1}{4}\times 2 = 1$$

$$E(X) = 1$$

$$Var(X) = (0-1)^2\frac{1}{4} + (1-1)^2\frac{1}{2} + (2-1)^2\frac{1}{4} = \frac{1}{2}$$

$$\sigma_X = \frac{1}{\sqrt{2}}$$

Example

Consider the experiment of tossing two coins.

Let X denote the number of heads.

Find $E(3X+2)$ and $Var(3X+2)$.

Solution

X	0	1	2
Probability	$\frac{1}{4}$	$\frac{1}{2}$	$\frac{1}{4}$

$E(X)=1$

$Var(X)=(0-1)^2\frac{1}{4}+(1-1)^2\frac{1}{2}+(2-1)^2\frac{1}{4}=\frac{1}{2}$

$E(3X+2)=5$

3X + 2	2	5	8
Probability	$\frac{1}{4}$	$\frac{1}{2}$	$\frac{1}{4}$

$E(3X+2)=\frac{1}{4}\times 2+\frac{1}{2}\times 5+\frac{1}{4}\times 8=5$

$Var(3X+2)=9Var(X)=\frac{9}{2}$

Example

다음 관계가 성립함을 예를 들어 설명하라.

$E(3X+4)=3E(X)+4$

Solution

Consider the experiment of tossing two coins.

Let X denote the number of heads.

X	0	1	2
Probability	$\frac{1}{4}$	$\frac{1}{2}$	$\frac{1}{4}$

$E(X)=1$

$3E(X)+4=7$

3X + 4	4	7	10
Probability	$\frac{1}{4}$	$\frac{1}{2}$	$\frac{1}{4}$

$E(3X+4)=7$

Example

Consider the experiment of tossing three coins.

Let X denote the number of heads.

Find $E(X)$, $Var(X)$, and σ_X .

Solution

X	0	1	2	3
Probability	$\frac{1}{8}$	$\frac{3}{8}$	$\frac{3}{8}$	$\frac{1}{8}$

$$E(X) = 0 \times \frac{1}{8} + 1 \times \frac{3}{8} + 2 \times \frac{3}{8} + 3 \times \frac{1}{8} = \frac{3}{2}$$

X^2	0	1	4	9
Probability	$\frac{1}{8}$	$\frac{3}{8}$	$\frac{3}{8}$	$\frac{1}{8}$

$$E(X^2) = 0 \times \frac{1}{8} + 1 \times \frac{3}{8} + 4 \times \frac{3}{8} + 9 \times \frac{1}{8} = 3$$

$$Var(X) = 3 - \left(\frac{3}{2}\right)^2 = \frac{3}{4}$$

$$\sigma_X = \frac{\sqrt{3}}{2}$$

Variance

분산

$Var(X) = E(X - \mu_X)^2$

분산은 어떤 사건이 일어날 확률에 그 사건에서 얻게 되는 이득과 기댓값의 차의 제곱을 곱해서 계산한다.

The variance of a random variable X will be a measure of the spread or dispersion of the density of X.

If values of a random variable X tend to be far from their mean, the variance of X will be larger than the variance of a comparable random variable Y whose values tend to be near their mean.

μ: mu

$\mu_X = E(X)$

For any random variable X, $Var(X) = E(X^2) - [E(X)]^2$

For any constants a and b, $Var(aX + b) = a^2 Var(X)$

Example

Prove $Var(X) = E(X^2) - [E(X)]^2$.

Solution

$$
\begin{aligned}
Var(X) &= E\left[(X - \mu_X)^2\right] \\
&= E\left[X^2 - 2\mu_X X + \mu_X^2\right] \\
&= E(X^2) - 2\mu_X E(X) + \mu_X^2 \\
&= E(X^2) - [E(X)]^2
\end{aligned}
$$

Cf.

$E[(X-3)^2] = E[X^2 - 6X + 9] = E(X^2) - 6E(X) + 9$

Example

Prove $Var(3X + 2) = 9\,Var(X)$.

Covariance

공분산

For random variables X and Y, the covariance of X and Y is defined to be

$Cov(X,Y)=E[(X-\mu_X)(Y-\mu_Y)]$

It measures linear association between X and Y.

$Cov(X,Y)=Cov(Y,X)$

$Cov(aX,bY)=abCov(X,Y)$

[Theorem]

$Cov(X,Y)=E(XY)-E(X)E(Y)$

[Proof]

$$
\begin{aligned}
Cov(X,Y) &= E[(X-\mu_X)(Y-\mu_Y)] \\
&= E[XY - X\mu_Y - \mu_X Y + \mu_X\mu_Y] \\
&= E(XY) - \mu_X\mu_Y - \mu_X\mu_Y + \mu_X\mu_Y \\
&= E(XY) - \mu_X\mu_Y
\end{aligned}
$$

Cf.

$E[(X-2)(Y-3)]=E[XY-3X-2Y+6]=E(XY)-3E(X)-2E(Y)+6$

If X and Y are independent, then $Cov(X,Y)=0$.

Example

Prove $Cov(aX+bY,Z)=aCov(X,Z)+bCov(Y,Z)$.

Solution

$$
\begin{aligned}
Cov(aX+bY,Z) &= E[(aX+bY-a\mu_X-b\mu_Y)(Z-\mu_Z)] \\
&= E[a(X-\mu_X)(Z-\mu_Z)+b(Y-\mu_Y)(Z-\mu_Z)] \\
&= a\cdot Cov(X,Z)+b\cdot Cov(Y,Z)
\end{aligned}
$$

Correlation

상관계수

$$\rho_{XY} = \frac{\sigma_{XY}}{\sigma_X \sigma_Y}$$

The covariance of the standardized deviations.

ρ : rho

The correlation coefficient removes the individual variability of each X and Y by dividing the covariance by the product of the standard deviations, and thus the correlation coefficient is a better measure of the linear relationship of X and Y than is the covariance.

$-1 \leq \rho_{XY} \leq 1$

Variance

$$Var(X) = E[(X - \mu_X)(X - \mu_X)]$$

Covariance

$$Cov(X,Y) = E[(X - \mu_X)(Y - \mu_Y)]$$

Correlation

$$Corr(X,Y) = \frac{Cov(X,Y)}{\sqrt{Var(X)}\sqrt{Var(Y)}}$$

Example

Given the following end-of-period returns,

(%)

Probability	Security X	Security Y
0.5	5	9
0.5	3	3

Find σ_{XY}.

Solution

$E(X) = 4, \quad E(Y) = 6$

Probability	$X - E(X)$	$Y - E(Y)$
0.5	1	3
0.5	−1	−3

$$\sigma_{XY} = 0.5 \times 1 \times 3 + 0.5 \times (-1) \times (-3) = 3$$

Joint probability distribution

Example

하나의 동전을 세 번 던질 때, X와 Y를
X = 처음 두 번에서 나오는 앞면의 개수
Y = 세 번째에 나오는 앞면의 개수로 정의할 경우
X와 Y의 공분산을 구하라.

Solution

X \ Y	0	1	행의 합
0	$\frac{1}{8}$	$\frac{1}{8}$	$\frac{1}{4}$
1	$\frac{1}{4}$	$\frac{1}{4}$	$\frac{1}{2}$
2	$\frac{1}{8}$	$\frac{1}{8}$	$\frac{1}{4}$
열의 합	$\frac{1}{2}$	$\frac{1}{2}$	1

X	0	1	2
Probability	$\frac{1}{4}$	$\frac{1}{2}$	$\frac{1}{4}$

$E(X)=1$

Y	0	1
Probability	$\frac{1}{2}$	$\frac{1}{2}$

$E(Y)=\frac{1}{2}$

XY	0	1	2
Probability	$\frac{5}{8}$	$\frac{1}{4}$	$\frac{1}{8}$

$E(XY)=\frac{1}{2}$

$$Cov(X,Y)=E(XY)-E(X)E(Y)=\frac{1}{2}-1\times\frac{1}{2}=0$$

Example

A container holds three balls numbered 1, 2, and 3. A ball is drawn at random and the number X noted. A second ball is drawn at random and the number Y noted. The drawing is without replacement. Compute the correlation coefficient.

Solution

X \ Y	1	2	3
1	0	$\frac{1}{6}$	$\frac{1}{6}$
2	$\frac{1}{6}$	0	$\frac{1}{6}$
3	$\frac{1}{6}$	$\frac{1}{6}$	0

X	1	2	3
Probability	$\frac{1}{3}$	$\frac{1}{3}$	$\frac{1}{3}$

$$E(X)=2,\quad \sigma_X=\sqrt{\frac{2}{3}}$$

$$E(Y)=2,\quad \sigma_Y=\sqrt{\frac{2}{3}}$$

XY	2	3	6
Probability	$\frac{1}{3}$	$\frac{1}{3}$	$\frac{1}{3}$

$$E(XY)=\frac{11}{3}$$

$$Cov(X, Y)=-\frac{1}{3}$$

$$\rho_{XY}=-\frac{1}{2}$$

Example

A container holds three balls numbered 1, 2, and 3. A ball is drawn at random and the number X noted. A second ball is drawn at random and the number Y noted. The drawing is with replacement. Compute the correlation coefficient.

Solution

X \ Y	1	2	3
1	$\frac{1}{9}$	$\frac{1}{9}$	$\frac{1}{9}$
2	$\frac{1}{9}$	$\frac{1}{9}$	$\frac{1}{9}$
3	$\frac{1}{9}$	$\frac{1}{9}$	$\frac{1}{9}$

X	1	2	3
Probability	$\frac{1}{3}$	$\frac{1}{3}$	$\frac{1}{3}$

$$E(X)=2,\ \sigma_X=\sqrt{\frac{2}{3}}$$

$$E(Y)=2,\ \sigma_Y=\sqrt{\frac{2}{3}}$$

XY	1	2	3	4	6	9
Probability	$\frac{1}{9}$	$\frac{2}{9}$	$\frac{2}{9}$	$\frac{1}{9}$	$\frac{2}{9}$	$\frac{1}{9}$

$$E(XY)=4$$

$$Cov(X,Y)=E(XY)-E(X)E(Y)=0$$

If X and Y are independent, then $Cov(X, Y)=0$.

$$\rho_{XY}=\frac{\sigma_{XY}}{\sigma_X\sigma_Y}=0$$

Example

An urn contains balls numbered 1, 2, 3. First a ball is drawn from the urn, and then a coin is tossed the number of times as the number shown on the drawn ball.
Let X denote the number of balls. Let Y denote the number of heads.
Compute the correlation coefficient.

Solution

(1,0) 이 나올 확률: $\frac{1}{3}\times\frac{1}{2}$, (1,1) 이 나올 확률: $\frac{1}{3}\times\frac{1}{2}$

(2,0) 이 나올 확률: $\frac{1}{3}\times\frac{1}{4}$, (2,1) 이 나올 확률: $\frac{1}{3}\times\frac{1}{2}$

(2,2) 이 나올 확률: $\frac{1}{3}\times\frac{1}{4}$, (3,0) 이 나올 확률: $\frac{1}{3}\times\frac{1}{8}$

(3,1) 이 나올 확률: $\frac{1}{3}\times\frac{3}{8}$, (3,2) 이 나올 확률: $\frac{1}{3}\times\frac{3}{8}$

(3,3) 이 나올 확률: $\frac{1}{3}\times\frac{1}{8}$

X \ Y	0	1	2	3
1	$\frac{1}{6}$	$\frac{1}{6}$	0	0
2	$\frac{1}{12}$	$\frac{1}{6}$	$\frac{1}{12}$	0
3	$\frac{1}{24}$	$\frac{1}{8}$	$\frac{1}{8}$	$\frac{1}{24}$

X	1	2	3
Probability	$\frac{1}{3}$	$\frac{1}{3}$	$\frac{1}{3}$

$E(X)=2,\ E(X^2)=\frac{14}{3},\ Var(X)=\frac{2}{3}$

Y	0	1	2	3
Probability	$\frac{7}{24}$	$\frac{11}{24}$	$\frac{5}{24}$	$\frac{1}{24}$

$$E(Y)=1,\ E(Y^2)=\frac{5}{3},\ Var(Y)=\frac{2}{3}$$

XY	0	1	2	3	4	6	9
Probability	$\frac{7}{24}$	$\frac{1}{6}$	$\frac{1}{6}$	$\frac{1}{8}$	$\frac{1}{12}$	$\frac{1}{8}$	$\frac{1}{24}$

$$E(XY)=\frac{7}{3}$$

$$Cov(X,Y)=\frac{1}{3},\qquad \rho_{XY}=\frac{1}{2}$$

Solution

항아리에 공이 세 개가 있고, 1, 2, 3의 번호가 매겨져 있다. 항아리에서 임의로 공을 꺼내서 나온 숫자만큼 동전을 던질 수 있다. 항아리에서 꺼낸 공의 번호를 X라 하고, 동전을 던져 앞면이 나온 횟수를 Y라 할 때, 상관계수를 구하라.

Perfect Correlation

Perfect correlation will result in a correlation coefficient equal to 1.

Y is a linear function of X.

If we are given the value of X, we know for sure what the corresponding value of Y will be.

Example

Given the following relationship between X and Y,

$Y = a + bX, \qquad b > 0,$

Prove that X and Y are perfectly correlated.

Solution

$$\rho_{XY} = \frac{\sigma_{XY}}{\sigma_X \sigma_Y}$$

$$\sigma_Y^2 = b^2 \sigma_X^2$$

$$\sigma_Y = b\sigma_X$$

$$\mu_Y = a + b\mu_X$$

$$\sigma_{XY} = E[(X - \mu_X)(Y - \mu_Y)] = E[(X - \mu_X)(a + bX - a - b\mu_X)]$$

$$\sigma_{XY} = bE[(X - \mu_X)(X - \mu_X)] = b\sigma_X^2$$

$$\rho_{XY} = \frac{\sigma_{XY}}{\sigma_X \sigma_Y} = \frac{b\sigma_X^2}{\sigma_X \cdot b\sigma_X}$$

$$\rho_{XY} = 1$$

Example

Given the following relationship between X and Y,

$Y = a + bX, \quad b < 0,$

Prove $\rho_{XY} = -1$.

Example

$Y=3+2X$ 일 때, $\rho_{XY}=1$임을 증명하시오.

Solution

$$Var(Y)=E[(Y-E(Y))^2]=E[(3+2X-E(3+2X))^2]$$
$$=E[(3+2X-3-2E(X))^2]=E[(2(X-E(X)))^2]=4Var(X)$$

$\sigma_Y=2\sigma_X$

$$\sigma_{XY}=E[(X-E(X))(Y-E(Y))]=E[(X-E(X))(3+2X-E(3+2X))]$$
$$=E[(X-E(X))(3+2X-3-2E(X))]=2\sigma_X^2$$

$$\rho_{XY}=\frac{2\sigma_X^2}{\sigma_X\times 2\sigma_X}=1$$

Example

$Y=3-2X$일 때, $\rho_{XY}=-1$임을 증명하시오.

Solution

$$Var(Y)=E[(Y-E(Y))^2]=E[(3-2X-E(3-2X))^2]$$
$$=E[(3-2X-3+2E(X))^2]=E[(-2(X-E(X)))^2]=4Var(X)$$

$\sigma_Y=2\sigma_X$

$$\sigma_{XY}=E[(X-E(X))(Y-E(Y))]=E[(X-E(X))(3-2X-E(3-2X))]$$
$$=E[(X-E(X))(3-2X-3+2E(X))]=-2\sigma_X^2$$

$$\rho_{XY}=\frac{-2\sigma_X^2}{\sigma_X\times 2\sigma_X}=-1$$

Example

Prove $\rho_{XY} \leq 1$

Solution

$$\rho_{XY} = \frac{\sigma_{XY}}{\sigma_X \sigma_Y} \leq 1$$

$$\sigma_{XY} \leq \sigma_X \sigma_Y$$

$$E[(X-\mu_X)(Y-\mu_Y)] \leq \sqrt{E[(X-\mu_X)^2]} \cdot \sqrt{E[(Y-\mu_Y)^2]}$$

If we let $U = X - \mu_X$ and $V = Y - \mu_Y$, then

$$E[UV] \leq \sqrt{E(U^2)} \cdot \sqrt{E(V^2)}$$

$$0 \leq E[(aU - bV)^2] = a^2 E(U^2) + b^2 E(V^2) - 2ab \cdot E(UV)$$

If we let $a = \sqrt{E(V^2)}$ and $b = \sqrt{E(U^2)}$, then

$$0 \leq E(V^2) \cdot E(U^2) + E(U^2) \cdot E(V^2) - 2\sqrt{E(V^2)} \cdot \sqrt{E(U^2)} \cdot E(UV)$$

$$2\sqrt{E(V^2)} \cdot \sqrt{E(U^2)} \cdot E(UV) \leq 2E(V^2) \cdot E(U^2)$$

$$E[UV] \leq \sqrt{E(U^2)} \cdot \sqrt{E(V^2)}$$

$$E[(X-\mu_X)(Y-\mu_Y)] \leq \sqrt{E[(X-\mu_X)^2]} \cdot \sqrt{E[(Y-\mu_Y)^2]}$$

$$\sigma_{XY} \leq \sigma_X \sigma_Y$$

$$\rho_{XY} = \frac{\sigma_{XY}}{\sigma_X \sigma_Y} \leq 1$$

Example

Prove $\rho_{XY} \geq -1$

Solution

$$\rho_{XY} = \frac{\sigma_{XY}}{\sigma_X \sigma_Y} \geq -1$$

$$\sigma_{XY} \geq -\sigma_X \sigma_Y$$

$$E[(X-\mu_X)(Y-\mu_Y)] \geq -\sqrt{E[(X-\mu_X)^2]} \cdot \sqrt{E[(Y-\mu_Y)^2]}$$

If we let $U = X - \mu_X$ and $V = Y - \mu_Y$, then

$$E[UV] \geq -\sqrt{E(U^2)} \cdot \sqrt{E(V^2)}$$

$$0 \leq E[(aU+bV)^2] = a^2 E(U^2) + b^2 E(V^2) + 2ab \cdot E(UV)$$

If we let $a = \sqrt{E(V^2)}$ and $b = \sqrt{E(U^2)}$, then

$$0 \leq E(V^2) \cdot E(U^2) + E(U^2) \cdot E(V^2) + 2\sqrt{E(V^2)} \cdot \sqrt{E(U^2)} \cdot E(UV)$$

$$2\sqrt{E(V^2)} \cdot \sqrt{E(U^2)} \cdot E(UV) \geq -2E(V^2) \cdot E(U^2)$$

$$E[UV] \geq -\sqrt{E(U^2)} \cdot \sqrt{E(V^2)}$$

$$E[(X-\mu_X)(Y-\mu_Y)] \geq -\sqrt{E[(X-\mu_X)^2]} \cdot \sqrt{E[(Y-\mu_Y)^2]}$$

$$\sigma_{XY} \geq -\sigma_X \sigma_Y$$

$$\rho_{XY} = \frac{\sigma_{XY}}{\sigma_X \sigma_Y} \geq -1$$

Cf.

Prove $\frac{2\sqrt{xy}}{x+y} \le 1$

Solution

$\sqrt{xy} \le \frac{x+y}{2}$

$0 \le (a\sqrt{x} - b\sqrt{y})^2 = a^2x + b^2y - 2ab\sqrt{xy}$

$2ab\sqrt{xy} \le (a^2x + b^2y)$

If we let $a = 1,\ b = 1$, then

$2\sqrt{xy} \le (x+y)$

$\sqrt{xy} \le \frac{x+y}{2}$

Example

Given the following end-of-period returns,

(%)

Probability	Security X	Security Y
0.1	−5	−10
0.2	5	30
0.7	15	r

Find r so that the correlation between X and Y is 1.

Solution

$Y = 4X + 10$

$r = 70\%$

Dominance principle

Same variance. → The bigger the mean is, the better.

Same mean. → The smaller the variance is, the better.

X dominates Y if

$E(r_X) \geq E(r_Y)$ and $\sigma_X \leq \sigma_Y$ and at least one inequality is strict.

Example

(%)

Probability	Security X	Security Y	Security Z
0.5	7	5	9
0.5	5	3	3

Solution

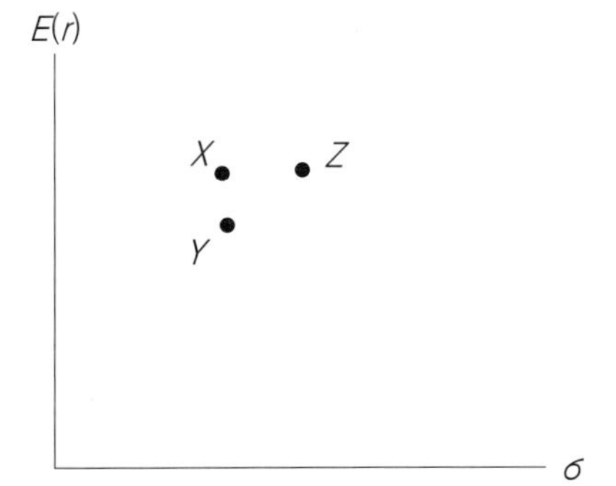

$E(r_X) = 6, \quad \sigma_X = 1$

$E(r_Y) = 4, \quad \sigma_Y = 1$

$E(r_Z) = 6, \quad \sigma_Z = 3$

X dominates Y

X dominates Z

Example

Given the following probability distribution for Stocks related to Ice cream and Umbrella:

(%)

Weather	Probability	Ice cream	Umbrella
Shiny	$\frac{3}{4}$	10	7
Rainy	$\frac{1}{4}$	8	15

If the only available choice is 100% of your wealth in Stock related to Ice cream or 100% in Stock related to Umbrella and you choose on the basis of mean and variance, which asset is preferred?

Solution

Ice cream: $E(r)=9.5\%$,

$$Var(r)=\frac{3}{4}0.25+\frac{1}{4}2.25=\frac{3}{4}$$

$\sigma=0.87$

Umbrella: $E(r)=9\%$,

$$Var(r)=\frac{3}{4}4+\frac{1}{4}36=\frac{48}{4}=12$$

$\sigma=3.46$

Stock related to Ice cream is preferred.

Example

Given the following probability distribution for X and Y:

(%)

Probability	Security X	Security Y
0.5	6	5
0.5	2	3

If the only available choice is 100% of your wealth in X or 100% in Y and you choose on the basis of mean and variance, which asset is preferred?

Solution

$E(r_X) = 4\%$, $\sigma_X = 2$

$E(r_Y) = 4\%$, $\sigma_Y = 1$

Same mean. → The smaller the variance is, the better.

Y is preferred.

Example

Given the following probability distribution for Stocks related to Ice cream and Umbrella:

(%)

Weather	Probability	Ice cream	Umbrella
Shiny	$\frac{3}{4}$	11	7
Rainy	$\frac{1}{4}$	7	15

If the only available choice is 100% of your wealth in Stock related to Ice cream or 100% in Stock related to Umbrella and you choose on the basis of mean and variance, which asset is preferred?

Portfolio

(a broad sense) combination of asset

(a narrow sense) combination of financial asset

투자자산

투자자의 富를 증식하게 하는 투자대상은 실물자산과 금융자산으로 구분할 수 있다. 실물자산(real assets)은 토지, 건물, 재고자산 등과 같이 그 자체가 미래이익발생능력이 있는 자산을 말한다. 반면에 금융자산(financial assets)은 주식, 국공채, 회사채 등과 같이 그 자체는 이익발생능력이 없고, 실물자산이 벌어들이는 이익이나 자산에 대하여 청구권(claims)을 행사할 수 있는 자산을 말한다. 주식에 투자한 사람은 투자지분에 따라 배당지급을 받을 권리가 있고, 채권에 투자한 사람은 당해 기업의 실물자산이 벌어들이는 이익에 대하여 이자지급을 받을 권리가 있다.

Two-Asset Portfolio

Expectation & Variance

$$E(X+Y)=E(X)+E(Y)$$

$$E(aX+bY)=aE(X)+bE(Y)$$

[Theorem]

$$Var(X+Y)=Var(X)+Var(Y)+2Cov(X,Y)$$

[Proof]

$$Var(X+Y)=E[(X+Y-\mu_X-\mu_Y)^2]$$

$$=E[(X-\mu_X)^2+(Y-\mu_Y)^2+2(X-\mu_X)(Y-\mu_Y)]$$

$$=Var(X)+Var(Y)+2Cov(X,Y)$$

[Theorem]

$$Var(aX+bY)=a^2Var(X)+b^2Var(Y)+2abCov(X,Y)$$

[Proof]

$$Var(aX+bY)=E[(aX+bY-a\mu_X-b\mu_Y)^2]$$

$$=E[a^2(X-\mu_X)^2+b^2(Y-\mu_Y)^2+2ab(X-\mu_X)(Y-\mu_Y)]$$

$$=a^2Var(X)+b^2Var(Y)+2abCov(X,Y)$$

[Theorem]

$$Var(aX-bY)=a^2Var(X)+b^2Var(Y)-2abCov(X,Y)$$

[Proof]

$$Var(aX-bY)=E[(aX-bY-a\mu_X+b\mu_Y)^2]$$

$$=E[a^2(X-\mu_X)^2+b^2(Y-\mu_Y)^2-2ab(X-\mu_X)(Y-\mu_Y)]$$

$$=a^2Var(X)+b^2Var(Y)-2abCov(X,Y)$$

Example

다음 관계가 성립함을 증명하시오.

$Var(2X+3Y)=4Var(X)+9Var(Y)+12Cov(X,Y)$

Example

Let the fraction of X be w_1 and the fraction of Y be w_2.

$w_1+w_2=1$

$E(w_1X+w_2Y)=w_1E(X)+w_2E(Y)$

$Var(w_1X+w_2Y)=w_1^2Var(X)+w_2^2Var(Y)+2w_1w_2Cov(X,Y)$

Example

$E[wX+(1-w)Y]=wE(X)+(1-w)E(Y)$

$Var[wX+(1-w)Y]=w^2Var(X)+(1-w)^2Var(Y)+2w(1-w)Cov(X,Y)$

Example

Suppose you hold two assets in your portfolio, X and Y.

Let the fraction of X be w and the fraction of Y be $(1-w)$.

If $w=1$, you hold only X,

If $w=0$, you hold only Y,

If $w=0.5$, you have an equally weighted or naively diversified portfolio.

Example

Given the following end-of-period returns,

(%)

Probability	Security X	Security Y
0.5	5	9
0.5	3	3

Find the expected return and standard deviation of Equally Weighted Portfolio.

Solution

$E(X) = 4, \quad \sigma_X = 1$

$E(Y) = 6, \quad \sigma_Y = 3$

$$E(r_p) = E(\frac{1}{2}X + \frac{1}{2}Y) = \frac{1}{2}E(X) + \frac{1}{2}E(Y) = 5$$

$$\sigma_p^2 = Var(\frac{1}{2}X + \frac{1}{2}Y)$$

$$Var(\frac{1}{2}X + \frac{1}{2}Y) = (\frac{1}{2})^2 Var(X) + (\frac{1}{2})^2 Var(Y) + 2(\frac{1}{2})(\frac{1}{2})Cov(X,Y)$$

$$\rho_{XY} = \frac{\sigma_{XY}}{\sigma_X \sigma_Y} = 1$$

$$Var(\frac{1}{2}X + \frac{1}{2}Y) = (\frac{1}{2})^2 Var(X) + (\frac{1}{2})^2 Var(Y) + 2(\frac{1}{2})(\frac{1}{2})\sigma_X \sigma_Y = 4$$

$\sigma_p = 2$

Example

Given the following end-of-period returns,

(%)

Probability	Security X	Security Y
0.5	5	9
0.5	3	3

Plot the set of feasible mean-variance combinations of return.

Solution

$$E(r_p) = E[wX + (1-w)Y] = wE(X) + (1-w)E(Y) = w \cdot 4 + (1-w)6 \ E(r_p) = -2w + 6$$

$$\sigma_p^2 = Var[wX + (1-w)Y]$$

$$\sigma_p^2 = w^2\sigma_X^2 + (1-w)^2\sigma_Y^2 + 2w(1-w)\sigma_{XY}$$

$$\rho_{XY} = \frac{\sigma_{XY}}{\sigma_X\sigma_Y} = 1$$

$$\sigma_p^2 = w^2\sigma_X^2 + (1-w)^2\sigma_Y^2 + 2w(1-w)\sigma_X\sigma_Y$$

$$\sigma_p^2 = \{w\ \sigma_X + (1-w)\ \sigma_Y\}^2$$

$$\sigma_p = w\ \sigma_X + (1-w)\ \sigma_Y$$

$$\sigma_p = w\ \cdot 1 + (1-w)\ 3 = -2w + 3$$

$$E(r_p) = \sigma_p + 3$$

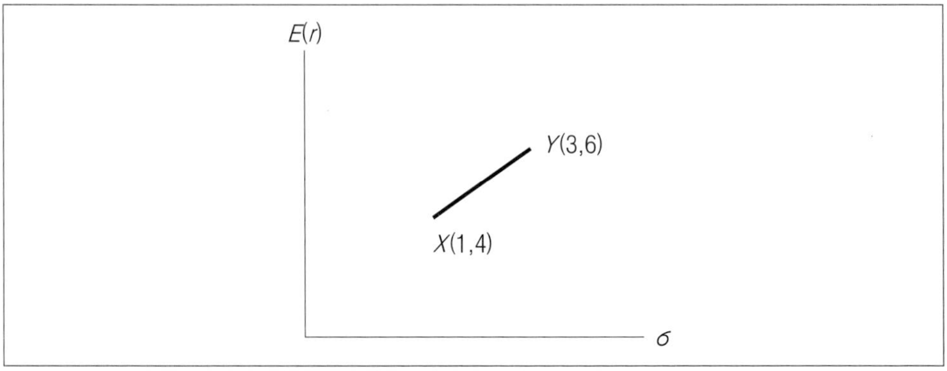

Example

Given the following end-of-period returns,

(%)

Probability	Security X	Security Y
0.5	3	9
0.5	5	3

Find the expected return and standard deviation of Equally Weighted Portfolio.

Solution

$E(X) = 4, \quad \sigma_X = 1$

$E(Y) = 6, \quad \sigma_Y = 3$

$$E(r_p) = E(\frac{1}{2}X + \frac{1}{2}Y) = \frac{1}{2}E(X) + \frac{1}{2}E(Y) = 5$$

$$\sigma_p^2 = Var(\frac{1}{2}X + \frac{1}{2}Y)$$

$$Var(\frac{1}{2}X + \frac{1}{2}Y) = (\frac{1}{2})^2 Var(X) + (\frac{1}{2})^2 Var(Y) + 2(\frac{1}{2})(\frac{1}{2})Cov(X,Y)$$

$$\rho_{XY} = \frac{\sigma_{XY}}{\sigma_X \sigma_Y} = -1$$

$$Var(\frac{1}{2}X + \frac{1}{2}Y) = (\frac{1}{2})^2 Var(X) + (\frac{1}{2})^2 Var(Y) - 2(\frac{1}{2})(\frac{1}{2})\sigma_X \sigma_Y = 1$$

$\sigma_p = 1$

Example

Given the following end-of-period returns,

(%)

Probability	Security X	Security Y
0.5	3	9
0.5	5	3

Find the expected return and standard deviation of a portfolio when you put 60% of your wealth into security X and 40% of your wealth into security Y.

Solution

$E(X) = 4, \quad \sigma_X = 1$

$E(Y) = 6, \quad \sigma_Y = 3$

$\rho_{XY} = \dfrac{\sigma_{XY}}{\sigma_X \sigma_Y} = -1$

$E(r_p) = E(0.6X + 0.4Y) = 0.6E(X) + 0.4E(Y) = 4.8$

$\sigma_p^2 = Var(0.6X + 0.4Y)$

$= (0.6)^2 Var(X) + (0.4)^2 Var(Y) + 2(0.6)(0.4)Cov(X,Y)$

$= (0.6)^2 Var(X) + (0.4)^2 Var(Y) - 2(0.6)(0.4)\sigma_X \sigma_Y$

$= (0.6)^2 1^2 + (0.4)^2 3^2 - 2(0.6)(0.4)1 \cdot 3 = 0.36$

$\sigma_p = 0.6$

Example

Given the following end-of-period returns,

(%)

Probability	Security X	Security Y
0.5	3	9
0.5	5	3

Plot the set of feasible mean-variance combinations of return.

If you want to minimize risk, how much of your portfolio will you invest in security X?

Solution

$E(r_p) = E[wX + (1-w)Y] = wE(X) + (1-w)E(Y) = w \cdot 4 + (1-w)6 \ E(r_p) = -2w + 6$

$\sigma_p^2 = Var[wX + (1-w)Y]$

$\sigma_p^2 = w^2\sigma_X^2 + (1-w)^2\sigma_Y^2 + 2w(1-w)\sigma_{XY}$

$\rho_{XY} = \dfrac{\sigma_{XY}}{\sigma_X \sigma_Y} = -1$

$\sigma_p^2 = w^2\sigma_X^2 + (1-w)^2\sigma_Y^2 - 2w(1-w)\sigma_X\sigma_Y$

$\sigma_p^2 = \{w \ \sigma_X - (1-w) \ \sigma_Y\}^2$

$\sigma_p^2 = \{w \ \cdot 1 - (1-w) \ 3\}^2 = (4w-3)^2$

$\sigma_p = 4w - 3, \qquad \frac{3}{4} \le w \le 1$

$\sigma_p = -(4w-3), \qquad 0 \le w \langle \frac{3}{4}$

$0 \le w \langle \frac{3}{4}, \qquad w = \dfrac{-\sigma_p + 3}{4}$

$\frac{3}{4} \le w \le 1, \qquad w = \dfrac{\sigma_p + 3}{4}$

$0 \le w \langle \frac{3}{4}, \qquad E(r_p) = \frac{1}{2}\sigma_p + \frac{9}{2}$

$\frac{3}{4} \le w \le 1, \qquad E(r_p) = -\frac{1}{2}\sigma_p + \frac{9}{2}$

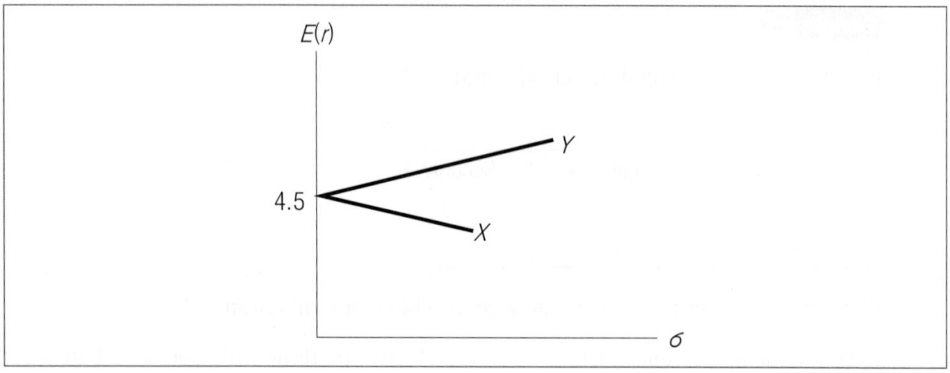

Zero Variance Portfolio

$$w = \frac{3}{4} = 75\%$$

$$\sigma_p = 0, \quad E(r_p) = \frac{9}{2} = 4.5$$

I put 75% of my wealth into security X and 25% of my wealth into security Y.

Example

Given the following end-of-period returns,

(%)

X \ Y	3	9
3	0.25	0.25
5	0.25	0.25

Find the expected return and standard deviation of Equally Weighted Portfolio.

Solution

$E(X) = 4, \quad \sigma_X = 1$

$E(Y) = 6, \quad \sigma_Y = 3$

$$E(r_p) = E(\frac{1}{2}X + \frac{1}{2}Y) = \frac{1}{2}E(X) + \frac{1}{2}E(Y) = 5$$

$$\sigma_p^2 = Var(\frac{1}{2}X + \frac{1}{2}Y)$$

$$Var(\frac{1}{2}X + \frac{1}{2}Y) = (\frac{1}{2})^2 Var(X) + (\frac{1}{2})^2 Var(Y) + 2(\frac{1}{2})(\frac{1}{2})Cov(X,Y)$$

$$\rho_{XY} = \frac{\sigma_{XY}}{\sigma_X \sigma_Y} = 0$$

$$Var(\frac{1}{2}X + \frac{1}{2}Y) = (\frac{1}{2})^2 Var(X) + (\frac{1}{2})^2 Var(Y) = 2.5$$

$\sigma_p = 1.58$

Example

Given the following end-of-period returns,

(%)

X \ Y	3	9
3	0.25	0.25
5	0.25	0.25

Find the expected return and standard deviation of a portfolio when you put 70% of your wealth into security X and 30% of your wealth into security Y.

Solution

$E(X) = 4, \quad \sigma_X = 1$

$E(Y) = 6, \quad \sigma_Y = 3$

$$\rho_{XY} = \frac{\sigma_{XY}}{\sigma_X \sigma_Y} = 0$$

$E(r_p) = E(0.7X + 0.3Y) = 0.7E(X) + 0.3E(Y) = 4.6$

$\sigma_p^2 = Var(0.7X + 0.3Y)$

$= (0.7)^2 Var(X) + (0.3)^2 Var(Y) + 2(0.7)(0.3)Cov(X,Y)$

$= (0.7)^2 Var(X) + (0.3)^2 Var(Y)$

$= (0.7)^2 1^2 + (0.3)^2 3^2 = 1.3$

$\sigma_p = 1.14$

Example

Given the following end-of-period returns,

(%)

X \ Y	3	9
3	0.25	0.25
5	0.25	0.25

Plot the set of feasible mean-variance combinations of return.

If you want to minimize risk, how much of your portfolio will you invest in security X?

Solution

$$E(r_p) = E[wX + (1-w)Y] = wE(X) + (1-w)E(Y) = w \cdot 4 + (1-w)6 \ E(r_p) = -2w + 6$$

$$\sigma_p^2 = Var[wX + (1-w)Y]$$

$$\sigma_p^2 = w^2\sigma_X^2 + (1-w)^2\sigma_Y^2 + 2w(1-w)\sigma_{XY}$$

$$\rho_{XY} = \frac{\sigma_{XY}}{\sigma_X \sigma_Y} = 0$$

$$\sigma_p^2 = w^2 1^2 + (1-w)^2 3^2$$

$$w = \frac{-E(r_p)+6}{2}$$

$$\sigma_p^2 = \{\frac{-E(r_p)+6}{2}\}^2 + (1 - \frac{-E(r_p)+6}{2})^2 3^2$$

Minimum Variance Portfolio

$$\frac{\partial \sigma_p^2}{\partial w} = 2w - 2(1-w)9 = 0$$

$$w = \frac{18}{20}$$

$$\sigma_p = 0.95, \ \ E(r_p) = 4.2$$

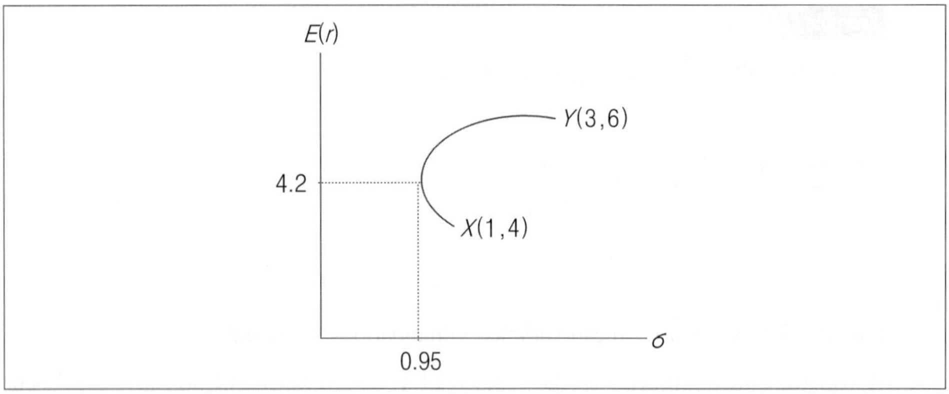

We put 90% of our wealth into security X and 10% of our wealth into security Y.

Example

Given the following end-of-period returns,

(%)

X \ Y	3	9
3	0.3	0.2
5	0.2	0.3

Plot the set of feasible mean-variance combinations of return.

If you want to minimize risk, how much of your portfolio will you invest in security X?

Solution

$$E(r_p) = E[wX + (1-w)Y] = wE(X) + (1-w)E(Y) = w \cdot 4 + (1-w)6 \quad E(r_p) = -2w + 6$$

$$\sigma_p^2 = Var[wX + (1-w)Y]$$

$$\sigma_p^2 = w^2\sigma_X^2 + (1-w)^2\sigma_Y^2 + 2w(1-w)\sigma_{XY}$$

$$\rho_{XY} = \frac{\sigma_{XY}}{\sigma_X \sigma_Y} = 0.2$$

$$\sigma_p^2 = w^2 \cdot 1^2 + (1-w)^2 3^2 + 2w(1-w)0.2 \cdot 1 \cdot 3$$

$$w = \frac{-E(r_p) + 6}{2}$$

$$\sigma_p^2 = \{\frac{-E(r_p) + 6}{2}\}^2 + (1 - \frac{-E(r_p) + 6}{2})^2 3^2$$

$$+2\{\frac{-E(r_p)+6}{2}\}(1-\frac{-E(r_p)+6}{2})0.2\cdot 3$$

Minimum Variance Portfolio

$$\frac{\partial \sigma_p^2}{\partial w} = 2w - 2(1-w)9 + 1.2(1-w) - 1.2w = 0$$

$$= 20w - 18 - 2.4w + 1.2 = 17.6w - 16.8 = 0$$

$$w = 0.9545$$

$$\sigma_p = 0.98,\ \ E(r_p) = 4.09$$

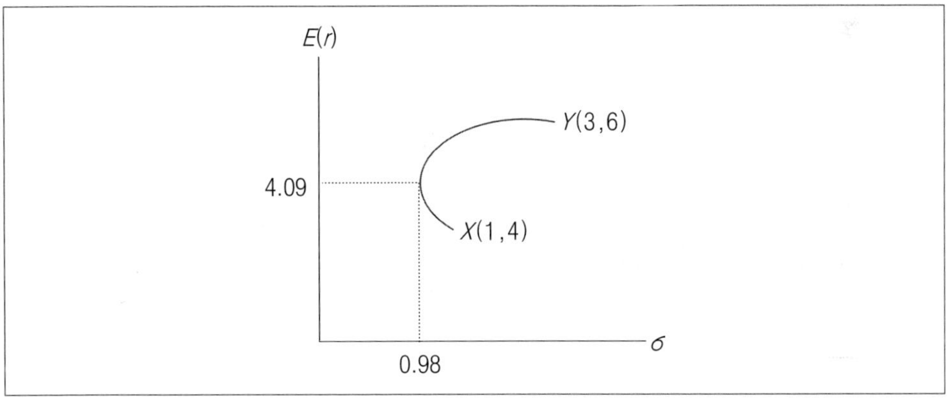

We put 95.45% of our wealth into security X and 4.55% of our wealth into security Y.

Example

Suppose security X has expected return of 16% and standard deviation of 30%,

Security Y has expected return of 10% and standard deviation of 16%.

Consider the expected return and standard deviation of a portfolio of securities X and Y when the correlation between them is +1.

You decide to invest 1,000 thousand won in a portfolio of security X (500 thousand won) and security Y (500 thousand won).

Find the expected return and the standard deviation of your portfolio.

Solution

$$E(r_p) = E(\frac{1}{2}X + \frac{1}{2}Y) = \frac{1}{2}E(X) + \frac{1}{2}E(Y) = 13$$

$$\sigma_p^2 = Var(\frac{1}{2}X + \frac{1}{2}Y)$$

$$Var(\frac{1}{2}X + \frac{1}{2}Y) = (\frac{1}{2})^2 Var(X) + (\frac{1}{2})^2 Var(Y) + 2(\frac{1}{2})(\frac{1}{2})Cov(X,Y)$$

$$\rho_{XY} = \frac{\sigma_{XY}}{\sigma_X \sigma_Y} = 1$$

$$Var(\frac{1}{2}X + \frac{1}{2}Y) = (\frac{1}{2})^2 Var(X) + (\frac{1}{2})^2 Var(Y) + 2(\frac{1}{2})(\frac{1}{2})\sigma_X \sigma_Y = 529$$

$$\sigma_p = 23$$

Example

주식 (1)의 기대수익률은 30%이고, 주식 (2)의 기대수익률은 10%이며 이들의 표준편차는 각각 30%, 10%라고 하자. 주식 (1), (2)의 수익률간의 상관계수 $\rho_{12} = 1$일 때, 주식 (1)의 투자비율이 60%, 주식 (2)의 투자비율이 40%인 포트폴리오의 기대수익률과 표준편차는 얼마인가?

	기대수익률	표준편차
주식 1	30%	30%
주식 2	10	10

Solution

$$E(r_p) = E(0.6r_1 + 0.4r_2) = 0.6E(r_1) + 0.4E(r_2) = 22$$

$$\sigma_p^2 = Var(0.6r_1 + 0.4r_2)$$

$$Var(0.6r_1 + 0.4r_2) = 0.6^2\sigma_1^2 + 0.4^2\sigma_2^2 + 2\cdot 0.6\cdot 0.4\sigma_{12}$$

$$\rho_{12} = \frac{\sigma_{12}}{\sigma_1\sigma_2} = 1$$

$$Var(0.6r_1 + 0.4r_2) = 0.6^2\sigma_1^2 + 0.4^2\sigma_2^2 + 2\cdot 0.6\cdot 0.4\sigma_1\sigma_2$$

$$Var(0.6r_1 + 0.4r_2) = (0.6\ \ \sigma_1 + 0.4\ \ \sigma_2)^2 = 22^2$$

$$\sigma_p = 22$$

Example

두 주식의 수익률 상관계수가 0.5일 때 다음 자료를 이용하여

① minimum variance portfolio를 구성하라.

② minimum variance portfolio의 기대수익률과 표준편차를 구하라.

	기대수익률	표준편차
주식 1	10%	12%
주식 2	5	7

Solution

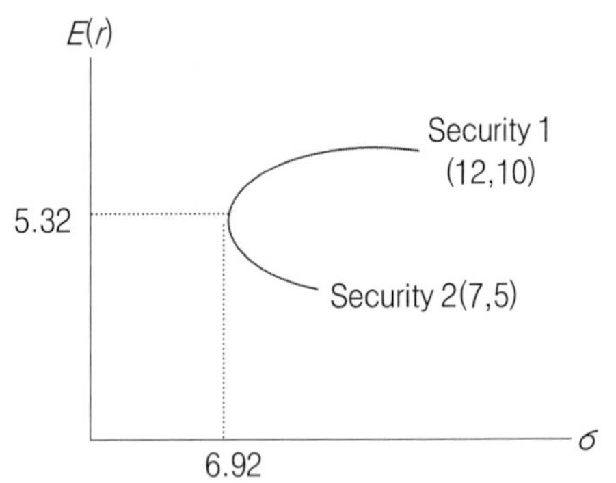

$$E(r_p) = E[wr_1 + (1-w)r_2] = wE(r_1) + (1-w)E(r_2)$$

$$\sigma_p^2 = Var[wr_1 + (1-w)r_2]$$

$$Var[wr_1 + (1-w)r_2] = w^2\sigma_1^2 + (1-w)^2\sigma_2^2 + 2\cdot w\cdot(1-w)\sigma_{12}$$

$$\rho_{12} = \frac{\sigma_{12}}{\sigma_1\sigma_2} = 0.5$$

$$Var[wr_1 + (1-w)r_2] = w^2 12^2 + (1-w)^2 7^2 + 2w(1-w)(0.5)12\cdot 7$$

$$\sigma_p^2 = w^2 12^2 + (1-w)^2 7^2 + 2w(1-w)(0.5)12\cdot 7$$

Minimum Variance Portfolio

$$\frac{\partial\sigma_p^2}{\partial w} = 2w\cdot 144 - 2(1-w)49 + 2(1-w)42 - 2w\cdot 42 = 0$$

$$w = 0.064$$

$$E(r_p) = 0.064 \times 10 + 0.936 \times 5 = 5.32 \ (\%)$$

$$\sigma_p^2 = 0.064^2 12^2 + 0.936^2 7^2 + 2 \times 0.064 \times 0.936 \times 42 = 48.6$$

$$\sigma_p = 6.92$$

We put 6.4% of our wealth into security 1 and 93.6% of our wealth into security 2.

Example

두 주식의 수익률 상관계수가 −1일 때 다음 자료를 이용하여 두 주식으로 구성되는 포트폴리오의 기대수익률과 표준편차의 관계를 그림으로 나타내라.

	기대수익률	표준편차
주식 1	28%	30%
주식 2	16	10

Solution

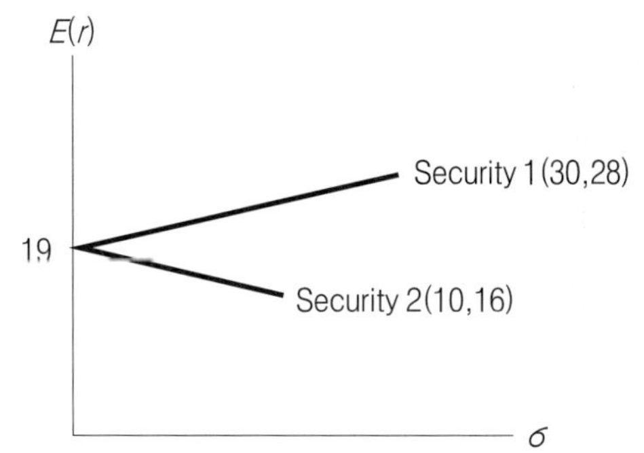

$$E(r_p) = E[wr_1 + (1-w)r_2] = wE(r_1) + (1-w)E(r_2)$$

$$\sigma_p^2 = Var[wr_1 + (1-w)r_2]$$

$$Var[wr_1 + (1-w)r_2] = w^2\sigma_1^2 + (1-w)^2\sigma_2^2 + 2\cdot w\cdot(1-w)\sigma_{12}$$

$$\rho_{12} = \frac{\sigma_{12}}{\sigma_1\sigma_2} = -1$$

$$Var[wr_1 + (1-w)r_2] = w^2\sigma_1^2 + (1-w)^2\sigma_2^2 - 2\cdot w\cdot(1-w)\sigma_1\sigma_2$$

$$Var[wr_1 + (1-w)r_2] = \{w\ \sigma_1 - (1-w)\ \sigma_2\}^2$$

$$Var[wr_1 + (1-w)r_2] = \{w\ 30 - (1-w)\ 10\}^2$$

$$E(r_p) = 16 + 12w$$

$$\sigma_p^2 = (40w - 10)^2$$

If $w \geq 0.25$, $\sigma_p = 40w - 10$

If $w < 0.25$, $\sigma_p = -40w + 10$

If $w \geq 0.25$, $E(r_p) = 19 + 0.3\sigma_p$

If $w < 0.25$, $E(r_p) = 19 - 0.3\sigma_p$

Zero Variance Portfolio

$$\sigma_p^2 = (40w - 10)^2 = 0$$

$$w = 0.25$$

$$E(r_p) = 0.25 \times 28 + 0.75 \times 16 = 19\ (\%)$$

We put 25% of our wealth into security 1 and 75% of our wealth into security 2.

Cf.

$$u = 2w + 3$$

$$v = 4(w+1)^2 + 2,\ 0 \leq w \leq 1$$

Plot the set of u-v combinations.

Example

Suppose you hold 10 shares of Samsung stock and 30 shares of Hyundai stock. Samsung stock is currently sold at 80,000 won per share, while Hyundai stock is sold at 40,000 won. The expected return of Samsung stock is 15%, while that of Hyundai stock is 20%. The standard deviation of Samsung is 8%, while that of Hyundai is 20%. The correlation coefficient between the stocks is 0.3.

① Calculate the expected return and standard deviation of your portfolio.

② Today you sold 20 shares of Hyundai stock. Calculate the expected return and standard deviation of your new portfolio.

Solution

① The expected return and standard deviation

삼성주식에 투자한 돈은 800,000원이고, 현대주식에 투자한 돈은 1,200,000원이다.

$$w_S = \frac{8}{20}, \quad w_H = \frac{12}{20}$$

$$E(r_p) = \frac{2}{5} \times 15 + \frac{3}{5} \times 20 = 18\%$$

$$\sigma_p^2 = (\frac{2}{5})^2 \cdot (8)^2 + (\frac{3}{5})^2 \cdot (20)^2 + 2(\frac{2}{5})(\frac{3}{5})(0.3)(8 \cdot 20) = 177.28$$

$$\sigma_p = 13.31$$

② The expected return and standard deviation

삼성주식에 투자한 돈은 800,000원이고, 현대주식에 투자한 돈은 400,000원이다.

$$w_S = \frac{8}{12}, \quad w_H = \frac{4}{12}$$

$$E(r_p) = \frac{2}{3} \times 15 + \frac{1}{3} \times 20 = 16.7\%$$

$$\sigma_p^2 = (\frac{2}{3})^2 \cdot (8)^2 + (\frac{1}{3})^2 \cdot (20)^2 + 2(\frac{2}{3})(\frac{1}{3})(0.3)(8 \cdot 20) = 94.22$$

$$\sigma_p = 9.71$$

Example

송승헌은 삼성주식 20주와 현대주식 10주를 갖고 있다. 삼성의 현재주가는 30,000원이고, 현대의 현재주가는 20,000원이다. 삼성주식의 기대수익률은 12%이고, 현대주식의 기대수익률은 15%이다. 삼성의 표준편차는 8%이고, 현대의 표준편차는 10%이다. 두 주식의 상관계수는 0.2이다. 송승헌의 포트폴리오 기대수익률과 표준편차를 구하라.

Solution

삼성주식에 투자한 돈은 600,000원이고, 현대주식에 투자한 돈은 200,000원이다.

$$w_S = \frac{6}{8}, \quad w_H = \frac{2}{8}$$

$$E(r_p) = \frac{6}{8} \times 12 + \frac{2}{8} \times 15 = 12.75\%$$

$$\sigma_p^2 = (\frac{6}{8})^2 \cdot (8)^2 + (\frac{2}{8})^2 \cdot (10)^2 + 2(\frac{6}{8})(\frac{2}{8})(0.2)(8 \cdot 10) = 48.25$$

$$\sigma_p = 6.95$$

Example

$0 \le x \le 1,\ y \ge 0$ 일 때, 다음 함수를 그림 그리시오.

$y^2 = (3x+1)^2$

Solution

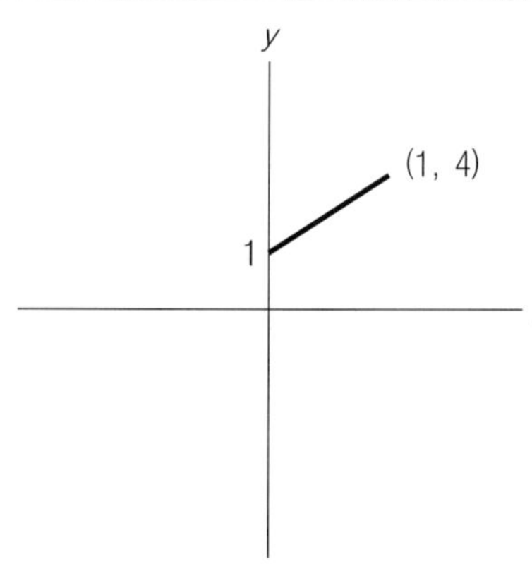

Example

$0 \le x \le 1,\ y \ge 0$일 때, 다음 함수를 그림 그리시오.

$y^2 = (3x-1)^2$

Solution

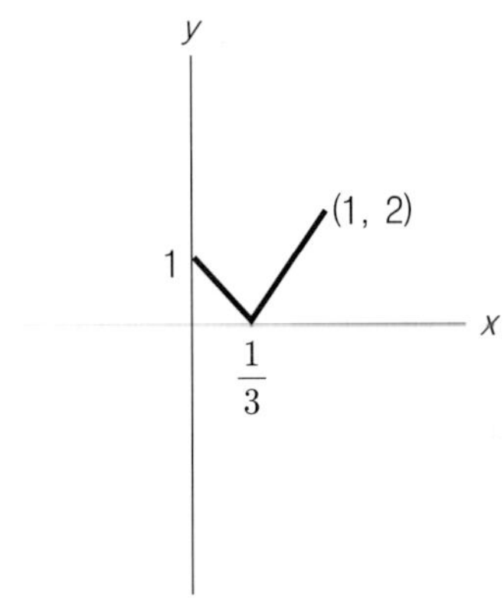

Example

$0 \le w \le 1$일 때, 다음 함수를 x, y 평면에 그림 그리시오.

$x = 2w + 1$

$y = 3w + 5$

Solution

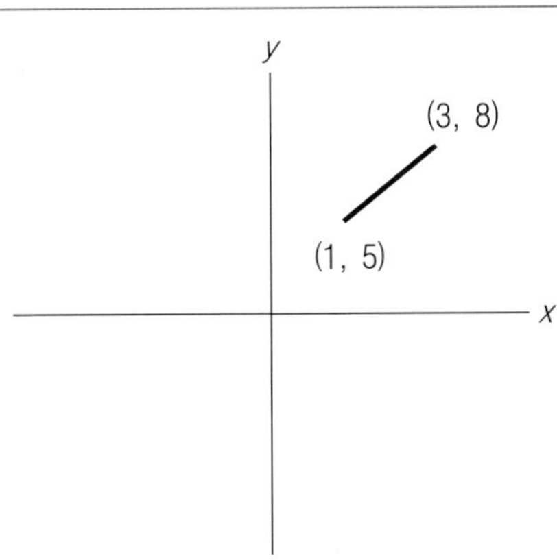

Example

$0 \le w \le 1$일 때, 다음 함수를 x,y 평면에 그림 그리시오.

$x = 4w + 3$

$y = 3w + 5$

Example

$0 \le x \le 1,\ y \ge 0$일 때, 다음 함수를 그림 그리시오.

$y^2 = (5x-2)^2$

Three-Asset Portfolio

Expectation & Variance

$$E(aX + bY + cZ) = aE(X) + bE(Y) + cE(Z)$$

$$Var(aX + bY + cZ) = a^2\sigma_X^2 + b^2\sigma_Y^2 + c^2\sigma_Z^2 + 2(ab\sigma_{XY} + bc\sigma_{YZ} + ca\sigma_{ZX})$$

[Proof]

$$Var(aX + bY + cZ) = E[\{aX + bY + cZ - E(aX + bY + cZ)\}^2]$$

$$= a^2E[\{X - E(X)\}^2] + b^2E[\{Y - E(Y)\}^2] + c^2E[\{Z - E(Z)\}^2]$$

$$+ 2ab \cdot E[\{X - E(X)\}\{Y - E(Y)\}] + 2bc \cdot E[\{Y - E(Y)\}\{Z - E(Z)\}]$$

$$+ 2ca \cdot E[\{Z - E(Z)\}\{X - E(X)\}]$$

$$Var(aX + bY + cZ) = a^2\sigma_X^2 + b^2\sigma_Y^2 + c^2\sigma_Z^2 + 2(ab\sigma_{XY} + bc\sigma_{YZ} + ca\sigma_{ZX})$$

Example

다음 표와 같은 수익률과 확률을 갖는 주식 X, Y, Z에 각각 0.2, 0.5, 0.3의 비율로 투자한 portfolio의 기대수익률과 분산을 구하라.

(%)

Probability	X	Y	Z
0.1	11	−3	18
0.4	9	15	5
0.2	25	2	12
0.3	7	20	4

Solution

$E(X) = 11.8, \quad E(Y) = 12.1, \quad E(Z) = 7.4$

$E(0.2X + 0.5Y + 0.3Z) = 0.2E(X) + 0.5E(Y) + 0.3E(Z) = 10.6$

$Var(0.2X + 0.5Y + 0.3Z)$

$= 0.2^2\sigma_X^2 + 0.5^2\sigma_Y^2 + 0.3^2\sigma_Z^2 + 2(0.2 \cdot 0.5 \cdot \sigma_{XY} + 0.5 \cdot 0.3 \cdot \sigma_{YZ} + 0.3 \cdot 0.2 \cdot \sigma_{ZX})$

$\sigma_X^2 = 45.0, \quad \sigma_Y^2 = 65.3, \quad \sigma_Z^2 = 21.2$

$\sigma_{XY} = -40.1, \quad \sigma_{YZ} = -36.1, \quad \sigma_{ZX} = 18.9$

$Var(0.2X + 0.5Y + 0.3Z) = 3.4$

Example

개별증권 L과 M에 각각 50%의 투자비율로 구성한 portfolio를 X라 하고, 개별증권 L과 N에 각각 50%의 투자비율로 구성한 portfolio를 Y라 할 때, X와 Y에 각각 50%를 투자하여 구성한 portfolio를 Z라 하면, portfolio Z의 개별증권 L, M, N에 대한 투자비율은?

Solution

portfolio X: (0.5 , 0.5 , 0)

portfolio Y: (0.5 , 0 , 0.5)

portfolio Z: 0.5 (0.5 , 0.5 , 0)+0.5 (0.5 , 0 , 0.5)

= (0.5 , 0.25 , 0.25)

Example

개별증권 L과 M에 각각 50%의 투자비율로 구성한 portfolio를 X라 하고, 개별증권 L과 N에 각각 50%의 투자비율로 구성한 portfolio를 Y라 할 때, X에 30%와 Y에 70%를 투자하여 구성한 portfolio를 Z라 하면, portfolio Z의 개별증권 L, M, N에 대한 투자비율은?

Solution

portfolio X: (0.5 , 0.5 , 0)

portfolio Y: (0.5 , 0 , 0.5)

portfolio Z: 0.3 (0.5 , 0.5 , 0)+0.7 (0.5 , 0 , 0.5)

= (0.5 , 0.15 , 0.35)

Portfolio effect

분산효과(diversification effect).

포트폴리오를 구성함으로써 위험이 감소되는 효과.

As the number of assets in the portfolio increases, the portfolio variance decreases and approaches the average covariance.

Don't put all your eggs in one basket.

$$\frac{\sigma_1+\sigma_2}{2} - \sqrt{\left(\frac{1}{2}\right)^2\sigma_1^2+\left(\frac{1}{2}\right)^2\sigma_2^2+2\left(\frac{1}{2}\right)\left(\frac{1}{2}\right)\sigma_{12}}$$

$$\left(\frac{\sigma_1+\sigma_2}{2}\right)^2 - \left(\sqrt{\left(\frac{1}{2}\right)^2\sigma_1^2+\left(\frac{1}{2}\right)^2\sigma_2^2+2\left(\frac{1}{2}\right)\left(\frac{1}{2}\right)\sigma_{12}}\right)^2$$

$$=\left(\frac{1}{2}\right)(\sigma_1\sigma_2-\sigma_{12})=\left(\frac{1}{2}\right)(\sigma_1\sigma_2-\rho_{12}\sigma_1\sigma_2)$$

Since $-1 \le \rho_{12} \le 1$,

$\sigma_1\sigma_2(1-\rho_{12}) \ge 0$.

$$\frac{\sigma_1+\sigma_2}{2} > \sqrt{\left(\frac{1}{2}\right)^2\sigma_1^2+\left(\frac{1}{2}\right)^2\sigma_2^2+2\left(\frac{1}{2}\right)\left(\frac{1}{2}\right)\sigma_{12}}$$

$\frac{\sigma_1+\sigma_2}{2}$: the weighted average of the standard deviations of the individual securities

$\sqrt{\left(\frac{1}{2}\right)^2\sigma_1^2+\left(\frac{1}{2}\right)^2\sigma_2^2+2\left(\frac{1}{2}\right)\left(\frac{1}{2}\right)\sigma_{12}}$: the standard deviation of a portfolio of two securities

As long as $\rho < 1$, the standard deviation of a portfolio of two securities is less than the weighted average of the standard deviations of the individual securities.

In other words, the diversification effect applies as long as there is less than perfect correlation.

Example

(%)

Probability	X	Y
0.2	11	−3
0.5	9	15
0.3	25	2

Compute $Var\left(\frac{1}{2}X+\frac{1}{2}Y\right)$.

Solution

$$Var(\frac{1}{2}X+\frac{1}{2}Y)=(\frac{1}{2})^2\sigma_X^2+(\frac{1}{2})^2\sigma_Y^2+2(\frac{1}{2})(\frac{1}{2})\sigma_{XY}$$

$$E(X)=14.2\%, \qquad E(Y)=7.5\%$$

$$\sigma_X^2=50.6, \qquad \sigma_Y^2=59.3, \qquad \sigma_{XY}=-30.6$$

$$Var(\frac{1}{2}X+\frac{1}{2}Y)=(\frac{1}{2})^2\sigma_X^2+(\frac{1}{2})^2\sigma_Y^2+2(\frac{1}{2})(\frac{1}{2})\sigma_{XY}=12.2$$

Two–Asset Portfolio

$$Var(\frac{1}{2}R_1+\frac{1}{2}R_2)=(\frac{1}{2})^2\sigma_1^2+(\frac{1}{2})^2\sigma_2^2+2(\frac{1}{2})(\frac{1}{2})\sigma_{12}$$

$$=(\frac{1}{2})^2\sigma_1^2+(\frac{1}{2})^2\sigma_2^2+(\frac{1}{2})(\frac{1}{2})\sigma_{12}+(\frac{1}{2})(\frac{1}{2})\sigma_{21}$$

$$=\sum_{i=1}^{2}(\frac{1}{2})^2\sigma_i^2+\sum_{i=1}^{2}\sum_{\substack{j=1\\(i\neq j)}}^{2}(\frac{1}{2})(\frac{1}{2})\sigma_{ij}$$

$$=(\frac{1}{2})\sum_{i=1}^{2}\frac{\sigma_i^2}{2}+(\frac{1}{2})\sum_{i=1}^{2}\sum_{\substack{j=1\\(i\neq j)}}^{2}(\frac{1}{2})\sigma_{ij}$$

$$=(\frac{1}{2})(\frac{\sigma_1^2+\sigma_2^2}{2})+(\frac{1}{2})(\frac{\sigma_{12}+\sigma_{21}}{2})$$

$$Var(\frac{1}{2}R_1+\frac{1}{2}R_2)=\frac{1}{2}\overline{\sigma_i^2}+\frac{1}{2}\overline{\sigma_{ij}}$$

Three–Asset Portfolio

$$Var(\frac{1}{3}R_1+\frac{1}{3}R_2+\frac{1}{3}R_3)=(\frac{1}{3})^2\sigma_1^2+(\frac{1}{3})^2\sigma_2^2+(\frac{1}{3})^2\sigma_3^2+2(\frac{1}{3})(\frac{1}{3})(\sigma_{12}+\sigma_{23}+\sigma_{31})$$

$$=\sum_{i=1}^{3}(\frac{1}{3})^2\sigma_i^2+\sum_{i=1}^{3}\sum_{\substack{j=1\\(i\neq j)}}^{3}(\frac{1}{3})(\frac{1}{3})\sigma_{ij}$$

$$=(\frac{1}{3})\sum_{i=1}^{3}\frac{\sigma_i^2}{3}+(\frac{2}{3})\sum_{i=1}^{3}\sum_{\substack{j=1\\(i\neq j)}}^{3}(\frac{1}{3})(\frac{1}{2})\sigma_{ij}$$

$$Var(\frac{1}{3}R_1+\frac{1}{3}R_2+\frac{1}{3}R_3)=\frac{1}{3}\overline{\sigma_i^2}+\frac{2}{3}\overline{\sigma_{ij}}$$

Example

$\sigma_i^2=1,\ i=1,2,3,4$

$\sigma_{ij}=0.2,\quad i=1,2,3,4,\quad j=1,2,3,4\quad(i\neq j)$

Solution

$$Var(\frac{1}{4}R_1+\frac{1}{4}R_2+\frac{1}{4}R_3+\frac{1}{4}R_4)$$

$$\sigma_p^2=\sum_{i=1}^{4}(\frac{1}{4})^2\sigma_i^2+\sum_{i=1}^{4}\sum_{\substack{j=1\\(i\neq j)}}^{4}(\frac{1}{4})(\frac{1}{4})\sigma_{ij}$$

$$\sigma_p^2=(\frac{1}{4})\sum_{i=1}^{4}(\frac{1}{4})\sigma_i^2+(\frac{3}{4})\sum_{i=1}^{4}\sum_{\substack{j=1\\(i\neq j)}}^{4}(\frac{1}{4})(\frac{1}{3})\sigma_{ij}$$

$$\sigma_p^2=\frac{1}{4}\overline{\sigma_i^2}+\frac{3}{4}\overline{\sigma_{ij}}=0.40$$

Example

$\sigma_i^2=1,\ i=1,2,3,4,5$

$\sigma_{ij}=0.2,\quad i=1,2,3,4,5,\quad j=1,2,3,4,5\quad(i\neq j)$

Solution

$$\sigma_p^2=\frac{1}{5}\overline{\sigma_i^2}+\frac{4}{5}\overline{\sigma_{ij}}=0.36$$

Example

$$\sigma_i^2 = 1,\ i = 1,2,3,\cdots,10$$

$$\sigma_{ij} = 0.2,\quad i = 1,2,3,\cdots,10,\quad j = 1,2,3,\cdots,10\quad (i \neq j)$$

Solution

$$\sigma_p^2 = \frac{1}{10}\overline{\sigma_i^2} + \frac{9}{10}\overline{\sigma_{ij}} = 0.28$$

N-Asset Portfolio

$$\sigma_p^2 = \sum_{i=1}^{n}\left(\frac{1}{n}\right)^2\sigma_i^2 + \sum_{i=1}^{n}\sum_{\substack{j=1\\(i\neq j)}}^{n}\left(\frac{1}{n}\right)\left(\frac{1}{n}\right)\sigma_{ij}$$

$$\sigma_p^2 = \left(\frac{1}{n}\right)\sum_{i=1}^{n}\left(\frac{1}{n}\right)\sigma_i^2 + \left(\frac{n-1}{n}\right)\sum_{i=1}^{n}\sum_{\substack{j=1\\(i\neq j)}}^{n}\left(\frac{1}{n}\right)\left(\frac{1}{n-1}\right)\sigma_{ij}$$

$$\sigma_p^2 = \frac{1}{n}\overline{\sigma_i^2} + \frac{n-1}{n}\overline{\sigma_{ij}}$$

$$\sigma_p^2 = \frac{1}{n}\left(\overline{\sigma_i^2} - \overline{\sigma_{ij}}\right) + \overline{\sigma_{ij}}$$

Infinite-Asset Portfolio

$$\lim_{n\to\infty}\sigma_p^2 = \overline{\sigma_{ij}}$$

Variance of a Naively Diversified Portfolio

Total Risk

Total Risk = Unsystematic Risk + Systematic Risk

Unsystematic Risk

$$\frac{1}{n}(\overline{\sigma_i^2} - \overline{\sigma_{ij}})$$

포트폴리오의 위험 중에서 분산투자로써 제거할 수 있는 위험을 분산가능한 위험(diversifiable risk)이라고 한다. diversifiable risk는 개별주식을 발행한 기업의 특수한 상황과 관련이 있는 것으로서, 비체계적 위험(unsystematic risk) 또는 기업 고유의 위험(company specific risk)이라고 한다.

It can be eliminated by diversification.

Systematic Risk

$$\overline{\sigma_{ij}}$$

분산투자로써 감소시킬 수 없는 위험을 분산불가능한 위험(non-diversifiable risk)이라고 한다. non-diversifiable risk는 시장의 전반적인 상황과 관련되어 나타나는 위험으로 체계적 위험(systematic risk)이라고 한다.

It cannot be eliminated by diversification.

Example

$\sigma_1^2 = 3,\quad \sigma_2^2 = 5,\quad \sigma_3^2 = 2,\quad \sigma_4 = 1$

$\sigma_{12} = 0.2,\quad \sigma_{13} = 0.1,\quad \sigma_{14} = 0.3,\quad \sigma_{23} = 0.5,\quad \sigma_{24} = 0.2,\quad \sigma_{34} = 0.6$

Find the variance of a Naively Diversified Portfolio.

Solution

$$Var(\frac{1}{4}R_1 + \frac{1}{4}R_2 + \frac{1}{4}R_3 + \frac{1}{4}R_4)$$

$$\overline{\sigma_i^2} = 2.75,\quad \overline{\sigma_{ij}} = 0.32$$

$$\sigma_p^2 = \frac{1}{4}\overline{\sigma_i^2} + \frac{3}{4}\overline{\sigma_{ij}} = 0.93$$

Example

$$\sigma_i^2 = i,\ i = 1,2,3,4,5$$

$$\sigma_{ij} = \frac{i+j}{4},\quad i = 1,2,3,4,5,\quad j = 1,2,3,4,5\quad (i < j)$$

Find the variance of a Naively Diversified Portfolio.

Solution

$$\overline{\sigma_i^2} = 3.0,\quad \overline{\sigma_{ij}} = 1.5$$

$$\sigma_p^2 = \frac{1}{5}\overline{\sigma_i^2} + \frac{4}{5}\overline{\sigma_{ij}} = 1.8$$

Example

$$\sigma_i^2 = i + 3,\ i = 1,2,3,\cdots,15$$

$$\sigma_{ij} = \frac{i+j}{5},\quad i = 1,2,3,\cdots,15,\quad j = 1,2,3,\cdots,15\quad (i < j)$$

Find the variance of a Naively Diversified Portfolio.

Solution

$$\overline{\sigma_i^2} = 11.0,\quad \overline{\sigma_{ij}} = 3.2$$

$$\begin{pmatrix} 1+1 \\ 1+2 \\ \vdots \\ 1+15 \end{pmatrix} + \begin{pmatrix} 2+1 \\ 2+2 \\ \vdots \\ 2+15 \end{pmatrix} + \cdots \begin{pmatrix} 15+1 \\ 15+2 \\ \vdots \\ 15+15 \end{pmatrix} - 2(1+2+\cdots+15)$$

$$= (1+2+\cdots+15)15 + (1+2+\cdots15)15 - 2\cdot 120$$

$$= 2\cdot 120\cdot 15 - 2\cdot 120 = 2\cdot 120\cdot 14 = 120\cdot 28$$

$$\frac{120\cdot 28}{15\cdot 14} = 16$$

$$\frac{16}{5} = 3.2 = \overline{\sigma_{ij}}$$

$$\sigma_p^2 = \frac{1}{15}\overline{\sigma_i^2} + \frac{14}{15}\overline{\sigma_{ij}} = 3.72$$

Example

$\sigma_i^2 = i+5,\ i = 1,2,3,\cdots,20$

$\sigma_{ij} = \dfrac{i+j}{6},\quad i = 1,2,3,\cdots,20,\quad j = 1,2,3,\cdots,20\quad (i<j)$

Find the variance of a Naively Diversified Portfolio.

Solution

$\overline{\sigma_i^2} = 15.5$

$$\begin{pmatrix} 1+1 \\ 1+2 \\ \vdots \\ 1+20 \end{pmatrix} + \begin{pmatrix} 2+1 \\ 2+2 \\ \vdots \\ 2+20 \end{pmatrix} + \cdots \begin{pmatrix} 20+1 \\ 20+2 \\ \vdots \\ 20+20 \end{pmatrix} - 2(1+2+\cdots+20)$$

$= (1+2+\cdots+20)20 + (1+2+\cdots+20)20 - 2\cdot 210$

$= 2\cdot 210\cdot 20 - 2\cdot 210 = 2\cdot 210\cdot 19 = 210\cdot 38$

$\dfrac{210\cdot 38}{20\cdot 19} = 21$

$\dfrac{21}{6} = 3.5 = \overline{\sigma_{ij}}$

$\sigma_p^2 = \dfrac{1}{20}\overline{\sigma_i^2} + \dfrac{19}{20}\overline{\sigma_{ij}} = 4.1$

Example

$\overline{\sigma_i^2} = 46.619,\ \overline{\sigma_{ij}} = 7.058$ 일 때, 25개의 주식에 균등투자한 포트폴리오의 분산을 구하라.

Market portfolio

A portfolio consisting of all stocks.

$$w_i = \frac{V_i}{\sum_{i=1}^{N} V_i}$$

w_i : the weight of the ith asset in the market portfolio.

V_i : the market value of the ith asset.

$\sum_{i=1}^{N} V_i$: the total market value of all assets.

N-Asset Equally Weighted Portfolio

$$E(\frac{1}{n}r_1 + \frac{1}{n}r_2 + \cdots + \frac{1}{n}r_n) = \frac{1}{n}E(r_1) + \frac{1}{n}E(r_2) + \cdots + \frac{1}{n}E(r_n)$$

$$Var(\frac{1}{n}r_1 + \frac{1}{n}r_2 + \cdots + \frac{1}{n}r_n) = \sum_{i=1}^{n}(\frac{1}{n})^2\sigma_i^2 + \sum_{i=1}^{n}\sum_{\substack{j=1 \\ (i \neq j)}}^{n}(\frac{1}{n})(\frac{1}{n})\sigma_{ij}$$

N-Asset Portfolio

$$E(w_1r_1 + w_2r_2 + \cdots + w_nr_n) = w_1E(r_1) + w_2E(r_2) + \cdots + w_nE(r_n)$$

$$Var(w_1r_1 + w_2r_2 + \cdots + w_nr_n) = \sum_{i=1}^{n}(w_i)^2\sigma_i^2 + \sum_{i=1}^{n}\sum_{\substack{j=1 \\ (i \neq j)}}^{n}(w_i)(w_j)\sigma_{ij}$$

Example

주식시장에는 J기업 주식과 K기업 주식이 거래되고 있고, J기업의 주가는 20,000원이고 K기업의 주가는 10,000원이다. 150,000원으로 시장포트폴리오를 구성하라. 단, J기업의 발행주식수는 400주, K기업의 발행주식수는 200주이다.

Solution

J기업 시장가치: $20{,}000 \times 400 = 8{,}000{,}000$ 원

K기업 시장가치: $10{,}000 \times 200 = 2{,}000{,}000$ 원

주식시장 총가치: 10,000,000원

J기업 주식의 비율: 80%

K기업 주식의 비율: 20%

J기업 주식 투자금액: $0.8 \times 150{,}000 = 120{,}000$ 원

K기업 주식 투자금액: $0.2 \times 150{,}000 = 30{,}000$ 원

J기업 주식 6주, K기업 주식 3주를 구입하면 시장포트폴리오를 구성한 것이 된다.

Market capitalization of J company: 8,000,000 won

Shares outstanding of J company: 400

Example

주식시장에는 J기업 주식, K기업 주식, L기업 주식이 거래되고 있고, J기업의 주가는 20,000원이고 K기업의 주가는 10,000원, L기업의 주가는 30,000원이다. 1,500,000원으로 시장포트폴리오를 구성하라.
단, J기업의 발행주식수는 400주, K기업의 발행주식수는 200주, L기업의 발행주식수는 500주이다.

Solution

J기업 시장가치: $20{,}000 \times 400 = 8{,}000{,}000$ 원

K기업 시장가치: $10{,}000 \times 200 = 2{,}000{,}000$ 원

L기업 시장가치: $30{,}000 \times 500 = 15{,}000{,}000$ 원

주식시장 총가치: 25,000,000원
J기업 주식의 비율: 32%
K기업 주식의 비율: 8%
L기업 주식의 비율: 60%

J기업 주식 투자금액: $0.32 \times 1{,}500{,}000 = 480{,}000$ 원

K기업 주식 투자금액: $0.08 \times 1{,}500{,}000 = 120{,}000$ 원

L기업 주식 투자금액: $0.60 \times 1{,}500{,}000 = 900{,}000$ 원

J기업 주식 24주, K기업 주식 12주, L기업 주식 30주를 구입하면 시장포트폴리오를 구성한 것이 된다.

KOSPI

Korea Composite Stock Price Index
The KOSPI is a representative indicator in the Korean securities market. The KOSPI is a market value weighted index for all of listed common stocks.
종합주가지수(KOSPI)는 증권거래소에 상장된 전종목을 대상으로 산출 발표하는 지수로 1980년 1월 4일의 시가총액을 100으로 하고 비교시점의 시가총액과 비교하여 산출하는 지수이다. 따라서 KOSPI가 현재 1,000포인트라 하면 1980년 1월 4일에 비해 주가가 10배 올랐다는 뜻이다. 또 KOSPI 200 지수는 상장 전 종목 중에서 시장을 대표할 수 있는 우량주 200종목만을 선정하여 1990년 1월 3일을 기준 100으로 하여 산출하는 지수이다.

Base date

January 4, 1980

Base index

100.00

Calculation formula

$$KOSPI = \frac{Current\ aggregated\ Market\ Value}{Base\ aggregated\ Market\ Value} \times 100$$

No. of listed companies as of the end of 2002: 683

DJIA

DOW JONES INDUSTRIAL AVERAGE

The DJIA, introduced in 1896 by Charles H. Dow, is the oldest stock price measure in continuous use. Today, it's the most widely followed measurement of the stock market. The average is comprised of 30 stocks that represent leading companies in major industries. These stocks, widely held by both individual and institutional investors, are all blue-chip companies.

S&P 500 Index

A capitalization weighted index of 500 stocks. The index is a standard by which investors measure the performance of the large cap U.S stock market. The 500 stocks of this index are selected for being a representative sample of leading companies in leading industries. Many money managers index their portfolios to match the S&P 500, so the return on their investments keep pace with the performance of the index.

Riskfree assets

무위험 자산

정기예금, 국공채와 같이 미래 현금흐름이 확정적인 자산을 무위험 자산이라 한다. The riskless asset has a standard deviation of zero.

CAL

Capital Allocation Line

자본배분선

위험자산과 무위험자산을 결합하여 구성한 포트폴리오의 자취를 그린 직선.

Risky assets

주식과 같이 미래 현금흐름이 변동가능한 자산을 위험자산이라 한다.

Example

Suppose you hold a risk free asset worth $1,000 which returns 4% each year. This means that you get a return of $40 each year, year after year.

The risky asset, on the other hand, will give you a return that varies from year to year.

Tobin's Two-fund Separation

When the risk-free asset is introduced, all investors prefer to move from their originally optimal portfolios to a combination of the risk-free asset and the market portfolio.

Alternatively stated, combinations of the risk-free asset and the market portfolio dominate all other assets and portfolios.

Derivation of Capital Market Line

투자자금의 일부 w를 무위험자산에 투자하고 나머지 $(1-w)$를 시장포트폴리오에 투자하여 구성한 포트폴리오의 기대수익률과 분산은 다음과 같다.

$$E(R_p) = wE(R_f) + (1-w)E(R_m) = wR_f + (1-w)E(R_m)$$

$$\sigma_p^2 = w^2\sigma_f^2 + (1-w)^2\sigma_m^2 + 2w(1-w)\sigma_{mf}$$

R_f 는 상수이므로, $\sigma_f^2 = 0, \quad \sigma_{mf} = 0$

$$\sigma_p^2 = (1-w)^2\sigma_m^2$$

$$w = 1 - \frac{\sigma_p}{\sigma_m}$$

$$E(R_p) = (1 - \frac{\sigma_p}{\sigma_m})R_f + \frac{\sigma_p}{\sigma_m}E(R_m)$$

$$E(r_p) = r_f + \frac{E(r_m) - r_f}{\sigma_m}\sigma_p$$

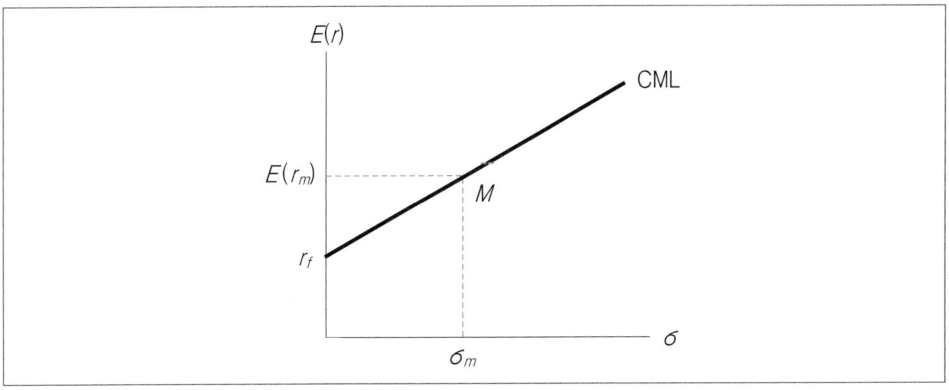

Example

다음 빈 칸에 알맞은 말은?

CML을 도출하기 위하여는 투자자금의 일부를 (　　　　　)에 투자하고 나머지를 (　　　　　)에 투자하여 구성한 포트폴리오의 기대수익률과 분산을 설정한 후, 매개변수 (　　　　　)를 소거한다.

Solution

무위험자산, 시장포트폴리오, w

Example

Given the following probability distribution,

(%)

Probability	X	Y
0.2	−10	5
0.1	−5	5
0.1	10	5
0.3	20	5
0.3	35	5

Find σ_{XY}.

Solution

$E(X) = 15, \quad E(Y) = 5$

(%)

Probability	X−E(X)	Y−E(Y)
0.2	−25	0
0.1	−20	0
0.1	−5	0
0.3	5	0
0.3	20	0

$\sigma_{XY} = 0$

Example

(%)

Probability	Market Return
0.2	−4
0.5	10
0.3	26

$r_f = 5\%$.

Find the CML.

Solution

$E(r_m) = 12\%, \quad \sigma_m = 10.6$

$$E(R_p) = R_f + \frac{E(R_m) - R_f}{\sigma_m}\sigma_p$$

$$E(R_p) = 5 + \frac{12 - 5}{10.6}\sigma_p$$

$$E(R_p) = 5 + 0.66\sigma_p$$

Example

(%)

Probability	Market Return
0.2	-2
0.1	5
0.5	7
0.2	12

$r_f = 3\%$.

Find the CML.

Solution

$E(r_m) = 6\%, \quad \sigma_m = 4.5$

$$E(R_p) = R_f + \frac{E(R_m) - R_f}{\sigma_m}\sigma_p$$

$$E(R_p) = 3 + \frac{6 - 3}{4.5}\sigma_p$$

$$E(R_p) = 3 + 0.67\sigma_p$$

Lending portfolio

대출 포트폴리오.

보유자금의 일부를 무위험자산에 대출하고 나머지는 시장 포트폴리오에 투자함으로써 구성된 포트폴리오를 대출 포트폴리오라 한다.

An investor holds a positive proportion of the two funds if the tangency between an indifference curve and the capital market line lies between the two funds.

Example

(%)

Probability	Market Return
0.2	−4
0.5	10
0.3	26

$r_f = 5\%$.

Suppose you decide to invest 1,000 thousand won in a portfolio of Risk-free asset (200 thousand won) and Market Portfolio (800 thousand won).

Find the expected return and the standard deviation of your portfolio.

Solution

$E(r_m) = 12\%, \quad \sigma_m = 10.6$

$E(R_p) = \frac{1}{5} \times 5 + \frac{4}{5} \times 12 = 10.6$

$E(R_p) = 5 + 0.66\sigma_p$

$10.6 = 5 + 0.66\sigma_p$

$\sigma_p = 8.48$

Borrowing portfolio

차입 포트폴리오.
무위험자산을 차입하여 보유자금과 합쳐서 시장 포트폴리오에 투자함으로써 구성된 포트폴리오를 차입 포트폴리오라 한다.
An investor borrows at the risk-free rate and invests in the market portfolio if the tangency between an indifference curve and the capital market line lies to the right of the two funds.

Example

(%)

Probability	Market Return
0.2	-4
0.5	10
0.3	26

$r_f = 5\%$.

Suppose you borrow 200 thousand won at the risk-free rate and invest 1,200 thousand won in Market Portfolio.
Find the expected return and the standard deviation of your portfolio.

Solution

$E(r_m) = 12\%, \quad \sigma_m = 10.6$

$$E(r_p) = \left(-\frac{1}{5}\right) \times r_f + \frac{6}{5} \times E(r_m)$$

$$E(r_p) = \left(-\frac{1}{5}\right) \times 5 + \frac{6}{5} \times 12 = 13.4\ (\%)$$

$$E(r_p) = r_f + \frac{E(r_m) - r_f}{\sigma_m} \sigma_p$$

$$E(r_p) = 5 + 0.66\sigma_p$$

$$13.4 = 5 + 0.66\sigma_p$$

$$\sigma_p = 12.7$$

Example

시장 포트폴리오의 기대수익률이 18%, 표준편차가 20%이며, 무위험이자율이 10%인 경우, 1,000천원을 가지고 있는 투자자가 무위험 이자율로 400천원을 차입하여 1,400천원을 시장 포트폴리오에 투자하여 구성한 포트폴리오의 기대수익률과 표준편차를 구하라.

Solution

$$E(R_p) = (-0.4)\times 10 + 1.4\times 18 = 21.2\%$$

$$E(R_p) = R_f + \frac{E(R_m) - R_f}{\sigma_m}\sigma_p$$

$$21.2 = 10 + \frac{18-10}{20}\sigma_p$$

$$\sigma_p = 28\,(\%)$$

FINANCIAL MANAGEMENT

chapter 4

CAPM

Derivation of the CAPM

A portfolio consisting of $w\%$ invested in risky asset i and $(1-w)\%$ in the market portfolio will have the following mean and standard deviation:

$$E(r_p) = wE(r_i) + (1-w)E(r_m)$$

$$\sigma_p = \left[w^2\sigma_i^2 + (1-w)^2\sigma_m^2 + 2w(1-w)\sigma_{im}\right]^{\frac{1}{2}}$$

The change in the mean and standard deviation with respect to w is determined as follows:

$$\frac{dE(r_p)}{dw} = E(r_i) - E(r_m)$$

$$\frac{d\sigma_p}{dw} = \frac{1}{2}\left[w^2\sigma_i^2 + (1-w)^2\sigma_m^2 + 2w(1-w)\sigma_{im}\right]^{-\frac{1}{2}}\left(2w\sigma_i^2 - 2\sigma_m^2 + 2w\sigma_m^2 + 2\sigma_{im} - 4w\sigma_{im}\right)$$

The slope of the risk-return trade-off evaluated at $w=0$ is

$$\frac{\frac{dE(r_p)}{dw}}{\frac{d\sigma_p}{dw}} = \frac{E(r_i) - E(r_m)}{\frac{\sigma_{im} - \sigma_m^2}{\sigma_m}}$$

Equating this with the slope of the capital market line, we have

$$\frac{E(r_i) - E(r_m)}{\frac{\sigma_{im} - \sigma_m^2}{\sigma_m}} = \frac{E(r_m) - r_f}{\sigma_m}$$

This relationship can be arranged as follows:

$$E(r_i) = r_f + \{E(r_m) - r_f\}\frac{\sigma_{im}}{\sigma_m^2}$$

and

$$E(r_i) = r_f + \{E(r_m) - r_f\}\beta_i$$

where $\beta_i = \dfrac{\sigma_{im}}{\sigma_m^2}$.

Example

다음 빈 칸에 알맞은 말은?

CAPM을 도출하기 위하여는, 투자자금의 일부를 (　　　　)에 투자하고 나머지를 (　　　　)에 투자하여 구성한 포트폴리오의 기대수익률과 분산을 설정한다.

그 다음, 포트폴리오의 기대수익률과 분산을 (　　　　)에 대해 미분한다.

그 다음, (　　　)일 때, CML의 결과를 이용할 수 있다.

그 다음, CML의 결과에서 이용되는 관계식은 (　　　) 이다.

베타는 (　　　)과 (　　　)의 공분산을 (　　　)의 분산으로 나눈 값이다.

Solution

위험자산 i, 시장포트폴리오, w, $w=0$, $\frac{dE(r_p)}{d\sigma_p}=\frac{E(r_m)-r_f}{\sigma_m}$, 위험자산 i, 시장포트폴리오, 시장포트폴리오

CAPM

자본자산가격결정모형(capital asset pricing model : CAPM).

An equilibrium asset pricing theory that shows that equilibrium rates of expected return on all risky assets arc a function of their covariance with the market portfolio.

자본자산가격 결정모형이란 시장이 균형상태를 이룰 때 사본자산의 가격이 어떻게 결정되는가를 설명하는 모형이다. 자본자산(capital asset)이란 미래의 수익을 얻을 수 있는 권리를 갖는 자산을 말하며, 주식 사채 등의 유가증권을 가리킨다.

The CAPM predicts that security rates of return will be linearly related to a single common factor, the rate of return on the market portfolio.

<u>Capital Asset</u>	<u>Pricing</u>	Model
Security	Determine price	

Determining Model for Security Prices

This model determines prices.

SML

Graphical representation of the expected return-beta relationship of the CAPM.

증권시장선(security market line : SML)

The line on a graph that shows the relationship between risk as measured by beta and the required rate of return for individual securities.

$$E(r_i) = r_f + \{E(r_m) - r_f\}\beta_i$$

$$\begin{array}{l} Required\ return \\ on\ Stock\ i \end{array} = Riskfree\ rate + [Market\ risk\ premium](Stock\ i's\ \beta)$$

$$\beta_i = \frac{Cov(r_i, r_m)}{\sigma_m^2}$$

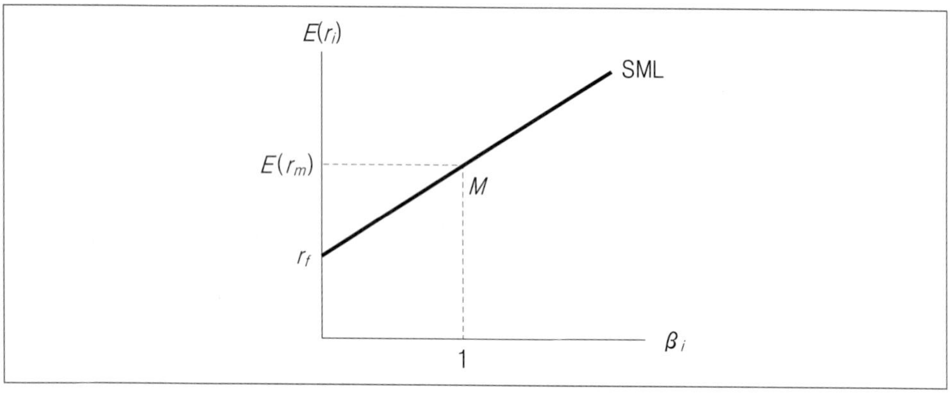

Beta

β

A measure of the extent to which the returns on a given stock move with the stock market.

Market premium & Risk premium

$E(r_m) - r_f$: Market premium.

$\{E(r_m) - r_f\}\beta_i$: Risk premium.

Example

Given the following market return,

(%)

Probability	Market Return
0.2	-4
0.5	10
0.3	26

$r_f = 5\%$.

Find the SML.

Solution

$E(r_m) = 12\%$

$E(r_i) = r_f + \{E(r_m) - r_f\}\beta_i$

$E(r_i) = 5 + 7\beta_i$

Example

Given the following market return,

(%)

Probability	Market Return
0.2	-4
0.5	10
0.3	26

$r_f = 5\%$.

What's the expected return of a stock with beta of 0.9?

Solution

$E(r_i) = 5 + 7\beta_i$

$E(r_i) = 11.3\%$

Example

Given the following market return,

(%)

Probability	Market Return
0.2	-4
0.5	10
0.3	26

$r_f = 5\%$.

What's the expected return of a stock with beta of 1.5?

Solution

$$E(r_i) = 5 + 7\beta_i$$

$$E(r_i) = 15.5\%$$

Example

Given the following market return,

(%)

Probability	Market Return
0.2	−4
0.5	10
0.3	26

$r_f = 5\%$

The current price of a stock is 30,000 won.

What's the expected price of a stock with beta of 1.5?

Solution

$$E(r_i) = 5 + 7\beta_i$$

$$E(r_i) = 15.5\%$$

$$\frac{E(P) - 30{,}000}{30{,}000} = 0.155$$

$$E(P) = 34{,}650$$

Example

Given the following market return,

(%)

Probability	Market Return
0.2	−2
0.1	5
0.5	7
0.2	12

$r_f = 3\%$.

Find the SML.

Solution

$E(r_i) = 3 + 3\beta_i$

Example

Given the following market return,

(%)

Probability	Market Return
0.2	−2
0.1	5
0.5	7
0.2	12

$r_f = 3\%$.

What's the expected return of a stock with beta of 0.7?

Solution

$E(r_i) = 3 + 3\beta_i$

$E(r_i) = 5.1\%$

Example

Given the following market return,

(%)

Probability	Market Return
0.2	-2
0.1	5
0.5	7
0.2	12

$r_f = 3\%$.

The current price of a stock is 20,000 won.

What's the expected price of a stock with beta of 0.7?

Solution

$E(r_i) = 3 + 3\beta_i$

$E(r_i) = 5.1\%$

$$\frac{E(P) - 20{,}000}{20{,}000} = 0.051$$

$E(P) = 21{,}020$

Example

Risk-free rate is 6% and the expected return on the market is 17%.

The current price of a stock is 30,000 won.

What's the expected price of a stock with beta of 0.4?

Solution

$E(r_i) = 6 + 11\beta_i$

$E(r_i) = 10.4\ (\%)$

$$\frac{E(P) - 30{,}000}{30{,}000} = 0.104$$

$E(P) = 33{,}120$

Example

다음 표를 보고 증권시장선의 방정식을 구하라. 무위험 수익률은 6%이다.

상태	확률	시장수익률
1	0.1	−0.15
2	0.3	0.05
3	0.4	0.15
4	0.2	0.2

Example

시장포트폴리오의 기대수익률이 12%이며 무위험자산의 수익률이 5%인 경우에 K기업 주식의 베타계수가 0.8로 측정되었다면, K기업 주식의 기대수익률은?

Solution

$E(r_i) = r_f + \{E(r_m) - r_f\}\beta_i$

$E(r_i) = 5 + 7 \times 0.8$

$E(r_i) = 10.6\%$

Example

시장포트폴리오의 기대수익률이 18%이며 무위험자산의 수익률이 10%인 경우에 K기업 주식의 베타계수가 1.2로 측정되었다면, K기업 주식의 기대수익률은?

Solution

$E(r_i) = r_f + \{E(r_m) - r_f\}\beta_i$

$E(r_i) = 19.6\%$

Example

What is the beta of a stock which has an expected return of 13.287%?
Risk-free rate is 4.98%, expected return on the market is 12.91%

Solution

$13.287 = 4.98 + (12.91 - 4.98)\beta_i$

$\beta_i = 1.048$

Example

Risk-free rate is 6% and the expected return on the market is 15%. What is the beta of a stock which has an expected return of 20%?

Solution

$20 = 6 + (15-6)\beta_i$

$\beta_i = 1.556$

β의 크기와 자산의 성격

If $\beta_i = 0$, we have the risk-free asset.
If $\beta_i = 1$, we have the market portfolio.

The market portfolio has a beta of one because the covariance of the market portfolio with itself is identical to the variance of the market portfolio:

$$\beta_i = \frac{Cov(R_i, R_m)}{\sigma_m^2}$$

$$\beta_m = \frac{Cov(R_m, R_m)}{\sigma_m^2} = \frac{\sigma_m^2}{\sigma_m^2} = 1$$

If $\beta_i = 2$, we have an asset two times as risky as the market portfolio.

If $\beta_i = 0.5$, we have an asset half as risky as the market portfolio.

Example

(%)

Probability	Market Return	Security X
0.2	−4	−8
0.5	10	20
0.3	26	52

Solution

$\sigma_m = 10.6, \quad \sigma_X = 21.2$

$$\beta_i = \frac{Cov(r_i, r_m)}{\sigma_m^2}$$

$E(r_m) = 12\%, \quad E(r_X) = 24\%$

$\beta_X = 2$.

Example

(%)

Probability	Market Return	Security Y
0.2	−4	−2
0.5	10	5
0.3	26	13

Solution

$\sigma_m = 10.6, \quad \sigma_Y = 5.3$

$$\beta_i = \frac{Cov(r_i, r_m)}{\sigma_m^2}$$

$E(r_m) = 12\%, \quad E(r_Y) = 6\%$

$\beta_Y = 0.5$.

Example

Given the following data,

(%)

Probability	Market Return	Security X
0.2	−2	−2.4
0.1	5	6
0.5	7	8.4
0.2	12	14.4

Find β_X.

Solution

$\beta_X = 1.2$.

Aggressive asset

$\beta > 1$

자산의 수익률 변동이 시장수익률 변동보다 크게 나타난다.

Defensive asset

$\beta < 1$

자산의 수익률 변동이 시장수익률 변동보다 작게 나타난다.

Example

Consider the following two stocks:

	Beta	Expected Return
X	1.4	25%
Y	0.7	14%

Assume the CAPM holds. What's the return on the market? What's the risk-free rate?

Solution

$$E(R_i) = R_f + \{E(R_m) - R_f\}\beta_i$$

$$25 = R_f + \{E(R_m) - R_f\}1.4$$

$$14 = R_f + \{E(R_m) - R_f\}0.7$$

$$R_f = 3(\%), \quad E(R_m) = 18.7(\%)$$

Under-priced or Over-priced Stock

시장이 균형상태일 때 각 개별증권의 β_i가 결정되면 각 개별증권의 기대수익률이 SML 상에 놓이게 되도록 가격이 결정된다.

그런데, 만약 SML 상에 놓이지 못한 증권 U가 존재할 경우, 증권 U는 증권 U의 위험수준에 비하여 기대수익률이 너무 높은 상태로 가격이 과소평가(under-priced)되어 있으므로 증권 U에 대한 수요가 증가하여 증권 U의 가격이 상승하게 된다. 그 결과 증권 U의 가격은 기대수익률이 U'에 이를 때까지 상승하게 되어 균형을 이루게 된다.

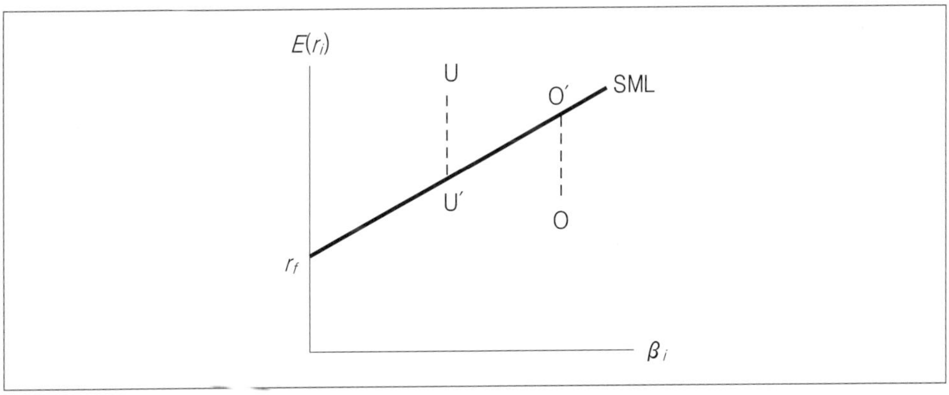

만약 SML 상에 놓이지 못한 증권 O가 존재할 경우, 증권 O는 증권 O의 위험수준에 비하여 기대수익률이 너무 낮은 상태로 가격이 과대평가(overpriced)되어 있으므로 증권 O에 대한 수요가 감소하여 증권 O의 가격이 하락하게 된다. 그 결과 증권 O의 가격은 기대수익률이 O'에 이를 때까지 하락하게 되어 균형을 이루게 된다.

Example

Given the following data on the market and security X:

(%)

Probability	Market Return	Security X
0.2	−4	−8
0.5	10	20
0.3	26	52

$r_f = 5\%$. $E(P) = 30{,}000$.

Provide an evaluation of the investment performance of security X.

Solution

$\sigma_m = 10.6, \ \ \sigma_X = 21.2$

$$\beta_i = \frac{Cov(r_i, r_m)}{\sigma_m^2}$$

$E(r_m) = 12\%, \ \ E(r_X) = 24\%$

$\beta_X = 2$.

SML

$E(r_i) = r_f + \{E(r_m) - r_f\}\beta_i$

$E(r_i) = 5 + 7\beta_i$

$E(r_X) = 19\%$.

$\frac{30{,}000 - P_0}{P_0} = 0.24$, $P_0 = 24{,}194$, Under-priced.

$\frac{30{,}000 - P_0}{P_0} = 0.19$, $P_0 = 25{,}210$.

Example

Given the following data on the market and security Y:

(%)

Probability	Market Return	Security Y
0.2	−4	−2
0.5	10	5
0.3	26	13

$r_f = 5\%$. $E(P) = 30{,}000$.

Provide an evaluation of the investment performance of security Y.

Solution

$\sigma_m = 10.6,\ \ \sigma_Y = 5.3$

$\beta_i = \dfrac{Cov(r_i, r_m)}{\sigma_m^2}$

$E(r_m) = 12\%,\ \ E(r_Y) = 6\%$

$\beta_Y = 0.5$.

SML

$E(r_i) = r_f + \{E(r_m) - r_f\}\beta_i$

$E(r_i) = 5 + 7\beta_i$

$E(r_Y) = 8.5\%$.

$\dfrac{30{,}000 - P_0}{P_0} = 0.06$, $P_0 = 28{,}302$, Over-priced.

$\dfrac{30{,}000 - P_0}{P_0} = 0.085$, $P_0 = 27{,}650$.

Example

Given the following data on the security and the market:

Current price: 20,000 won, Expected price: 25,000won.

$r_f = 5\%$, $E(r_m) = 15\%$, $\beta_i = 1.8$.

Provide an evaluation of the investment performance.

Solution

$$\frac{25,000 - 20,000}{20,000} = 25\%$$

SML

$$E(r_i) = r_f + \{E(r_m) - r_f\}\beta_i$$

$$E(r_i) = 5 + 10\beta_i$$

$$E(r_X) = 23\%.$$

$$\frac{25,000 - P_0}{P_0} = 0.23, \quad P_0 = 20,325.$$

The current price, 20,000 won, is under-priced.

Example

Given the following data on the security and the market:

Current price: 20,000 won, Expected price: 22,600 won.

$r_f = 5\%$, $E(r_m) = 15\%$, $\beta_i = 1.8$.

Provide an evaluation of the investment performance.

Solution

$$\frac{22,600 - 20,000}{20,000} = 13\%$$

SML

$E(r_i) = r_f + \{E(r_m) - r_f\}\beta_i$

$E(r_i) = 5 + 10\beta_i$

$E(r_X) = 23\%$.

$\frac{22,600 - P_0}{P_0} = 0.23$, $P_0 = 18,374$.

The current price, 20,000 won, is over-priced.

Example

Given the following data on the security and the market:

Current price: 10,000 won, Expected price: 12,000won.

$r_f = 4\%$, $E(r_m) = 9\%$, $\beta_i = 1.5$.

Provide an evaluation of the investment performance.

Solution

$\frac{12,000 - 10,000}{10,000} = 20\%$

$E(r_i) = 4 + 5\beta_i$

$E(r_X) = 11.5\%$

Under-priced.

Example

You have been provided the following data on the securities of three firms and the market:

	$E(R_i)$	σ_i	ρ_{im}	β_i
X	0.13	0.12		0.90
Y	0.16		0.40	1.10
Z	0.25	0.24	0.75	
The market	0.15	0.10		
The risk-free asset	0.05			

Assume the CAPM holds. Fill in the missing values in the table.

Provide an evaluation of the investment performance of the three firms.

Solution

$\beta_i = \dfrac{\sigma_{im}}{\sigma_m^2}$, $0.9 = \dfrac{\sigma_{Xm}}{0.01}$

$\rho_{im} = \dfrac{\sigma_{im}}{\sigma_i \sigma_m}$, $\rho_{Xm} = \dfrac{0.009}{0.12 \times 0.1} = 0.75$

$1.1 = \dfrac{\sigma_{Ym}}{0.01}$, $\sigma_{Ym} = 0.011$, $0.4 = \dfrac{0.011}{\sigma_Y \times 0.1}$, $\sigma_Y = 0.28$

$0.75 = \dfrac{\sigma_{Zm}}{0.24 \times 0.1}$, $\sigma_{Zm} = 0.018$, $\beta_Z = \dfrac{0.018}{0.01} = 1.8$

$\rho_{mm} = 1, \quad \beta_m = 1$

$\sigma_f = 0, \quad \rho_{fm} = 0, \quad \beta_f = 0$

$E(r_i) = 5 + 10\beta_i$

$E(r_X) = 14\%$, Over-priced.

$E(r_Y) = 16\%$, Equilibrium.

$E(r_Z) = 23\%$, Under-priced.

Beta of a Portfolio of Assets

The beta of a portfolio of assets is the weighted average of the individual betas.

Example

If we put a% of our wealth into asset X and b% of our wealth into asset Y, then the beta of the resulting portfolio is simply the weighted average of the betas of the individual securities:

$$\beta_p = a\beta_X + b\beta_Y$$

[Proof]

$$\beta_p = \frac{Cov(aX + bY, R_m)}{\sigma_m^2}$$

$$= \frac{E[\{(aX + bY) - E(aX + bY)\}\{R_m - E(R_m)\}]}{\sigma_m^2}$$

$$= \frac{E[\{aX - E(aX) + bY - E(bY)\}\{R_m - E(R_m)\}]}{\sigma_m^2}$$

$$= \frac{E[\{a(X - E(X)) + b(Y - E(Y))\}\{R_m - E(R_m)\}]}{\sigma_m^2}$$

$$= \frac{E[a(X - E(X))\{R_m - E(R_m)\} + b(Y - E(Y))\{R_m - E(R_m)\}]}{\sigma_m^2}$$

$$= \frac{E[a(X - E(X))\{R_m - E(R_m)\}]}{\sigma_m^2} + \frac{E[b(Y - E(Y))\{R_m - E(R_m)\}]}{\sigma_m^2}$$

$$= \frac{aE[(X - E(X))\{R_m - E(R_m)\}]}{\sigma_m^2} + \frac{bE[(Y - E(Y))\{R_m - E(R_m)\}]}{\sigma_m^2}$$

$$= \frac{aCov(X, R_m)}{\sigma_m^2} + \frac{bCov(Y, R_m)}{\sigma_m^2}$$

$$= a\beta_X + b\beta_Y$$

Example

Suppose you decide to invest \$5000 in a portfolio of X (\$2500), Y (\$1250) and Z (\$1250).

You research Value Line and Bloomberg to find:

	X	Y	Z
Expected Value	13.8%	8.7%	4.5%
Beta	1.15	0.87	0.52

Solution

Then your portfolio expected return is

0.5 (13.8%) + 0.25 (8.7%) + 0.25 (4.5%) = 10.2%

Your portfolio beta is

0.5 (1.15) + 0.25 (0.87) + 0.25 (0.52) = 0.9225

Example

L Corporation is a holding company with four main subsidiaries. The percentage of its business coming from each of subsidiaries, and their respective betas, are as follows:

Subsidiary	Percentage of Business	Beta
O	60%	0.7
P	25	0.9
Q	10	1.3
R	5	1.5

Assuming that the risk-free rate is 6 percent and the market risk premium is 5 percent. What is the holding company's required rate of return?

Solution

$\beta = 0.6 \times 0.7 + 0.25 \times 0.9 + 0.1 \times 1.3 + 0.05 \times 1.5 = 0.85$

$E(r) = 6\% + (5\%) \times 0.85 = 10.25\%$

Example

10개의 투자대상에 천만원씩 1억원을 투자한 포트폴리오가 있다. 현재 포트폴리오의 β는 1.64이다. β가 2.0인 주식을 매각하고 새로운 주식을 매입하니 새로운 포트폴리오의 β는 1.5가 되었다. 새로운 주식의 β는 얼마인가?

Example

Your portfolio consists of a $500 investment in each of 20 different common stocks. The portfolio beta is 1.12. You sell one stock with beta of 2.0 for $500 and buy another stock with beta of 1.0. What is the new beta for the portfolio?

Solution

$$\frac{1}{20}2+\sum_{i=1}^{19}\left(\frac{1}{20}\beta_i\right)=1.12$$

$$\frac{1}{20}1+\sum_{i=1}^{19}\left(\frac{1}{20}\beta_i\right)=x$$

$$\frac{1}{20}(2-1)=1.12-x$$

$$x=1.07$$

Empirical Tests of the CAPM

The CAPM is a theoretical construct that predicts expected rates of return on assets, relative to a market portfolio of all risky assets. It is difficult to test these predictions empirically because both expected returns and the exact market portfolio are unobservable. To overcome this difficulty, a single-factor or multifactor capital market usually is postulated.

The CAPM is a simple linear model that is expressed in terms of expected returns and expected risk.

In its ex ante form, we have

$$E(R_i)=R_f+\{E(R_m)-R_f\}\beta_i$$

The first step necessary to empirically test the theoretical CAPM is to transform it from expectations into a form that uses observed data.

This can be done by assuming that on average the realized rate of return on any asset is equal to the expected rate of return.

$$R_{it} = E(R_{it}) + \beta_i \delta_{mt} + \varepsilon_{it}$$

where $\delta_{mt} = R_{mt} - E(R_{mt})$

$E(\delta_{mt}) = 0$

ε_{it} : a random-error term

$E(\varepsilon_{it}) = 0$

$Cov(\varepsilon_{it}, \delta_{mt}) = 0$

$Cov(\epsilon_{it}, \epsilon_{i,t-1}) = 0$

$$\beta_{it} = \frac{Cov(R_{it}, R_{mt})}{Var(R_{mt})}$$

If we take the expectation of both sides,

$$R_{it} = E(R_{it}) + \beta_i \delta_{mt} + \varepsilon_{it}$$

the average realized return is equal to the expected return.

$$E(R_{it}) = E(R_{it})$$

$$R_{it} = E(R_{it}) + \beta_i \delta_{mt} + \varepsilon_{it}$$

$$R_{it} = E(R_{it}) + \beta_i \{R_{mt} - E(R_{mt})\} + \varepsilon_{it}$$

$$E(R_i) = R_f + \{E(R_m) - R_f\}\beta_i$$

$$E(R_{it}) = R_{ft} + \{E(R_{mt}) - R_{ft}\}\beta_i$$

$$R_{it} = R_{ft} + \{E(R_{mt}) - R_{ft}\}\beta_i + \beta_i \{R_{mt} - E(R_{mt})\} + \varepsilon_{it}$$

$$R_{it} = R_{ft} + (R_{mt} - R_{ft})\beta_i + \varepsilon_{it}$$

$$R_{it} - R_{ft} = (R_{mt} - R_{ft})\beta_i + \varepsilon_{it},$$

which is the ex post form of the CAPM.

Now we have an empirical version of the CAPM that is expressed in terms of ex post observations of return data instead of ex ante expectations.

Example

Determine a sample period of 60 monthly holding periods. For each of the 60 holding periods collect the rates of return on 100 stocks, a market portfolio proxy, and one-month T-bills.

Your data thus consist of

r_{it}: Returns on the 100 stocks over the 60-month sample period;

$i = 1, \cdots, 100$ and $t = 1, \cdots, 60$.

r_{mt}: Returns on the S&P 500 index over the sample period.

r_{ft}: Risk-free rate each month.

This constitutes a table of $102 \times 60 = 6{,}120$ rates of return.

Factors other than beta

Factors other than beta are successful in explaining that portion of security returns not captured by beta.

Basu(1977) found that low price/earnings portfolios have rates of return higher than could be explained by the CAPM.

Banz(1981) and Reinganum(1981) found that the size of a firm is important. Smaller firms tend to have high abnormal rates of return.

Litzenberger and Ramaswamy(1979) found that the market requires higher rates of return on equities with high dividend yields.

Keim(1983) reports seasonality in stock returns — a January effect.

Single-factor model

Suppose that we summarize all relevant economic factors by one macroeconomic indicator.

We further assume that, beyond this common effect, all remaining uncertainty in stock returns is firm specific.

We can summarize the distinction between macroeconomic and firm-specific factors.

$r_i = E(r_i) + m_i + \varepsilon_i$

where r_i: the holding period return on security i

$E(r_i)$: the expected return on the security as of the beginning of the holding period

m_i: the impact of unanticipated macro events on the security's return

ε_i: the impact of unanticipated firm-specific events

$E(m_i) = 0$

$E(\varepsilon_i) = 0$

If we denote the unanticipated components of the macro factor by F, and denote the responsiveness of security i to macro events by b_i, then

$m_i = b_i F$.

$r_i = E(r_i) + b_i F + \varepsilon_i$

This is known as a single-factor model.

A single-factor model classifies sources of uncertainty as systematic factors or firm-specific factors.

Single-index model

It uses the market index to proxy for the systematic factor.

$$Z_i = \alpha_i + \beta_i Z_M + \varepsilon_i$$

where $Z_i = r_i - r_f$

α_i: the stock's expected return if $(r_M - r_f) = 0$.

$Z_M = r_M - r_f$

$$r_i - r_f = \alpha_i + \beta_i (r_M - r_f) + \varepsilon_i$$

ε_i is defined as firm specific, that is, independent of movements in the market.

$$Cov(r_M, \varepsilon_i) = 0$$

Since α_i is a constant,

$$\sigma_i^2 = \beta_i^2 \sigma_M^2 + Var(\varepsilon_i).$$

$\beta_i^2 \sigma_M^2$: The variance attributable to the uncertainty of the common macroeconomic factor

$Var(\varepsilon_i)$: The variance attributable to firm-specific uncertainty

The index model assumes that the macro factor can be represented by a broad index of stock returns.

$$Cov(Z_i, Z_j) = Cov(\alpha_i + \beta_i Z_M + \varepsilon_i, \alpha_j + \beta_j Z_M + \varepsilon_j)$$

$$= Cov(\beta_i Z_M, \beta_j Z_M) = \beta_i \beta_j \sigma_M^2$$

Example

For any random variables X and Y and any constants a, b, c, and d, show that $Cov(aX+b, cY+d) = acCov(X,Y)$.

Solution

$$\begin{aligned} Cov(aX+b, cY+d) &= E[\{aX+b-E(aX+b)\}\{cY+d-E(cY+d)\}] \\ &= E[\{aX-E(aX)\}\{cY-E(cY)\}] \\ &= acE[\{X-E(X)\}\{Y-E(Y)\}] \\ &= acCov(X,Y) \end{aligned}$$

Example

Let X, Y, and Z be three random variables such that $Cov(X,Z)$ and $Cov(Y,Z)$ exist, and let a, b, and c be any given constants. Show that $Cov(aX+bY+c, Z) = aCov(X,Z) + bCov(Y,Z)$.

Solution

$$Cov(aX+bY+c, Z) = E[\{aX+bY+c-E(aX+bY+c)\}\{Z-E(Z)\}]$$

$$= E[\{aX+bY-E(aX+bY)\}\{Z-E(Z)\}]$$

$$= E[a\{X-E(X)\}\{Z-E(Z)\}+b\{Y-E(Y)\}\{Z-E(Z)\}]$$

$$= aE[\{X-E(X)\}\{Z-E(Z)\}]+bE[\{Y-E(Y)\}\{Z-E(Z)\}]$$

$$= aCov(X,Z)+bCov(Y,Z)$$

Example

Show that

$Cov(a+bX+c, X) = b\sigma_X^2$.

Solution

$$Cov(a+bX+c, X) = E[\{a+bX+c-E(a+bX+c)\}\{X-E(X)\}]$$

$$= E[\{bX-E(bX)\}\{X-E(X)\}]$$

$$= bE[\{X-E(X)\}\{X-E(X)\}]$$

$$= b\sigma_X^2$$

Example

For any random variables X , Y , and Z, show that

$$Cov(X+Y, X+Z) = \sigma_X^2 + \sigma_{XZ} + \sigma_{XY} + \sigma_{YZ}.$$

Solution

$$Cov(X+Y, X+Z) = E[\{X+Y-E(X+Y)\}\{X+Z-E(X+Z)\}]$$

$$= E[\{X-E(X)+Y-E(Y)\}\{X-E(X)+Z-E(Z)\}]$$

$$= E[\{X-E(X)\}\{X-E(X)\}] + E[\{X-E(X)\}\{Z-E(Z)\}]$$

$$+ E[\{Y-E(Y)\}\{X-E(X)\}] + E[\{Y-E(Y)\}\{Z-E(Z)\}]$$

$$= \sigma_X^2 + \sigma_{XZ} + \sigma_{XY} + \sigma_{YZ}$$

Example

Suppose that the index model for stocks A and B is estimated with the following results:

$$Z_A = 1.0\% + 0.9Z_M + \varepsilon_A$$

$$Z_B = -2.0\% + 1.1Z_M + \varepsilon_B$$

$$\sigma_M = 20\%$$

$$\sigma(\varepsilon_A) = 30\%$$

$$\sigma(\varepsilon_B) = 10\%$$

Find the standard deviation of each stock and the covariance between them.

Solution

$$Z_i = \alpha_i + \beta_i Z_M + \varepsilon_i$$

$$\sigma_i^2 = \beta_i^2 \sigma_M^2 + Var(\varepsilon_i)$$

$$\sigma_A^2 = 0.9^2 \times 20^2 + 30^2$$

$$\sigma_A = 35$$

$$\sigma_B^2 = 1.1^2 \times 20^2 + 10^2$$

$$\sigma_B = 24$$

$$Cov(Z_i, Z_j) = \beta_i \beta_j \sigma_M^2$$

$$Cov(Z_A, Z_B) = \beta_A \beta_B \sigma_M^2 = 396$$

Example

The following are estimates for two of the stocks.

Stock	Beta	Firm-Specific Standard Deviation
A	0.8	30%
B	1.2	40%

The market index has a standard deviation of 22%.

What is the standard deviation of stocks A and B?

Solution

$Z_i = \alpha_i + \beta_i Z_M + \varepsilon_i$

$\sigma_i^2 = \beta_i^2 \sigma_M^2 + Var(\varepsilon_i)$

$\sigma_A = 34.8$

$\sigma_B = 47.9$

Example

The following are estimates for two of the stocks.

Stock	Beta	Firm-Specific Standard Deviation
A	1.5	30%
B	0.5	20%

The market index has a standard deviation of 15%.

What is the standard deviation of stocks A and B?

Example

Assume that security returns are generated by the single-index model,

$$Z_i = \alpha_i + \beta_i Z_M + e_i$$

where Z_i is the excess return for security i and Z_M is the market's excess return. Suppose that there are two securities A and B, characterized by the following data:

Stock	β_i	$\sigma(e)$
A	0.8	25%
B	1.2	20%

If $\sigma_M = 20\%$, calculate the variance of returns of Securities A and B.

Solution

$$Z_i = \alpha_i + \beta_i Z_M + e_i$$

$$\sigma_i^2 = \beta_i^2 \sigma_M^2 + Var(e_i)$$

$$\sigma_A^2 = 881$$

$$\sigma_B^2 = 976$$

Example

The data below describe a three-stock financial market that satisfies the single-index model.

Stock	Capitalization	Beta	Mean Excess Return	Standard Deviation
A	3,000 million won	1.0	10%	40%
B	1,940 million won	0.2	2%	30%
C	1,360 million won	1.7	17%	50%

What is the mean excess return of the index portfolio?

Solution

Total market capitalization is

3,000+1,940+1,360=6,300.

$$E(Z_M) = \frac{3,000}{6,300} \times 10 + \frac{1,940}{6,300} \times 2 + \frac{1,360}{6,300} \times 17 = 9.05$$

Example

The data below describe a three-stock financial market that satisfies the single-index model.

Stock	Capitalization	Beta	Mean Excess Return	Standard Deviation
A	3,000 million won	1.0	10%	40%
B	1,940 million won	0.2	2%	30%
C	1,360 million won	1.7	17%	50%

$\sigma_M = 25\%$

What is the covariance between stock B and the index?

Solution

$Z_i = \alpha_i + \beta_i Z_M + \varepsilon_i$

$Cov(Z_B, Z_M) = \beta_B \sigma_M^2 = 125$

Example

The data below describe a three-stock financial market that satisfies the single-index model.

Stock	Capitalization	Beta	Mean Excess Return	Standard Deviation
A	3,000 million won	1.0	10%	40%
B	1,940 million won	0.2	2%	30%
C	1,360 million won	1.7	17%	50%

$\sigma_M = 25\%$

Break down the variance of stock B into its systematic and firm-specific components.

Solution

$\sigma_B^2 = 900$

$\sigma_i^2 = \beta_i^2 \sigma_M^2 + Var(\varepsilon_i)$

$\beta_B^2 \sigma_M^2 = 25$

$Var(\varepsilon_B) = 875$

R–square

The R-square gives the fraction of the variance of the dependent variable that is explained by movements in the independent variable.

The R-square is systematic variance over total variance, which tells us what fraction of a firm's volatility is attributable to market movements:

$$R^2 = \frac{\beta^2 \sigma_M^2}{\sigma^2}$$

Example

Consider the two index model regression results for A and B:

$Z_A = 1.0\% + 1.2Z_M$, $R^2 = 0.576$, Residual Standard Deviation=10.3%

$Z_B = -2.0\% + 0.8Z_M$, $R^2 = 0.436$, Residual Standard Deviation=9.1%

What is the standard deviation of each stock?

Solution

$$R^2 = \frac{\beta^2 \sigma_M^2}{\sigma^2} = 1 - \frac{Var(\varepsilon_i)}{\sigma_i^2}$$

$$0.576 = 1 - \frac{(10.3)^2}{\sigma_A^2}, \quad \sigma_A = 15.82$$

$$0.436 = 1 - \frac{(9.1)^2}{\sigma_B^2}, \quad \sigma_B = 12.12$$

Example

Consider the two index model regression results for A and B:

$Z_A = 1.0\% + 1.2Z_M$, $R^2 = 0.576$, Residual Standard Deviation=10.3%

$Z_B = -2.0\% + 0.8Z_M$, $R^2 = 0.436$, Residual Standard Deviation=9.1%

Break down the variance of each stock to the systematic and firm-specific components.

Solution

$$R^2 = \frac{\beta^2\sigma_M^2}{\sigma^2} = 1 - \frac{Var(\varepsilon_i)}{\sigma_i^2}$$

$$0.576 = 1 - \frac{(10.3)^2}{\sigma_A^2}, \quad \sigma_A^2 = 250.21$$

$$\sigma_i^2 = \beta_i^2\sigma_M^2 + Var(\varepsilon_i)$$

$$\sigma_A^2 = 250.21 = \beta_A^2\sigma_M^2 + 106.09$$

$$\beta_A^2\sigma_M^2 = 144.12$$

$$0.436 = 1 - \frac{(9.1)^2}{\sigma_B^2}, \quad \sigma_B^2 = 146.83$$

$$\sigma_B^2 = 146.83 = \beta_A^2\sigma_M^2 + 82.81$$

$$\beta_A^2\sigma_M^2 = 64.02$$

Example

Consider the two index model regression results for A and B:

$Z_A = 1.0\% + 1.2Z_M$, $R^2 = 0.6$, Residual Standard Deviation=10%

$Z_B = -2.0\% + 0.8Z_M$, $R^2 = 0.4$, Residual Standard Deviation=9%

What is the covariance between the two stocks?

Solution

$$Cov(Z_A, Z_B) = Cov(1.0\% + 1.2Z_M, -2.0\% + 0.8Z_M)$$

$$= 1.2 \times 0.8 \times \sigma_M^2$$

$$R^2 = \frac{\beta^2 \sigma_M^2}{\sigma^2} = 1 - \frac{Var(\varepsilon_i)}{\sigma_i^2}$$

$$0.6 = 1 - \frac{(10)^2}{\sigma_A^2}, \quad \sigma_A^2 = 250$$

$$\sigma_i^2 = \beta_i^2 \sigma_M^2 + Var(\varepsilon_i)$$

$$\sigma_A^2 = 250 = \beta_A^2 \sigma_M^2 + 100$$

$$\beta_A^2 \sigma_M^2 = 150$$

$$\sigma_M^2 = 104$$

$$Cov(Z_A, Z_B) = 99.84$$

Example

In a two-stock capital market, the capitalization of stock A is twice that of B. The standard deviation of the excess return on A is 30% and on B is 50%. The correlation coefficient between the excess returns is 0.7.
What is the standard deviation of the market index portfolio?

Solution

$\sigma_A = 30$

$\sigma_B = 50$

$$\rho_{AB} = \frac{\sigma_{AB}}{\sigma_A \sigma_B} = \frac{\sigma_{AB}}{1{,}500} = 0.7$$

$\sigma_{AB} = 1{,}050$

$$\sigma_M^2 = \left(\frac{2}{3}\right)^2 \sigma_A^2 + \left(\frac{1}{3}\right)^2 \sigma_B^2 + 2 \times \frac{2}{9} \sigma_{AB}$$

$$\sigma_M^2 = \left(\frac{2}{3}\right)^2 \times 900 + \left(\frac{1}{3}\right)^2 \times 2{,}500 + 2 \times \frac{2}{9} \times 1{,}050 = 1144.4$$

$\sigma_M = 33.8$

Market model

The market model states that the return surprise of any security is proportional to the return surprise of the market, plus a firm-specific surprise:

$r_i - E(r_i) = \beta_i [r_M - E(r_M)] + \varepsilon_i$

Another version of the index model that breaks down return uncertainty into systematic and nonsystematic components.

Example

The following two stocks are available in the market.

	Expected Return	Beta
Stock A	10.5%	1.20
Stock B	13.0%	0.98
Market	14.2%	1.00

Assume the market model is valid.

Suppose the return on the market is 15 percent and there are no unsystematic surprises in the returns.

What is the return on each stock?

Solution

$$r_i - E(r_i) = \beta_i[r_M - E(r_M)] + \varepsilon_i$$

$$r_A - 10.5 = 12[15 - 14.2]$$

$$r_A = 11.46\%$$

$$r_B - 13.0 = 0.98[15 - 14.2]$$

$$r_A = 13.78\%$$

Security Characteristic Line

$$Z_i = \alpha_i + \beta_i Z_M + \varepsilon_i$$

where $Z_i = r_i - r_f$

$Z_M = r_M - r_f$

Note the resemblance of this relationship to a regression equation.

Estimating the regression equation of the single-index model gives us the SCL.

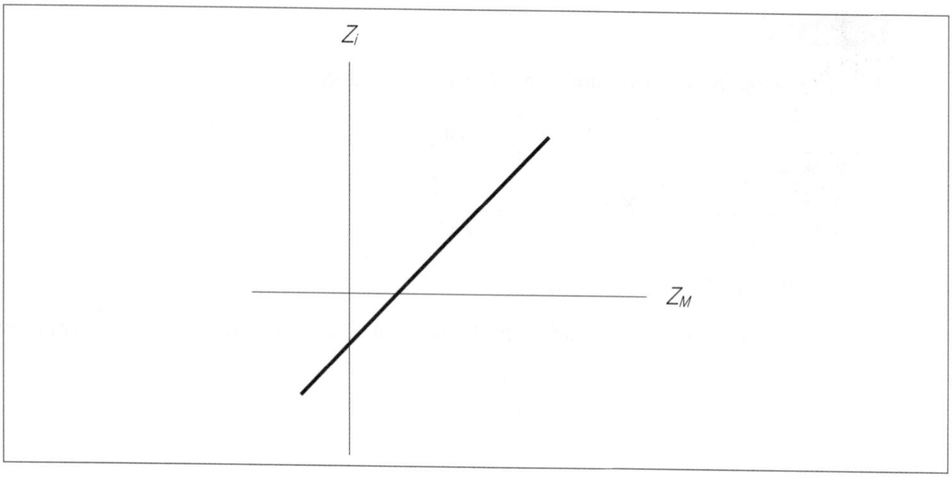

The SCL is a plot of the typical excess return on a security as a function of the excess return on the market.

The CAPM is a statement about the expected returns, whereas we can observe the realized returns. To make the leap from the expected returns to the realized returns, we can employ the index model.

$$Z_i = \alpha_i + \beta_i Z_M + \varepsilon_i$$

where $Cov(Z_M, \varepsilon_i) = 0$.

$$\begin{aligned} Cov(Z_i, Z_M) &= Cov(\beta_i Z_M + \varepsilon_i, Z_M) \\ &= \beta_i Cov(Z_M, Z_M) + Cov(\varepsilon_i, Z_M) \\ &= \beta_i \sigma_M^2 \end{aligned}$$

$$\beta_i = \frac{Cov(Z_i, Z_M)}{\sigma_M^2}$$

The index model is estimated by applying regression analysis to excess rates of return. The slope of the regression line is the beta of an asset, whereas the intercept is the asset's alpha during the sample period. The regression line is also called the security characteristic line. The regression beta is equivalent to the CAPM beta, except that the regression uses actual returns and the CAPM is specified in terms of expected returns. The CAPM predicts that the average value of alphas measured by the index model regression will be zero.

Sharpe's measure

샤프척도

$$\frac{\overline{r_p} - \overline{r_f}}{\sigma_p}$$

RVAR : reward to variability ratio

Treynor's measure

$$\frac{\overline{r_p} - \overline{r_f}}{\beta_p}$$

RVOL: reward to volatility ratio

Jensen's measure

$$\overline{r_p} - \left[\overline{r_f} - \left(\overline{r_m} - \overline{r_f}\right)\beta_p\right]$$

FINANCIAL MANAGEMENT

chapter 5

APT

APT

the arbitrage pricing theory

$E(r_i) - r_f = \lambda_1 b_{i1} + \cdots + \lambda_k b_{ik}$

where $\lambda_k = E(r_{Fk}) - r_f$.

$E(r_{Fk})$ is the expected return on a portfolio with unit sensitivity to the *k*th factor and zero sensitivity to all other factors.

b_{ik} is the sensitivity of the *i*th asset's returns to the *k*th factor.

An equilibrium asset pricing theory that is derived from a factor model by using diversification and arbitrage. It shows that the expected return on any risky asset is a linear combination of various factors.

λ: lambda

One-factor APT

One-factor APT assumes that the rate of return on any asset is a linear function of one factor as shown below:

$r_i = E(r_i) + b_i F + \varepsilon_i$

where $E(r_i)$: the expected return on stock i

F : the mean zero factor

ε_i: a random zero mean noise term

A special case of the arbitrage pricing theory that is derived from the one-factor model by using diversification and arbitrage. It shows the expected return on any risky asset is a linear function of a single factor. The CAPM can be expressed as one-factor APT in which a single factor is the market portfolio.

$r_i = E(r_i) + b_i F + \varepsilon_i$

where $E(r_i)$: the expected return on stock i

F: the deviation of the common factor from its expected value

b_i: the sensitivity of firm i to that factor

The factor model states that the actual return on firm *i* will equal its initially expected return plus a random amount attributable to unanticipated economywide events, plus another random amount attributable to firm-specific events.

Example

Suppose that F is taken to be the unexpected percentage change in GDP, and that the consensus is that GDP will increase by 4% this year. Suppose also that a stock's β value is 1.2. If GDP increases by only 3%, then the value of F would be — 1%, representing a 1% disappointment in actual growth versus expected growth. This disappointment would translate into a return on the stock that is 1.2% lower than previously expected. This macro surprise together with the firm-specific disturbance determines the total departure of the stock's return from its originally expected value.

Well-diversified portfolio

A portfolio spread out over many securities in such a way that the weight in any security is close to zero.

Portfolios are called "well-diversified" if they include a large number of securities and the investment proportion in each is sufficiently small.

If a portfolio is well diversified, its non-factor risk can be diversified away.

Only factor risk remains.

The rate of return on the portfolio is as follows:

$$r_p = E(r_p) + \beta_p F + \varepsilon_p$$

where $\beta_p = \sum_{i=1}^{n} w_i \beta_i$, $\varepsilon_p = \sum_{i=1}^{n} w_i \varepsilon_i$.

The portfolio variance is

$$\sigma_p^2 = \beta_p^2 \sigma_F^2 + Var(\varepsilon_p).$$

$$Var(\varepsilon_p) = Var\left(\sum_{i=1}^{n} w_i \varepsilon_i\right) = \sum_{i=1}^{n} w_i^2 \times Var(\varepsilon_i)$$

A well-diversified portfolio is diversified over a large enough number of securities that $Var(\varepsilon_p)$ is negligible.

For a well-diversified portfolio.

$$\sigma_p^2 = \beta_p^2 \sigma_F^2.$$

Example

$Var(2+3X+Y)$ 를 전개하시오

Solution

$Var(2+3X+Y) = 9\,Var(X) + Var(Y) + 6\,Cov(X, Y)$

Zero-investment portfolio

A portfolio of zero net value, established by buying and shorting component securities.

Systems of Linear Equations

The system of equations

$$a_{11}x_1 + a_{12}x_2 + \cdots + a_{1n}x_n = b_1$$
$$a_{21}x_1 + a_{22}x_2 + \cdots + a_{2n}x_n = b_2$$
$$\vdots$$
$$a_{m1}x_1 + a_{m2}x_2 + \cdots + a_{mn}x_n = b_m$$

$$A = \begin{pmatrix} a_{11} & \cdots & a_{1n} \\ \vdots & \vdots & \vdots \\ a_{m1} & \cdots & a_{mn} \end{pmatrix}$$

$x = \begin{pmatrix} x_1 \\ \vdots \\ x_n \end{pmatrix}$ and $b = \begin{pmatrix} b_1 \\ \vdots \\ b_n \end{pmatrix}$

The system may be rewritten as a single matrix equation

$Ax = b$.

Example

$2x_1 + 3x_2 + 4x_3 = 5$

$3x_1 + 3x_2 + 5x_3 = 7$

$7x_1 + 5x_2 + 8x_3 = 3$

$$\begin{pmatrix} 2 & 3 & 4 \\ 3 & 3 & 5 \\ 7 & 5 & 8 \end{pmatrix} \begin{pmatrix} x_1 \\ x_2 \\ x_3 \end{pmatrix} = \begin{pmatrix} 5 \\ 7 \\ 3 \end{pmatrix}$$

Homogeneous System

A system $Ax = b$ of m linear equations in n unknowns is said to be homogeneous if $b = 0$.

Trivial solution

Any homogeneous system has at least one solution, namely, the zero vector. This solution is called the trivial solution.

[Theorem]

If $m < n$, the system $Ax = 0$ has a nonzero solution.

Example

The system

$$x_1 + 2x_2 + x_3 = 0$$

$$x_1 - x_2 - x_3 = 0$$

$$A = \begin{pmatrix} 1 & 2 & 1 \\ 1 & -1 & -1 \end{pmatrix}$$

The solution set of this system

$$k\begin{pmatrix} 1 \\ -2 \\ 3 \end{pmatrix}$$

Example

Find the solution of the following system.

$$\begin{pmatrix} 4 & 2 \\ 6 & 3 \end{pmatrix}\begin{pmatrix} x \\ y \end{pmatrix} = \begin{pmatrix} 0 \\ 0 \end{pmatrix}$$

Solution

$$\begin{pmatrix} x \\ y \end{pmatrix} = k\begin{pmatrix} 1 \\ -2 \end{pmatrix}$$

Example

다음 연립방정식의 해집합을 구하라.

$x_1 + 2x_2 + x_3 = 0$

$x_1 - x_2 - x_3 = 0$

$3x_1 + 3x_2 + x_3 = 0$

Solution

$x_1 + 2x_2 + x_3 = 0$ ………… (1)

$x_1 - x_2 - x_3 = 0$ ………… (2)

$3x_1 + 3x_2 + x_3 = 0$ ……… (3)

식(1)과 식(2)를 더하면,

$2x_1 + x_2 = 0$ …………… (4)

식(2)와 식(3)을 더하면,

$4x_1 + 2x_2 = 0$ ………… (5)

식(4)와 식(5)를 동시에 만족하는 해집합은

$x_1 = k$ 일 때, $x_2 = -2k$

$x_1 = k$, $x_2 = -2k$ 를 식(1)에 대입하면, $x_3 = 3k$

$$\begin{pmatrix} x_1 \\ x_2 \\ x_3 \end{pmatrix} = k \begin{pmatrix} 1 \\ -2 \\ 3 \end{pmatrix}$$

Example

다음 연립방정식의 해집합을 구하라.

$x_1 + 2x_2 + x_3 = 0$

$x_1 - x_2 - x_3 = 0$

$3x_1 + 2x_2 + x_3 = 0$

Solution

$x_1 + 2x_2 + x_3 = 0$ ....(1)

$x_1 - x_2 - x_3 = 0$ .... (2)

$3x_1 + 2x_2 + x_3 = 0$ .... (3)

식(1)과 식(2)를 더하면,

$2x_1 + x_2 = 0$ .... (4)

식(2)와 식(3)을 더하면,

$4x_1 + x_2 = 0$ .... (5)

식(4)와 식(5)를 동시에 만족하는 해집합은

$x_1 = 0$, $x_2 = 0$

$x_1 = 0$, $x_2 = 0$ 를 식(1)에 대입하면, $x_3 = 0$

$$\begin{pmatrix} x_1 \\ x_2 \\ x_3 \end{pmatrix} = \begin{pmatrix} 0 \\ 0 \\ 0 \end{pmatrix}$$

Example

Find the solution set of the following system.

$$\begin{pmatrix} 2 & 3 & 4 \\ 3 & 3 & 5 \\ 7 & 5 & 8 \end{pmatrix}\begin{pmatrix} x \\ y \\ z \end{pmatrix} = \begin{pmatrix} 0 \\ 0 \\ 0 \end{pmatrix}$$

Solution

$$\begin{pmatrix} 0 \\ 0 \\ 0 \end{pmatrix}$$

Example

Find the solution set of the following system.

$$\begin{pmatrix} 2 & 3 & 4 \\ 3 & 3 & 5 \\ 5 & 6 & 9 \end{pmatrix}\begin{pmatrix} x \\ y \\ z \end{pmatrix} = \begin{pmatrix} 0 \\ 0 \\ 0 \end{pmatrix}$$

Solution

$$k\begin{pmatrix} 3 \\ 2 \\ -3 \end{pmatrix}$$

[Example]

항등식 $\{(a+b)x+a+4b\}(x+3)=2x^2+5x-3$ 에서 a, b 를 구하여라.

[Solution]

$a+b-2=0$

$4a+7b-5=0$

$3a+12b+3=0$

$a=3,\ b=-1$

Example

Find the solution set of the following system.

$$\begin{pmatrix} 1 & 3 & 4 \\ 3 & 3 & 5 \\ 4 & 6 & 9 \end{pmatrix}\begin{pmatrix} x \\ y \\ z \end{pmatrix}=\begin{pmatrix} 0 \\ 0 \\ 0 \end{pmatrix}$$

Example

Find the solution set of the following system.

$$\begin{pmatrix} 1 & 3 & 4 \\ 3 & 3 & 5 \\ 5 & 6 & 9 \end{pmatrix}\begin{pmatrix} x \\ y \\ z \end{pmatrix}=\begin{pmatrix} 0 \\ 0 \\ 0 \end{pmatrix}$$

Example

Find the solution set of the following system.

$$\begin{pmatrix} 1 & 2 & 3 \\ 4 & 5 & 6 \\ 5 & 7 & 9 \end{pmatrix}\begin{pmatrix} x \\ y \\ z \end{pmatrix}=\begin{pmatrix} 0 \\ 0 \\ 0 \end{pmatrix}$$

Example

Find the solution set of the following system.

$$\begin{pmatrix} 1 & 2 & 3 \\ 4 & 5 & 6 \\ 6 & 7 & 9 \end{pmatrix}\begin{pmatrix} x \\ y \\ z \end{pmatrix}=\begin{pmatrix} 0 \\ 0 \\ 0 \end{pmatrix}$$

Vectors

Vectors are represented by arrows in which the length of the arrow denotes the magnitude of the vector and the direction of the arrow represents the direction of the vector.

Example

Determine whether or not the first vector can be expressed as a linear combination of the other two.

$(-2,0,3),(1,3,0),(2,4,-1)$

Solution

$(-2,0,3)=\lambda_0(1,3,0)+\lambda_1(2,4,-1)$

$\lambda_0=4, \lambda_1=-3$

The first vector can be expressed as a linear combination of the other two.

Example

Determine whether or not the first vector can be expressed as a linear combination of the other two.

$(-2,0,3),(1,3,0),(2,4,1)$

Solution

$(-2,0,3)=\lambda_0(1,3,0)+\lambda_1(2,4,1)$

The first vector cannot be expressed as a linear combination of the other two.

Example

Determine whether or not the first vector can be expressed as a linear combination of the other two.

$(4,-3,1),(1,-2,1),(-2,-1,1)$

Example

Determine whether or not the first vector can be expressed as a linear combination of the other two.

$(4,-3,1),(1,-2,1),(-2,1,1)$

Example

Assume that the returns of individual securities are generated by the following one-factor model:

$r_1 = 12\% + 2F + \varepsilon_1$

$r_2 = 15\% + 3F + \varepsilon_2$

$r_3 = 21\% + 5F + \varepsilon_3$

In addition, assume that there is a capital market for three securities.

Derive One-factor APT.

Solution

Arbitrage portfolio

$w_1 + w_2 + w_3 = 0$

$2w_1 + 3w_2 + 5w_3 = 0$

$\lambda_0(w_1 + w_2 + w_3) + \lambda_1(2w_1 + 3w_2 + 5w_3) = 0$

$w_1(\lambda_0 + 2\lambda_1) + w_2(\lambda_0 + 3\lambda_1) + w_3(\lambda_0 + 5\lambda_1) = 0$

Arbitrage portfolio return

In equilibrium all portfolios that satisfy the condition of using no wealth and having no risk must earn no return on average.

$$w_1 r_1 + w_2 r_2 + w_3 r_3 = 0$$

$$w_1 \cdot 12 + w_2 \cdot 15 + w_3 \cdot 21 = 0$$

$$\lambda_0 + 2\lambda_1 = 12$$

$$\lambda_0 + 3\lambda_1 = 15$$

$$\lambda_0 + 5\lambda_1 = 21$$

$$\lambda_0 = 6,\ \lambda_1 = 3$$

$$E(r_i) = 6 + 3b_i$$

Example

Assume that the returns of individual securities are generated by the following one-factor model:

$$r_1 = 10\% + 2F + \varepsilon_1$$

$$r_2 = 14\% + 3F + \varepsilon_2$$

$$r_3 = 26\% + 6F + \varepsilon_3$$

In addition, assume that there is a capital market for three securities.

Derive One-factor APT.

Solution

$$\lambda_0 + 2\lambda_1 = 10$$

$$\lambda_0 + 3\lambda_1 = 14$$

$$\lambda_0 + 6\lambda_1 = 26$$

$$E(r_i) = 2 + 4b_i$$

Example

Assume that the returns of individual securities are generated by the one-factor model.

In addition, assume that there is a capital market for n securities.

Derive One-factor APT.

Solution

$$r_1 = E(r_1) + b_1 F + \varepsilon_1$$

$$r_2 = E(r_2) + b_2 F + \varepsilon_2$$

....

$$r_n = E(r_n) + b_n F + \varepsilon_n$$

Arbitrage portfolio

$$w_1 + w_2 + \cdots + w_n = 0$$

$$w_1 b_1 + w_2 b_2 + \cdots + w_n b_n = 0$$

$$\lambda_0 (w_1 + w_2 + \cdots + w_n) + \lambda_1 (w_1 b_1 + w_2 b_2 + \cdots + w_n b_n) = 0$$

$$w_1(\lambda_0 + \lambda_1 b_1) + w_2(\lambda_0 + \lambda_1 b_2) + \cdots + w_n(\lambda_0 + \lambda_1 b_n) = 0$$

Arbitrage portfolio return

In equilibrium all portfolios that satisfy the condition of using no wealth and having no risk must earn no return on average.

$$w_1 r_1 + w_2 r_2 + \cdots + w_n r_n = 0$$

$$w_1 E(r_1) + w_2 E(r_2) + \cdots + w_n E(r_n) = 0$$

$$\lambda_0 + \lambda_1 b_1 = E(r_1)$$

$$\lambda_0 + \lambda_1 b_2 = E(r_2)$$

....

$$\lambda_0 + \lambda_1 b_n = E(r_n)$$

$$E(r_i) = \lambda_0 + \lambda_1 b_i$$

Factor portfolio

A factor portfolio is a well-diversified portfolio constructed to have a beta of 1 on one factor, and a beta of 0 on any other factor.

$r_i = E(r_i) + b_{i1}F_1 + b_{i2}F_2 + \varepsilon_i$

Example

Assume that both Portfolios X and Y are well diversified, that

$E(r_X) = 12\%,\ and\ E(r_Y) = 9\%$.

If the economy has only one factor, and $b_X = 1.2$, whereas $b_Y = 0.8$,

what must be the risk-free rate?

Solution

$E(r_i) = \lambda_0 + \lambda_1 b_i$

$12 = \lambda_0 + \lambda_1 \times 1.2$

$9 = \lambda_0 + \lambda_1 \times 0.8$

$\lambda_0 = 3\%,\ \lambda_1 = 7.5\%$

Example

Assume that both Portfolios X and Y are well diversified, that

$E(r_X) = 14.5\%$, and $E(r_Y) = 8.2\%$.

If the economy has only one factor, and $b_X = 1.5$ whereas $b_Y = 0.6$,

what must be the risk-free rate?

Solution

$E(r_i) = \lambda_0 + \lambda_1 b_i$

$\lambda_0 = 4\%,\ \lambda_1 = 7\%$

Example

The entire market consists of three securities only, with betas given by

$b_1 = \frac{1}{2}, b_2 = 1, b_3 = 4$, respectively.

Find the investment proportions of zero-beta portfolio with zero net investment.

Solution

$$w_1 + w_2 + w_3 = 0$$

$$\frac{1}{2} w_1 + w_2 + 4w_3 = 0$$

$$\begin{pmatrix} w_1 \\ w_2 \\ w_3 \end{pmatrix} = k \begin{pmatrix} 6 \\ -7 \\ 1 \end{pmatrix}$$

Example

The entire market consists of three securities only, with betas given by

$b_1 = \frac{1}{2},\ b_2 = 1,\ b_3 = 4$, respectively.

Find the investment proportions fulfilling the constraints

$$\sum_{i=1}^{3} w_i b_i = 1,\ \sum_{i=1}^{3} w_i = 0$$

Solution

$$w_1 + w_2 + w_3 = 0$$

$$\frac{1}{2} w_1 + w_2 + 4w_3 = 1$$

$$w_1 = 6w_3 - 2$$

$$w_2 = -7w_3 + 2$$

$$\begin{pmatrix} w_1 \\ w_2 \\ w_3 \end{pmatrix} = \begin{pmatrix} 6w_3 - 2 \\ -7w_3 + 2 \\ w_3 \end{pmatrix}$$

Example

The entire market consists of three securities only, with betas given by $b_1 = 3,\ b_2 = 1,\ b_3 = 2$, respectively.

Find the investment proportions fulfilling the constraints

$$\sum_{i=1}^{3} w_i b_i = 1,\ \sum_{i=1}^{3} w_i = 0$$

Example

Assume that the returns of individual securities are generated by the following two-factor model:

$r_i = E(r_i) + b_{i1}F_1 + b_{i2}F_2$

In addition, assume that there is a capital market for four securities, where each one has the following characteristics:

Security	b_{i1}	b_{i2}	$E(r_i)$
1	1.00	1.50	20%
2	0.50	2.00	20%
3	1.00	0.50	10%
4	1.50	0.75	10%

Construct a portfolio containing securities 1 and 2, with a return that does not depend on F_1.

Solution

$r_p = wE(R_1) + (1-w)E(r_2) + w(b_{11}F_1 + b_{12}F_2) + (1-w)(b_{21}F_1 + b_{22}F_2)$

$r_p = wE(R_1) + (1-w)E(r_2) + \{wb_{11} + (1-w)b_{21}\}F_1 + \{wb_{12} + (1-w)b_{22}\}F_2$

$w \times 1.00 + (1-w) \times 0.5 = 0$

$w = -1$

I put -100% of my wealth into security 1 and 200% of my wealth into security 2.

Example

Assume that the returns of individual securities are generated by the following two-factor model:

$r_i = E(r_i) + b_{i1}F_1 + b_{i2}F_2$

In addition, assume that there is a capital market for four securities, where each one has the following characteristics:

Security	b_{i1}	b_{i2}	$E(r_i)$
1	1.00	1.50	20%
2	0.50	2.00	20%
3	1.00	0.50	10%
4	1.50	0.75	10%

Construct a portfolio containing securities 2 and 3, with a return that does not depend on F_2.

Solution

$2w + (1-w)0.5 = 0$

$w = -\dfrac{1}{3}$

I put -33% of my wealth into security 2 and 133% of my wealth into security 3.

Two-factor APT

$r_i = E(r_i) + b_{i1}F_1 + b_{i2}F_2 + \varepsilon_i$

where F_1, F_2: the mean zero factor

ε_i: a random zero mean noise term

Arbitrage portfolio

$$\sum_{i=1}^{n} w_i = 0$$

$$\sum_{i=1}^{n} w_i b_{i1} = 0, \ \sum_{i=1}^{n} w_i b_{i2} = 0$$

To form an arbitrage portfolio that requires no change in wealth, the usual course of action would be to sell some assets and use the proceeds to buy others.

Arbitrage portfolio return

In equilibrium all portfolios that satisfy the condition of using no wealth and having no risk must earn no return on average.

$$\sum_{i=1}^{n} w_i r_i = 0$$

$$\sum_{i=1}^{n} w_i r_i = \sum_{i=1}^{n} w_i E(r_i) + \sum_{i=1}^{n} w_i b_{i1} F_1 + \sum_{i=1}^{n} w_i b_{i2} F_2 + \sum_{i=1}^{n} w_i e_i = 0$$

Because the error terms are independent the law of large numbers guarantees that a weighted average of many of them will approach zero in the limit as n becomes large.

$$\sum_{i=1}^{n} w_i r_i = \sum_{i=1}^{n} w_i E(r_i) + \sum_{i=1}^{n} w_i b_{i1} F_1 + \sum_{i=1}^{n} w_i b_{i2} F_2 = 0$$

$$= \sum_{i=1}^{n} w_i E(r_i) + \left(\sum_{i=1}^{n} w_i b_{i1} \right) F_1 + \left(\sum_{i=1}^{n} w_i b_{i2} \right) F_2 = 0$$

$$= \sum_{i=1}^{n} w_i E(r_i) = 0$$

$$= w_1 E(r_1) + \cdots + w_n E(r_n) = 0$$

$$\sum_{i=1}^{n} w_i = 0$$

$$\sum_{i=1}^{n} \lambda_0 w_i = 0$$

$$\sum_{i=1}^{n} \lambda_1 w_i b_{i1} = 0, \quad \sum_{i=1}^{n} \lambda_2 w_i b_{i2} = 0$$

$$\sum_{i=1}^{n} \lambda_0 w_i + \sum_{i=1}^{n} \lambda_1 w_i b_{i1} + \sum_{i=1}^{n} \lambda_2 w_i b_{i2} = 0$$

$$w_1 (\lambda_0 + \lambda_1 b_{11} + \lambda_2 b_{12}) + \cdots + w_n (\lambda_0 + \lambda_1 b_{n1} + \lambda_2 b_{n2}) = 0$$

$$w_1 E(r_1) + \cdots + w_n E(r_n) = 0$$

$$E(r_1) = \lambda_0 + \lambda_1 b_{11} + \lambda_2 b_{12}, \cdots, E(r_n) = \lambda_0 + \lambda_1 b_{n1} + \lambda_2 b_{n2}$$

$$E(r_i) = \lambda_0 + \lambda_1 b_{i1} + \lambda_2 b_{i2}$$

Example

$r_i = E(r_i) + b_{i1}F_1 + b_{i2}F_2 + \varepsilon_i$

Factor 1 might be departures of GDP growth from expectations, and factor 2 might be unanticipated inflation. Each factor has a zero expected value because each measures the surprise in the systematic variable rather than the level of the variable.

Derivation of the APT

The APT assumes that the rate of return on any asset is a linear function of k factors as shown below:

$r_i = E(r_i) + b_{i1}F_1 + b_{i2}F_2 + \cdots + b_{ik}F_k + \varepsilon_i$

where r_i: the random rate of return on the ith asset

$E(r_i)$: the expected rate of return on the ith asset

F_k: the mean zero kth factor common to the returns of all assets

ε_i: a random zero mean noise term for the ith asset

Arbitrage portfolio

$$\sum_{i=1}^{n} w_i = 0$$

$$\sum_{i=1}^{n} w_i b_{i1} = 0, \sum_{i=1}^{n} w_i b_{i2} = 0, \cdots, \sum_{i=1}^{n} w_i b_{ik} = 0$$

To form an arbitrage portfolio that requires no change in wealth, the usual course of action would be to sell some assets and use the proceeds to buy others.

Arbitrage portfolio return

In equilibrium all portfolios that satisfy the condition of using no wealth and having no risk must earn no return on average.

$$\sum_{i=1}^{n} w_i r_i = 0$$

$$\sum_{i=1}^{n} w_i r_i = \sum_{i=1}^{n} w_i E(r_i) + \sum_{i=1}^{n} w_i b_{i1} F_1 + \cdots + \sum_{i=1}^{n} w_i b_{ik} F_k + \sum_{i=1}^{n} w_i \varepsilon_i = 0$$

Because the error terms are independent the law of large numbers guarantees that a weighted average of many of them will approach zero in the limit as n becomes large.

$$\begin{aligned}\sum_{i=1}^{n} w_i r_i &= \sum_{i=1}^{n} w_i E(r_i) + \sum_{i=1}^{n} w_i b_{i1} F_1 + \cdots + \sum_{i=1}^{n} w_i b_{ik} F_k = 0 \\ &= \sum_{i=1}^{n} w_i E(r_i) + \left(\sum_{i=1}^{n} w_i b_{i1}\right) F_1 + \cdots + \left(\sum_{i=1}^{n} w_i b_{ik}\right) F_k = 0 \\ &= \sum_{i=1}^{n} w_i E(r_i) = 0 \\ &= w_1 E(r_1) + \cdots + w_n E(r_n) = 0\end{aligned}$$

$$\sum_{i=1}^{n} w_i = 0$$

$$\sum_{i=1}^{n} \lambda_0 w_i = 0$$

$$\sum_{i=1}^{n} \lambda_1 w_i b_{i1} = 0, \cdots, \sum_{i=1}^{n} \lambda_k w_i b_{ik} = 0$$

$$\sum_{i=1}^{n} \lambda_0 w_i + \sum_{i=1}^{n} \lambda_1 w_i b_{i1} + \cdots + \sum_{i=1}^{n} \lambda_k w_i b_{ik} = 0$$

$$w_1(\lambda_0 + \lambda_1 b_{11} + \cdots + \lambda_k b_{1k}) + \cdots + w_n(\lambda_0 + \lambda_1 b_{n1} + \cdots + \lambda_k b_{nk}) = 0$$

$$w_1 E(r_1) + \cdots + w_n E(r_n) = 0$$

$$E(r_1) = \lambda_0 + \lambda_1 b_{11} + \cdots + \lambda_k b_{1k}, \cdots, E(r_n) = \lambda_0 + \lambda_1 b_{n1} + \cdots + \lambda_k b_{nk}$$

$$E(r_i) = \lambda_0 + \lambda_1 b_{i1} + \cdots + \lambda_k b_{ik}$$

$$E(r_i) = \lambda_0 + \sum_{j=1}^{k} \lambda_j b_{ij}$$

Example

$$r_i = E(r_i) + b_{i1}F_1 + b_{i2}F_2 + \varepsilon_i$$

Suppose that the two factor portfolios have expected returns

$E(r_{F1}) = 10\%, and\ E(r_{F2}) = 12\%$.

Suppose further that the risk-free rate is 4%.

Find the fair rate of return on a security with $b_1 = 0.2$ *and* $b_2 = 1.4$.

Solution

$$E(r_i) = \lambda_0 + \lambda_1 b_{i1} + \lambda_2 b_{i2}$$

$$E(r_i) = 4 + (10 - 4) \times 0.2 + (12 - 4) \times 1.4 = 16.4\%$$

Example

$$r_i = E(r_i) + b_{i1}F_1 + b_{i2}F_2 + \varepsilon_i$$

Suppose that the two factor portfolios have expected returns

$E(r_{F1}) = 14\%$, and $E(r_{F2}) = 16\%$.

Suppose further that the risk-free rate is 4%.

Find the fair rate of return on a security with $b_1 = 0.5$ and $b_2 = 1.2$.

Solution

$$E(r_i) = 4 + 10 \times 0.5 + 12 \times 1.2 = 23.4\%$$

Example

Suppose the arbitrage pricing model,

$E(r_i) - r_f = [E(r_{F1}) - r_f]b_{i1} + [E(r_{F2}) - r_f]b_{i2}$,

is estimated to have the following numerical values:

$r_f = 10\%,\ E(r_{F1}) = 20\%, and\ E(r_{F2}) = 15\%$

b_{i1} for unanticipated changes in real output,

b_{i2} for unanticipated changes in inflation.

Next, suppose that a market portfolio's sensitivity to changes in unanticipated real output is 1.5 and its sensitivity to changes in unanticipated inflation is 1.0.

What's the expected return of the market portfolio?

Solution

$E(r_i) = 0.1 + 0.1b_{i1} + 0.05b_{i2}$

$b_{m1} = 1.5$

$b_{m2} = 1.0$

$E(r_m) = 30\%$

Example

Suppose the arbitrage pricing model,

$E(r_i) - r_f = [E(r_{F1}) - r_f]b_{i1} + [E(r_{F2}) - r_f]b_{i2}$,

is estimated to have the following numerical values:

$r_f = 4\%$, $E(r_{F1}) = 15\%$, and $E(r_{F2}) = 12\%$

b_{i1} for unanticipated changes in real output,

b_{i2} for unanticipated changes in inflation.

Next, suppose that a market portfolio's sensitivity to changes in unanticipated real output is 1.8 and its sensitivity to changes in unanticipated inflation is 0.5.

What's the expected return of the market portfolio?

Solution

$E(r_i) = 0.04 + 0.11b_{i1} + 0.08b_{i2}$

$b_{m1} = 1.8$

$b_{m2} = 0.5$

$E(r_m) = 27.8\%$

Example

	b_{i1}	b_{i2}	$E(r_i)$
X	0.5	0.8	16.2%
Y	1.5	1.4	21.6%
Risk-free Asset	0	0	10.0%

Find the APT.

Solution

$$E(r_i) = \lambda_0 + \lambda_1 b_{i1} + \lambda_2 b_{i2}$$

$$\lambda_0 = 10\%$$

$$16.2 = 10 + 0.5\lambda_1 + 0.8\lambda_2$$

$$21.6 = 10 + 1.5\lambda_1 + 1.4\lambda_2$$

$$\lambda_1 = 1.2, \quad \lambda_2 = 7$$

$$E(r_i) = 10 + 1.2b_{i1} + 7b_{i2}$$

Example

	b_{i1}	b_{i2}	$E(r_i)$
X	0.8	0.5	8.1%
Y	1.2	1.5	11.9%
Risk-free Asset	0	0	5.0%

Find the APT.

Solution

$$8.1 = 5 + 0.8\lambda_1 + 0.5\lambda_2$$

$$11.9 = 5 + 1.2\lambda_1 + 1.5\lambda_2$$

$$24.3 = 15 + 2.4\lambda_1 + 1.5\lambda_2$$

$$11.9 = 5 + 1.2\lambda_1 + 1.5\lambda_2$$

$$12.4 = 10 + 1.2\lambda_1$$

$\lambda_1 = 2$

$8.1 = 5 + 1.6 + 0.5\lambda_2$

$\lambda_2 = 3$

$E(r_i) = 5 + 2b_{i1} + 3b_{i2}$

Example

Consider the following multifactor model of security returns for a particular stock.

Factor	Factor Beta	Factor Risk Premium
Inflation	1.2	6%
Industrial production	0.5	8%
Oil prices	0.3	3%

T-bills currently offer a 6% yield.

Find the expected rate of return on this stock if the market views the stock as fairly priced.

Solution

$E(r_i) = \lambda_0 + \lambda_1 b_{i1} + \lambda_2 b_{i2} + \lambda_3 b_{i3}$

$E(r_i) = 6 + 6 \times 1.2 + 8 \times 0.5 + 3 \times 0.3 = 18.1\%$

Example

Consider the following multifactor model of security returns for a particular stock.

Factor	Factor Beta	Factor Risk Premium
Inflation	0.8	5%
Industrial production	0.4	7%
Oil prices	0.3	3%

T-bills currently offer a 4% yield.

Find the expected rate of return on this stock if the market views the stock as fairly priced.

Example

Suppose that the market can be described by the following three sources of systematic risk with associated risk premiums.

Factor	Risk Premium
Industrial production	6%
Interest rates	2%
Consumer confidence	4%

The return on a particular stock is generated according to the following equation:

$r = 15\% + 1.0F_1 + 0.5F_2 + 0.75F_3 + e$

T-bills currently offer a 6% yield.

Find the equilibrium rate of return on this stock using the APT.

Is the stock over- or under-priced?

Solution

$E(r_i) = \lambda_0 + \lambda_1 b_{i1} + \lambda_2 b_{i2} + \lambda_3 b_{i3}$

$E(r_i) = 6 + 6 \times 1.0 + 2 \times 0.5 + 4 \times 0.75 = 16\%$, Over-priced.

Three-factor model

Fama and French propose a three-factor model, in the spirit of arbitrage pricing theory. They show that stocks with higher factor loadings on size or market-to-book factors have higher average returns.

Risk is determined by the sensitivity of a stock to three factors:

(1) the market portfolio,

(2) a portfolio that reflects the relative returns of small versus large firms, and

(3) a portfolio that reflects the relative returns of firms with high versus low ratios of book value to market value.

Tests of Predictability in Stock Market Returns

Serial correlation refers to the tendency for stock returns to be related to past returns. Positive serial correlation means that positive returns tend to follow positive returns. Negative serial correlation means that positive returns tend to be followed by negative returns.

Both Conrad and Kaul and Lo and Mackinlay examine weekly returns of NYSE stocks and find positive serial correlation over short horizons.

Example

다음 연립방정식에서 초기 조건은 $x^0=0, y^0=0, z^0=0$ 으로 가정하고, Jacobi 반복계산법과 Gauss-Seidel 반복계산법을 이용하여 근사해를 구하는 과정을 설명하라.

$4x+2y+z=3$

$x+3y+z=-1$

$x+y+4z=4$

Solution

연립방정식을 다음과 같이 변형한다.

$4x=3-2y+z$

$3y=-1-x-z$

$4z=4-x-y$

Jacobi 반복계산법을 이용하면 위의 식은 다음과 같이 정리된다.

$$x^{k+1}=\frac{3-2y^k+z^k}{4}$$

$$y^{k+1}=\frac{-1-x^k-z^k}{3}$$

$$z^{k+1}=\frac{4-x^k-y^k}{4}$$

$k=0$ 일 때, $x^1=\frac{3}{4}, y^1=-\frac{1}{3}, z^1=1$

$k=1$ 일 때, $x^2=0.6667, y^2=-0.9167, z^2=0.8958$

$x=1, y=-1, z=1$ 에 조금씩 근접해간다.

Gauss-Seidel 반복계산법을 이용하면 다음과 같이 정리된다.

$$x^{k+1}=\frac{3-2y^k+z^k}{4}$$

$$y^{k+1}=\frac{-1-x^{k+1}-z^k}{3}$$

$$z^{k+1}=\frac{4-x^{k+1}-y^{k+1}}{4}$$

$k=0$ 일 때, $x^1=\frac{3}{4}, y^1=-\frac{7}{12}, z^1=\frac{23}{24}$

$k=1$ 일 때, $x^2=0.8021, y^2=-0.9201, z^2=1.0295$

FINANCIAL MANAGEMENT

chapter 6

Bonds

Bonds

채무자가 채권자에게 미래의 정해진 시점에서 일정한 이자와 원금을 지급하기로 약속한 증서

채권(bond)은 발행자가 자금을 조달하기 위하여 발행한 유가증권으로 일정한 이자를 지급함과 동시에 일정기간 후에는 액면금액을 상환할 것을 약속한 증서이다.
A bond is a long-term contract under which a borrower agrees to make payments of interest and principal, on specific dates, to the holders of the bond.
채권은 일반 대중 투자자들로부터 비교적 장기의 자금을 집단적, 대량적으로 조달하기 위하여 정부, 공공기관, 기업이 부담하는 채무를 표시하는 유가증권으로서 일종의 차용증서이다.
채권의 이자와 액면금액을 마지막으로 지급하기로 한 날을 만기일(maturity date)이라 한다.
Maturity date is a specific date on which the par value of a bond must be repaid.

Face Value

만기일에 지급하기로 증서에 기재된 금액을 액면금액 또는 액면가(face value 혹은 par value)라 한다.

Coupon rate

채권증서에는 액면금액뿐만 아니라 만기일까지 매기간 지급하기로 약속한 이자율이 표시되어 있다. 이 이자율을 표면이자율(coupon rate)이라 하고, 실제로 지불하게 되는 금액을 표면이자(coupon) 또는 액면이자라 한다. 표면이자는 (액면금액×표면이자율)이다.
Coupon payment is the specific number of dollars of interest paid each period.
Coupon interest rate is the stated annual rate of interest on a bond.
채권은 다음의 세 종류로 구분된다. 첫째는 할인채권(discount bond 혹은 zero coupon bond)으로 만기까지 이자지급이 전혀 없고 만기일에 액면금액을 지급받는 채권이다. 둘째는 이표채(coupon bond)로 만기까지 매기간 일정액의 이자를 지급받고 만기일에 마지막 기의 이자와 액면금액을 받는 채권이다. 셋째는 영구채권(perpetual bond 혹은 consol)으로 만기가 없이 영원히 이자만을 받는 채권이다.

YTM

Yield to maturity

만기수익률

현재 거래가격으로 채권을 구입하여 만기까지 보유할 경우에 미래의 현금흐름을 가져다 주는 내부수익률

Example

액면가액이 10,000원이고 액면이자율이 10%, 만기가 2년인 채권의 현재 거래가격이 9,000원이다. 이 채권의 만기수익률을 구하라.

Solution

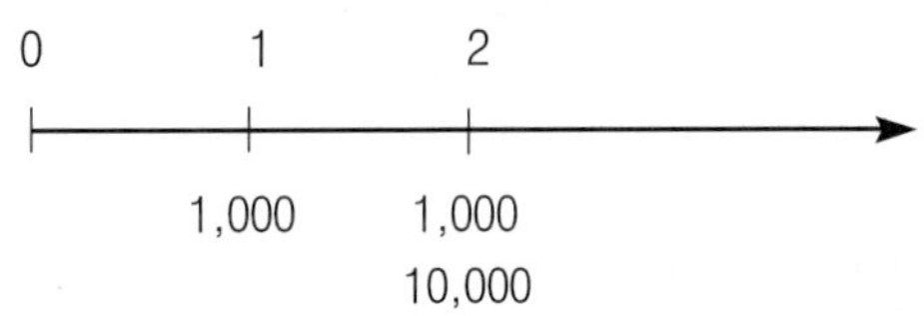

$$9{,}000 = \frac{1{,}000}{1+r} + \frac{1{,}000}{(1+r)^2} + \frac{10{,}000}{(1+r)^2}$$

$$9(1+r)^2 - (1+r) - 11 = 0$$

$$9r^2 + 17r - 3 = 0$$

$$r = \frac{-17 \pm \sqrt{17^2 + 4 \times 27}}{18}$$

$$r = 16.25\%$$

Example

액면가액이 10,000원이고 액면이자율이 15%, 만기가 3년인 채권의 현재 거래가격이 9,800원이다. 이 채권의 만기수익률을 구하라.

Solution

$$9{,}800 = \frac{1{,}500}{1+r} + \frac{1{,}500}{(1+r)^2} + \frac{1{,}500}{(1+r)^3} + \frac{10{,}000}{(1+r)^3}$$

$r = 15.9\%$

Example

액면가액이 10,000원이고 액면이자율이 15%, 만기가 2년인 채권의 현재 거래가격이 9,800원이다. 이 채권의 만기수익률을 구하라.

Solution

$$9{,}800 = \frac{1{,}500}{1+r} + \frac{1{,}500}{(1+r)^2} + \frac{10{,}000}{(1+r)^2}$$

$$98r^2 + 181r - 32 = 0$$

$$r = \frac{-181 \pm \sqrt{181^2 + 4 \times 98 \times 32}}{196}$$

$r = 16.3\%$

Example

액면가액이 10,000원이고 액면이자율이 10%, 만기가 3년인 채권의 현재 거래가격이 9,500원이다. 이 채권의 만기수익률을 구하라.

Solution

$r = 12\%$

The term structure of interest rates

The term structure of interest rates is the relationship between bonds yields and maturities.

동일한 발행주체에 의해 발행된 채권의 잔존기간과 수익률의 관계를 나타내는 개념을 수익률의 기간구조라고 한다. 그리고 이를 그래프로 나타낸 것을 수익률곡선(yield curve)이라고 한다.

Unbiased Expectation Hypothesis

불편기대가설
장기채권의 수익률은 미래의 단기채권에 대한 선도이자율의 기하평균이라는 가설.

$$(1+R_n)^n = (1+{}_0r_1)(1+{}_1r_2)\cdots(1+{}_{n-1}r_n)$$

Forward Rate

선도이자율
현재 시점에서 기대되는 미래의 특정시점부터 일정기간 동안의 이자율
미래의 일정시점부터 그 이후 일정시점까지의 기간 동안에 대한 금리

R_2: 2년 만기 현물이자율

${}_1r_2$: 시점 1에서 1기간 동안의 선도이자율

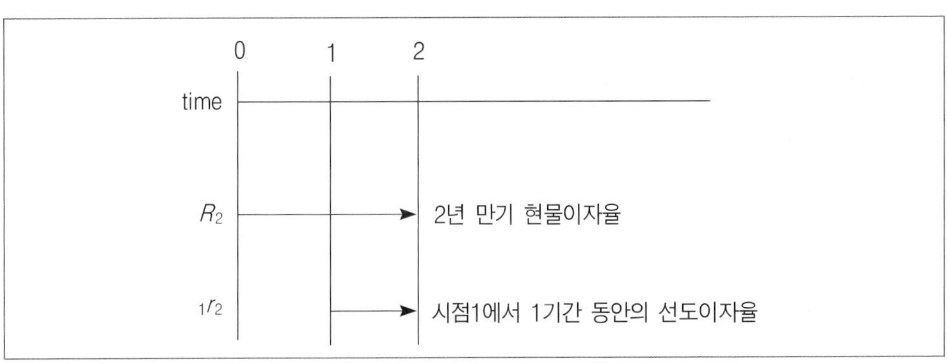

Example

Suppose the price of one-year maturity zero-coupon bonds with face value $1,000 is $950 and the price of two-year zeros with $1,000 face value is $880. What is the forward rate for the two year?

Solution

$$950 = \frac{1{,}000}{1+R_1}, \quad R_1 = 5.3\%$$

$$880 = \frac{1{,}000}{(1+R_2)^2}, \quad R_2 = 6.6\%$$

$$(1+0.066)^2 = (1+0.053)(1+{}_1r_2)$$

$${}_1r_2 = 7.92\%$$

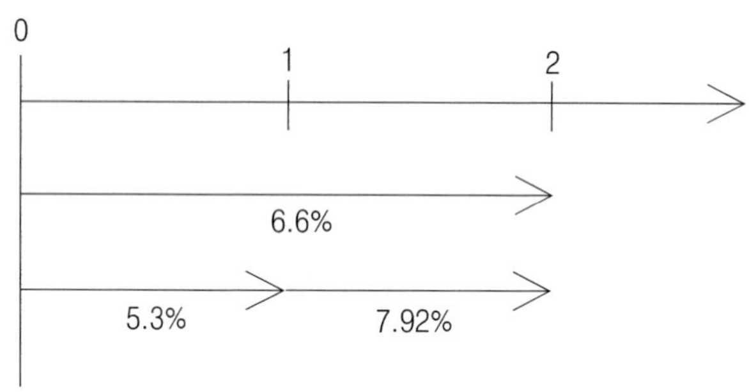

Example

Suppose the price of one-year maturity zero-coupon bonds with face value $1,000 is $925.93 and the price of two-year zeros with $1,000 face value is $841.68. What is the forward rate for the two year?

Solution

$$925.93 = \frac{1{,}000}{1+R_1}, \quad R_1 = 8\%$$

$$841.68 = \frac{1{,}000}{(1+R_2)^2}, \quad R_2 = 9\%$$

$$(1+0.9)^2 = (1+0.08)(1+{}_1r_2)$$

$${}_1r_2 = 10.01\%$$

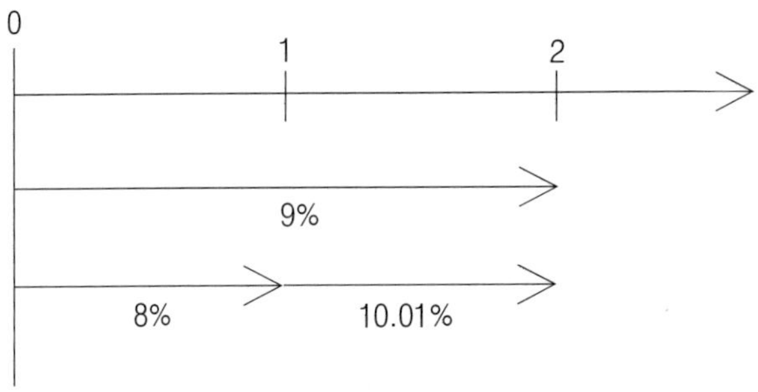

Example

현재 채권시장에서 액면금액이 10,000원인 할인채권이 1년 만기짜리는 9,091원에 거래되고 2년 만기짜리는 7,831원에 거래되고 있다. 1년 후 시점에서의 선도이자율을 구하라.

Solution

$$9{,}091 = \frac{10{,}000}{1+R_1}, \quad R_1 = 10\%$$

$$7{,}831 = \frac{10{,}000}{(1+R_2)^2}, \quad R_2 = 13\%$$

$$(1+0.13)^2 = (1+0.1)(1+{}_1r_2)$$

$${}_1r_2 = 16.08\%$$

Example

액면 100,000원에 대한 채권의 가격이 다음과 같다. 불편기대가설이 성립한다고 가정하고 다음의 물음에 답하라.

종류	만기	현재시장가치	표면이자율
a	1년	95,238	0%
b	2년	88,183	0%
c	3년	80,167	0%

1년 후 시점에서 액면 100,000원, 1년 만기 할인사채의 가격을 구하면?

1년 후 시점에서 액면 100,000원, 2년 만기 할인사채의 가격을 구하면?

Solution

1) $\dfrac{100,000}{1+{}_0r_1}=95,238$

$${}_0r_1=0.05$$

$$\frac{100,000}{(1+0.05)(1+{}_1r_2)}=88,183$$

$${}_1r_2=0.08$$

1년 후, 1년 만기 할인채의 가격: $\dfrac{100,000}{1+{}_1r_2}=92,593$원

2) $\dfrac{100,000}{(1+0.05)(1+0.08)(1+{}_2r_3)}=80,167$

$${}_2r_3=0.1$$

1년 후, 2년 만기 할인채의 가격: $\dfrac{100,000}{(1+0.08)(1+0.1)}=84,175$원

Example

액면 100,000원에 대한 채권의 가격이 다음과 같다. 불편기대가설이 성립한다고 가정하고 다음의 물음에 답하라.

종류	만기	현재시장가치	표면이자율
a	1년	90,909	0%
b	2년	81,160	0%
c	3년	71,201	0%
d	3년	83,565	5%

1년 후 시점에서 액면 100,000원, 1년 만기 할인사채의 가격을 구하면?
1년 후 시점에서 액면 100,000원, 2년 만기 할인사채의 가격을 구하면?
d사채 가격은 얼마가 과소 또는 과대평가 되어 있는가?

Solution

1) $\dfrac{100{,}000}{1+{}_0r_1} = 90{,}909$

${}_0r_1 = 0.1$

$\dfrac{100{,}000}{(1+0.1)(1+{}_1r_2)} = 81{,}160$

${}_1r_2 = 0.12$

1년 후, 1년 만기 할인채의 가격: $\dfrac{100{,}000}{1+0.12} = 89{,}286$원

2) $\dfrac{100{,}000}{(1+0.1)(1+0.12)(1+{}_2r_3)} = 71{,}201$

${}_2r_3 = 0.14$

1년 후, 2년 만기 할인채의 가격: $\dfrac{100{,}000}{(1+0.12)(1+0.14)} = 78{,}321$원

3) d사채의 적정평가액

$\dfrac{5{,}000}{1.1} + \dfrac{5{,}000}{(1+0.1)(1+0.12)} + \dfrac{105{,}000}{(1+0.1)(1+0.12)(1+0.14)} = 83{,}365$

200원 과대평가

Example

Suppose that zero rates with continuous compounding are as follows:

Maturity(years)	Rate(% per annum)
1	10
2	10.5
3	10.8
4	11
5	11.1

Calculate forward rates for the second, third, fourth, and fifth years.

Solution

$e^{0.105\times 2} = e^{0.1}e^{{}_1r_2} = e^{(0.1+{}_1r_2)}$

$\frac{e^{0.21}}{e^{0.1}} = e^{{}_1r_2}$

${}_1r_2 = 11\%$

$e^{0.108\times 3} = e^{(0.1+0.11+{}_2r_3)}$

${}_2r_3 = 11.4\%$

$e^{0.11\times 4} = e^{(0.1+0.11+0.114+{}_3r_4)}$

${}_3r_4 = 11.6\%$

${}_4r_5 = 11.5\%$

Example

Suppose that zero rates with continuous compounding are as follows:

Maturity(years)	Rate(% per annum)
1	10
2	13

Calculate forward rate for the second year.

Solution

$e^{0.13\times 2} = e^{0.1}e^{{}_1r_2} = e^{(0.1+{}_1r_2)}$

$\frac{e^{0.26}}{e^{0.1}} = e^{{}_1r_2}$

${}_1r_2 = 16\%$

Example

Suppose that zero rates with continuous compounding are as follows:

Maturity(years)	Rate(% per annum)
1	6
2	8

Calculate forward rate for the second year.

Liquidity preference theory

유동성 선호이론에서의 선도이자율은 기대현물이자율에 유동성 프리미엄까지 포함된다.

Example

수진이가 은행에 갔더니, 1년 만기 정기예금 금리가 연 4%이고, 2년 만기 정기예금 금리가 연 6%였다. 수진이가 1년 후 1년 만기 정기예금에 가입한다면, 예상되는 금리는 얼마인가?

Solution

$(1+0.06)^2 = (1+0.04)(1+{}_1r_2)$

${}_1r_2 = 8.04\%$

Example

현재 채권시장에서 액면금액이 10,000원인 할인채권이 1년 만기짜리는 9,091원에 거래되고 2년 만기짜리는 7,831원에 거래되고 있다. 수익률곡선을 그려라.

Solution

$$9{,}091 = \frac{10{,}000}{1+R_1},\quad R_1 = 10\%$$

$$7{,}831 = \frac{10{,}000}{(1+R_2)^2},\quad R_2 = 13\%$$

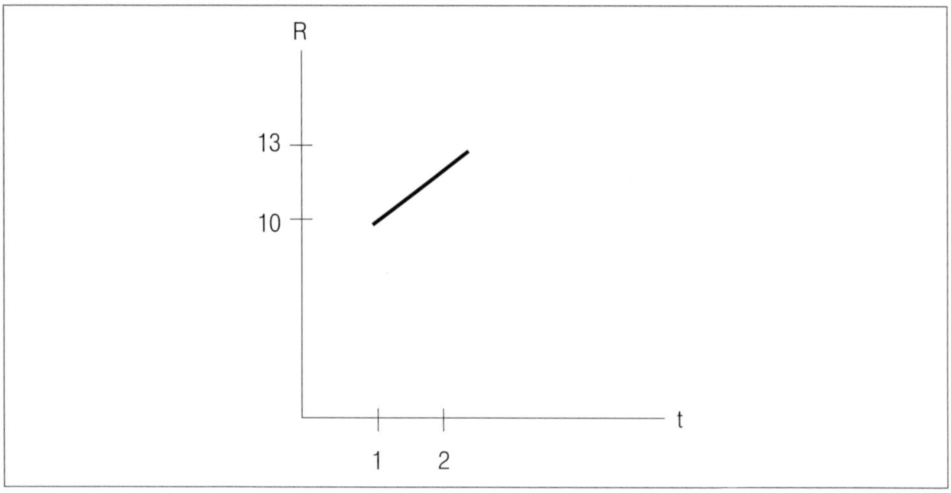

Example

A financial institution has the following balance sheet structure:

(in millions of dollars)

Short-term comsumer loans(one-year maturity)	50	Demand deposits	80
Long-term comsumer loans(two-year maturity)	25	3 months CDs	90
1 month T-bills	75	1 year time deposits	40
3 month T-bills	70	2 year time deposits	60
2 year T-notes	30	Equity	80
8 year T-notes	40		
10-year, fixed-rate mortgages	20		
30-year, floating-rate mortgages (rate adjusted every nine months)	40		
	350		350

What is CGAP?

Solution

Rate-Sensitive Assets: 235

Short-term consumer loans: 50

1 month T-bills: 75

3 month T-bills: 70

30-year floating-rate mortgages: 40

Rate-Sensitive Liabilities: 130

3 month CDs: 90

1 year time deposits: 40

CGAP = Rate Sensitive Assets - Rate Sensitive Liabilities

Cumulative one-year GAP: 105

이자율 변동에 민감한 자산을 금리민감형 자산(Rate Sensitive Assets)이라 하고, 이자율 변동에 민감한 부채를 금리민감형 부채(Rate Sensitive Liabilities)라고 부른다.

Example

A financial institution has the following balance sheet structure:

(in millions of dollars)

Short-term consumer loans (one-year maturity)	50	Demand deposits	80
Long-term consumer loans (two-year maturity)	40	3 month CDs	90
1 month T-bills	75	1 year time deposits	50
3 month T-bills	70	2 year time deposits	70
2 year T-notes	30	Equity	90
8 year T-notes	50		
10-year, fixed-rate mortgages	20		
30-year, floating-rate mortgages (rate adjusted every nine months)	45		
	380		380

What is CGAP?

T-note

T-note은 만기 1~10년의 미국 재무부채권이며, T-bond는 만기 10~30년의 미국 재무부채권이다. 호가와 관련하여, 1%의 $\frac{1}{32}$단위로 표시하여, 99-05는 액면가의 $\left(99+\frac{5}{32}\right)$%를 의미한다.

채권매매일과 이자지급일이 일치하지 않는 경우, 채권매입자는 전 이자지급일로부터 매매일까지 발생한 이자, 즉 경과이자(accrued interest)를 호가(quoted price)에 더하여 매도자에게 지불하여야 한다.

Example

액면 100,000달러의 T-bond를 93-12에 매입하였다. 이를 금액으로 환산하면 얼마인가?

Solution

$$100,000\times\left(93+\frac{12}{32}\right)\times\frac{1}{100}=93,375\text{달러}$$

Example

액면 100,000달러의 T-bond를 92-07에 매입하였다. 이를 금액으로 환산하면 얼마인가?

Duration

Duration is the weighted-average time to maturity on the loan using the relative present values of the cash flows as weights.
듀레이션이란 현재가치 개념으로 투자원금이 회수되는 평균기간이다.

$$D = \frac{PV_1 \times 1 + PV_2 \times 2 + \cdots + PV_n \times n}{PV_1 + PV_2 + \cdots + PV_n} = \frac{\sum_{t=1}^{n} \frac{CF_t}{(1+y)^t} \times t}{\sum_{t=1}^{n} \frac{CF_t}{(1+y)^t}}$$

PV_t: t년도에 실현되는 현금흐름의 현재가치

CF_t: t 년도에 실현되는 현금흐름

y: 만기수익률

Example

Two bonds are available for purchase in the financial markets. The first bond is a two-year, $1,000 bond that pays an annual coupon of 10 percent. The second bond is a two-year, $1,000 zero-coupon bond.

1) What is the duration of the coupon bond if the current YTM is 8 percent?
2) Calculate the duration of zero-coupon bond with a YTM of 8 percent.

Solution

1)
$$D = \frac{\frac{100}{1.08} \times 1 + \frac{1{,}100}{(1.08)^2} \times 2}{\frac{100}{1.08} + \frac{1{,}100}{(1.08)^2}} = 1.911$$

2)
$$D = \frac{\frac{1{,}000}{(1.08)^2} \times 2}{\frac{1{,}000}{(1.08)^2}} = 2$$

Example

A two-year, $1,000 bond pays an annual coupon of 10 percent. What is the duration of the coupon bond if the current YTM is 10 percent?

Solution

$$D=\frac{\frac{100}{1.1}\times 1+\frac{1,100}{1.1^2}\times 2}{\frac{100}{1.1}+\frac{1,100}{1.1^2}}=1.909 \text{ years}$$

Example

A two-year, $1,000 bond pays an annual coupon of 10 percent. What is the duration of the coupon bond if the current YTM is 12 percent?

Solution

$$D=\frac{\frac{100}{1.12}\times 1+\frac{1,100}{(1.12)^2}\times 2}{\frac{100}{1.12}+\frac{1,100}{(1.12)^2}}=1.908$$

Example

액면가액이 10,000원이고 액면이자율이 5%, 만기가 3년인 채권의 만기수익률이 8%일 때, 듀레이션을 계산하라.

Solution

$$D=\frac{\frac{500}{1.08}\times 1+\frac{500}{(1.08)^2}\times 2+\frac{10,500}{(1.08)^3}\times 3}{\frac{500}{1.08}+\frac{500}{(1.08)^2}+\frac{10,500}{(1.08)^3}}=2.85$$

Example

만기수익률이 15%일 때, 액면이자율 12%, 액면금액 1,000원, 만기 5년인 채권의 듀레이션을 계산하라.

Solution

$$D=\frac{\frac{120}{1.15}\times 1+\frac{120}{(1.15)^2}\times 2+\cdots+\frac{1,120}{(1.15)^5}\times 5}{\frac{120}{1.15}+\frac{120}{(1.15)^2}+\cdots+\frac{1,120}{(1.15)^5}}=3.98$$

듀레이션은 3.98년이다.

The economic meaning of Duration

$$P=\frac{C}{1+R}+\frac{C}{(1+R)^2}+\cdots+\frac{C+F}{(1+R)^N}$$

$$\frac{dP}{dR}=\frac{-C}{(1+R)^2}+\frac{-2C}{(1+R)^3}+\cdots+\frac{-N(C+F)}{(1+R)^{N+1}}$$

$$\frac{dP}{dR}=-\frac{1}{1+R}\left\{\frac{C}{1+R}+\frac{2C}{(1+R)^2}+\cdots+\frac{N(C+F)}{(1+R)^N}\right\}$$

$$D=\frac{\frac{C}{1+R}+2\frac{C}{(1+R)^2}+\cdots+N\frac{(C+F)}{(1+R)^N}}{\frac{C}{1+R}+\frac{C}{(1+R)^2}+\cdots+\frac{C+F}{(1+R)^N}}$$

$$D=\frac{\frac{C}{1+R}+2\frac{C}{(1+R)^2}+\cdots+N\frac{(C+F)}{(1+R)^N}}{P}$$

$$\frac{dP}{dR}=-\frac{1}{1+R}PD$$

$$\frac{dP}{P}=-D\left(\frac{dR}{1+R}\right)$$

For small changes in interest rates, bond prices move in an inversely proportional fashion according to the size of D.

The role of duration is important in allowing the FI to immunize its balance sheet or some subset of that balance sheet against interest rate risk.

Example

Suppose the annual coupon is 8%, the face value of the six-year bond is $1,000, and the YTM is 8%. Show that FI can use the duration measure for immunization purposes.

Solution

$$D=\frac{\frac{80}{1.08}\times 1+\cdots+\frac{1,080}{1.08^6}\times 6}{\frac{80}{1.08}+\cdots+\frac{1,080}{1.08^6}}=5$$

Interest rates remain at 8%

Cash flows: $1,469

Cash flows from coupons: 469

$$80\times 1.08^4+80\times 1.08^3+80\times 1.08^2+80\times 1.08+80=469$$

Proceeds from sale of bond at the end of fifth year:

$$\frac{1,080}{1.08}=1,000$$

Interest rates fall to 7%

Cash flows: $1,469

Cash flows from coupons: 460

$$80\times 1.07^4+80\times 1.07^3+80\times 1.07^2+80\times 1.07+80=460$$

Proceeds from sale of bond at the end of fifth year:

$$\frac{1,080}{1.07}=1,009$$

Interest rates rise to 9%

Cash flows: $1,469

Cash flows from coupons: 478

$$80\times 1.09^4+80\times 1.09^3+80\times 1.09^2+80\times 1.09+80=478$$

Proceeds from sale of bond at the end of fifth year:

$$\frac{1,080}{1.09}=991$$

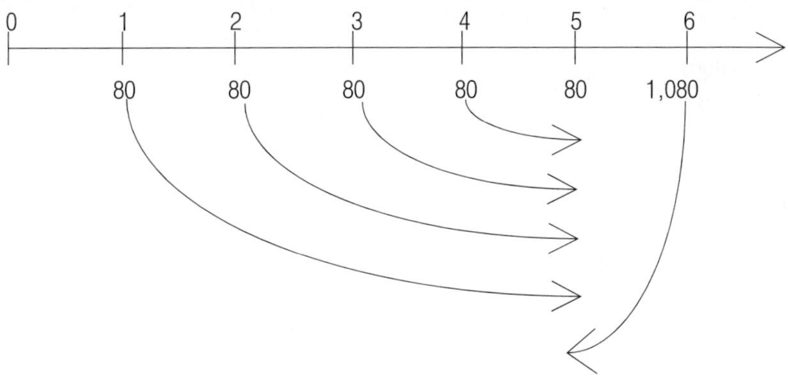

Example

Suppose the annual coupon is 8%, the face value of the five year bond is $1,000, and the YTM is 27%. Show that FI can use the duration measure for immunization purposes.

Example

Suppose the coupon is 8 percent, the face value of the two-year bond is $1,000, and the current yield to maturity is 10 percent. What is the price of the bond after the increase in yield by one basis point?

Solution

$$P = \frac{80}{1.1} + \frac{1,080}{1.1^2} = 965$$

$$D = \frac{\frac{80}{1.1} \times 1 + \frac{1,080}{(1.1)^2} \times 2}{\frac{80}{1.1} + \frac{1,080}{(1.1)^2}} = 1.92$$

$$\frac{dP}{P} = -D\left(\frac{dR}{1+R}\right)$$

Suppose that yields were to rise by one basis point (1/100th of 1 percent).

$$\frac{dP}{965} = -1.92\left(\frac{0.0001}{1+0.1}\right)$$

$$dP = -0.17$$

The price of the bond would fall to \$964.83 after the increase in yield by one basis point.

$$\frac{dP}{P} = -1.92\left(\frac{0.0001}{1+0.1}\right) = -0.017\%$$

Example

Suppose the coupon is 5 percent, the face value of the two-year bond is \$1,000, and the current yield to maturity is 10 percent. What is the price of the bond after the increase in yield by one basis point?

Example

Consider the two-year bond with semiannual coupons. The annual coupon rate is 8 percent, the face value is \$1,000, and the annual yield to maturity is 12 percent. What is the price of the bond after the increase in yield by one basis point?

Solution

$$P = \frac{40}{1.12^{0.5}} + \frac{40}{1.12} + \frac{40}{1.12^{1.5}} + \frac{1,040}{1.12^{2}} = 931$$

$$D = 1.88$$

Suppose that yields were to rise by one basis point (1/100th of 1 percent).

$$\frac{dP}{931} = -1.88\left(\frac{0.0001}{1+0.12}\right)$$

$$dP = -0.16$$

The price of the bond would fall to \$930.84 after the increase in yield by one basis point.

The duration of an FI's asset portfolio

$$D_A = w_{1A}D_{1A} + w_{2A}D_{2A} + \cdots + w_{nA}D_{nA}$$

$$w_{1A} + w_{2A} + \cdots + w_{nA} = 1$$

The duration of an FI's liability

$$D_L = w_{1L}D_{1L} + w_{2L}D_{2L} + \cdots + w_{nL}D_{nL}$$

$$w_{1L} + w_{2L} + \cdots + w_{nL} = 1$$

The w_{ij}'s are the market value proportions of each asset or liability.

The Duration Gap for a Financial Institution

$$A = L + E$$

$$\Delta A = \Delta L + \Delta E$$

$$\frac{\Delta A}{A} = -D_A\left(\frac{\Delta R}{1+R}\right)$$

$$\frac{\Delta L}{L} = -D_L\left(\frac{\Delta R}{1+R}\right)$$

$$\Delta E = -[D_A A - D_L L]\frac{\Delta R}{1+R}$$

$$\Delta E = -[D_A - D_L k]A\frac{\Delta R}{1+R}$$

where $k = \frac{L}{A}$

The effect of interest rate changes on the market value of an FI's equity or net worth breaks down into three effects.

$[D_A - D_L k]$: the leverage adjusted duration gap

A : the size of the FI's assets

$\frac{\Delta R}{1+R}$: the size of the interest rate shock

Example

$D_A = 5$ years, $D_L = 3$ years

이자율이 10%에서 11%로 상승하면, 다음의 Balance sheet이 어떻게 변화하는가?

($ millions)

A	100	L	90
		E	10
	100		100

Solution

Rates are expected to rise from 10 to 11%.

$\Delta R = 0.01$

$$\Delta E = -\left(5 - 3\frac{90}{100}\right) \times 100 \frac{0.01}{1.01} = -2.09$$

The bank could lose $2.09 million in net worth.

A	95.45	L	87.54
		E	7.91
	95.45		95.45

$$\frac{\Delta A}{A} = -D_A\left(\frac{\Delta R}{1+R}\right) = \frac{\Delta A}{100} = -5\frac{0.01}{1.1}$$

$\Delta A = -4.55$

Example

Suppose the FI manager calculates that

$D_A = 5$ years, $D_L = 3$ years

The FI's initial balance sheet is assumed to be:

($ millions)

A	100	L	90
		E	10
	100		100

How can the FI manager immunize the balance sheet against interest rate risk?

Solution

The leverage adjusted duration gap might be reduced to zero:

$$\Delta E = -\left[5 - D_L \frac{90}{100}\right] \times 100 \frac{0.01}{1+0.1} = 0$$

The appropriate strategy would be for the FI manager to set $D_L = 5.55$ years.

Example

$D_A = 6$, $D_L = 4$

이자율이 10%에서 11%로 상승하면, 다음의 Balance sheet이 어떻게 변화하는가?

($ millions)

A	150	L	80
		E	70
	150		150

Solution

$$\Delta E = -[D_A - D_L k]A\frac{\Delta R}{1+R}$$

where $k = \dfrac{L}{A}$

$$\Delta E = -\left[6 - 4\frac{80}{150}\right] \times 150 \times \frac{0.01}{1.1} = -5.28$$

$$\frac{\Delta A}{A} = -D_A\left(\frac{\Delta R}{1+R}\right)$$

$$\frac{\Delta A}{150} = -6\left(\frac{0.01}{1.1}\right)$$

$$\Delta A = -8.18$$

($ millions)

A	141.82	L	77.1
		E	64.72
	141.82		141.82

Example

Suppose the FI manager calculates that

$D_A = 6$ years

$D_L = 4$ years

The FI's initial balance sheet is assumed to be:

($ millions)

A	150	L	80
		E	70
	150		150

How can the FI manager immunize the balance sheet against interest rate risk?

Solution

$$\Delta E = -[D_A - D_L k]A\frac{\Delta R}{1+R}$$

$$6 - D_L\frac{80}{150} = 0$$

$$D_L = 11.25$$

Modified Duration

수정 듀레이션

$$D_M = \frac{D}{1+r}$$

Interest Rate Elasticity

채권가격의 이자율 탄력성은 이자율의 변동에 따른 채권가격의 변화를 측정하는 지표이다. 이자율 탄력성은 이자율 변화에 대하여 채권가격의 변화가 어느 정도인가를 나타내는 것이다.

$$e = \frac{\text{채권가격의 변화율}}{\text{이자율의 변화율}} = \frac{\frac{dP}{P}}{\frac{dR}{1+R}}$$

$$\frac{dP}{P} = -D\left(\frac{dR}{1+R}\right)$$

$$e = \frac{\frac{dP}{P}}{\frac{dR}{1+R}} = -D$$

듀레이션은 투자원금의 평균 회수기간을 의미할 뿐만 아니라, 이자율 변동에 따른 채권가격의 민감도를 나타내는 위험측정지표로도 이용된다.

Convexity

볼록성

$$Convexity = \frac{\frac{d^2P}{dr^2}}{P}$$

볼록성은 만기수익률에 대한 채권가격함수의 2차 도함수를 채권가격으로 나누어 준 것이다.

Convexity and Taylor's theorem

$$\frac{dP}{P} = -D\left(\frac{dr}{1+r}\right)$$

$$\frac{dP}{dr} \times \frac{1}{P} = -\frac{D}{1+r}$$

$$\frac{dP}{dr} \times \frac{1}{P} = -D_m$$

$$\triangle P \fallingdotseq \frac{dP}{dr}\triangle r + \frac{1}{2}\frac{d^2P}{dr^2}(\triangle r)^2$$

$$\frac{\triangle P}{P} = (-D_m)\triangle r + \frac{1}{2}C(\triangle r)^2$$

Example

$y = \ln x$ 에서 $x = 1.1$ 의 y 값을 Taylor's theorem을 이용하여 계산하라.

Solution $\triangle y = \dfrac{dy}{dx}\triangle x + \dfrac{1}{2}\dfrac{d^2y}{dx^2}(\triangle x)^2$

$$\triangle y = \frac{1}{x}\triangle x + \left(-\frac{1}{2}\frac{1}{x^2}\right)(\triangle x)^2$$

$x = 1$ 에서 $x = 1.1$ 로 변할 경우에는 다음과 같다.

$$\triangle y = 0.1 - \frac{1}{2}0.01 = 0.095$$

$x = 1.1$ 일 때, $y = 0.095$

Example

$y = \ln x$ 에서 $x = 1.2$ 의 y 값을 Taylor's theorem을 이용하여 계산하라.

Solution

$$\triangle y = \frac{dy}{dx}\triangle x + \frac{1}{2}\frac{d^2y}{dx^2}(\triangle x)^2$$

$$\triangle y = \frac{1}{x}\triangle x + \left(-\frac{1}{2}\frac{1}{x^2}\right)(\triangle x)^2$$

$x = 1$ 에서 $x = 1.2$ 로 변할 경우에는 다음과 같다.

$$\triangle y = 0.2 - \frac{1}{2}0.04 = 0.18$$

$x = 1.2$ 일 때, $y = 0.18$

Example

수정 듀레이션이 7이고 볼록성이 50인 채권의 경우, 만일 이자율이 0.1% 상승한다면, 가격의 변화율은?

Solution

$$\frac{\triangle P}{P} = (-D_m)\triangle r + \frac{1}{2}C(\triangle r)^2$$

$$= (-7)\times 0.001 + \frac{1}{2}\times 50 \times (0.001)^2 = -0.698\%$$

Convertible Bonds

전환사채소유자의 의사에 따라 사채를 발행한 기업의 주식으로 전환할 수 있는 권리가 부여된 사채이다. 사채에 주식으로 전환할 수 있는 권리인 전환권이 부가되어 있다.

From the issuer's perspective, the key benefit of raising money by selling convertible bonds is a reduced cash interest payment. The advantage for companies of issuing convertible bonds is that, if the bonds are converted to stocks, companies' debt vanishes. However, in exchange for the benefit of reduced interest payments, the value of shareholder's equity is reduced due to the stock dilution expected when bondholders convert their bonds into new shares.

Parity

$$Parity = \frac{\text{주가}}{\text{전환가격}}$$

Conversion ratio

전환비율

전환사채 1개를 전환할 때 받게 되는 주식의 수

The number of shares that you'll receive at conversion is calculated by dividing the face value of the security by the conversion price.

Conversion price

전환가격

$$Conversion\,price = \frac{\text{액면금액}}{\text{전환비율}}$$

1) The price per share at which a convertible security can be converted into common stock.

2) The price at which the owner is allowed to buy an equal number of common shares in exchange for trading in the convertible security. This price is set at the sale of the convertible security.

3) The price per share at which common stock will be exchanged for a convertible security. The principal amount of a convertible security divided by the conversion price equals the number of shares that will be received upon exchange.

4) A conversion price is the predetermined price, set at the time of issue, at which you can exchange a convertible bond for common stock.

The conversion price is determined when the convertible security is issued and can be found in the bond indenture. The conversion price is essential in determining the number of shares to be received, by computing the quotient of the principal value of the convertible security divided by the conversion price.

Example

액면가 10,000원인 전환사채의 전환가격은 20,000원일 때, 전환비율은 얼마인가?

Solution

$$\text{전환비율} = \frac{10,000}{20,000} = 0.5$$

Example

액면가 10,000원인 전환사채의 전환가격은 20,000원이고, 주가는 18,000원일 때, 패리티는 얼마인가?

Solution

$$\frac{18,000}{20,000} = 90\%$$

Parity Price

패리티가격

패리티에 액면 10,000원을 곱한 가격

The price at which a convertible security equals the value of the underlying stock.

Disparate Ratio

$$\text{괴리율} = \frac{\text{전환사채 시장가격} - \text{패리티가격}}{\text{패리티가격}}$$

패리티가격보다 낮은 가격에 전환사채를 매입한 후 주식으로 전환하여 매각하면 매매차익이 발생하고, 패리티가격보다 높은 가격에 매입한 후 주식으로 전환하여 매각하면 매매손실이 발생하게 된다. 괴리율이 음(−)이면 주식에 직접 투자하는 것보다 전환사채를 매입하여 주식으로 전환하는 것이 유리하다.

Example

액면가 10,000원인 한라기업 전환사채의 시장가격은 15,000원이다. 한라기업의 현재 주가가 7,000원이고 전환사채의 전환가격은 5,000원이라면, 전환사채의 괴리율은 얼마인가?

Solution

$$\text{패리티가격} = \frac{7,000}{5,000} \times 10,000 = 14,000$$

$$\text{괴리율} = \frac{15,000 - 14,000}{14,000} = 0.071$$

Cf.

전환사채 1개를 15,000원에 매입하여 주식 2개로 전환한 후, 주식을 매각하면 14,000원이 되므로 1,000원 손실이 발생한다.

Example

액면가 10,000원인 전환사채의 전환가격은 5,000원일 때, 전환비율은 얼마인가?

Solution

$$\text{전환비율} = \frac{10,000}{5,000} = 2$$

Example

액면가 10,000원인 한라기업 전환사채의 시장가격은 15,000원이다. 한라기업의 현재 주가가 8,000원이고 전환사채의 전환가격은 5,000원이라면, 전환사채의 괴리율은 얼마인가?

Solution

$$\text{패리티가격} = \frac{8,000}{5,000} \times 10,000 = 16,000$$

$$\text{괴리율} = \frac{15,000 - 16,000}{16,000} = -0.063$$

Cf.

전환사채 1개를 15,000원에 매입하여 주식 2개로 전환한 후, 주식을 매각하면 16,000원이 되므로 1,000원 이익이 발생한다.

Example

액면가 10,000원인 서울기업 전환사채의 시장가격은 18,000원이다. 서울기업의 현재 주가가 7,500원이고 전환사채의 전환가격은 2,500원이라면,

1) 전환사채의 괴리율은 얼마인가?
2) 전환비율은 얼마인가?
3) 전환사채 1개를 매입하여 주식으로 전환한 후, 주식을 매각할 때의 이익 또는 손실을 계산하라.

Solution

1) $Parity = \frac{\text{주가}}{\text{전환가격}}$

패리티가격: 30,000

$$\text{괴리율} = \frac{\text{전환사채 시장가격} - \text{패리티가격}}{\text{패리티가격}}$$

괴리율: -0.4

2) 전환비율: 4

3) 12,000원 이익

Example

액면가 10,000원인 한국기업 전환사채의 시장가격은 18,000원이다. 한국기업의 현재 주가가 7,500원이고 전환사채의 전환가격은 25,000원이라면,

1) 전환사채의 괴리율은 얼마인가?

2) 전환비율은 얼마인가?

3) 전환사채 1개를 매입하여 주식으로 전환한 후, 주식을 매각할 때의 이익 또는 손실을 계산하라.

Solution

1) $Parity = \frac{주가}{전환가격}$

패리티가격: 3,000

$괴리율 = \frac{전환사채 시장가격 - 패리티가격}{패리티가격}$

괴리율: 5

2) 전환비율:

$= \frac{10,000}{25,000} = 0.4$

3) 15,000원 손실

Bond with Warrants

사채를 포기하지 않고 주식을 인수할 수 있는 권리가 첨부되어 있는 경우

CD

Certificate of Deposit

양도성 예금증서

제 3자에게 양도가 가능한 정기예금증서.

양도성 예금증서 샘플

양도성 예금증서 (무 기 명 식)

가000000000가 계좌번호

만 기 지급액 견 본

1억원 이하 할인매출액 : ₩

기간 일 만기일 년 월 일

수입 인지

위의 금액을 상기조건과 해당약관 및 뒷면특약에 따라 만기 지급일에 이 증서와 상환하여 소지인에게 지급하겠습니다.

년 월 일

주식 회사 우리은행

외화 양도성 예금증서 샘플

외화 양도성 예금증서 (무기명식)

가000000000가 계좌번호

만 기 지급액 USD 100,000 *

할인매출액 :

기간 0년 35 일 만기일 2009년 09 월 02 일

위의 금액을 상기조건과 해당약관 및 뒷면특약에 따라 만기 지급일에 이 증서와 상환하여 소지인에게 지급하겠습니다.

2009 년 07 월 29 일

주식 회사 하나은행

FINANCIAL MANAGEMENT

chapter

7

Derivatives

Derivative

A derivative is a financial instrument whose value depends on the values of other, more basic underlying variables.

A derivative is a financial instrument or security whose payoffs depend on a more primitive or fundamental good.
A financial derivative is a financial instrument or security whose payoffs depend on another financial instrument or security.

파생상품(derivatives)이란 다른 자산(underlying asset)의 가격에 따라 그 가격이 결정되는 증권이다. 즉, 다른 자산을 기초로 하여 생겨난 금융상품을 말한다. 파생상품은 다른 자산의 가격변동에 따라서 투자성과가 결정된다는 의미에서 조건부청구권(contingent claims)이라고도 불린다. 선물(futures)과 옵션(options)은 대표적인 파생상품이다.

Forward contracts

A forward contract is an agreement to buy or sell an asset at a certain future time for a certain price.
It can be contrasted with a spot contract, which is an agreement to buy or sell an asset today.
선도거래는 미래의 특정시점에 특정기초자산을 약정된 가격으로 거래하기로 현재시점에서 하는 계약을 말한다.
선도거래는 선도계약이라고도 불리는데, 정의를 다르게 표현하면 다음과 같다. 선도계약이란 특정한 자산을 미리 정해진 시기에 미리 정한 값으로 현재시점에 사거나 팔기로 약정한 계약을 말한다.
The buyer is said to have a long position, while the seller has a short position.
The act of buying is called going long, and the act of selling is called going short.

One of the parties to a forward contract assumes a long position and agrees to buy the underlying asset on a certain specified future date for a certain specified price.

The other party assumes a short position and agrees to sell the asset on the same date for the same price.

Payoffs from Forward Contracts

The payoff from a long position in a forward contract on one unit of an asset is

$S_T - K$.

where

K : Delivery price

S_T : Price of asset at maturity.

Example

Consider a trader who enters into a long forward contract on September 2, 2014, to buy $ 1 million in three months at an exchange rate of 1,300.

The contract would obligate the trader to buy $ 1 million for 1,300 million won.

If the spot exchange rate rose to 1,350, at the end of three months, the trader would gain 50 million won.

If the spot exchange rate fell to 1,270 at the end of the 90 days, the trader would lose 30 million won.

Short position

The payoff from a short position in a forward contract on one unit of an asset is

$K - S_T$.

Futures contracts

Like a forward contract, a futures contract is an agreement between two parties to buy or sell an asset at a certain time in the future for a certain price. Unlike forward contracts, futures contracts are normally traded on an exchange.

선물거래란 수량·규격·품질 등이 표준화되어 있는 상품 또는 금융자산을 현재시점에 정한 가격으로 장래의 일정시점에 인수·도할 것을 약속하는 거래로 조직화된 거래소에서 이루어지는 거래이다.

선물거래는 거래내용과 조건을 표준화하여 시장성을 높인 선도거래라고 할 수 있다. 현물거래(spot transaction)에서는 매매계약이 이루어지는 시점에서 거래대상물의 인수도와 대금수수가 동시에 이루어지는 반면, 선물거래의 경우 인수도·대금수수 발생시점이 계약시점에서 이미 정해진 미래의 일정시점이다.

구분	현재시점	미래시점
현물거래	매도자 → 계약체결 → 매수자 대상물 결제 대금 ⇄	
선물거래	매도자 ← 계약체결 → 매수자	매도자 매수자 대상물 결제 대금 ⇄

	계약	실물인수도	대금결제
현물거래	현재	현재	현재
선물거래	현재	미래	미래

선물거래는 거래대상이 되는 기초자산에 따라 크게 상품선물(commodity futures)과 금융선물(financial futures)로 나뉜다.

선물거래의 매입(long futures)은 만기일에 기초자산을 선물가격으로 매입할 것을 계약한 것이며, 선물거래의 매도(short futures)는 만기일에 기초자산을 선물가격으로 매도할 것을 계약한 것이다.

선물거래의 결제방법은 선물만기일에 가서 현물을 인수도하는 실물인수도방식(physical delivery settlement)과 선물가격과 선물만기일의 현물가격과의 차이만큼을 정산하는 현금결제방식(cash settlement)으로 구분된다.

증거금 거래

선물거래는 현물거래와 달리 거래대금(약정금액)을 매매결제 시(현물주식의 경우 3일 결제) 납부하거나 지급받지 않고 거래소에서 정하는 증거금율 만큼의 금액만 납부하고 거래한다. 즉, 선물거래의 경우 거래개시 때 개시증거금(initinal margin)을 납부하고 시세변동으로 손실발생시 유지증거금(maintenance margin)을 유지하도록 증거금 추가납부를 할 뿐이므로 실제 거래대금의 일부인 증거금으로만 거래한다.
결제소의 추가납부에 대한 요구를 margin call이라고 하며, 추가로 납부할 증거금을 변동증거금(variation margin)이라고 한다.

Initial margin

Initial Futures Margin is the amount of money that is required to open a buy or sell position on a futures contract.
Initial margin is the cash deposit required to be put forward when opening a new futures position which is determined based on a percentage of the full contract valuc. Initial margin is calculated based on a percentage of the total value covered under the futures contracts. In single stock futures trading, the required initial margin is 20% of the value of the contract in the USA.

Maintenance margin

Margin Maintenance is the amount of money where a loss on your futures position requires you to allocate more funds to bring the margin back to the initial margin level. Maintenance Margin is the minimum amount of margin balance that you need to have in your account in order to keep your futures position valid. Maintenance margin is the minimum amount of money which your broker or the exchange require you to have in your account so that losses can be deducted from it. Maintenance margin for trading Single Stock Futures in the US market is 20% of the cash value of the futures contract. Yes, it is the same level as the initial margin.

Margin Call

A margin call is a "call" from your broker requiring you to top up cash into your account when your margin balance for your futures position drops below the maintenance margin level.

Variation Margin

The additional amount of cash that is needed to bring your margin balance back up to the initial margin level from the maintenance margin level is known as the "Variation Margin". This means that you will receive a margin call to deposit variation margin into your account to bring it back up to the initial margin level when the margin balance drops below maintenance margin.

Example

Assume you go long on the futures contracts for Samsung stock trading at $100.

Initial margin required $= 100 \times 0.2 = \$20$

Assuming at the end of the first trading day, Samsung stock rises to $101.

Profit $= 101 - 100 = 1$

Margin balance $= 20 + 1 = 21$

Assuming at the end of the second trading day, Samsung stock drops to $99.

Total Loss $= 101 - 99 = 2$

Margin balance $= 21 - 2 = 19$

Since maintenance margin for single stock futures is the same level as the initial margin, the margin balance of $19 remaining is below the maintenance margin of $20. You receive a margin call from your broker to top up:

Variation Margin $= 20 - 19 = 1$

Assuming at the end of the third trading day, Samsung stock rises to $102.

Your Profit?

Margin balance?

Assuming at the end of the fourth trading day, Samsung stock drops to $97.

Your Loss?

Margin balance?

Variation Margin?

Example

Assume you go long on the futures contracts for Hyundai stock trading at $50.

Initial margin required?

Assuming at the end of the first trading day, Hyundai stock rises to $52.

Profit?

Margin balance?

Assuming at the end of the second trading day, Hyundai stock drops to $47.

Total Loss?

Margin balance?

Variation Margin?

Assuming at the end of the third trading day, Hyundai stock rises to $53.

Your Profit?

Margin balance?

Assuming at the end of the fourth trading day, Hyundai stock drops to $45.

Your Loss?

Margin balance?

Variation Margin?

일일정산

Marking to market

결제소(clearing house)는 매일매일 형성되는 정산가격(settlement price)을 기준으로 모든 거래참여자들의 미결제약정(open interest)에 대한 손익을 계산하여 반영하며, 이를 일일정산이라 한다.

Comparison of Forward and Futures Contracts

Forwards	Futures
Private contract between two parties	Traded on an exchange
Not standardized	Standardized contract
Usually one specified delivery date	Range of delivery dates
Settled at end of contract	Settled daily
Delivery or final cash settlement usually takes place	Contract usually closed out prior to maturity

구분	선도거래	선물거래
거래장소	장외	거래소
계약의 표준화	계약상대방간의 합의에 의해 결정	상품의 규격, 품질, 수량 및 결제일 등
결제이행 보증장치	계약상대방의 신용에 의존	증거금, 일일정산, 결제기관 등의 장치가 있음
매매계약 체결방법	개인간 상대매매	완전경쟁매매
결제일전 계약해소	대부분 결제일에 계약이행	반대매매에 의해 언제든지 가능
거래상대방	계약조건이 합치하는 특정인 (거래성립이 어려움)	불특성다수 (거래용이)

Example

다음 내용이 맞으면 T, 틀리면 F를 하시오.

1) 선도계약은 계약당사자가 계약불이행에 관한 위험을 직접 부담한다.

2) 증거금제도와 일일정산제도를 통하여 선물거래의 신용위험은 선도계약보다 크다.

3) 선도거래에는 청산소가 존재하여 거래이행을 보증한다.

4) 선물거래를 위해 거래소는 일정한 증거금(margin)을 요구한다.

Solution

1) T, 2) F, 3)F, 4)T

KOSPI 200 Futures and Options

KOSPI 200–Underlying Index

The underlying index of the Korea Stock Exchange's futures and options is KOSPI 200 (Korea Stock Price Index 200). The Korea Stock Exchange (KSE) developed the KOSPI 200 in June 1994 by selecting 200 stocks from a broad range of industry groups of the stocks listed on the KSE. The KOSPI 200 is calculated based on the market capitalization of constituent stocks — the component stocks are weighted on the basis of the market value of their outstanding shares. Accordingly, the impact of a constituent's price change is proportional to the stock's market value.

CALCULATION

Constituents: 200 stocks listed on the KSE

Base date & Value: 100 as of January 3, 1990

Current Value of KOSPI 200

$$= \frac{Current\ Total\ Market\ Value\ of\ Coponent\ Stocks}{Total\ Market\ Value\ of\ Component\ Stocks\ as\ of\ January 3,1990} \times 100$$

KOSPI 200 선물거래

KOSPI 200 선물거래는 KOSPI 200이라는 주가지수를 대상으로 하는 선물거래로 계약 당시에 정한 주가지수의 수치와 장래 일정시점의 최종 KOSPI 200 현물 주가지수의 수치와의 차에 50만원을 곱하여 산출한 금액을 수수하여 결제한다.

KOSPI 200 Futures Series

The contract (delivery) months of the KOSPI 200 futures trades are March, June, September and December. The last trading day is the second Thursday (when the futures market is not open for business on the Thursday, it should be the immediately preceding day) of each delivery month, and the trading of the new contract begins on the next trading day.

Example

2010년 12월물 1계약을 155.95포인트에 매입한 경우, 증거금으로 총매입가액의 15%가 필요하므로, 11,696,250원을 증거금계좌에 예치해야 한다.
$(155.95 \times 500{,}000 \times 0.15)$

만기인 2010년 12월까지 선물계약을 보유하고, 실제 2010년 12월의 KOSPI200 현물가격이 163.94라면, 투자자의 이익은 3,995,000원이 된다.
$(163.94 - 155.95) \times 500{,}000$

Example

KOSPI 200 선물을 155포인트에 매입한 경우, 만기일에 KOSPI 200이 165라면, 투자자의 이익은 몇 원인가?

Solution

5,000,000원

KOSPI 200 Futures Series for Spread Trading

A spread trading refers to a trading technique of purchasing a futures contract in one delivery month and at the same time selling a contract in a different delivery month.

KOSPI 200 선물스프레드거래란 KOSPI 200 선물거래의 두 개 결제월 종목 중 어느 한 결제월 종목은 매수하고 동시에 다른 결제월 종목은 매도하기 위하여 두 개 결제월 종목 간의 가격차(스프레드: 원월물가격－근월물가격)로 호가하여 매매하는 거래를 말한다.

선물거래의 이익

만기일에서의 선물 매입포지션의 이익

$$Profit = S_T - F_0$$

At maturity :

Profit to long = Spot price at maturity − Original futures price

Profit to short = Original futures price − Spot price at maturity

만기 이전에서의 선물 매입포지션의 이익

$Profit = F_t - F_0$

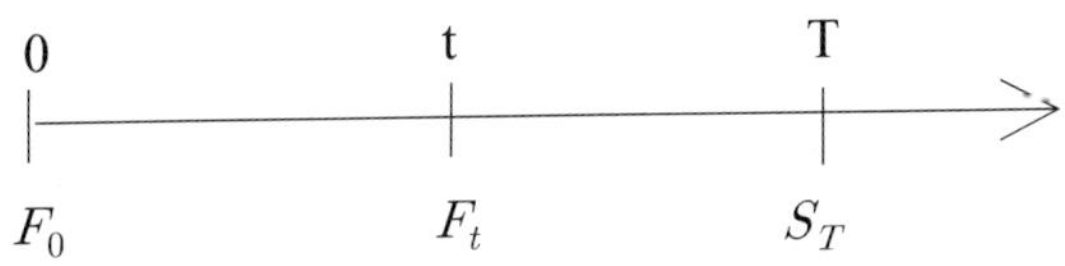

The Spot-Futures Parity Theorem

	Initial Cash Flow	Cash Flow in One Year
Borrow S_0 dollars	S_0	$-S_0(1+r)$
Buy stock for S_0	$-S_0$	S_T+D
Enter short futures position	0	F_0-S_T
	0	$F_0-S_0(1+r)+D$

$F_0 = S_0(1+r) - D$

where D is the dividend payout.

Example

서울기업의 현재 주가가 18,000원이고, 연간 배당수익률이 1%로 예정되어 있으며, 무위험이자율은 5%이다. 현물-선물 패리티를 이용하여 이론선물가격을 계산하라.

Solution

$F_0 = S_0(1+r) - D = S_0(1+r-d) = 18,000(1+0.05-0.01) = 18,720$

where d is the dividend payout ratio.

Options

An option is a contract giving its owner the right to buy or sell an asset at a fixed price on or before a given date.
옵션이란 특정한 자산을 미리 정해진 기한내에 미리 정한 가격에 사거나 팔 수 있는 권리를 말한다. 특정한 자산을 기초자산이라고 하며, 정해진 기한을 만기, 미리 정한 가격을 행사가격이라고 한다.
옵션은 정해진 시점에서 대상자산을 살 것인지 아니면 팔 것인지를 결정할 수 있는 선택권이다.
옵션가격은 프리미엄(premium)이라고 불린다. 옵션 매입자는 옵션의 권리 행사를 결정할 수 있는 권한을 대가로 옵션 매도자에게 프리미엄을 지급한다.

Example

An option on a building might give the buyer the right to buy the building for 1 billion won on or anytime before the Saturday prior to the third Wednesday in January 2012.

Example

Consider the situation of a trader who buys one European call option contract on K stock with a strike price of 50,000 won.
Suppose that the current stock price is 48,000 won, the expiration date of the option is in two months, and the option price is 2,000 won.
If the stock price on the expiration date is less than 50,000 won, the trader will choose not to exercise. In these circumstances the trader loses the entire initial investment of 2,000 won.
If the stock price is above 50,000 won on the expiration date, the options will be exercised.
Suppose that the stock price is 53,000 won. The trader makes a gain of 3,000 won per share. When the initial cost of the options is taken into account, the net profit to the trader is 1,000 won per option.

Call option & Put option

A call option gives the holder the right to buy the underlying asset by a certain date for a certain price.

A put option gives the holder the right to sell the underlying asset by a certain date for a certain price.

The price in the contract is known as the exercise price or strike price.

The date in the contract is known as the expiration date or maturity.

American options can be exercised at any time up to the expiration date.

European options can be exercised only on the expiration date.

Bermuda option

옵션기간 중에 미리 정해둔 시점에 한해서 만기 이전에라도 권리를 행사할 수 있는 옵션이다.

Example

다음 진술이 맞으면 T, 틀리면 F

1) 콜옵션 매도자는 만기일에 기초자산을 매수할 권리를 갖는다.
2) 풋옵션 매수자는 만기일에 기초자산을 매수할 의무가 있다.
3) 만기 이전에 조기 행사할 수 있는 옵션을 미국식 옵션(american option)이라 한다.
4) 옵션거래에서 매입자에게는 권리가 주어지고, 매도자에게는 의무가 주어진다.

Solution

1) F, 2) F, 3) T, 4) T

Example

Suppose that a European call option to buy a share for 50,000 won costs 3,000 won and is held until maturity. Draw a diagram illustrating how the profit from a long position in the option depends on the stock price at maturity of the option.

Solution

Stock Price	Payoff from Option	Profit from Option
47,000	0	−3,000
48,000	0	−3,000
49,000	0	−3,000
50,000	0	−3,000
51,000	1,000	−2,000
52,000	2,000	−1,000
53,000	3,000	0
54,000	4,000	1,000
55,000	5,000	2,000

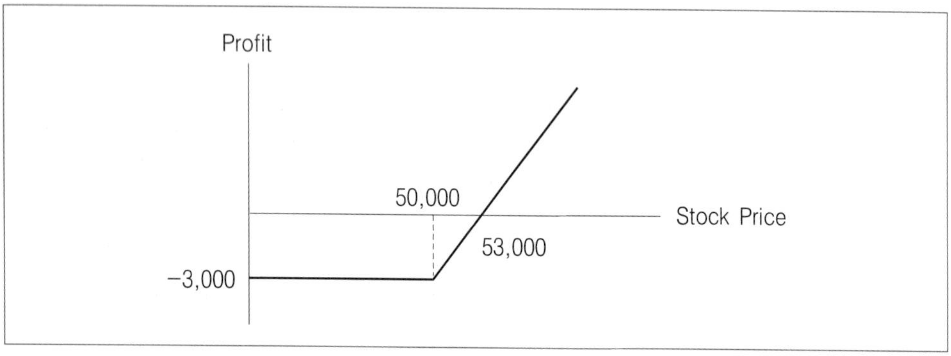

Example

A trader sells a European call option for 3,000 won. The strike price is 50,000 won. Draw a diagram showing the variation of the trader's profit with the stock price at maturity of the option.

Solution

Stock Price	Payoff from Option	Profit from Option
47,000	0	3,000
48,000	0	3,000
49,000	0	3,000
50,000	0	3,000
51,000	−1,000	2,000
52,000	−2,000	1,000
53,000	−3,000	0
54,000	−4,000	−1,000
55,000	−5,000	−2,000

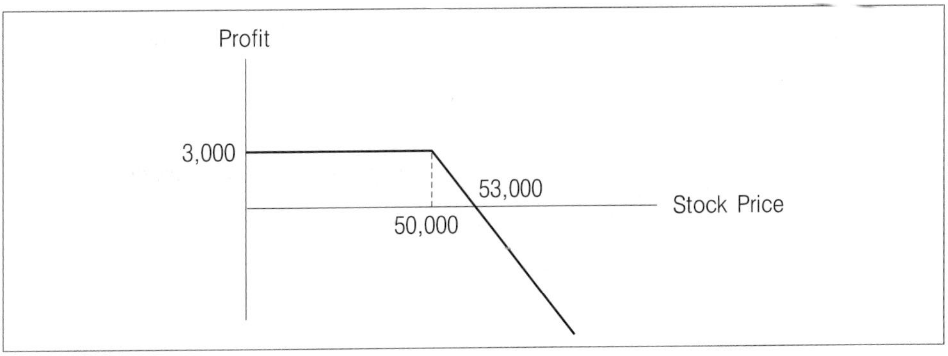

Example

A trader buys a European put option for 3,000 won. The strike price is 50,000 won. Draw a diagram showing the variation of the trader's profit with the stock price at maturity of the option.

Solution

Stock Price	Payoff from Option	Profit from Option
45,000	5,000	2,000
46,000	4,000	1,000
47,000	3,000	0
48,000	2,000	−1,000
49,000	1,000	−2,000
50,000	0	−3,000
51,000	0	−3,000
52,000	0	−3,000
53,000	0	−3,000
54,000	0	−3,000
55,000	0	−3,000

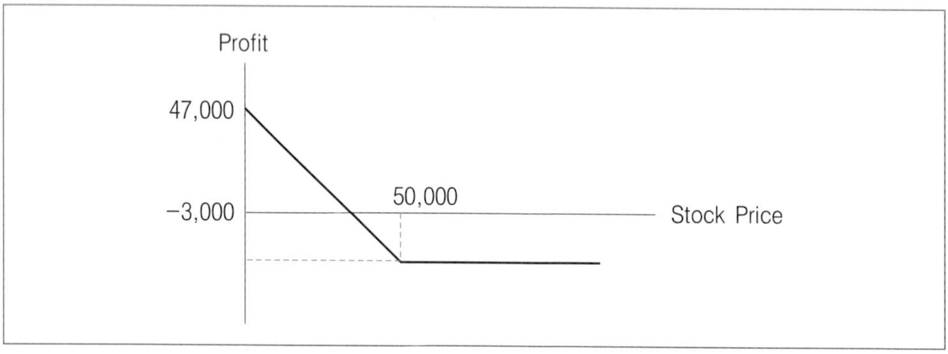

Example

Suppose that a European put option to sell a share for 50,000 won costs 3,000 won and is held until maturity. Draw a diagram illustrating how the profit from a short position in the option depends on the stock price at maturity of the option.

Solution

Stock Price	Payoff from Option	Profit from Option
45,000	−5,000	−2,000
46,000	−4,000	−1,000
47,000	−3,000	0
48,000	−2,000	1,000
49,000	−1,000	2,000
50,000	0	3,000
51,000	0	3,000
52,000	0	3,000
53,000	0	3,000
54,000	0	3,000
55,000	0	3,000

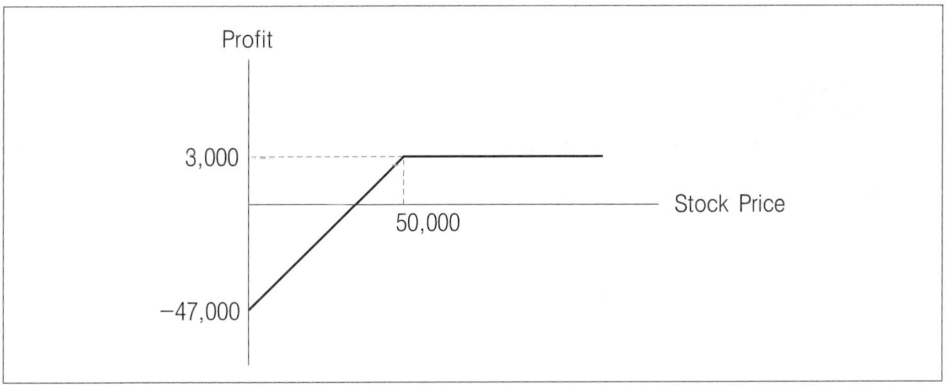

Example

서울기업 주식을 3개월 후에, 31,000원에 살 수 있는 콜옵션이 2,000원에 거래되고 있다. 콜옵션 한 개를 매입한 경우

1) 3개월 후, 이익을 그림으로 나타내라.
2) 3개월 후, 서울기업 주가가 25,000원이면, 이익이 얼마인가?
3) 3개월 후, 서울기업 주가가 35,000원이면, 이익이 얼마인가?

Solution

2) −2,000원
3) 2,000원

Example

서울기업 주식을 3개월 후에, 31,000원에 살 수 있는 콜옵션이 2,000원에 거래되고 있다. 콜옵션 한 개를 매도한 경우

1) 3개월 후, 이익을 그림으로 나타내라.
2) 3개월 후, 서울기업 주가가 25,000원이면, 이익이 얼마인가?
3) 3개월 후, 서울기업 주가가 35,000원이면, 이익이 얼마인가?

Example

서울기업 주식을 3개월 후에, 31,000원에 팔 수 있는 풋옵션이 2,000원에 거래되고 있다. 풋옵션 한 개를 매입한 경우

1) 3개월 후, 이익을 그림으로 나타내라.
2) 3개월 후, 서울기업 주가가 25,000원이면, 이익이 얼마인가?
3) 3개월 후, 서울기업 주가가 35,000원이면, 이익이 얼마인가?

Solution

2) 4,000원
3) −2,000원

Example

서울기업 주식을 3개월 후에, 31,000원에 팔 수 있는 풋옵션이 2,000원에 거래되고 있다. 풋옵션 한 개를 매도한 경우

1) 3개월 후, 이익을 그림으로 나타내라.

2) 3개월 후, 서울기업 주가가 25,000원이면, 이익이 얼마인가?

3) 3개월 후, 서울기업 주가가 35,000원이면, 이익이 얼마인가?

Payoffs

The initial cost of the option is not included in the calculation.

A long position in a call option

$Max(S_T - X, 0)$

where

X : Strike price

S_T : Price of asset at maturity.

A short position in a call option

$-Max(S_T - X, 0)$

or

$Min(X - S_T, 0)$

A long position in a put option

$Max(X - S_T, 0)$

A short position in a put option

$-Max(X - S_T, 0)$

or

$Min(S_T - X, 0)$

Example

다음 함수를 그래프상에 나타내시오.

$y = Max(x-3,0)-2$

Example

다음 함수를 그래프상에 나타내시오.

$y = Max(3-x,0)-2$

Example

행사가격이 45달러인 콜옵션이 3달러에 거래되고 있고, 행사가격이 40달러인 풋옵션이 4달러에 거래되고 있다. 콜옵션 한 개와 풋옵션 한 개를 매입한 경우의 이익을 그림으로 나타내라.

Solution

	$S_T < 40$	$40 \le S_T < 45$	$45 \le S_T$
Payoff from call	0	0	$S_T - 45$
Profit from call	−3	−3	$S_T - 48$
Payoff from put	$40 - S_T$	0	0
Profit from put	$36 - S_T$	−4	−4
Total profit	$33 - S_T$	−7	$S_T - 52$

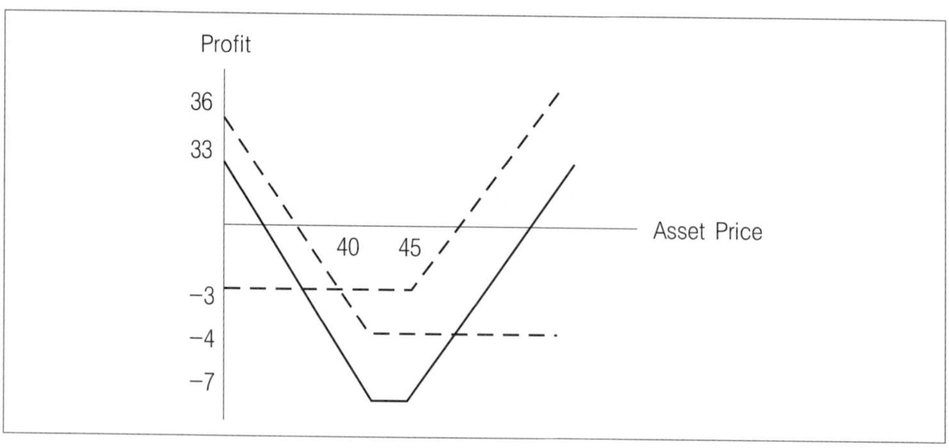

KOSPI 200 Options Series

Both of puts and calls on KOSPI 200 are traded on the KSE and they are all European style — KOSPI 200 options contracts can be exercised only on the contracts' expiration dates.

Example

2010년 12월이 만기인 행사가격 155포인트의 콜옵션 1계약을 1.07포인트에 매입한 경우, 콜옵션의 구입가격으로 지불하게 되는 금액은 107,000원이다.
$(1.07 \times 100,000)$

실제 만기일인 2010년 12월의 KOSPI200수가지수기 159.25라면 425,000원의 수익을 얻게 된다.
$(159.25 - 155) \times 100,000$

수익에서 옵션가격을 차감한 순이익은 318,000원이다.

Example

KOSPI 200 옵션의 행사가격이 160포인트인 콜옵션 1계약을 2포인트에 매입한 경우, 만기일에 KOSPI 200이 170이라면, 이익은 몇 원인가?

Solution

$(170 - 160 - 2) \times 100,000 = 800,000$ 원

Example

다음 표는 어느 특정일의 코스피200 주가지수 옵션시세표 중 일부이다.

(단위: 포인트, 계약)

종목	종가	전일 대비	고가	저가	거래량	미결제 약정수량
코스피200	213.44	3.71	213.56	212.09	–	–
C 1503 217.5	1.99	0.78	2.17	1.43	597,323	73,427
C 1503 215.0	3.05	1.15	3.25	2.31	265,900	63,076
C 1503 212.5	4.55	1.70	4.55	3.40	57,825	44,939
C 1503 210.5	5.85	1.85	6.15	4.80	34,650	30,597
P 1503 215.0	4.55	−2.95	6.10	4.35	24,324	26,032
P 1503 212.5	3.30	−2.55	4.85	3.20	39,636	21,824
P 1503 210.5	2.40	−2.15	3.50	2.34	253,298	49,416
P 1503 207.5	1.73	−1.67	2.60	1.69	329,762	33,767

Swaps

A swap is an agreement between two companies to exchange cash flows in the future. The agreement defines the dates when the cash flows are to be paid and the way that they are to be calculated.
스왑이란 자신이 소유한 것을 서로 교환하는 거래를 말한다.

Whereas a forward contract leads to the exchange of cash flows on just one future date, swaps lead to cash flow exchanges on several future dates.

LIBOR

LIBOR is short for the London Interbank Offer Rate. It is the rate at which one large international bank is willing to lend money to another large international bank.
LIBOR는 런던은행간 대출금리를 의미한다.

Example

Consider a three-year swap initiated on March 1, 2015, in which company B agrees to pay to company A an interest rate of 5% per annum on a notional principal of $100 million and in return company A agrees to pay to company B the six-month LIBOR rate on the same notional principal. Find the net cash flows of Company B.

Date	LIBOR Rate(%)
March 1, 2015	4.2
September 1, 2015	4.8
March 1, 2016	5.3
September 1, 2016	5.5
March 1, 2017	5.6
September 1, 2017	5.9
March 1, 2018	6.4

Solution

On September 1, 2015, company A pays company B $2.1 million.

$$\frac{0.042}{2} \times 100 = 2.1$$

On March 1, 2016, company A pays company B $2.4 million.

$$\frac{0.048}{2} \times 100 = 2.4$$

Date	LIBOR Rate(%)	Floating Cash Flow Received	Fixed Cash Flow Paid	Net Cash Flow
March 1, 2015	4.2			
September 1, 2015	4.8	2.1	−2.5	−0.4
March 1, 2016	5.3	2.4	−2.5	−0.1
September 1, 2016	5.5	2.65	−2.5	0.15
March 1, 2017	5.6	2.75	−2.5	0.25
September 1, 2017	5.9	2.8	−2.5	0.3
March 1, 2018	6.4	2.95	−2.5	0.45

There are six exchanges of payment on the swap. The fixed payments are always $2.5 million.

Example

Companies X and Y have been offered the following rates per annum on a $20 million five-year loan:

	Fixed rate	Floating rate
Company X	4%	LIBOR+0.5%
Company Y	7%	LIBOR+1%

기업X는 고정금리에서 기업Y에 비하여 3% 낮은 금리로 차입을 할 수 있고, 변동금리로는 0.5% 낮은 금리로 차입을 할 수 있다. 그러므로 기업X 입장에서는 고정금리와 변동금리 중에서 고정금리에 비교우위를 가진다.

기업Y 입장에서는 고정금리에서 기업X에 비하여 3% 높은 금리로 차입을 해야 하는 반면, 변동금리로는 0.5% 높은 금리로 차입을 할 수 있다. 그러므로 기업Y는 고정금리와 변동금리 중에서 변동금리에 비교우위를 가진다.

Company X appears to have a comparative advantage in fixed rate markets, whereas company Y appears to have a comparative advantage in floating rate markets.

They enter into a swap agreement.

만약 기업Y가 기업X에 지불하는 금리가 5%라면, X와 Y의 스왑으로 인한 이득은 다음과 같다.

Company X has three sets of interest rate cash flows:

1. It pays 4% to outside lenders.
2. It pays LIBOR to Y.
3. It receives 5% from Y.

The net effect of the three cash flows is that X pays $(LIBOR-1\%)$.

This is 1.5% less than it would pay if it went directly to floating rate markets.

Company Y has three sets of interest rate cash flows:

1. It pays LIBOR+1% to outside lenders.
2. It pays 5% to X.
3. It receives LIBOR from X.

The net effect of the three cash flows is that Y pays 6%.

This is 1% less than it would pay if it went directly to fixed rate markets.

The swap appears to improve the position of both X and Y.

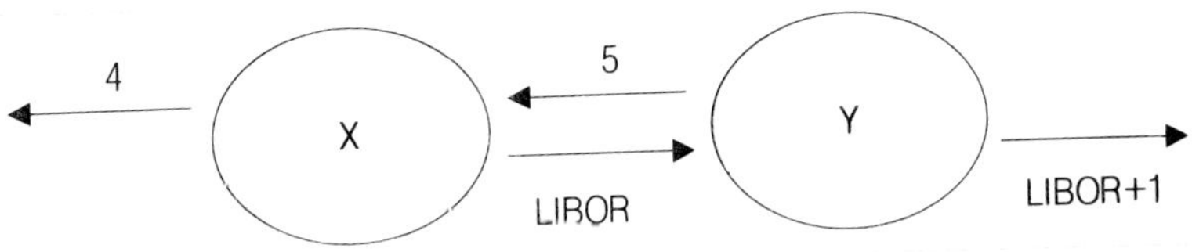

Example

Companies X and Y have been offered the following rates per annum on a $20 million five-year loan:

	Fixed rate	Floating rate
Company X	4%	LIBOR+0.5%
Company Y	7%	LIBOR+1%

Find the range of interest rate that company Y pays to company X and that will appear attractive to both companies.

Solution

Company X appears to have a comparative advantage in fixed rate markets, whereas company Y appears to have a comparative advantage in floating rate markets.
They enter into a swap agreement.

Company X has three sets of interest rate cash flows:

1. It pays 4% to outside lenders.
2. It pays LIBOR to Y.
3. It receives R% from Y.

Company Y has three sets of interest rate cash flows:

1. It pays LIBOR+1% to outside lenders.
2. It pays R% to X.
3. It receives LIBOR from X.

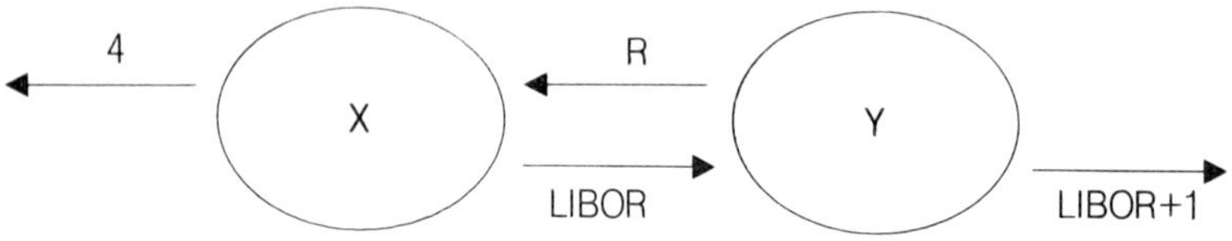

$$LIBOR + 4 - R < LIBOR + 0.5$$

$$(LIBOR + 1) + R - LIBOR < 7$$

$$3.5 < R < 6$$

Example

Companies X and Y have been offered the following rates per annum on a $20 million five-year loan:

	Fixed rate	Floating rate
Company X	4%	LIBOR+0.5%
Company Y	7%	LIBOR+1%

Design a swap that will appear equally attractive to both companies.

Solution

$(LIBOR+0.5)-(LIBOR+4-R)=7-\{(LIBOR+1)+R-LIBOR\}$

$R=4.75$

Company X has three sets of interest rate cash flows:

1. It pays 4% to outside lenders.
2. It pays LIBOR to Y.
3. It receives 4.75% from Y.

The net effect of the three cash flows is that X pays $(LIBOR-0.75\%)$.
This is 1.25% less than it would pay if it went directly to floating rate markets.

Company Y has three sets of interest rate cash flows:

1. It pays LIBOR+1% to outside lenders.
2. It pays 4.75% to X.
3. It receives LIBOR from X.

The net effect of the three cash flows is that Y pays 5.75%.
This is 1.25% less than it would pay if it went directly to fixed rate markets.

Example

Companies X and Y have been offered the following rates per annum on a $20 million five-year loan:

	Fixed rate	Floating rate
Company X	8%	LIBOR+2%
Company Y	5%	LIBOR+1%

Design a swap that will appear equally attractive to both companies.

Solution

$$(LIBOR+1)-(LIBOR+5-R)=8-\{(LIBOR+2)+R-LIBOR\}$$

$$R=5$$

Example

X기업과 Y기업 각각의 고정금리와 변동금리에 대한 차입이자율이 다음과 같다.

	고정금리차입	변동금리차입
X기업	8.25%	LIBOR+0.25%
Y기업	9.00%	LIBOR+0.50%

스왑이 계약되기 위한 약정조건에 대해 설명하시오.

Solution

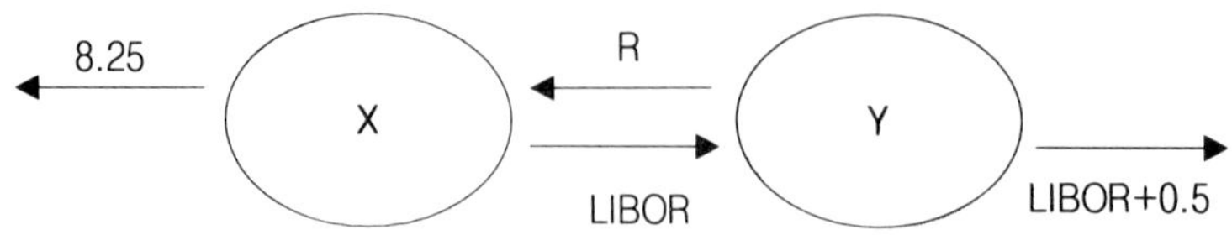

X기업이 계약하기 위한 조건은 다음과 같다.

$$LIBOR+8.25-R<LIBOR+0.25$$

Y기업이 계약하기 위한 조건은 다음과 같다.

$$LIBOR+0.5+R-LIBOR<9$$

$$8<R<8.5$$

Example

X기업과 Y기업 각각의 고정금리와 변동금리에 대한 차입이자율이 다음과 같다.

	고정금리차입	변동금리차입
X기업	8.25%	LIBOR+0.25%
Y기업	9.00%	LIBOR+0.50%

스왑으로 인해 X기업과 Y기업에 동등하게 이득을 가져오는 약정조건에 대해 설명하시오.

Solution

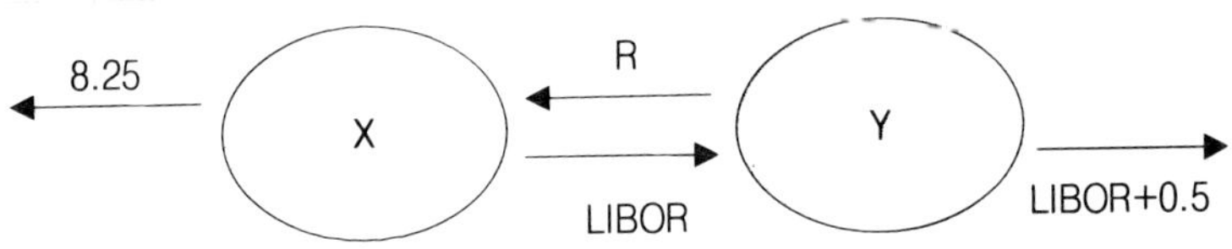

X기업과 Y기업에 동등하게 이득을 가져오는 약정조건은 다음과 같다.

$$LIBOR + 8.25 - R - (LIBOR + 0.25) = LIBOR + 0.5 + R - LIBOR - 9$$

$R = 8.25\%$

Example

Companies X and Y have been offered the following rates per annum on a $20 million five-year loan:

	Fixed rate	Floating rate
Company X	5%	LIBOR+2%
Company Y	10%	LIBOR+4%

Design a swap that will appear equally attractive to both companies.

Example

Companies X and Y have been offered the following rates per annum on a $20 million five-year loan:

	Fixed rate	Floating rate
Company X	4%	LIBOR+0.5%
Company Y	7%	LIBOR+1%

Design a swap that will net a bank 0.02% per annum and that will appear equally attractive to both companies.

Solution

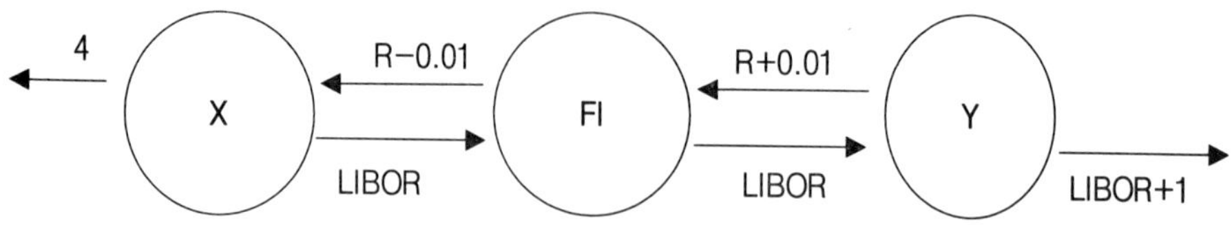

$$(LIBOR+0.5)-\{LIBOR+4-(R-0.01)\}=7-\{(LIBOR+1)+(R+0.01)-LIBOR\}$$

$$R=4.75$$

Company X has three sets of interest rate cash flows:

1. It pays 4% to outside lenders.
2. It pays LIBOR to FI.
3. It receives 4.74% from FI.

The net effect of the three cash flows is that X pays $LIBOR-0.74\%$.

This is 1.24% less than it would pay if it went directly to floating rate markets.

Company Y has three sets of interest rate cash flows:

1. It pays LIBOR+1% to outside lenders.
2. It pays 4.76% to FI.
3. It receives LIBOR from FI.

The net effect of the three cash flows is that Y pays 5.76%.

This is 1.24% less than it would pay if it went directly to fixed rate markets.

Example

Companies X and Y have been offered the following rates per annum on a $20 million five-year loan:

	Fixed rate	Floating rate
Company X	5%	LIBOR+2%
Company Y	10%	LIBOR+4%

Find the range of interest rate that company Y pays to company X and that will appear attractive to both companies.

Example

Companies X and Y have been offered the following rates per annum on a $20 million five-year loan:

	Fixed rate	Floating rate
Company X	5%	LIBOR+2%
Company Y	10%	LIBOR+4%

Design a swap that will net a bank 0.4% per annum and that will appear equally attractive to both companies.

Interest rate swap

금리스왑이란 두 당사자가 동일한 통화로 표시된 차입금을 부담하고 있을 때, 이에 대한 이자지급의무를 교환하여 미래 일정기간 동안 서로 상대방의 이자를 바꾸어 부담하는 것을 말한다.

금리스왑 중 가장 기본적인 형태는 고정금리와 변동금리간의 스왑(fixed-floating rate swap)이다. 이는 표준형 금리스왑(plain vanilla interest swap) 또는 쿠폰스왑(coupon swap)이라고도 부른다.

Comparative advantage

비교우위

한 경제주체가 수행하는 어떤 활동의 기회비용이 다른 주체들보다 쌀 때 그 주체는 그 활동에 비교우위가 있다고 말한다.

The term 'Comparative Advantage' refers to the ability of an individual, a company or a country to produce a particular product or to provide a particular service at a lower opportunity cost.

Absolute advantage

절대우위

한 경제주체가 어떤 활동을 다른 주체들보다 더 잘 할 때 그 주체는 그 활동에 절대우위가 있다고 말한다.

Principle of absolute advantage refers to the ability of a party to produce more of a good or service than competitors, using the same amount of resources.

Example

한국에서는 쌀 1단위를 생산하는데 노동 10단위가 필요하고 밀 1단위를 생산하는데 노동 20단위가 필요로 한다고 하자. 미국에서는 쌀 1단위 생산에 노동 8단위, 밀 1단위 생산에 노동 2단위를 사용한다.

	쌀	밀
한국	10	20
미국	8	2

미국은 쌀과 밀 모두 절대우위를 가지고 있다. 미국은 쌀 1단위를 생산하는 데 필요한 8단위의 노동을 밀 생산에 투입하면 4단위의 밀을 생산할 수 있다. 미국의 쌀 1단위의 기회비용은 4단위의 밀이다. 한국은 쌀 1단위를 생산하는 데 필요한 10단위의 노동을 밀 생산에 투입하면 $\frac{1}{2}$단위의 밀을 생산할 수 있다. 한국의 쌀 1단위의 기회비용은 $\frac{1}{2}$단위의 밀이다. 따라서 한국이 쌀 생산에 비교우위가 있다.

미국은 밀 1단위를 생산하는데 필요한 2단위의 노동을 쌀 생산에 투입하면 $\frac{1}{4}$단위의 쌀을 생산할 수 있다. 미국의 밀 1단위의 기회비용은 $\frac{1}{4}$단위의 쌀이다. 한국은 밀 1단위를 생산하는 데 필요한 20단위의 노동을 쌀 생산에 투입하면 2단위의 쌀을 생산할 수 있다. 한국의 밀 1단위의 기회비용은 2단위의 쌀이다. 따라서 미국이 밀 생산에 비교우위가 있다.

Example

한국에서는 쌀 1단위를 생산하는데 노동 9 단위가 필요하고 밀 1단위를 생산하는데 노동 18위가 필요로 한다고 하자. 미국에서는 쌀 1단위 생산에 노동 6단위, 밀 1단위 생산에 노동 2단위를 사용한다.

1) 한국의 쌀 1단위의 기회비용은?
2) 한국의 밀 1단위의 기회비용은?
3) 미국의 쌀 1단위의 기회비용은?
4) 미국의 밀 1단위의 기회비용은?
5) 쌀 생산에 비교우위가 있는 국가는?
6) 밀 생산에 비교우위가 있는 국가는?

Opportunity cost

기회비용

Opportunity cost is the return that a firm's resources could have earned elsewhere in its next most valuable use.

Opportunity cost for a firm is the value of the resources it owns in their next highest valued productive use.

Opportunity cost is the highest-valued foregone alternative when any choice is made.

어떤 행위의 기회비용은 이를 선택함으로 인해 포기해야 하는 여러 행위 중 가장 큰 가치를 갖는 행위의 가치로 측정할 수 있다.

실제로 지출하지 않았다 해도 비용의 성격을 갖고 있으면 모두 포함시키는 포괄적 비용의 개념

Explicit costs

명시적 비용

현금지출을 필요로 하는 요소비용

Explicit costs are observable, measurable expenses such as the dollar cost of production inputs and the interest cost of renting capital.

Implicit costs

암묵적 비용

현금지출을 필요로 하지 않는 요소비용

Implicit costs are not explicitly observable and fall into two categories:

(1) the opportunity cost to a firm of using its own capital and

(2) the opportunity cost of the time and financial resources of the firm's owners.

The implicit rental rate is the term used to describe the opportunity cost to a firm for using its own capital. It represents what the firm could have earned if it had rented its capital to another firm. The implicit rental rate is the sum of

(1) economic depreciation, which is the decrease in the value of a firm's assets over time, and

(2) foregone interest.

Normal profit is the opportunity cost of owners' entrepreneurship expertise. It represents what owners could have earned if they used their organizational, decision making, and other entrepreneurial skills in another activity, such as running another business.

Explicit costs are measurable expenses. Implicit costs include the implicit rental rate (the opportunity cost to a firm from the use of its own capital assets) and normal profit (the opportunity cost associated with the use of the owners' time, resources, and entrepreneurship expertise).

Economic profit is total revenue minus both explicit and implicit costs.

Example

Assume that a firm had total revenue of $50 million and used $30 million in labor and materials to generate that revenue. Other costs included $100,000 in foregone interest, economic depreciation of $20,000, and normal profit is $65,000. Using this information, calculate the economic profit to the firm.

Solution

Explicit cost: $30 million

Total implicit costs: 185,000=100,000+20,000+65,000

Economic profit: 19,815,000

Example

Assume that a firm had total revenue of $300,000 and used $100,000 in labor and materials to generate that revenue. Other costs included $100,000 in foregone interest, economic depreciation of $20,000, and normal profit is $65,000. Using this information, calculate the economic profit to the firm.

Solution

Explicit cost: $100,000

Total implicit costs: 185,000=100,000+20,000+65,000

Economic profit: 15,000

Example

Calculating Economic Profit for Kim's Company

Total Revenue	340
Opportunity costs	
Raw materials	100
Electricity	30
Employee wages paid	55
Interest paid on borrowed funds	5
Total explicit costs	190
Kim's foregone wages	35
Kim's foregone interest	10
Economic depreciation on buildings	5
Normal profit	60
Total implicit costs	110
Total cost	300
Economic profit	40

Example

미정이는 연봉 3,000만원을 받고 다니던 회사를 그만두고, 그동안 저축한 돈 1억원과 은행에서 10%로 대출받은 2,000만원을 합쳐, 학교 앞에 옷가게를 하나 차렸다. 미정이가 저축한 돈 1억원은 5% 예금이자를 받고 있었다. 옷가게는 동대문에서 여성의류를 가져다가 판매를 하는데, 동대문 가격에 30%를 붙여 옷가게에서 판매한다. 1년동안 5,000만원의 매출을 기록하였고, 옷가게 인테리어 관련 감가상각비는 800만원이다. 세율 20%일 때, 미정의 경제적 이익을 계산하라.

Solution

$x \times 1.3 = 5{,}000$

$x = 3{,}846$

Sales	5,000
Cost of goods sold	3,846
Depreciation	800
EBIT	354
Interest expense	200
EBT	154
Taxes	31
Net income	123
Foregone wages	3,000
Foregone interest	500
Economic Profit	−3,377

Example

미정이는 연봉 2,000만원을 받고 다니던 회사를 그만두고, 그동안 저축한 돈 7,000만원과 은행에서 10%로 대출받은 3,000만원을 합쳐, 학교 앞에 옷가게를 하나 차렸다. 미정이가 저축한 돈 7,000만원은 5% 예금이자를 받고 있었다. 옷가게는 동대문에서 여성의류를 가져다가 판매를 하는데, 동대문 가격에 80%를 붙여 옷가게에서 판매한다. 1년 동안 12,600만원의 매출을 기록하였고, 옷가게 인테리어 관련 감가상각비는 500만원이다. 세율 30%일 때, 미정의 경제적 이익을 계산하라.

Solution

Sales	12,600
Cost of goods sold	7,000
Depreciation	500
EBIT	5,100
Interest	300
EBT	4,800
Taxes	1,440
Net income	3,360
Foregone wages	2,000
Foregone Interest	350
Economic Profit	1,010

Types of traders

Hedgers

Hedgers are in the position where they face risk associated with the price of an asset. They use derivatives to reduce or eliminate this risk.

헷지(hedge)는 투자자가 보유하고 있는 자산의 가격이 변동함에 따라 발생하는 위험을 감소시키거나 자신이 원하는 수준으로 통제하는 것을 말한다.

Example

Suppose it is April 5 of a certain year and the treasurer of a Korean corporation knows that the corporation will receive $ 1 million on July 5 and want to hedge against exchange rate moves. The treasurer could contact a bank, find out that the exchange rate for a three-month forward contract on dollar is 1,300, and agree to sell $ 1 million. The corporation then has a short forward contract on dollar.

Speculators

Speculators wish to bet on future movements in the price of an asset. They use derivatives to get extra leverage.

Example

Suppose that the stock price is currently $78 and that December call with an $80 strike is currently selling for $3.

Assume that the speculator is willing to invest $7,800.

The first alternative involves the purchase of 100 shares.

The second involves the purchase of 2,600 call options.

Suppose that the stock price rises to $90 by December.

The first alternative yields a profit of $100 \times (90-78) = \$1,200$.

The second alternative is far more profitable.

$2,600 \times (\$90 - \$80) - \$7,800 = \$18,200$.

Options also give rise to a greater potential loss.

Suppose the stock price falls to $70 by December.

The first alternative yields a loss of $100 \times (78-70) = \$800$.

The second alternative yields a loss of $7,800.

Example

Suppose that the stock price is currently $100 and that December call with an $80 strike is currently selling for $5.

Assume that the speculator is willing to invest $2,000.

The first alternative involves the purchase of (   ) shares.

The second involves the purchase of (   ) call options.

Suppose that the stock price rises to $110 by December.

The first alternative yields a profit of (   ).

The second alternative is far more profitable, and yields a profit of (   ).

Options also give rise to a greater potential loss.

Suppose the stock price falls to $70 by December.

The first alternative yields a loss of (   ).

The second alternative yields a loss of (   ).

Arbitrageurs

Arbitrageurs are in business to take advantage of a discrepancy between prices in two different markets.

Example

Consider a stock that is traded on both the Korea Stock Exchange and the New York Stock Exchange. Suppose that the stock price is 25,000 won in Korea and $20 in New York at a time when the exchange rate is 1,300 won per dollar.
What could the arbitrageur do?

Solution

An arbitrageur could simultaneously buy 1 share of the stock in Korea and sell it in New York to obtain a risk-free profit of
$1{,}300 \times 20 - 25{,}000 = 1{,}000$.

Example

Consider a stock that is traded on both the Korea Stock Exchange and the New York Stock Exchange. Suppose that the stock price is 25,000 won in Korea and $20 in New York at a time when the exchange rate is 1,200 won per dollar.
What could the arbitrageur do?

Solution

An arbitrageur could simultaneously buy 1 share of the stock in New York and sell it in Korea to obtain a risk-free profit of
$25{,}000 - 1{,}200 \times 20 = 1{,}000$.

Hedging using Futures

Basis

Basis = spot price of asset to be hedged − futures price of contract used

S_1 : spot price at time t_1

S_2 : spot price at time t_2

F_1 : futures price at time t_1

F_2 : futures price at time t_2

b_1 : basis at time t_1

b_2 : basis at time t_2

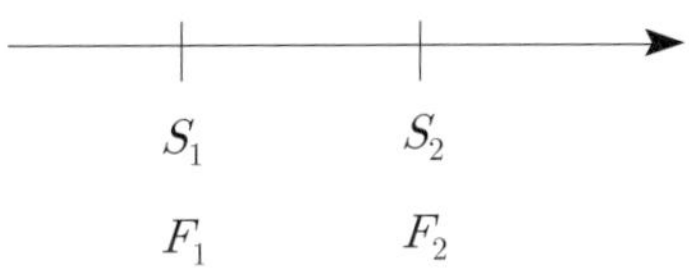

From the definition of the basis,

$b_1 = S_1 - F_1$

$b_2 = S_2 - F_2$

상품선물에서 베이시스는 현물가격과 선물가격의 차이를 일컫는다.

Long hedge

A company that knows that it is due to buy an asset in the future can hedge by taking a long futures position.

매입헤지는 미래에 현물을 불확실한 가격으로 사야 할 상황에 있는 경우에 가격상승에 대비하여 해당선물을 사는 계약을 체결하는 것이다.

The gain on the futures contract is

$(F_2 - F_1)$.

The effective price that is paid with hedging is

$S_2 - (F_2 - F_1) = F_1 + b_2$

순매수가격은 매수헤지를 종결하는 시점의 현물 매수가격에 선물거래이익을 차감하여 산출한다.

NBP

Net Buying Price

순매수가격

If b_2 were known at time t_1, a perfect hedge would result.

만일 선물가격과 현물가격의 변동폭이 동일하다면 항상 일정한 베이시스 폭을 유지할 수 있으며, 이때는 선물을 이용하여 현물에 대해 완전한 헤징을 할 수 있다.

계약체결시점에서의 베이시스를 개시베이시스(initial basis)라고 하며, 만기일 이전에 반대매매를 통하여 선물포지션을 청산하는 시점의 베이시스를 커버베이시스(covered basis)라고 한다. 즉, 선물계약시점의 현물가격과 선물가격의 차이를 개시베이시스라고 하며, 선물포지션청산시점에서의 현물가격과 선물가격의 차이를 커버베이시스라고 한다.

Short hedge

A company that knows it is due to sell an asset at a particular time in the future can hedge by taking a short futures position. If the price of the asset goes down, the company does not fare well on the sale of the asset but makes a gain on the short futures position. If the price of the asset goes up, the company gains from the sale of the asset but takes a loss on the futures position.

매도헤지는 미래에 현물을 불확실한 가격으로 팔아야 하는 상황에 있는 경우에 해당 현물에 대응하는 선물을 팔기로 계약하는 것이다.

The gain on the futures contract is

$(F_1 - F_2)$

The effective price that is obtained with hedging is

$S_2 + (F_1 - F_2)$

순매도가격은 매도헤지를 종결하는 시점의 현물 매도가격에 선물거래이익을 더하여 산출한다.

The loss on the futures contract is

$(F_2 - F_1)$.

The effective price that is obtained with hedging is

$S_2 - (F_2 - F_1) = F_1 + b_2$

NSP

Net Selling Price

순매도가격

결제월의 선택

헤지거래에서 어떤 결제월(delivery month)을 이용하여 헤지하는 것이 적절한가를 결정하여야 한다. 일반적으로 가능한 한 실세 현물거래가 발생하는 시점과 가장 가까운 결제월을 택하되 그 결제월이 현물거래시점보다 후행하여야 한다.

Example

It is June 8 and a company knows that it will need to purchase 20,000 barrels of crude oil at some time in November. Oil futures contracts are currently traded for delivery every month on NYMEX. The company decides to use the December contract for hedging and takes a long futures position.

The futures price on June 8 is $18.00 per barrel.

The company closes out its futures contract on November 10.

The spot price and futures price on November 10 are $20.00 per barrel and $19.10 per barrel.

Calculate the effective price that is paid with hedging.

Solution

S_1	$S_2 = 20$
$F_1 = 18$	$F_2 = 19.1$

The gain on the futures contract is

19.10 − 18.00 = $1.10 per barrel.

The effective price that is paid with hedging is

20.00 − 1.10 = $18.90.

$S_2 - (F_2 - F_1) = F_1 + b_2$

The basis when the contract is closed out is

20.00 − 19.10 = $0.90 per barrel.

The effective price that is paid with hedging is

18.00 + 0.90 = $18.90.

The total price paid is

$18.90 \times 20{,}000 = \$378{,}000$.

Example

It is June 8 and a company knows that it will need to purchase 20,000 barrels of crude oil at some time in November. Oil futures contracts are currently traded for delivery every month on NYMEX. The company decides to use the December contract for hedging and takes a long futures position.

The futures price on June 8 is \$18.00 per barrel.

The company closes out its futures contract on November 10.

The spot price and futures price on November 10 are \$15.00 per barrel and \$14.10 per barrel.

Calculate the effective price that is paid with hedging.

Solution

S_1	$S_2 = 15$
$F_1 = 18$	$F_2 = 14.1$

The gain on the futures contract is

$14.10 - 18.00 = -\$3.90$ per barrel.

The effective price that is paid with hedging is

$15.00 - (-3.90) = \$18.90$.

$S_2 - (F_2 - F_1) = F_1 + b_2$

The basis when the contract is closed out is

$15.00 - 14.10 = \$0.90$ per barrel.

The effective price that is paid with hedging is

$18.00 + 0.90 = \$18.90$.

The total price paid is

$18.90 \times 20,000 = \$378,000$.

Example

It is June 8 and a company knows that it will sell 20,000 barrels of crude oil at some time in November. Oil futures contracts are currently traded for delivery every month on NYMEX. The company decides to use the December contract for hedging and takes a short futures position.

The futures price on June 8 is \$18.00 per barrel.

The company closes out its futures contract on November 10.

The spot price and futures price on November 10 are \$20.00 per barrel and \$19.10 per barrel.

Calculate the effective price that is obtained with hedging.

Solution

The loss on the futures contract is

19.10 − 18.00 = \$1.10 per barrel.

The effective price that is obtained with hedging is

20.00 − 1.10 = \$18.90.

$$S_2 - (F_2 - F_1) = F_1 + b_2$$

The basis when the contract is closed out is

20.00 − 19.10 = \$0.90 per barrel.

The effective price that is obtained with hedging is

18.00 + 0.90 = \$18.90.

The total price obtained is

$18.90 \times 20{,}000 = \$378{,}000$.

Example

It is June 8 and a company knows that it will sell 20,000 barrels of crude oil at some time in November. Oil futures contracts are currently traded for delivery every month on NYMEX. The company decides to use the December contract for hedging and takes a short futures position.

The futures price on June 8 is \$18.00 per barrel.

The company closes out its futures contract on November 10.

The spot price and futures price on November 10 are \$15.00 per barrel and \$14.10 per barrel.

Calculate the effective price that is obtained with hedging.

Solution

The loss on the futures contract is

14.10 − 18.00 = −\$3.90 per barrel.

The effective price that is obtained with hedging is

15.00 − (−3.90) = \$18.90.

$$S_2 - (F_2 - F_1) = F_1 + b_2$$

The basis when the contract is closed out is

15.00 − 14.10 = \$0.90 per barrel.

The effective price that is obtained with hedging is

18.00 + 0.90 = \$18.90.

The total price obtained is

$18.90 \times 20{,}000 = \$378{,}000$.

New York Mercantile Exchange

The New York Mercantile Exchange, Inc., is the world's largest physical commodity futures exchange and the preeminent trading forum for energy and precious metals. Trading is conducted through two divisions, the NYMEX Division, home to the energy, platinum, and palladium markets; and the COMEX Division, on which all other metals trade.

The wide array of trading markets provided by the Exchange include futures and options contracts for crude oil, gasoline, heating oil, natural gas, gold, silver, copper, aluminum, and platinum; futures contracts for coal, propane, and palladium; and options contracts on the price differentials between crude oil and gasoline, crude oil and heating oil, Brent and West Texas Intermediate crude oil, and various futures contract months (calendar spreads) for light, sweet crude; Brent crude; gasoline; heating oil; and natural gas.

Example

오늘 달러의 현물이 1,200원이고, 선물이 1,100원이다. 한 달 후 달러를 매입하기로 예정되어 있어서, 매입헷지를 하였다. 한 달 후 현물이 1,800원이고, 선물이 1,700원이라면 실제 지불 가격은 얼마인가?

Solution

$1,800-(1,700-1,100)=1,200$

1,200원

Example

오늘 달러의 현물이 1,200원이고, 선물이 1,100원이다. 두 달 후 달러를 매도하기로 예정되어 있어서, 매도헷지를 하였다. 두 달 후 현물이 700원이고, 선물이 600원이라면 실제 수령 가격은 얼마인가?

Solution

$700+(1,100-600)=1,200$

1,200원

Example

오늘 달러의 선물이 1,100원이다. 한 달 후 달러를 매입하기로 예정되어 있어서, 매입헷지를 하였다. 한 달 후 베이시스가 100원이라면 실제 지불 가격은 얼마인가?

Solution

1,200원

Example

10월 15일 현재, 금 현물가격은 12,300원, 12월물 선물가격은 12,500원인 상황에서 금 세공업자가 매수헤지를 실시하였다. 구매시점인 11월 9일에 이르러 현물가격은 12,800원, 12월물 선물가격은 12,900원으로 상승하였다. 이 경우 순매수가격은 얼마인가?

Solution

$12,800-(12,900-12,500)=12,400$

Optimal Hedge Ratio

Define:

ΔS : change in spot price

ΔF : change in futures price

σ_S : standard deviation of ΔS

σ_F : standard deviation of ΔF

ρ_{SF} : coefficient of correlation between ΔS and ΔF

h : hedge ratio

The change in the value of the hedger's position during the life of the hedge is

$\Delta S - h \times \Delta F$

The variance of the change in value of the hedged position is given by

$$\sigma^2 = \sigma_S^2 + h^2\sigma_F^2 - 2h\rho_{SF}\sigma_S\sigma_F$$

$$\frac{\partial\sigma^2}{\partial h} = 2h\sigma_F^2 - 2\rho_{SF}\sigma_S\sigma_F$$

Setting this equal to zero, we see that the value of h that minimizes the variance is

$$h = \rho_{SF}\frac{\sigma_S}{\sigma_F}$$

Example

The standard deviation of the change in the spot price is 0.032.

The standard deviation of the change in the futures price is 0.040.

The coefficient of correlation between them is 0.8.

Find the optimal hedge ratio.

Solution

$\sigma_S = 0.032$, $\sigma_F = 0.040$, $\rho_{SF} = 0.8$

$$h = \rho_{SF}\frac{\sigma_S}{\sigma_F} = 0.8 \times \frac{0.032}{0.040} = 0.64$$

Example

The standard deviation of the change in the spot price is 0.3.

The standard deviation of the change in the futures price is 0.6.

The coefficient of correlation between them is 0.8.

Draw a diagram showing the dependence of variance of hedger's position on hedge ratio.

Solution

$\sigma_S = 0.3$, $\sigma_F = 0.6$, $\rho_{SF} = 0.8$

$$h = \rho_{SF}\frac{\sigma_S}{\sigma_F} = 0.8 \times \frac{0.3}{0.6} = 0.4$$

$$\sigma^2 = \sigma_S^2 + h^2\sigma_F^2 - 2h\rho_{SF}\sigma_S\sigma_F$$

$$\sigma_S^2 = 0.09$$

$$\sigma^2 = 0.09 + 0.16 \times 0.36 - 2 \times 0.4 \times 0.8 \times 0.3 \times 0.6$$

$$\sigma^2 = 0.0324$$

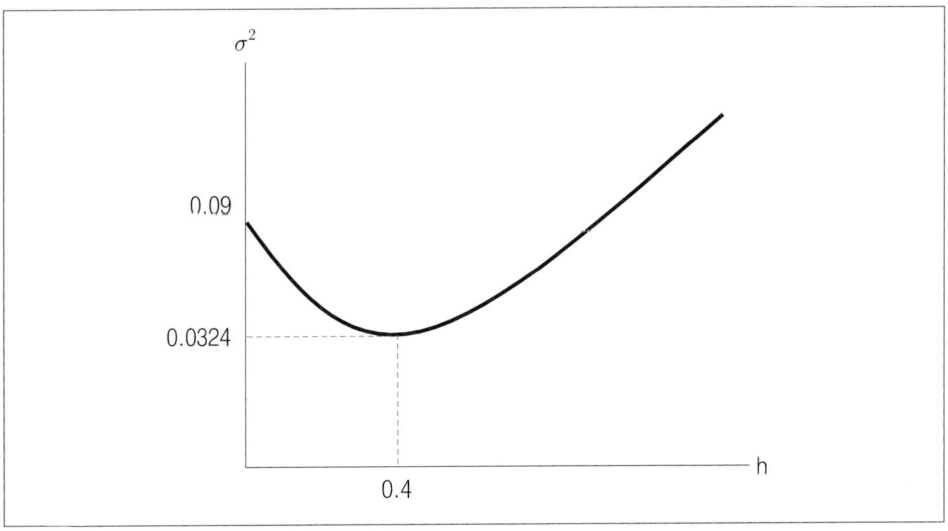

Example

The standard deviation of the change in the spot price is 0.4.

The standard deviation of the change in the futures price is 0.8.

The coefficient of correlation between them is 0.6.

Draw a diagram showing the dependence of variance of hedger's position on hedge ratio.

Solution

$\sigma_S = 0.4$, $\sigma_F = 0.8$, $\rho_{SF} = 0.6$

$$h = \rho_{SF}\frac{\sigma_S}{\sigma_F} = 0.6 \times \frac{0.4}{0.8} = 0.3$$

$$\sigma^2 = \sigma_S^2 + h^2\sigma_F^2 - 2h\rho_{SF}\sigma_S\sigma_F$$

$$\sigma^2 = 0.16 + 0.09 \times 0.64 - 2 \times 0.3 \times 0.6 \times 0.4 \times 0.8$$

$$\sigma^2 = 0.1024$$

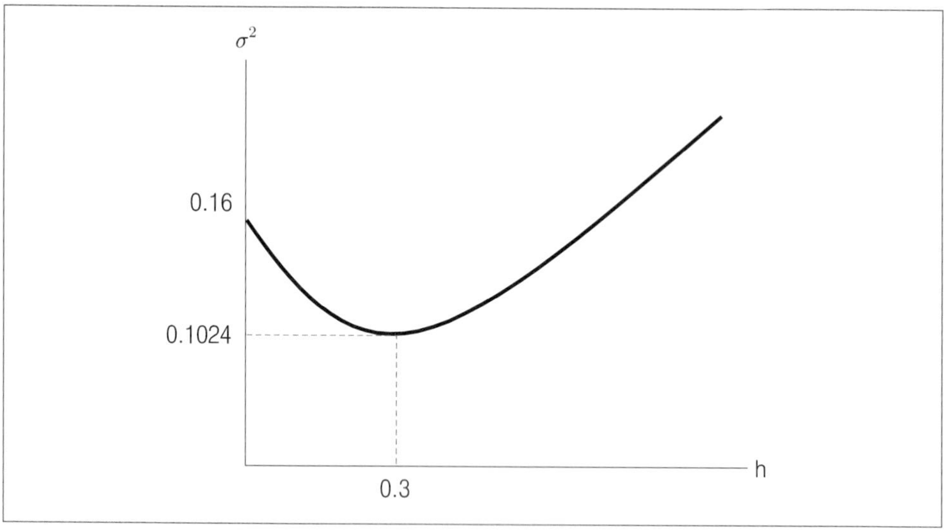

Example

If $\rho_{SF} = 1$ and $\sigma_F = \sigma_S$, the optimal hedge ratio is 1.0.

This is to be expected because in this case the futures price mirrors the spot price perfectly.

Example

If $\rho_{SF} = 1$ and $\sigma_F = 2\sigma_S$, the optimal hedge ratio is 0.5.

This is to be expected because in this case the futures price changes by twice as much as the spot price.

Example

The standard deviation of the change in the spot price is 0.02.

The standard deviation of the change in the futures price is 0.05.

The coefficient of correlation between them is 0.6.

Find the optimal hedge ratio.

Solution

$$h = 0.6 \times \frac{0.02}{0.05} = 0.24$$

In-the-money option

An option is in the money when exercise would be profitable.
An option is out of the money when exercise would be unprofitable.
An option is at the money when the exercise price and asset price are equal.

An in-the-money option is one that would lead to a positive cash flow to the holder if it were exercised immediately. 내가격옵션
An at-the-money option would lead to zero cash flow if it were exercised immediately. 등가격옵션
An out-of-money option would lead to a negative cash flow if it were exercised immediately. 외가격옵션

If S is the stock price and X is the strike price, a call option is in the money when $S>X$, at the money when $S=X$, and out of the money when $S<X$.
A put option is in the money when $S<X$, at the money when $S=X$, and out of the money when $S>X$.

	Calls	Puts
In-the-money	$S > X$	$S < X$
At-the-money	$S = X$	$S = X$
Out-of-the money	$S < X$	$S > X$

Short selling

This trade involves selling an asset that is not owned with the intention of buying it back later.

Covered Call

Writing a covered call

Long position in a stock combined with short position in a call

보호적 콜

주식을 하나 사고, 이 주식에 대한 콜옵션을 하는 파는 것.

	$S_T < X$	$X \le S_T$
Payoff from Stock	S_T	S_T
Payoff from Call	0	$-(S_T - X)$
Total payoff	S_T	X

Example

주식을 하나 사고, 이 주식을 20달러에 살 수 있는 콜옵션을 하나 매도한 포트폴리오의 가치를 그림으로 나타내라.

Solution

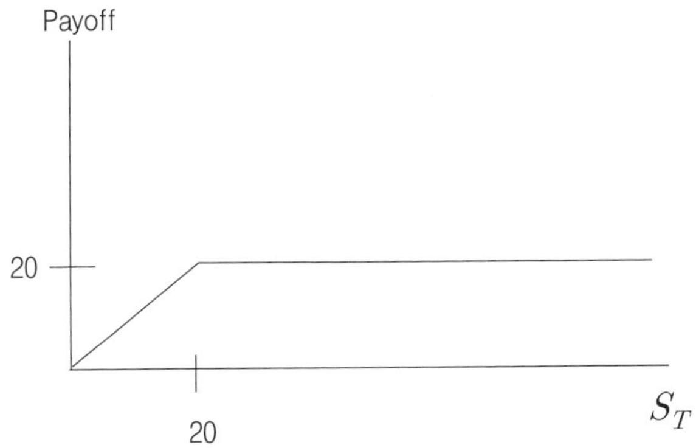

주식 매입포지션

$\text{Profit} = S_T - S_0$

$Payoff = S_T$

Protective put

Long position in a stock combined with long position in a put

방어적 풋

주식을 하나 사고, 이 주식에 대한 풋옵션을 하나 매입하는 포트폴리오.

	$S_T < X$	$X \le S_T$
Payoff from Stock	S_T	S_T
Payoff from Put	$X - S_T$	0
Total payoff	X	S_T

Example

주식을 하나 사고, 이 주식에 대한 행사가격이 20달러인 풋옵션을 하나 매입한 포트폴리오의 가치를 그림으로 나타내라.

Solution

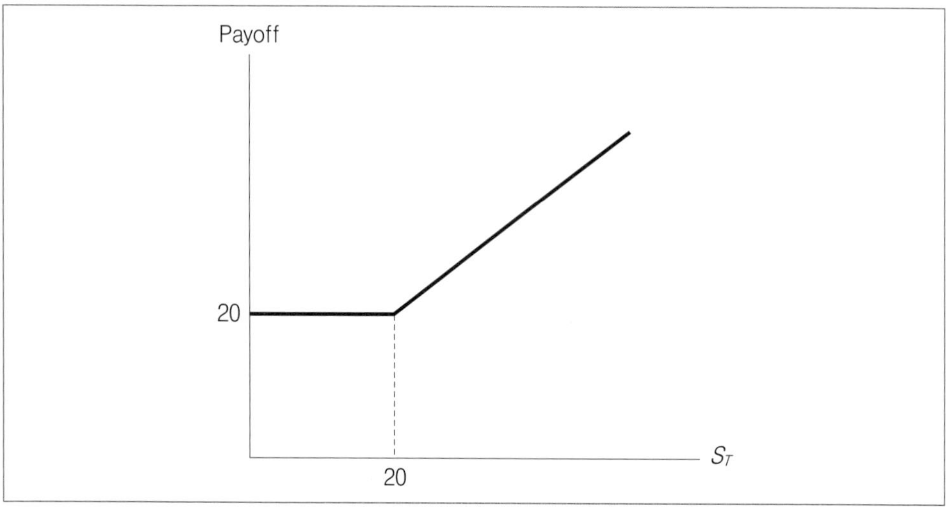

Bull Spread

It can be created by buying a call option on a stock with a certain strike price and selling a call option on the same stock with a higher strike price.
강세스프레드

Example

A trader buys for \$3 a call with a strike price of \$30 and sells for \$1 a call with a strike price of \$35.

The profit is as follows:

Stock Price Range	$S_T \leq 30$	$30 < S_T < 35$	$S_T \geq 35$
Profit	−2	$S_T - 32$	3

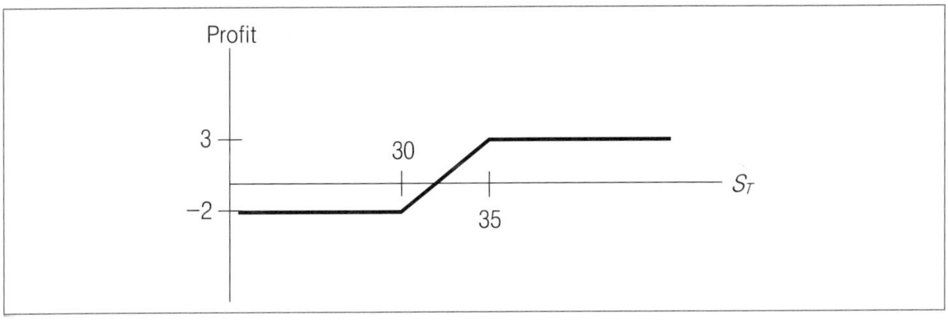

A bull spread strategy limits the trader's upside as well as downside risk.
Bull spreads can also be created by buying a put with a low strike price and selling a put with a high strike price.

Example

행사가격이 30달러이고 콜옵션가격이 3달러인 콜옵션 한 개를 매입하고, 행사가격이 35달러이고 콜옵션가격이 1달러인 콜옵션 한 개를 매도한 경우의 이익을 표로 나타내라.

Example

A trader buys for $3 a call with a strike price of $25 and sells for $1 a call with a strike price of $30. Draw a diagram showing the variation of the trader's profit with the asset price.

Solution

	$S_T < 25$	$25 \le S_T < 30$	$30 \le S_T$
Payoff from long call	0	$S_T - 25$	$S_T - 25$
Profit from long call	−3	$S_T - 28$	$S_T - 28$
Payoff from short call	0	0	$30 - S_T$
Profit from short call	1	1	$31 - S_T$
Total profit	−2	$S_T - 27$	3

Example

Suppose that put options on a stock with strike prices $30 and $35 cost $4 and $7, respectively. Construct a table that shows the profit and payoff for a bull spread.

Solution

A bull spread is created by buying the $30 put and selling the $35 put.

Stock Price Range	$S_T < 30$	$30 \le S_T < 35$	$S_T \ge 35$
Payoff	−5	$S_T - 35$	0
Profit	−2	$S_T - 32$	3

Example

Suppose that put options on a stock with strike prices \$25 and \$30 cost \$4 and \$7, respectively. Construct a table that shows the profit and payoff for a bull spread.

Solution

	$S_T < 25$	$25 \le S_T < 30$	$30 \le S_T$
Payoff from long put	$25 - S_T$	0	0
Profit from long put	$21 - S_T$	−4	−4
Payoff from short put	$S_T - 30$	$S_T - 30$	0
Profit from short put	$S_T - 23$	$S_T - 23$	7
Total profit	−2	$S_T - 27$	3

Bear Spread

It can be created by buying a call option on a stock with a certain strike price and selling a call option on the same stock with a lower strike price.

The strike price of the option purchased is greater than the strike price of the option sold.

약세스프레드

Example

A trader buys for $1 a call with a strike price of $35 and sells for $3 a call with a strike price of $30.

The profit is as follows:

Stock Price Range	$S_T < 30$	$30 \leq S_T < 35$	$S_T \geq 35$
Profit	2	$32 - S_T$	−3

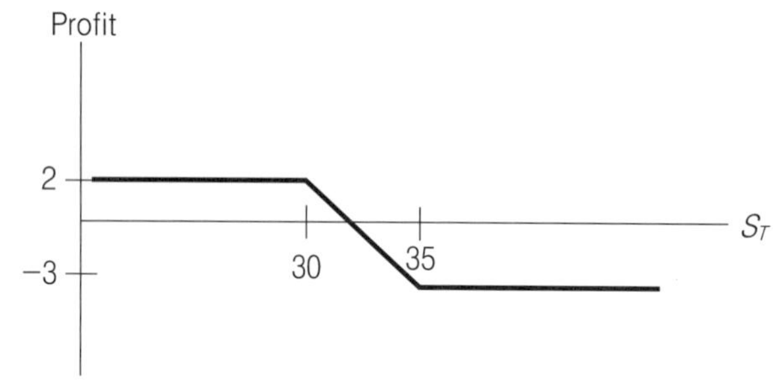

Example

A trader buys for $1 a call with a strike price of $30 and sells for $3 a call with a strike price of $25. Draw a diagram showing the variation of the trader's profit with the asset price.

Solution

	$S_T < 25$	$25 \leq S_T < 30$	$30 \leq S_T$
Payoff from long call	0	0	$S_T - 30$
Profit from long call	−1	−1	$S_T - 31$
Payoff from short call	0	$25 - S_T$	$25 - S_T$
Profit from short call	3	$28 - S_T$	$28 - S_T$
Total profit	2	$27 - S_T$	−3

Like bull spreads, bear spreads limit both the upside profit potential and the downside risk.

Bear spreads can be created using puts instead of calls.

Example

Suppose that put options on a stock with strike prices $30 and $35 cost $4 and $7, respectively. Construct a table that shows the profit and payoff for a bear spread.

Solution

A bear spread is created by selling the $30 put and buying the $35 put.

Stock Price Range	$S_T < 30$	$30 \le S_T < 35$	$S_T \ge 35$
Payoff	5	$35 - S_T$	0
Profit	2	$32 - S_T$	−3

Butterfly Spreads

A butterfly spread involves positions in options with three different strike prices.

Example

A trader could create a butterfly spread by buying one call with a $55 strike price, buying one call with a $65 strike price, and selling two calls with a $60 strike price. Construct a table showing the payoff from a butterfly spread.

Solution

Stock Price Range	$S_T < 55$	$55 \le S_T < 60$	$60 \le S_T < 65$	$S_T \ge 65$
Payoff from First Long Call	0	$S_T - 55$	$S_T - 55$	$S_T - 55$
Payoff from Second Long Call	0	0	0	$S_T - 65$
Payoff from Short Calls	0	0	$-2(S_T - 60)$	$-2(S_T - 60)$
Total Payoff	0	$S_T - 55$	$65 - S_T$	0

Example

The butterfly spread would be created by buying a put with a \$55 strike price, buying a put with a \$65 strike price, and selling two puts with a \$60 strike price.
Construct a table showing the payoff from a butterfly spread.

Solution

Stock Price Range	$S_T < 55$	$55 \leq S_T < 60$	$60 \leq S_T < 65$	$S_T \geq 65$
Payoff from First Long Put	$55 - S_T$	0	0	0
Payoff from Second Long Put	$65 - S_T$	$65 - S_T$	$65 - S_T$	0
Payoff from Short Put	$-2(60 - S_T)$	$-2(60 - S_T)$	0	0
Total	0	$S_T - 55$	$65 - S_T$	0

Calendar Spreads

Calendar spreads have the same strike price and different expiration dates.

Straddle

A straddle involves buying a call and a put with the same strike price and expiration date.

A straddle is appropriate when a trader is expecting a large move in a stock price but does not know in which direction the move will be.

Example

Construct a table showing the payoff from a straddle.

Solution

	$S_T \leq X$	$S_T > X$
Payoff from Call	0	$S_T - X$
Payoff from Put	$X - S_T$	0
Total Payoff	$X - S_T$	$S_T - X$

Example

The trader could create a straddle by buying both a put and a call with a strike price of \$70 and an expiration date in three months.

Suppose that the call costs \$4 and the put costs \$3.

Bottom straddle

Straddle purchase

매입스트래들

It is created by buying a call and a put with the same exercise price and expiration date.

Top straddle

Straddle write

매도스트래들

It is created by selling a call and a put with the same exercise price and expiration date.

It is a highly risky strategy.

If the stock price on the expiration date is close to the strike price, a significant profit results. However, the loss arising from a large move in either direction is unlimited.

Strip

A strip consists of a long position in one call and two puts with the same strike price and expiration date.

Example

Construct a table showing the payoff from a strip.

Solution

	$S_T \le X$	$S_T > X$
Payoff from 2 Put	$2(X-S_T)$	0
Payoff from 1 call	0	S_T-X
Total Payoff	$2(X-S_T)$	S_T-X

Strap

A strap consists of a long position in two calls and one put with the same strike price and expiration date.

Example

Construct a table showing the payoff from a strap.

Solution

	$S_T \le X$	$S_T > X$
Payoff from 1 Put	$X-S_T$	0
Payoff from 2 call	0	$2(X-S_T)$
Total Payoff	$X-S_T$	$2(X-S_T)$

Strangle

A trader buys a put and a call with the same expiration date and different strike prices.

Continuous Compounding

연속복리계산

Consider an amount A invested for n years at an interest rate of R per annum.

If the rate is compounded once per annum, the terminal value of the investment is

$$A(1+R)^n$$

If it is compounded m times per annum, the terminal value of the investment is

$$A\left(1+\frac{R}{m}\right)^{mn}$$

Example

Suppose that we earn 10% interest per annum.

Semiannually $(m=2)$

When we compound twice a year, we earn 5% interest per six months, with the interest being reinvested, and the \$100 grows to

$$100\left(1+\frac{0.1}{2}\right)^2=110.25$$

Quarterly $(m=4)$

$$100\left(1+\frac{0.1}{4}\right)^4=110.38$$

Monthly $(m=12)$

$$100\left(1+\frac{0.1}{12}\right)^{12}=110.47$$

자연로그의 밑수 e는 다음과 같이 정의된다.

$$e\equiv\lim_{m\to\infty}\left(1+\frac{1}{m}\right)^m$$

$$\lim_{m\to\infty}A\left(1+\frac{R}{m}\right)^m=\lim_{k\to\infty}A\left(1+\frac{1}{k}\right)^{kR}=Ae^R$$

The limit as m tends to infinity is known as continuous compounding.

$$\lim_{m\to\infty} A\left(1+\frac{R}{m}\right)^{mn} = \lim_{m\to\infty} A\left(1+\frac{R}{m}\right)^{\frac{m}{R}Rn} = Ae^{Rn}$$

With continuous compounding, it can be shown that an amount A invested for n years at rate R grows to

Ae^{Rn}

where e is the mathematical constant, 2.71828.

This is the same as the value using daily compounding.

For most practical purposes, continuous compounding can be thought of as being equivalent to daily compounding.

Compounding a sum of money at a continuously compounded rate R for n years involves multiplying it by e^{Rn}.

Discounting it at a continuously compounded rate R for n years involves multiplying by e^{-Rn}.

m	$\left(1+\frac{1}{m}\right)^m$
2	2.250
10	2.593
100	2.705
200	2.712
300	2.714
365	2.715

$$100\left(1+\frac{0.1}{365}\right)^{365} = 110.516$$

$$100e^{0.1} = 110.517$$

Example

Consider an amount of 50 won invested for 3 years at an interest rate of 8% per annum. It is compounded 2 times per annum. Calculate the terminal value of the investment.

Solution

$$50 \times 1.04^{6} = 63.3$$

Example

은행에서 3,000,000원을 연이율 8%로 매일 이자지급 조건으로 대출받은 경우, 매일마다 지불해야 하는 이자는 얼마인가?

Solution

$$3,000,000 \times \frac{0.08}{365} = 658\text{원}$$

Example

은행에서 3,000,000원을 연이율 8.08%로 3개월마다 이자지급 조건으로 대출받은 경우, 3개월마다 지불해야 하는 이자는 얼마인가?

Solution

$$3,000,000 \times \frac{0.0808}{4} = 60,600\text{원}$$

Example

은행에서 500,000원을 연이율 12%로 매일 이자지급 조건으로 대출받은 경우, 매일마다 지불해야 하는 이자는 얼마인가?

Solution

$$500,000 \times \frac{0.12}{365} = 164\text{원}$$

Suppose that x is a rate of interest with continuous compounding and y is the equivalent rate with compounding m times per annum.

$$Ae^{xn} = A\left(1+\frac{y}{m}\right)^{mn}$$

This means that

$$x = m\ln\left(1+\frac{y}{m}\right)$$

and

$$y = m\left(e^{\frac{x}{m}}-1\right)$$

Example

What rate of interest with continuous compounding is equivalent to 15% per annum with monthly compounding?

Solution

$$12\ln\left(1+\frac{0.15}{12}\right) = 0.1491$$

The equivalent rate with continuous compounding is 14.91% per annum.

Example

What rate of interest with continuous compounding is equivalent to 10% per annum with semiannually compounding?

Solution

$$2\ln\left(1+\frac{0.1}{2}\right) = 0.0976$$

The equivalent rate with continuous compounding is 9.76% per annum.

Example

Suppose that a lender quotes the interest rate on loans as 8% per annum with continuous compounding and that interest is actually paid quarterly.
How much interest will be paid each quarter on $30,000 loan?

Solution

$$4\left(e^{0.02}-1\right)=0.0808$$

or 8.08% per annum.

Interest payments of $606 would be required each quarter.

$$606=30{,}000\times\frac{0.0808}{4}$$

Example

Suppose that a lender quotes the interest rate on loans as 12% per annum with continuous compounding and that interest is actually paid monthly.
How much interest will be paid each month on 500,000 won loan?

Solution

$$12\left(e^{0.01}-1\right)=0.1206$$

or 12.06% per annum.

$$500{,}000\times\frac{0.1206}{12}=5{,}025$$

Interest payments of 5,025 won would be required each month.

Put-Call Parity

풋-콜 패리티는 동일한 기초자산에 대해 동일한 행사가격과 동일한 만기를 갖는 풋옵션가격과 콜옵션가격 사이의 균형관계이다. 만기와 행사가격이 동일한 풋옵션과 콜옵션 가격 사이에는 일정한 등가관계가 성립하는 것을 나타낸다.

It shows that the value of a European call can be deduced from the value of a European put, and vice versa.

Suppose we have a portfolio where we purchase one share of stock, one put option, and sell one call option.

The payoffs from the portfolio in either state are listed below.

If $S < X$		If $S \geq X$	
1) You hold the stock	S	1) You hold the stock	S
2) The call option is worthless	0	2) The call option is worth	$-(S-X)$
3) The put option is worth	$X-S$	3) The put option is worthless	0
Your net position is	X	Your net position is	X

No matter what state of the world obtains at maturity, the portfolio will be worth X. Consequently, the payoff from the portfolio is completely risk-free, and we can discount its value at the risk-free rate.

Using discrete discounting, this is

$$S_0 + p - c = \frac{X}{1+r_f}$$

where S_0: current stock price

p : value of European put option

c : value of European call option

X : strike price of option

Cf.

$$S_0 + p = c + \frac{X}{1+r_f}$$

주식보유＋풋보유＝콜보유＋채권보유

Example

Assuming that the put-call parity holds, calculate the value of a put option using the following information.

Stock price: \$50

Call price: \$8

Exercise price: \$45

Risk-free rate: 5%

Solution

$$S_0 + p - c = \frac{X}{1 + r_f}$$

$$50 + p - 8 = \frac{45}{1.05}$$

$$p = \$0.86$$

Example

Assuming that the put-call parity holds, calculate the value of a put option using the following information.

Stock price: 50,000 won

Call price: 8,000 won

Exercise price: 45,000 won

Risk-free rate: 5%

Solution

$$S_0 + p - c = \frac{X}{1 + r_f}$$

$$50000 + p - 8000 = \frac{45000}{1.05}$$

$$p = 857$$

Example

Assuming that the put-call parity holds, calculate the value of a put option using the following information.

Stock price: 25,000 won

Call price: 4,000 won

Exercise price: 22,500 won

Risk-free rate: 5%

Solution

$$S_0 + p - c = \frac{X}{1+r_f}$$

$$25{,}000 + p - 4{,}000 = \frac{22{,}500}{1.05}$$

$$p = 429$$

Example

Assuming that the put-call parity holds, calculate the value of a call option using the following information.

Stock price: 30,000 won

Put price: 5,000 won

Exercise price: 28,000 won

Risk-free rate: 5%

Solution

$$S_0 + p - c = \frac{X}{1+r_f}$$

$$30{,}000 + 5{,}000 - c = \frac{28{,}000}{1.05}$$

$$c = 8{,}333$$

Example

IBM사의 현재 주가가 100달러인데, 만기가 1년이고 행사가격이 99달러인 콜옵션이 15달러에 거래된다면, 풋옵션의 가격은 얼마인가? 단, 무위험이자율은 10%라 가정하자.

Solution

$$S_0 + p - c = \frac{X}{1 + r_f}$$

$$100 + p - 15 = \frac{99}{1.1}$$

$$p = 5$$

Continuous compounding formula

Continuous compounding formula for put-call parity is

$$S_0 + p - c = Xe^{-r_f T}$$

If put-call parity does not hold, there are arbitrage opportunities.

Example

Assuming that the put-call parity holds, calculate the value of a call option using the following information.

Stock price: 30,000 won

Put price: 5,000 won

Exercise price: 28,000 won

Risk-free rate: 5% per year with continuous compounding

Solution

$$S_0 + p - c = Xe^{-r_f T}$$

$$30{,}000 + 5{,}000 - c = 28{,}000e^{-0.05}$$

$$c = 8{,}366$$

Example

Assuming that the put-call parity holds, calculate the value of a put option using the following information.

Stock price : 30,000 won

Call price : 5,000 won

Exercise price : 28,000 won

Risk-free rate : 5% per year with continuous compounding

Solution

$S_0 + p - c = Xe^{-r_f T}$

$30{,}000 + p - 5{,}000 = 28{,}000e^{-0.05}$

$p = 1{,}634$

Example

Suppose you confront these data for a certain stock:

Stock price : $110

Call price (six-month maturity, X=$105) : $17

Put price (six-month maturity, X=$105) : $5

Risk-free rate : 10.25% per year with discrete compounding.

Explain the arbitrage strategy and the arbitrage profits.

Solution

$$c+\frac{X}{(1+r_f)^T}=S_0+p$$

$$c+\frac{X}{(1+r_f)^T}=17+\frac{105}{1.1025^{0.5}}=17+100=117$$

$$S_0+p=110+5=115$$

You buy the relatively cheap portfolio, and sell the relatively expensive portfolio.

If you buy the stock, buy the put, write the call, and borrow $100 for six months, you should earn arbitrage profits.

Borrowing money is the opposite of buying a bond.

Position	Immediate cash flow
Buy stock	−110
Borrow $\frac{105}{1.1025^{0.5}}$	100
Sell call	17
Buy put	−5
Total	2

Position	Cash flow in six months:	
	If $S_T<105$:	If $S_T\ge 105$:
Buy stock	S_T	S_T
Borrow $\frac{105}{1.1025^{0.5}}$	-105	-105
Sell call	0	$-(S_T-105)$
Buy put	$105-S_T$	0
Total	0	0

Example

Suppose you confront these data for a certain stock:

Stock price : \$110

Call price (six-month maturity, X=\$105) : \$17

Put price (six-month maturity, X=\$105) : \$9

Risk-free rate : 10.25% per year with discrete compounding.

Explain the arbitrage strategy and the arbitrage profits.

Solution

$$c + \frac{X}{(1+r_f)^T} = S_0 + p$$

$$c + \frac{X}{(1+r_f)^T} = 17 + \frac{105}{1.1025^{0.5}} = 17 + 100 = 117$$

$$S_0 + p = 110 + 9 = 119$$

You buy the relatively cheap portfolio, and sell the relatively expensive portfolio.

If you sell the stock, write the put, buy the call, and lend \$100 for six months, you should earn arbitrage profits.

Position	Immediate cash flow
Sell stock	110
Lend $\frac{105}{1.1025^{0.5}}$	−100
Buy call	−17
Sell put	9
Total	2

Position	Cash flow in six months:	
	If $S_T < 105$:	If $S_T \geq 105$:
Sell stock	$-S_T$	$-S_T$
Lend $\frac{105}{1.1025^{0.5}}$	105	105
Buy call	0	$(S_T - 105)$
Sell put	$-(105 - S_T)$	0
Total	0	0

Example

IBM사의 현재 주가가 100달러인데, 만기가 1년이고 행사가격이 99달러인 콜옵션이 15달러에 거래되고, 풋옵션이 8달러에 거래된다. 무위험이자율은 10%이다. 차익거래 전략을 설명하고, 차익거래이익을 구하라.

Solution

$$c+\frac{X}{(1+r_f)^T}=S_0+p$$

$$c+\frac{X}{(1+r_f)^T}=15+\frac{99}{1.1}=105$$

$$S_0+p=100+8=108$$

You buy the relatively cheap portfolio, and sell the relatively expensive portfolio.

If you sell the stock, write the put, buy the call, and lend $90, you should earn arbitrage profits.

Position	Immediate cash flow
Buy call	−15
Lend $\frac{99}{1.1}$	−90
Sell stock	100
Sell put	8
Total	3

Position	Cash flow in 1 year:	
	If $S_T<99$:	If $S_T\geq 99$:
Buy call	0	(S_T-99)
Lend $\frac{99}{1.1}$	99	99
Sell stock	$-S_T$	$-S_T$
Sell put	$-(99-S_T)$	0
Total	0	0

Example

IBM사의 현재 주가가 100달러인데, 만기가 1년이고 행사가격이 99달러인 콜옵션이 15달러에 거래되고, 풋옵션이 3달러에 거래된다. 무위험이자율은 10%이다. 차익거래 전략을 설명하고, 차익거래이익을 구하라.

Solution

$$c+\frac{X}{(1+r_f)^T}=S_0+p$$

$$c+\frac{X}{(1+r_f)^T}=15+\frac{99}{1.1}=105$$

$$S_0+p=100+3=103$$

You buy the relatively cheap portfolio, and sell the relatively expensive portfolio.

If you buy the stock, buy the put, write the call, and borrow $90, you should earn arbitrage profits.

Position	Immediate cash flow
Sell call	15
Borrow $\frac{99}{1.1}$	90
Buy stock	-100
Buy put	-3
Total	2

Position	Cash flow in 1 year:	
	$S_T<99$	$99\le S_T$
Sell call	0	$-(S_T-99)$
Borrow $\frac{99}{1.1}$	-99	-99
Buy stock	S_T	S_T
Buy put	$(99-S_T)$	0
Total	0	0

Example

Suppose that the stock price is \$31, the exercise price is \$30, the risk-free rate is 10% per annum with continuous compounding, the price of a three-month European call option is \$3, and the price of a three-month European put option is \$2.25.

Explain the arbitrage strategy and the arbitrage profits.

Solution

$$c + Xe^{-r_f T} = 3 + 30e^{-0.025} = 32.26$$

$$p + S_0 = 2.25 + 31 = 33.25$$

Portfolio Y is overpriced relative to portfolio X.

The arbitrage strategy is to buy the securities in portfolio X and short the securities in portfolio Y.

Position	Immediate cash flow
Sell stock	31
Lend $30e^{-0.025}$	−29.26
Buy call	−3
Sell put	2.25
Total	0.99

Position	Cash flow in six months:	
	If $S_T < 30$:	If $S_T \geq 30$:
Sell stock	$-S_T$	$-S_T$
Lend $30e^{-0.025}$	30	30
Buy call	0	$(S_T - 30)$
Sell put	$-(30 - S_T)$	0
Total	0	0

Example

$$c + Xe^{-r_f T} = p + S_0$$

Suppose that the stock price is \$31, the exercise price is \$30, the risk-free rate is 10% per annum, the price of a three-month European call option is \$3, and the price of a three-month European put option is \$1.

$$c + Xe^{-r_f T} = 3 + 30e^{-0.025} = 32.26$$

$$p + S_0 = 1 + 31 = 32.00$$

Portfolio X is overpriced relative to portfolio Y.
The arbitrage strategy is to short the securities in portfolio X and buy the securities in portfolio Y.

Position	Immediate cash flow
Buy stock	−31
Borrow $30e^{-0.025}$	29.26
Sell call	3
Buy put	−1
Total	0.26

Position	Cash flow in six months:	
	If $S_T < 30$:	If $S_T \geq 30$:
Buy stock	S_T	S_T
Borrow $30e^{-0.025}$	-30	-30
Sell call	0	$-(S_T - 30)$
Buy put	$(30 - S_T)$	0
Total	0	0

Example

Portfolio X:

one European call option plus an amount of cash equal to $Xe^{-r_f T}$

Portfolio Y:

one European put option plus one share

$$c + Xe^{-r_f T} = p + S_0$$

Suppose that the stock price is \$31, the exercise price is \$30, the risk-free rate is 10% per annum, the price of a three-month European call option is \$3, and the price of a three-month European put option is \$2.25.

$$c + Xe^{-r_f T} = 3 + 30e^{-0.025} = 32.26$$

$$p + S_0 = 2.25 + 31 = 33.25$$

Portfolio Y is overpriced relative to portfolio X.

The arbitrage strategy is to buy the securities in portfolio X and short the securities in portfolio Y.

This involves buying the call and shorting both the put and the stock.

The strategy generates a positive cash flow of

$-3 + 2.25 + 31 = 30.25$ at time zero.

When invested at the risk-free rate, this grows to

$30.25e^{0.025} = 31.02$ in three months.

If $S_T \geq X$, the call will be exercised.

If $S_T < X$, the put will be exercised.

The net profit is $31.02 - 30.00 = 1.02$.

Example

Portfolio X:

one European call option plus an amount of cash equal to $Xe^{-r_f T}$

Portfolio Y:

one European put option plus one share

$$c + Xe^{-r_f T} = p + S_0$$

Suppose that the stock price is \$31, the exercise price is \$30, the risk-free rate is 10% per annum, the price of a three-month European call option is \$3, and the price of a three-month European put option is \$1.

$$c + Xe^{-r_f T} = 3 + 30e^{-0.025} = 32.26$$

$$p + S_0 = 1 + 31 = 32.00$$

Portfolio X is overpriced relative to portfolio Y.

The arbitrage strategy is to short the securities in portfolio X and buy the securities in portfolio Y.

This involves shorting the call and buying both the put and the stock.

The strategy involves an initial investment of

$1 + 31 - 3 = 29$ at time zero.

When financed at the risk-free rate, a repayment of

$29e^{0.025} = 29.73$ is required at the end of the three months.

If $S_T \geq X$, the call will be exercised.

If $S_T < X$, the put will be exercised.

The net profit is $30.00 - 29.73 = 0.27$.

Upper Bound for European Call Option

Position	Present Cash flow	Future Cash flow	
		$S_T < X$	$S_T \geq X$
Buy Stock	$-S_0$	S_T	S_T
Buy Call	$-c$	0	$(S_T - X)$

$-S_0 \leq -c$

The stock price is an upper bound to the option price:

$c \leq S_0$

where S_0 : current stock price

c : value of European call option to buy one share

If this relationship does not hold, an arbitrageur can easily make a risk-less profit by buying the stock and selling the call option.

Example

Suppose that $S_0 = \$20, X = \$18, T = 1year$, and $c = \$23$.

Explain the arbitrage strategy and the arbitrage profits.

Position	Immediate cash flow
Buy stock	−20
Sell call	23
Total	3

Position	Cash flow in 1 year:	
	If $S_T < 18$:	If $S_T \geq 18$:
Buy stock	S_T	S_T
Sell call	0	$-(S_T - 18)$
Total	S_T	18

Lower Bound for European Calls

$$c \geq Max(S_0 - \frac{X}{1+r}, 0)$$

Position	Present Cash flow	Future Cash flow	
		$S_T < X$	$S_T \geq X$
Buy Call	$-c$	0	$S_T - X$
Buy Bonds	$-\frac{X}{1+r}$	X	X
Total	$-c-\frac{X}{1+r}$	X	S_T
Buy Stock	$-S_0$	S_T	S_T

$$-c - \frac{X}{1+r} \leq -S_0$$

$$c + \frac{X}{1+r} \geq S_0$$

$$c + Ke^{-rT} \geq S_0$$

Position	Present Cash flow	Future Cash flow	
		$S_T < K$	$S_T \geq K$
Buy Call	$-c$	0	$(S_T - K)$
Buy Bonds	$-Ke^{-rT}$	K	K
Total	$-c-Ke^{-rT}$	K	S_T
Buy Stock	$-S_0$	S_T	S_T

$$c \geq Max(S_0 - Xe^{-r_f T}, 0)$$

$$\frac{1}{1.1} = 0.909$$

$$\frac{1}{e^{0.1}} = 0.905$$

Example

Suppose that $S_0 = \$20, K = \$18, r_f = 10\%, and \ \ T = 1year$.

$S_0 - Ke^{-r_f T} = 3.71$

Consider the situation where the European call price is \$3.

Position	Present Cash flow	Future Cash flow	
		$S_T < 18$	$S_T \geq 18$
Buy Call	-3	0	$(S_T - 18)$
Buy Bonds	$-18e^{-0.1}$	18	18
Sell Stock	20	$-S_T$	$-S_T$
Total	0.71	$18 - S_T$	0

Position	Cash flow at time T:	
	If $S_T < X$:	If $S_T \geq X$:
Buy call	0	$(S_T - X)$
Invest $Xe^{-r_f T}$	X	X
Total	X	S_T

$$Max(S_T, X)$$

Portfolio A : one European call option plus an amount of cash equal to $Xe^{-r_f T}$

Portfolio B : one share

$c + Xe^{-r_f T} \geq S_0$

Example

Suppose that $S_0 = \$20, X = \$18, r_f = 10\%, and \ T = 1 year$.

$S_0 - Xe^{-r_f T} = 3.71$

Consider the situation where the European call price is $3.
An arbitrageur can buy the call and short the stock.
This provides a cash flow of
$20 - 3 = 17$.

Position	Immediate cash flow
Buy call	-3
Sell stock	20
Invest the proceeds	-17
Total	0

Position	Cash flow in 1 year:	
	If $S_T < 18$:	If $S_T \geq 18$:
Buy call	0	$(S_T - 18)$
Sell stock	$-S_T$	$-S_T$
Invest the proceeds	$17e^{0.1} = 18.79$	$17e^{0.1} = 18.79$
Total	$-S_T + 18.79$	0.79

Upper Bound for European put

Position	Present Cashflow	Future Cashflow	
		$S_T < X$	$X \le S_T$
Buy Bonds	$-Xe^{-r_f T}$	X	X
Buy Put	$-p$	$(X-S_T)$	0

$p \le Xe^{-r_f T}$

where p : value of European put option to sell one share

X : strike price of option

If this were not true, an arbitrageur could make a risk-less profit by selling the option and investing the proceeds of the sale at the risk-free interest rate.

Example

Suppose that $K = \$18$, $r_f = 10\%$, $T = 1year$, and $p = \$17$.

$Ke^{-r_f T} = 16.29$

Position	Present Cashflow	Future Cashflow	
		$S_T < 18$	$18 \le S_T$
Buy Bonds	$-18e^{-0.1}$	18	18
Buy Put	17	$-(18-S_T)$	0
Total	0.71	S_T	18

Example

Suppose that $X = \$18$, $r_f = 10\%$, $T = 1year$, and $p = \$17$.

$Xe^{-r_f T} = 16.29$

Position	Immediate cash flow
Sell put	17
Invest the proceeds	−17
Total	0

Position	Cash flow in 1 year	
	If $S_T < 18$	If $S_T \geq 18$
Sell put	$-(18 - S_T)$	0
Invest the proceeds	18.79	18.79
Total	$S_t + 0.79$	18.79

Example

Suppose that $X = \$18$, $r_f = 10\%$, $T = 1year$, and $p = \$23$.

Position	Immediate cash flow
Sell put	23
Invest the proceeds	−23
Total	0

Position	Cash flow in 1 year	
	If $S_T < 18$	If $S_T \geq 18$
Sell put	$-(18 - S_T)$	0
Invest the proceeds	25.42	25.42
Total	$S_t + 7.42$	25.42

Lower Bound for European Puts

$$p + S_0 \geq Xe^{-r_f T}$$

Position	Present Cashflow	Future Cashflow	
		$S_T < X$	$X \leq S_T$
Buy Put	$-p$	$(X - S_T)$	0
Buy Stock	$-S_0$	S_T	S_T
Total	$-p - S_0$	X	S_T
Buy Bonds	$-Xe^{r_f T}$	X	X

$$p \geq Max(Xe^{-r_f T} - S_0, 0)$$

Example

Suppose that $S_0 = \$37, X = \$40, r_f = 5\%$ per annum, *and* $T = 0.5 year$.

$$Xe^{-r_f T} - S_0 = 40e^{-0.05 \times 0.5} - 37 = 2.01$$

Consider the situation where the European put price is $1.

Position	Present Cashflow	Future Cashflow	
		$S_T < 40$	$40 \leq S_T$
Buy Put	-1	$(40 - S_T)$	0
Buy Stock	-37	S_T	S_T
Sell Bonds	$40e^{-0.05 \times 0.5}$	-40	-40
Total	1.01	0	$S_T - 40$

Position	Cash flow at time T :	
	If $S_T < X$:	If $S_T \geq X$:
Buy Put	$(X - S_T)$	0
Buy Stock	S_T	S_T
Total	X	S_T

$$Max(S_T, X)$$

Portfolio C : one European put option plus one share

Portfolio D : an amount of cash equal to $Xe^{-r_f T}$

$$p + S_0 \geq Xe^{-r_f T}$$

Example

Suppose that $S_0 = \$37, X = \$40, r_f = 5\%$ per annum, *and* $T = 0.5 year$.

$$Xe^{-r_f T} - S_0 = 40e^{-0.05\times0.5} - 37 = 2.01$$

Consider the situation where the European put price is \$1.

An arbitrageur can borrow \$38 for six months to buy both the put and the stock.

Position	Immediate cash flow
Buy Put	−1
Buy Stock	−37
Borrow \$38	38
Total	0

Position	Cash flow in 1 year	
	If $S_T < 40$:	If $S_T \geq 40$:
Buy Put	$(40 - S_T)$	0
Buy Stock	S_T	S_T
Borrow \$38	$-38e^{0.05\times0.5} = -38.96$	$-38e^{0.05\times0.5} = -38.96$
Total	1.04	$S_T - 38.96$

The Binomial Option Pricing Model

One-period Model

The binomial model assumes only two possible states of nature.

Consider a portfolio consisting of a long position in α shares of the stock and a short position in one call option.

The stock price can either move up from S_0 to a new level, uS_0, or down from S_0 to a new level, dS_0.

$(u > 1, d < 1)$

If the stock price moves up to uS_0, we suppose that the payoff from the option is c_u.

If the stock price moves down to dS_0, we suppose that the payoff from the option is c_d.

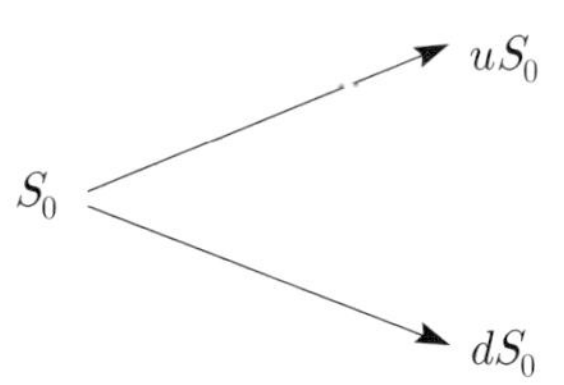

If there is an up movement in the stock price, the value of the portfolio at the end of the life of the option is

$\alpha \times uS_0 - c_u$.

If there is a down movement in the stock price, the value becomes

$\alpha \times dS_0 - c_d$.

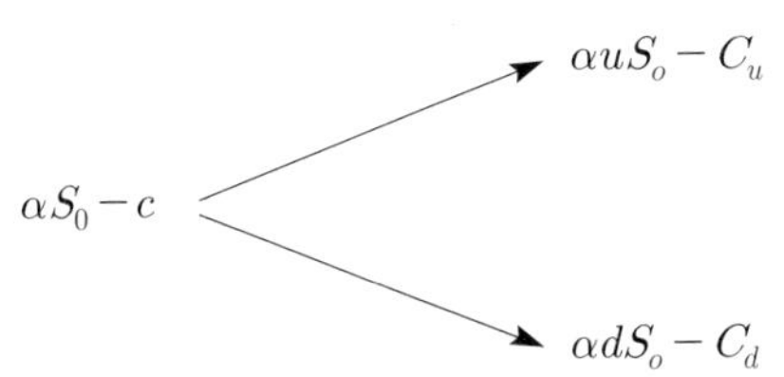

$$\alpha \times uS_0 - c_u = \alpha \times dS_0 - c_d$$

The portfolio is risk-less.

The value α which solves this equation, called the hedge ratio, is given by:

$$\alpha = \frac{c_u - c_d}{uS_0 - dS_0}$$

$$\alpha = \frac{c_u - c_d}{(u-d)S_0}$$

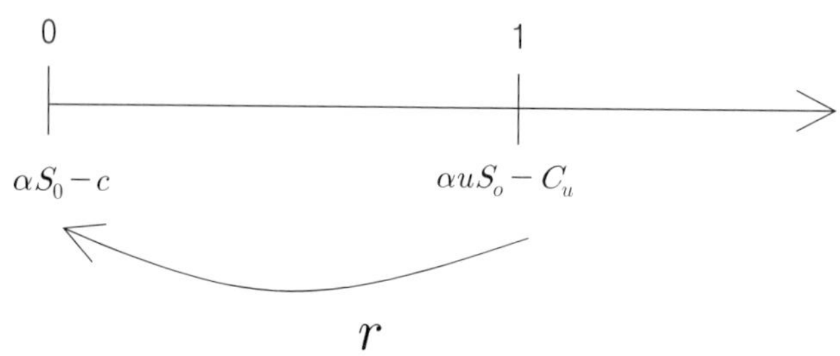

If we denote the risk-free interest rate by r, the present value of the portfolio is

$$\frac{\alpha \times uS_0 - c_u}{1+r}.$$

$$\frac{\alpha \times uS_0 - c_u}{1+r} = \alpha S_0 - c$$

$$c = \frac{\alpha(1+r)S_0 - \alpha \times uS_0 + c_u}{1+r}$$

$$= \frac{\frac{c_u - c_d}{u-d} \times (1+r) - \frac{c_u - c_d}{u-d} \times u + c_u}{1+r}$$

$$c = \frac{Pc_u + (1-P)c_d}{1+r}$$

where $P = \frac{1+r-d}{u-d}$

Example

Assume that the stock currently sells for \$100 and that $u = 1.5$ and $d = 0.75$.

The exercise price is assumed to be \$120 and the interest rate 10%.

The hedge ratio α is given by:

$$\alpha = \frac{c_u - c_d}{(u-d)S_0} = \frac{30-0}{(1.5-0.75)100} = 0.4$$

Thus, in order to create a hedged portfolio, we have to write one call and buy 0.4 shares of the underlying stock.

$$c = \frac{Pc_u + (1-P)c_d}{1+r} = 12.73$$

where $P = \dfrac{1+r-d}{u-d} = \dfrac{7}{15}$

Example

Suppose that there are only two possible states: in state 1 the stock price rises by 50% and in state 2 it drops by 25%. The current stock price is \$100, the exercise price of a call option written on this stock is \$105, and the risk-free rate for the period until expiration is 5%.

Find the optimal hedge ratio of an investor who wants to create a perfectly hedged portfolio by buying shares of the stock and writing a call option.

Solution

$u = 1.5$ and $d = 0.75$.

$$\alpha = \frac{c_u - c_d}{(u-d)S_0} = \frac{45-0}{(1.5-0.75)100} = 0.6$$

Example

Suppose that there are only two possible states: in state 1 the stock price rises by 50% and in state 2 it drops by 25%. The current stock price is \$100, the exercise price of a call option written on this stock is \$105, and the risk-free rate for the period until expiration is 5%.

Determine the value of the call.

Solution

$u = 1.5$ and $d = 0.75$.

$$P = \frac{1+r-d}{u-d} = \frac{1+0.05-0.75}{1.5-0.75} = 0.4$$

$$c = \frac{Pc_u + (1-P)c_d}{1+r} = \frac{0.4 \times 45}{1.05} = 17.1$$

Example

Suppose that there are only two possible states: in state 1 the stock price rises by 50% and in state 2 it drops by 25%. The current stock price is 10,000 won, the exercise price of a call option written on this stock is 10,500 won, and the risk-free rate for the period until expiration is 5%.

Determine the value of the call.

Example

Suppose that there are only two possible states: in state 1 the stock price rises by 25% and in state 2 it drops by 15%. The current stock price is \$170, the exercise price of a call option written on this stock is \$160, and the risk-free rate for the period until expiration is 5%.

1) Find the hedge ratio.

2) Determine the value of the call.

Solution

$u = 1.25$ and $d = 0.85$.

$uS_0 = 212.5$ and $dS_0 = 144.5$

1) $\alpha = \dfrac{c_u - c_d}{(u-d)S_0} = \dfrac{52.5}{(1.25-0.85)170} = 0.77$

2) $P = \dfrac{1+r-d}{u-d} = \dfrac{1+0.05-0.85}{1.25-0.85} = 0.5$

$$c = \frac{Pc_u + (1-P)c_d}{1+r} = \frac{0.5 \times 52.5}{1.05} = 25.0$$

Example

Suppose that there are only two possible states: in state 1 the stock price rises by 20% and in state 2 it drops by 10%. The current stock price is $170, the exercise price of a call option written on this stock is $160, and the risk-free rate for the period until expiration is 5%.

1) Find the hedge ratio.

2) Determine the value of the call.

Example

A stock price is currently 17,000 won. It is known that at the end of three months it will be either 21,250 won or 14,450 won. The exercise price of a call option written on this stock is 16,000 won, and the risk-free interest rate with quarterly compounding is 5% per annum.

1) Find the hedge ratio.

2) Determine the value of the call.

Solution

$u = 1.25$ and $d = 0.85$.

$uS_0 = 21{,}250$ and $dS_0 = 14{,}450$

1) $$\alpha = \frac{c_u - c_d}{(u-d)S_0} = \frac{5250}{(1.25-0.85)17000} = 0.77$$

2) $$P = \frac{1+r-d}{u-d} = \frac{1+0.05-0.85}{1.25-0.85} = 0.5$$

$$c = \frac{Pc_u + (1-P)c_d}{1+r} = \frac{0.5 \times 5{,}250}{1.05} = 2{,}500$$

Example

A stock price is currently 30,000 won. It is known that at the end of three months it will be either 34,500 won or 25,500 won. The exercise price of a call option written on this stock is 29,000 won, and the risk-free interest rate with quarterly compounding is 5% per annum.

1) Find the hedge ratio.

2) Determine the value of the call.

Solution

$u = 1.15$ and $d = 0.85$.

$uS_0 = 34{,}500$ and $dS_0 = 25{,}500$

$\alpha = 0.61$

$c = 3{,}495$

Example

서울기업의 주가는 현재 18,000원이며, 1년 후에 19,800원이 될 확률이 70%, 15,300원이 될 확률이 30%이다. 이 주식에 대해 행사가격이 19,000원인 1년 만기 콜옵션이 거래되고 있을 때, 주식 1주를 보유한 양순이는 위험을 헷지하기 위하여 몇 단위의 콜옵션을 매도해야 하는가?

Solution

$$\alpha = \frac{c_u - c_d}{(u-d)S_0}$$

$c_u = 800,\quad c_d = 0$

$u = 1.1,\quad d = 0.85$

$$\alpha = \frac{c_u - c_d}{(u-d)S_0} = \frac{800}{(1.1-0.85)18{,}000} = 0.178$$

$$\frac{1}{0.178} = 5.618$$

콜옵션 5.618단위를 매도한다.

Example

현재 현대자동차의 주가는 10,000원이고 1년 후 주가는 20,000원이 되거나 5,000원이 된다고 한다. 현재 이 주식에 대한 콜옵션이 거래되고 있는데, 행사가격은 12,500원이다. 무위험이자율이 8%일 때 다음 물음에 답하라.

1) 무위험포트폴리오를 만들기 위해 주식을 1주 사고 콜옵션을 몇 개 매도해야 하는가?
2) 콜옵션의 현재가치는 얼마인가?

Solution

1) $u = 2$ and $d = 0.5$.

$uS_0 = 20{,}000$ and $dS_0 = 5{,}000$

$$\alpha = \frac{c_u - c_d}{(u-d)S_0} = \frac{7{,}500}{(2-0.5)10{,}000} = \frac{1}{2}$$

콜옵션 2개를 매도한다.

2) $$\frac{0.5 \times 20{,}000 - 7{,}500}{1+0.08} = 0.5 \times 10{,}000 - c$$

$c = 2{,}685$

콜옵션의 현재가치는 2,685원이다.

Example

주식가격이 10만원이고 1년 후 주식가격은 14만원이 되거나 8만원이 된다고 한다. 현재 이 주식에 대한 콜옵션이 거래되고 있는데, 행사가격은 12만원이다. 무위험이자율이 10%일 때 다음 물음에 답하라.

1) 무위험포트폴리오를 만들기 위해 주식을 1주 사고 콜옵션을 몇 개 매도해야 하는가?
2) 콜옵션의 현재가치는 얼마인가?

Solution

1) $u = 1.4$ and $d = 0.8$.

$uS_0 = 14$ and $dS_0 = 8$

$$\alpha = \frac{c_u - c_d}{(u-d)S_0} = \frac{2}{(1.4-0.8)10} = \frac{1}{3}$$

콜옵션 3개를 매도한다.

2) $$\frac{\alpha \times uS_0 - c_u}{1+r} = \alpha S_0 - c$$

$$\frac{\frac{1}{3}\times 1.4 \times 10 - 2}{1.1} = \frac{1}{3}\times 10 - c$$

$c = 0.91$

콜옵션의 현재가치는 9,100원이다.

Example

현재 현대자동차의 주가는 10,000원이고 1년 후 주가는 20,000원이 되거나 5,000원이 된다고 한다. 현재 이 주식에 대한 콜옵션이 거래되고 있는데, 행사가격은 12,500만원이다. 무위험이자율이 연속복리로 8%일 때, 콜옵션의 현재가치는 얼마인가?.

Solution

$u = 2$ and $d = 0.5$.

$uS_0 = 20{,}000$ and $dS_0 = 5{,}000$

$$\alpha = \frac{c_u - c_d}{(u-d)S_0} = \frac{7{,}500}{(2-0.5)10{,}000} = \frac{1}{2}$$

$$\frac{0.5 \times 20{,}000 - 7{,}500}{e^{0.08}} = 0.5 \times 10{,}000 - c$$

$c = 2{,}692$

콜옵션의 현재가치는 2,692원이다.

One-period model with continuous compounding

If we denote the risk-free interest rate by r, the present value of the portfolio is $(\alpha \times uS_0 - c_u)e^{-rT}$.

$$(\alpha \times uS_0 - c_u)e^{-rT} = \alpha S_0 - c$$

$$c = \alpha S_0 - (\alpha \times uS_0 - c_u)e^{-rT}$$

$$c = e^{-rT}\left[Pc_u + (1-P)c_d\right]$$

where $P = \dfrac{e^{rT} - d}{u - d}$

Example

A stock price is currently 17,000 won. It is known that at the end of three months it will be either 14,450 won or 21,250 won. The risk-free interest rate is 5% per annum with continuous compounding. What is the value of a three-month European call option with a strike price of 16,000 won?

Solution

$$c = e^{-rT}\left[Pc_u + (1-P)c_d\right]$$

where $P = \dfrac{e^{rT} - d}{u - d}$

$$P = \frac{e^{0.05\times0.25} - 0.85}{1.25 - 0.85} = 0.41$$

$$c = e^{-0.05\times0.25}\left[0.41 \times 5{,}250\right] = 2{,}126$$

Example

A stock price is currently 40,000 won. It is known that at the end of three months it will be either 45,000 won or 35,000 won. The risk-free interest rate is 8% per annum with continuous compounding. What is the value of a three-month European put option with a strike price of 40,000 won?

Solution

$$p = e^{-rT}\left[Pp_u + (1-P)p_d\right]$$

where $P = \dfrac{e^{rT} - d}{u - d}$

$$P = \frac{e^{0.08\times0.25} - 0.875}{1.125 - 0.875} = 0.581$$

$$p = e^{-0.08\times0.25} \times 0.419 \times 5{,}000 = 2{,}054$$

Risk–neutral valuation

The option pricing formula does not involve the probabilities of the stock price moving up or down. For example, we get the same option price when the probability of an upward movement is 0.3 as we do when it is 0.8.

The probabilities of future up or down movements are already incorporated into the price of the stock.

The expected stock price at time T is given by

$$E(S_T) = P_u uS_0 + (1 - P_u)dS_0$$

The probability of an up movement is assumed to be P.

$$E(S_T) = PuS_0 + (1 - P)dS_0$$

$$P = \frac{e^{rT} - d}{u - d}$$

$$E(S_T) = S_0 e^{rT}$$

The stock price grows, on average, at the risk-free rate.

Setting the probability of the up movement equal to P is equivalent to assuming that the return on the stock equals the risk-free rate.

The variables P and $(1 - P)$ can be interpreted as the risk-neutral probabilities of up and down movements.

The value of a derivative is its expected payoff in a risk-neutral world discounted at the risk-free rate.

In a risk-neutral world all individuals are indifferent to risk. They require no compensation for risk, and the expected return on all securities is the risk-free interest rate.

Two-period Case

$$c_u = \frac{Pc_{uu} + (1-P)c_{ud}}{1+r}$$

$$c_d = \frac{Pc_{ud} + (1-P)c_{dd}}{1+r}$$

$$c = \frac{Pc_u + (1-P)c_d}{1+r}$$

$$c = \frac{P^2 c_{uu} + 2P(1-P)c_{ud} + (1-P)^2 c_{dd}}{(1+r)^2}$$

Example

Assume a two-period binomial model.

Suppose that there are only two possible states: in state 1 the stock price rises by 50% and in state 2 it drops by 25%. The current stock price is \$100, the exercise price of a call option written on this stock is \$120, and the risk-free rate is 10% per period. Calculate the equilibrium call price.

Solution

$u = 1.5$ and $d = 0.75$.

$$P = \frac{1+r-d}{u-d} = \frac{7}{15}$$

$$c = \frac{P^2 c_{uu} + 2P(1-P)c_{ud} + (1-P)^2 c_{dd}}{(1+r)^2}$$

$$= \frac{\left(\frac{7}{15}\right)^2 105}{1.1^2} = 18.898$$

Example

Assume a two-period binomial model.

Suppose that there are only two possible states: in state 1 the stock price rises by 50% and in state 2 it drops by 25%. The current stock price is 20,000 won, the exercise price of a call option written on this stock is 24,000 won, and the risk-free rate is 10% per period.

Calculate the equilibrium call price.

Two–period case with continuous compounding

We suppose that the length of the time step is Δt years.

$$c = e^{-r\Delta t}\left[Pc_u + (1-P)c_d\right]$$

$$c_u = e^{-r\Delta t}\left[Pc_{uu} + (1-P)c_{ud}\right]$$

$$c_d = e^{-r\Delta t}\left[Pc_{ud} + (1-P)c_{dd}\right]$$

$$c = e^{-2r\Delta t}\left[P^2 c_{uu} + +2P(1-P)c_{ud} + (1-P)^2 c_{dd}\right]$$

Example

A stock price is currently \$100. Over each of the next two six-month periods it is expected to go up by 10% or down by 10%. The risk-free interest rate is 8% per annum with continuous compounding. What is the value of a one-year European call option with a strike price of \$100?

Solution

$$P = \frac{e^{rT} - d}{u-d} = \frac{e^{0.08\times 0.5} - 0.9}{1.1 - 0.9} = 0.7041$$

$$c = e^{-2r\Delta t}\left[P^2 c_{uu} + +2P(1-P)c_{ud} + (1-P)^2 c_{dd}\right]$$

$$= e^{-2\times 0.08\times 0.5}\left[0.7041^2 \times 21\right] = 9.61$$

Example

A stock price is currently 30,000 won. Over each of the next two six-month periods it is expected to go up by 10% or down by 10%. The risk-free interest rate is 8% per annum with continuous compounding. What is the value of a one-year European call option with a strike price of 30,000 won?

Solution

$$P = \frac{e^{rT} - d}{u - d} = \frac{e^{0.08\times0.5} - 0.9}{1.1 - 0.9} = 0.7041$$

Example

A stock price is currently 50,000 won. Over each of the next two three-month periods it is expected to go up by 20% or down by 20%. The risk-free interest rate is 10% per annum with continuous compounding. What is the value of a six-month European call option with a strike price of 50,000 won?

Solution

$$P = \frac{e^{r\Delta t} - d}{u - d} = \frac{e^{0.1\times0.25} - 0.8}{1.2 - 0.8} = 0.56$$

Example

A stock price is currently \$100. Over each of the next two six-month periods it is expected to go up by 10% or down by 10%. The risk-free interest rate is 8% per annum with continuous compounding. What is the value of a one-year European put option with a strike price of \$100?

Solution

$$P = \frac{e^{rT} - d}{u - d} = \frac{e^{0.08\times0.5} - 0.9}{1.1 - 0.9} = 0.7041$$

$$p = e^{-2r\Delta t}\left[P^2 p_{uu} + +2P(1-P)p_{ud} + (1-P)^2 p_{dd}\right]$$

$$= e^{-2\times0.08\times0.5}\left[2\times0.7041\times0.2959\times1 + 0.2959^2\times19\right] = 1.92$$

Example

A stock price is currently 30,000 won. Over each of the next two six-month periods it is expected to go up by 10% or down by 10%. The risk-free interest rate is 8% per annum with continuous compounding. What is the value of a one-year European put option with a strike price of 30,000 won?

Example

Explain how the exact value for the American put is obtained.

Solution

Suppose that the life of an American put option is divided into N subintervals of length Δt.

We will refer to the jth node at time $i\Delta t$ as the (i, j) node.

Define f_{ij} as the value of the option at the (i, j) node.

The stock price at the (i, j) node is $S_0 u^j d^{i-j}$.

Assuming no early exercise, risk-neutral valuation gives

$$f_{ij} = e^{-r\Delta t}\left[Pf_{i+1,j+1} + (1-P)f_{i+1,j}\right]$$

When early exercise is taken into account, this value must be compared with the option's intrinsic value, and we obtain

$$f_{ij} = Max\{X - S_0 u^j d^{i-j}, e^{-r\Delta t}\left[Pf_{i+1,j+1} + (1-P)f_{i+1,j}\right]\}$$

In the limit as Δt tends to zero, the exact value for the American put is obtained.

In practice, $N = 30$ usually gives reasonable results.

Example

앞으로 3개월 후 100만 달러의 수입대금을 결제해야 하는 수입업자의 경우, 장차 환율이 상승하여 결제해야 할 원화대금이 커질 것을 걱정하여 달러화에 대한 콜옵션을 매수하기로 결정했다. 현재 시장 상황은 원-달러 현물환율이 $1=₩1,200 이고, 3개월 만기 1,200원 달러 콜옵션은 10원일 때, 만기시점의 환율변화에 대한 콜옵션을 이용한 매수헤지의 손익을 설명하라.

Solution

3개월 후 현물환율이 1,200원을 유지할 경우 달러당 10원의 손실이 발생한다. 환율이 1,200원 이상으로 상승하는 경우에도 옵션에서의 이익과 현물에서의 손실이 상쇄되어 전체 손실은 10원으로 고정된다. 원-달러 환율이 1,190원 이하로 떨어질 경우, 옵션에서의 손실은 옵션프리미엄 10원으로 고정되지만 현물포지션에서 이익이 증가하므로 전체적으로는 이익을 얻을 수 있다. 콜옵션을 통한 매수헤지는 최대손실을 일정범위 내에서 통제하는 환리스크 관리기법이다.

Random Walk

Consider a random walk,

$$y_t = y_{t-1} + \epsilon_t,$$

where $\epsilon_t \sim i.i.d\, N(0,1)$

The standard normal distribution has zero mean and unit variance.

If the process is started with $y_0 = 0$, then

$$y_t = \varepsilon_1 + \varepsilon_2 + \cdots + \varepsilon_t$$

$$y_t \sim N(0,t)$$

$$y_b - y_a = \varepsilon_{a+1} + \varepsilon_{a+2} + \cdots + \varepsilon_b$$

$$(y_b - y_a) \sim N(0,(b-a))$$

$$y_t - y_{t-1} = \varepsilon_t,$$

where $\varepsilon_t \sim i.i.d\ N(0,1)$

We could imagine partitioning the change between $(t-1)$ and t into 2 separate subperiods:

$$y_t - y_{t-1} = \varepsilon_{1t} + \varepsilon_{2t},$$

where $\varepsilon_{1t} \sim i.i.d\ N\left(0,\frac{1}{2}\right)$

$\varepsilon_{2t} \sim i.i.d\ N\left(0,\frac{1}{2}\right)$

We could imagine partitioning the change between $(t-1)$ and t into n separate subperiods:

$$y_t - y_{t-1} = \epsilon_{1t} + \cdots + \epsilon_{nt},$$

where $\epsilon_{1t} \sim i.i.d\, N\left(0,\frac{1}{n}\right)$

$\vdots$

$$\epsilon_{nt} \sim i.i.d\, N\left(0, \frac{1}{n}\right)$$

The limit as $n \to \infty$ is a continuous-time process known as Brownian motion.

Example

Find the probability distribution of $(S_9 - S_2)$ when S_t follows a random walk.

Solution

$S_t = S_{t-1} + \varepsilon_t$,

where $\varepsilon_t \sim i.i.d\ N(0,1)$

$$S_9 - S_2 = \varepsilon_3 + \varepsilon_4 + \cdots + \varepsilon_9$$

$$(S_9 - S_2) \sim N(0,7)$$

Example

Find the probability distribution of $S_8 - S_3$ when S_t follows a random walk.

Example

Find the probability distribution of $(S_7 - S_3)$ when S_t follows a random walk.

Autoregression

The AR(1) is defined as

$y_t = \alpha + \beta y_{t-1} + u_t$

where $u_t \sim iid\, N(0, \sigma^2)$

When $\beta = 1$, the AR(1) process is said to have a unit root.

$y_t = \alpha + y_{t-1} + u_t$

which is called a random walk with drift.

The $AR(2)$ is defined as

$$y_t = \alpha + \beta_1 y_{t-1} + \beta_2 y_{t-2} + u_t.$$

If $y_t = \alpha + \beta y_{t-1} + u_t$, then

$$y_1 = \alpha + \beta y_0 + u_1$$

$$y_2 = \alpha + \beta y_1 + u_2 = \alpha(1+\beta) + (u_2 + \beta u_1) + \beta^2 y_0$$

$$y_3 = \alpha + \beta y_2 + u_3 = \alpha(1+\beta+\beta^2) + (u_3 + \beta u_2 + \beta^2 u_1) + \beta^3 y_0$$

$$\vdots$$

$$y_t = \alpha + \beta y_{t-1} + u_t = \alpha(1+\beta+\beta^2+\cdots) + (u_t + \beta u_{t-1} + \beta^2 u_{t-2} + \cdots) + \beta^t y_0$$

$$E(y_t) = \alpha(1+\beta+\beta^2+\cdots) = \frac{\alpha}{1-\beta}$$

where $|\beta| < 1$.

$$y_t - E(y_t) = u_t + \beta u_{t-1} + \beta^2 u_{t-2} + \cdots$$

$$Var(y_t) = E(u_t + \beta u_{t-1} + \beta^2 u_{t-2} + \cdots)^2$$

$$= E(u_t)^2 + \beta^2 E(u_{t-1})^2 + \beta^4 E(u_{t-2})^2 + \cdots$$

$$= \frac{\sigma^2}{1-\beta^2}$$

Autocorrrelated disturbances

The pairwise autocovariances are defined by

$$\gamma_s = E(u_t u_{t+s}) \qquad s = 0, \pm 1, \pm 2, \cdots$$

When $s = 0$, $\gamma_0 = E(u_t^2) = \sigma_u^2$

The autocorrelation coefficient at lag s is

$$\rho_s = \frac{Cov(u_t, u_{t+s})}{\sqrt{Var(u_t)\, Var(u_{t+s})}}$$

Given homoscedasticity, the expression reduces to

$$\rho_s = \frac{\gamma_s}{\gamma_0} \qquad s = 0, \pm 1, \pm 2, \cdots$$

$$Var(u) = \begin{pmatrix} \gamma_0 & \gamma_1 & \cdots & \gamma_{n-1} \\ \gamma_1 & \gamma_0 & \cdots & \gamma_{n-2} \\ \vdots & \vdots & \ddots & \vdots \\ \gamma_{n-1} & \gamma_{n-2} & \cdots & \gamma_0 \end{pmatrix} = \sigma_u^2 \begin{pmatrix} 1 & \rho_1 & \cdots & \rho_{n-1} \\ \rho_1 & 1 & \cdots & \rho_{n-2} \\ \vdots & \vdots & \ddots & \vdots \\ \rho_{n-1} & \rho_{n-2} & \cdots & 1 \end{pmatrix}$$

AR(1) process

$$u_t = \varphi u_{t-1} + \varepsilon_t$$

where ε_t is a white noise process.

$$E(u_t) = 0$$

$$Var(u_t) = \sigma_u^2 = \frac{\sigma_\varepsilon^2}{1 - \varphi^2}$$

The autocorrelation coefficients are

$$\varphi_s = \varphi^s \qquad s = 0, 1, 2, \cdots$$

$$u_t = \varepsilon_t + \varphi\varepsilon_{t-1} + \varphi^2\varepsilon_{t-2} + \cdots$$

The variance matrix of the disturbance vector is

$$Var(u) = \sigma_u^2 \begin{pmatrix} 1 & \rho & \cdots & \rho^{n-1} \\ \rho & 1 & \cdots & \rho^{n-2} \\ \vdots & \vdots & \ddots & \vdots \\ \rho^{n-1} & \rho^{n-2} & \cdots & 1 \end{pmatrix}$$

GLS Estimation

We assume that the specification is $y = X\beta + u$ and that we must allow for an autocorrelation structure.

$$Var(u) = \sigma_u^2 \begin{pmatrix} 1 & \rho & \cdots & \rho^{n-1} \\ \rho & 1 & \cdots & \rho^{n-2} \\ \vdots & \vdots & \ddots & \vdots \\ \rho^{n-1} & \rho^{n-2} & \cdots & 1 \end{pmatrix}$$

$$= \frac{\sigma_\varepsilon^2}{1-\varphi^2}\begin{pmatrix} 1 & \rho & \cdots & \rho^{n-1} \\ \rho & 1 & \cdots & \rho^{n-2} \\ \vdots & \vdots & \ddots & \vdots \\ \rho^{n-1} & \rho^{n-2} & \cdots & 1 \end{pmatrix}$$

$$= \sigma_\varepsilon^2 \Omega$$

$$\text{where} \quad \Omega = \frac{1}{1-\varphi^2}\begin{pmatrix} 1 & \rho & \cdots & \rho^{n-1} \\ \rho & 1 & \cdots & \rho^{n-2} \\ \vdots & \vdots & \ddots & \vdots \\ \rho^{n-1} & \rho^{n-2} & \cdots & 1 \end{pmatrix}$$

The inverse matrix is

$$\Omega^{-1} = \begin{pmatrix} 1 & -\varphi & 0 & \cdots & 0 & 0 & 0 \\ -\varphi & 1+\varphi^2 & -\varphi & \cdots & 0 & 0 & 0 \\ 0 & -\varphi & 1+\varphi^2 & \cdots & 0 & 0 & 0 \\ \vdots & \vdots & \vdots & \ddots & \vdots & \vdots & \vdots \\ 0 & 0 & 0 & \cdots & -\varphi & 1+\varphi^2 & -\varphi \\ 0 & 0 & 0 & \cdots & 0 & -\varphi & 1 \end{pmatrix}$$

$$P = \begin{pmatrix} \sqrt{1-\varphi^2} & 0 & 0 & \cdots & 0 & 0 \\ -\varphi & 1 & 0 & \cdots & 0 & 0 \\ 0 & -\varphi & 1 & \cdots & 0 & 0 \\ \vdots & \vdots & \vdots & \ddots & \vdots & \vdots \\ 0 & 0 & 0 & \cdots & 1 & 0 \\ 0 & 0 & 0 & \cdots & -\varphi & 1 \end{pmatrix}$$

$$y_* = \begin{pmatrix} \sqrt{1-\varphi^2}\, y_1 \\ y_2 - \varphi y_1 \\ \vdots \\ y_n - \varphi y_{n-1} \end{pmatrix}$$

$$X_* = \begin{pmatrix} \sqrt{1-\varphi^2} & \sqrt{1-\varphi^2}\, x_1 \\ 1-\varphi & x_2 - \varphi x_1 \\ \vdots & \vdots \\ 1-\varphi & x_n - \varphi x_{n-1} \end{pmatrix}$$

Example

$$\Omega = \frac{1}{1-\varphi^2}\begin{pmatrix} 1 & \varphi & \varphi^2 \\ \varphi & 1 & \varphi \\ \varphi^2 & \varphi & 1 \end{pmatrix}$$

$$\Omega^{-1}=\begin{pmatrix}1 & -\varphi & 0\\ -\varphi & 1+\varphi^2 & -\varphi\\ 0 & -\varphi & 1\end{pmatrix}$$

$$\Omega\Omega^{-1}=\frac{1}{1-\varphi^2}\begin{pmatrix}1 & \varphi & \varphi^2\\ \varphi & 1 & \varphi\\ \varphi^2 & \varphi & 1\end{pmatrix}\begin{pmatrix}1 & -\varphi & 0\\ -\varphi & 1+\varphi^2 & -\varphi\\ 0 & -\varphi & 1\end{pmatrix}=I$$

$$P=\begin{pmatrix}\sqrt{1-\varphi^2} & 0 & 0\\ -\varphi & 1 & 0\\ 0 & -\varphi & 1\end{pmatrix}$$

$$P'P=\begin{pmatrix}\sqrt{1-\varphi^2} & -\varphi & 0\\ 0 & 1 & -\varphi\\ 0 & 0 & 1\end{pmatrix}\begin{pmatrix}\sqrt{1-\varphi^2} & 0 & 0\\ -\varphi & 1 & 0\\ 0 & -\varphi & 1\end{pmatrix}=\Omega^{-1}$$

$$y_*=\begin{pmatrix}\sqrt{1-\varphi^2}\,y_1\\ y_2-\varphi y_1\\ y_3-\varphi y_2\end{pmatrix}$$

$$X_*=\begin{pmatrix}\sqrt{1-\varphi^2} & \sqrt{1-\varphi^2}\,x_1\\ 1-\varphi & x_2-\varphi x_1\\ 1-\varphi & x_3-\varphi x_2\end{pmatrix}$$

Example

$$\Omega=\frac{1}{1-\varphi^2}\begin{pmatrix}1 & \varphi & \varphi^2 & \varphi^3\\ \varphi & 1 & \varphi & \varphi^2\\ \varphi^2 & \varphi & 1 & \varphi\\ \varphi^3 & \varphi^2 & \varphi & 1\end{pmatrix}$$

$$\Omega^{-1}=\begin{pmatrix}1 & -\varphi & 0 & 0\\ -\varphi & 1+\varphi^2 & -\varphi & 0\\ 0 & -\varphi & 1+\varphi^2 & -\varphi\\ 0 & 0 & -\varphi & 1\end{pmatrix}$$

$$\Omega\Omega^{-1}=\frac{1}{1-\varphi^2}\begin{pmatrix}1 & \varphi & \varphi^2 & \varphi^3\\ \varphi & 1 & \varphi & \varphi^2\\ \varphi^2 & \varphi & 1 & \varphi\\ \varphi^3 & \varphi^2 & \varphi & 1\end{pmatrix}\begin{pmatrix}1 & -\varphi & 0 & 0\\ -\varphi & 1+\varphi^2 & -\varphi & 0\\ 0 & -\varphi & 1+\varphi^2 & -\varphi\\ 0 & 0 & -\varphi & 1\end{pmatrix}=I$$

The Markov property

Any variable whose value changes over time in an uncertain way is said to follow a stochastic process.

A Markov process is a particular type of stochastic process where only the present value of a variable is relevant for predicting the future.

The past history of the variable and the way that the present has emerged from the past are irrelevant.

The Markov property of stock prices is consistent with the weak form of market efficiency.

This states that the present price of a stock impounds all the information contained in a record of past prices.

$\phi(\mu, \sigma)$ denotes a probability distribution that is normally distributed with mean μ and standard deviation σ.

ϕ: phi

Wiener Process

A Wiener process is a particular type of Markov stochastic process with a mean change of zero and a variance rate of 1 per year.

$$z_t - z_{t-\Delta t} = \Delta z = \varepsilon\sqrt{\Delta t}$$

A variable z follows a Wiener process if it has the following two properties:

① The change Δz during a small period of time Δt is $\Delta z = \varepsilon\sqrt{\Delta t}$

where $\varepsilon \sim N(0,1)$.

② The values of Δz for any two different short intervals of time Δt are independent.

$$E(\Delta z) = E(\varepsilon\sqrt{\Delta t}) = \sqrt{\Delta t} \times E(\varepsilon) = 0$$

$$Var(\Delta z) = E[\Delta z - E(\Delta z)]^2$$

$$= E[\varepsilon\sqrt{\Delta t}]^2 = \Delta t E[\varepsilon]^2 = \Delta t$$

It follows from the first property that $\Delta z \sim N(0, \Delta t)$.

$$(z_t - z_{t-\Delta t}) \sim N(0, \Delta t)$$

$$\Delta z \sim \phi(0, \sqrt{\Delta t}).$$

$(z_t - z_{t-\Delta t}) \sim \phi(0, \sqrt{\Delta t})$

The second property implies that z follows a Markov process.

Example

Derive Expectation and Variance of ΔS when S follows a Wiener process.

Solution

$\Delta S \sim N(0, \Delta t)$

$E(\Delta S) = 0$, $Var(\Delta S) = \Delta t$

Normal Distribution

The pdf for the univariate normal distribution is

$$f(x) = \frac{1}{\sigma\sqrt{2\pi}} \exp\left[-\frac{1}{2\sigma^2}(x-\mu)^2\right]$$

If $X \sim N(\mu_X, \sigma_X^2)$, $Y \sim N(\mu_Y, \sigma_Y^2)$, and X and Y are independent, then
$X + Y \sim N(\mu_X + \mu_Y, \sigma_X^2 + \sigma_Y^2)$

When we add two independent normal distributions, the result is a normal distribution where the mean is the sum of the means and the variance is the sum of the variances. The Wiener process is sometimes referred to as Brownian motion.

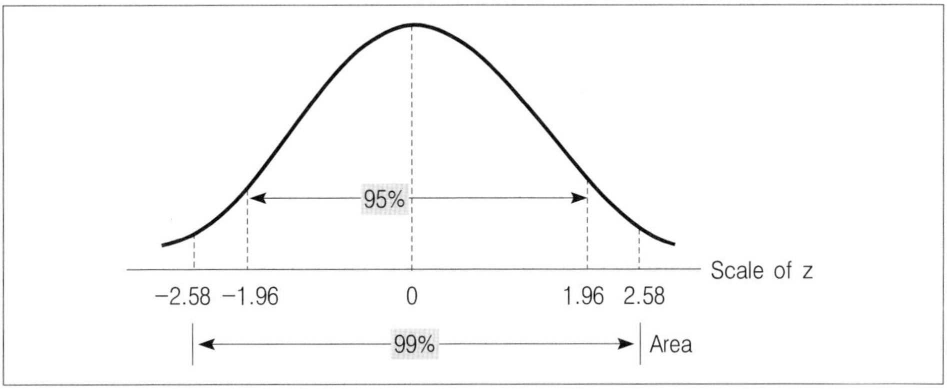

Example

$X \sim N(80,16)$인 경우, $P(80 \le X \le 84)$를 구하라.

Solution

X를 $Z = \dfrac{X-\mu}{\sigma}$를 이용하여 표준화한다.

$$P(80 \le X \le 84) = P\left(\frac{80-80}{4} \le \frac{X-\mu}{\sigma} \le \frac{84-80}{4}\right) = P(0 \le Z \le 1) = 0.3413$$

Wiener process

$(y_t - y_{t-\Delta t}) \sim N(0, \Delta t)$

The variance of the change during any time period of length Δt is Δt.

$$y_T - y_0 = \sum_{i=1}^{n} \epsilon_i \sqrt{\Delta t}$$

where ϵ_i are random drawings from $N(0,1)$.

$$n = \frac{T}{\Delta t}.$$

$$E[y_T - y_0] = 0$$

$$Var[y_T - y_0] = n \times \Delta t$$

$$z(T) - z(0) = \sum_{i=1}^{N} \varepsilon_i \sqrt{\Delta t}$$

where ε_i are random drawings from $\phi(0,1)$,

$$N = \frac{T}{\Delta t}.$$

$$E[z(T) - z(0)] = 0$$

$$Var[z(T) - z(0)] = N \times \Delta t$$

Generalized Wiener Process

The basic Wiener process, dz, has a drift rate of zero and a variance rate of 1.0. The drift rate of zero means that the expected value of z at any future time is equal to its current value.

The variance rate of 1.0 means that the variance of the change in z in a time interval of length T equals T.

The generalized Wiener process for a variable x can be defined as follows:

$dx = adt + bdz$

where a and b are constants,

A variable z follows a Wiener process

$dx = adt$ implies that

$$\frac{dx}{dt} = a$$

or

$x = x_0 + at$.

The bdz term can be regarded as variability to the path followed by x.

The amount of this variability is b times a Wiener process.

In a small time interval Δt.

$\Delta x = a\Delta t + b \times \varepsilon\sqrt{\Delta t}$.

$$x_{t+\Delta t} - x_t = a\Delta t + b \times \varepsilon\sqrt{\Delta t}$$

$$E(\Delta x) = E\left(a\Delta t + b \times \varepsilon\sqrt{\Delta t}\right) = a\Delta t + b\sqrt{\Delta t}E(\varepsilon)$$

$$E(\Delta x) = a\Delta t$$

$$Var(\Delta x) = E[\Delta x - E(\Delta x)]^2 = E\left(b \times \varepsilon\sqrt{\Delta t}\right)^2 = b^2\Delta t E\left(\varepsilon^2\right)$$

$$Var(\Delta x) = b^2\Delta t$$

Rules of Differentiation

$$f(x) = \ln x, f'(x) = \frac{1}{x}$$

$$f(x) = e^{g(x)}, f'(x) = g'(x)e^{g(x)}$$

Ito process

$dx = a(x,t)dt + b(x,t)dz$

where a and b are functions of the value of the underlying variable x and time, t.

A variable z follows a Wiener process

Generalized Wiener Process

The generalized Wiener process for a variable x can be defined as follows:

$dx = adt + bdz$

where a and b are constants,

A variable z follows a Wiener process

A constant expected drift rate and a constant variance rate.

Geometric Brownian motion

$dS = \mu Sdt + \sigma Sdz$

or

$$\frac{dS}{S} = \mu dt + \sigma dz$$

This model is the most widely used model of stock price behavior.

The variable σ is the volatility of the stock price.

The variable μ is its expected rate of return.

When the variance rate is zero, the stock price grows at a continuously compounded rate of μ per unit of time.

$$\frac{dS}{S} = \mu dt$$

$$S_T = S_0 e^{\mu T}$$

Cf.

$$\frac{d}{dt}e^t = e^t$$

$$y = ae^{rt}, \quad \frac{dy}{dt} = are^{rt}$$

$y = 5e^{3t}$, $\frac{dy}{dt} = 15e^{3t}$

주가의 확률과정을 모형화할 때 가장 널리 이용되는 모형이 Geometric Brownian Motion이다. 주가 S가 Geometric Brownian Motion을 따른다면 주가의 확률모형은 다음과 같이 나타낸다.

$dS = \mu Sdt + \sigma Sdz$

위 식의 우변의 첫 번째 항은 확정적인 부분(deterministic component)으로 추세를 나타내고, 두 번째 항은 확률적 부분(stochastic component)으로 불확실성을 나타낸다. 주가를 시뮬레이션하기 위해서는 연속시간 모형(continuous time model)을 이산시간 모형(discrete time model)으로 전환해야 한다. $[0, T]$ 기간을 n개의 구간으로 나누고, 이 구간을 Δt라고 할 때, 이산시간 모형은 다음과 같다.

$$\frac{\Delta S}{S} = \mu \Delta t + \sigma \epsilon \sqrt{\Delta t}$$

Discrete-time version of the model

The discrete-time version of the model is

$$\frac{\Delta S}{S} = \mu \Delta t + \sigma \epsilon \sqrt{\Delta t}$$

or

$$\Delta S = \mu S \Delta t + \sigma S \varepsilon \sqrt{\Delta t}$$

$$E\left(\frac{\Delta S}{S}\right) = E\left(\mu \Delta t + \sigma \varepsilon \sqrt{\Delta t}\right)$$

$$E\left(\frac{\Delta S}{S}\right) = \mu \Delta t$$

$$Var\left(\frac{\Delta S}{S}\right) = E\left(\sigma \varepsilon \sqrt{\Delta t}\right)^2$$

$$Var\left(\frac{\Delta S}{S}\right) = \sigma^2 \Delta t$$

$$\frac{\Delta S}{S} \sim N\left(\mu \Delta t, \sigma^2 \Delta t\right)$$

$$\frac{\Delta S}{S} \sim \phi\left(\mu \Delta t, \sigma \sqrt{\Delta t}\right)$$

Example

Consider a stock that has a volatility of 30% per annum and provides an expected return of 15% per annum with continuous compounding.

The process for the stock price is

$$\frac{dS}{S} = 0.15dt + 0.3dz$$

$$\frac{\Delta S}{S} = 0.15\Delta t + 0.3\varepsilon\sqrt{\Delta t}$$

Consider a time interval of one week or 0.0192 year and suppose that the initial stock price is \$100. $0.0192 = \frac{7}{365}$

$$\frac{\Delta S}{100} = 0.15 \times 0.0192 + 0.3\sqrt{0.0192} \times \varepsilon$$

$$\Delta S = 0.288 + 4.16\varepsilon$$

The price increase is a random drawing from a normal distribution with mean 0.288 and standard deviation 4.16.

Example

Consider a stock that has a volatility of 30% per annum and provides an expected return of 15% per annum with continuous compounding.

The process for the stock price is

$$\frac{dS}{S} = 0.15dt + 0.3dz$$

$$\frac{\Delta S}{S} = 0.15\Delta t + 0.3\varepsilon\sqrt{\Delta t}$$

Consider a time interval of one week or 0.0192 year and suppose that the initial stock price is KRW 10,000. $0.0192 = \frac{7}{365}$

$$\frac{\Delta S}{10{,}000} = 0.15 \times 0.0192 + 0.3\sqrt{0.0192} \times \varepsilon$$

$$\Delta S = 28.8 + 416\varepsilon$$

The price increase is a random drawing from a normaldistribution with mean 28.8 and standard deviation 416.

Example

Consider a stock that has a volatility of 20% per annum and provides an expected return of 10% per annum with continuous compounding.

The process for the stock price is

$$\frac{dS}{S} = 0.1dt + 0.2dz$$

$$\frac{\Delta S}{S} = 0.1\Delta t + 0.2\varepsilon\sqrt{\Delta t}$$

Consider a time interval of one week or 0.0192 year and suppose that the initial stock price is KRW 5,000. $0.0192 = \frac{7}{365}$

$$\frac{\Delta S}{5{,}000} = 0.1 \times 0.0192 + 0.2\sqrt{0.0192} \times \varepsilon$$

$$\Delta S = 9.6 + 138.56\varepsilon$$

The price increase is a random drawing from a normal distribution with mean 9.6 and standard deviation 138.56.

$$\varepsilon \sim \phi(0,1)$$

$$\Delta S \sim \phi(9.6, 138.56)$$

Example

Consider a stock that has a volatility of 20% per annum and provides an expected return of 10% per annum with continuous compounding.

The process for the stock price is

$$\frac{dS}{S} = 0.1dt + 0.2dz$$

$$\frac{\Delta S}{S} = 0.1\Delta t + 0.2\varepsilon\sqrt{\Delta t}$$

Consider a time interval of one week or 0.0192 year and suppose that the initial stock price is KRW 50,000. $0.0192 = \frac{7}{365}$

$$\frac{\Delta S}{50{,}000} = 0.1 \times 0.0192 + 0.2\sqrt{0.0192} \times \varepsilon$$

$$\Delta S = 96 + 1385.6\varepsilon$$

The price increase is a random drawing from a normal distribution with mean 96 and standard deviation 1385.6.

$$\varepsilon \sim \phi(0,1)$$

$$\Delta S \sim \phi(96,1385.6)$$

Example

Consider a stock that has a volatility of 20% per annum and provides an expected return of 10% per annum with continuous compounding.

The process for the stock price is

$$\frac{dS}{S} = 0.1dt + 0.2dz$$

$$\frac{\Delta S}{S} = 0.1\Delta t + 0.2\varepsilon\sqrt{\Delta t}$$

Consider a time interval of one week or 0.0192 year and suppose that the initial stock price is KRW 10,000. $0.0192 = \frac{7}{365}$

$$\frac{\Delta S}{10{,}000} = 0.1 \times 0.0192 + 0.2\sqrt{0.0192} \times \varepsilon$$

$$\Delta S = 19.2 + 277.13\varepsilon$$

The price increase is a random drawing from a normaldistribution with mean 19.2 and standard deviation 277.13.

$$\varepsilon \sim \phi(0,1)$$

$$\Delta S \sim \phi(19.2, 277.13)$$

Example

Consider a stock that has a volatility of 20% per annum and provides an expected return of 10% per annum with continuous compounding.

The process for the stock price is

$$\frac{dS}{S} = 0.1dt + 0.2dz$$

$$\frac{\Delta S}{S} = 0.1\Delta t + 0.2\varepsilon\sqrt{\Delta t}$$

Consider a time interval of one week or 0.0192 year and suppose that the initial stock price is KRW 100,000. $0.0192 = \frac{7}{365}$

$$\frac{\Delta S}{100{,}000} = 0.1 \times 0.0192 + 0.2\sqrt{0.0192} \times \varepsilon$$

$$\Delta S = 192 + 2771.3\varepsilon$$

The price increase is a random drawing from a normaldistribution with mean 192 and standard deviation 2771.3.

$$\varepsilon \sim \phi(0,1)$$

$$\Delta S \sim \phi(192, 2771.3)$$

Example

Suppose that a stock price has an expected return of 10% per annum and a volatility of 20% per annum. When the stock price at the end of a certain day is KRW 10,000, calculate the following:

a) The expected stock price at the end of the next week.

b) The standard deviation of the stock price at the end of the next week.

c) The 95% confidence limits for the stock price at the end of the next week.

Solution

$$\frac{\Delta S}{S} \sim \phi\left(\mu\Delta t, \sigma\sqrt{\Delta t}\right)$$

$S = 10{,}000, \mu = 0.1, \sigma = 0.2$, and $\Delta t = \frac{7}{365} = 0.0192$.

$$\frac{\Delta S}{10000} \sim \phi\left(0.1 \times 0.0192, 0.2 \times \sqrt{0.0192}\right)$$

$$\Delta S \sim \phi(19.2, 277.13)$$

a) The expected stock price at the end of the next week is 10019.2.

b) The standard deviation of the stock price at the end of the next week is 277.13.

c) The 95% confidence limits for the stock price at the end of the next week are

$10019.2 - 1.96 \times 277.13$ and $10019.2 + 1.96 \times 277.13$

i.e.,

9,476 and 10,562

Example

Suppose that a stock price has an expected return of 16% per annum and a volatility of 30% per annum. When the stock price at the end of a certain day is $50, calculate the following:

a) The expected stock price at the end of the next day.

b) The standard deviation of the stock price at the end of the next day.

c) The 95% confidence limits for the stock price at the end of the next day.

Solution

$$\frac{\Delta S}{S} \sim \phi\left(\mu\Delta t, \sigma\sqrt{\Delta t}\right)$$

$S = 50, \mu = 0.16, \sigma = 0.3$, and $\Delta t = \frac{1}{365} = 0.00274$.

$$\frac{\Delta S}{50} \sim \phi\left(0.16 \times 0.00274, 0.3 \times \sqrt{0.00274}\right)$$

$$\frac{\Delta S}{50} \sim \phi(0.00044, 0.0157)$$

$$\Delta S \sim \phi(50 \times 0.00044, 50 \times 0.0157)$$

$$\Delta S \sim \phi(0.022, 0.785)$$

a) The expected stock price at the end of the next day is 50.022.

b) The standard deviation of the stock price at the end of the next day is 0.785.

c) The 95% confidence limits for the stock price at the end of the next day are

$50.022 - 1.96 \times 0.785$ and $50.022 + 1.96 \times 0.785$

i.e.,

48.48 and 51.56

Monte Carlo Simulation

The Monte Carlo method provides approximate solutions to a variety of mathematical problems by performing statistical sampling experiments on a computer. The method applies to problems with no probabilistic content as well as to those with inherent probabilistic structure.

The Monte Carlo simulation of a stochastic process is a procedure for sampling random outcomes for the process. We will use it as a way of developing some understanding of the nature of the stock price process.

Example

$\Delta S = \mu S \Delta t + \sigma S \varepsilon \sqrt{\Delta t}$

Suppose that the expected return is 14% per annum and that the standard deviation of the return is 20% per annum.

$\Delta t = 0.01$

0.01 year or 3.65 days

$\Delta S = 0.14 \times S \times 0.01 + 0.2 \times S \times \varepsilon \sqrt{0.01}$

The initial stock price is assumed to be \$20.

ε is sampled as 0.52.

$\Delta S = 0.14 \times 20 \times 0.01 + 0.2 \times 20 \times 0.52 \times \sqrt{0.01} = 0.236$

The stock price is 20.236.

ε is sampled as 1.44.

$\Delta S = 0.14 \times 20.236 \times 0.01 + 0.2 \times 20.236 \times 1.44 \times \sqrt{0.01} = 0.611$

The stock price is 20.847.

Stock Price	Random Sample	Change in Stock Price
20	0.52	0.236
20.236	1.44	0.611
20.847	−0.86	−0.329
20.518	1.46	0.628
21.146	−0.69	−0.262
20.884	−0.74	−0.280
20.604	0.21	0.115

Example

$\Delta S = \mu S \Delta t + \sigma S \varepsilon \sqrt{\Delta t}$

Suppose that the expected return is 14% per annum and that the standard deviation of the return is 20% per annum.

$\Delta t = 0.01$

0.01 year or 3.65 days

$\Delta S = 0.14 \times S \times 0.01 + 0.2 \times S \times \varepsilon \sqrt{0.01}$

The initial stock price is assumed to be KRW 20,000.

ε is sampled as 0.52.

$\Delta S = 0.14 \times 20000 \times 0.01 + 0.2 \times 20000 \times 0.52 \times \sqrt{0.01} = 236$

The stock price is $20{,}236$.

ε is sampled as 1.44.

$\Delta S = 0.14 \times 20236 \times 0.01 + 0.2 \times 20236 \times 1.44 \times \sqrt{0.01} = 611$

The stock price is $20{,}847$.

ε is sampled as -0.86.

$\Delta S = 0.14 \times 20847 \times 0.01 + 0.2 \times 20847 \times (-0.86) \times \sqrt{0.01} = -329$

The stock price is $20{,}518$.

Stock Price	Random Sample	Change in Stock Price
20,000	0.52	236
20,236	1.44	611
20,847	−0.86	−329
20,518	1.46	628

Example

Suppose that a stock price has an expected return of 14% per annum and a volatility of 20% per annum. When the stock price at the end of a certain day is KRW 20,000, fill in the missing values in the table.

$\Delta t = 0.01$

Stock Price	Random Sample	Change in Stock Price
20,000	0.52	
	1.44	
	−0.86	

Solution

$\Delta S = \mu S \Delta t + \sigma S \varepsilon \sqrt{\Delta t}$

$\Delta S = 0.14 \times S \times 0.01 + 0.2 \times S \times \varepsilon\sqrt{0.01}$

The initial stock price is assumed to be KRW 20,000.

ε is sampled as 0.52.

$\Delta S = 0.14 \times 20000 \times 0.01 + 0.2 \times 20000 \times 0.52 \times \sqrt{0.01} = 236$

The stock price is $20{,}236$.

ε is sampled as 1.44.

$\Delta S = 0.14 \times 20236 \times 0.01 + 0.2 \times 20236 \times 1.44 \times \sqrt{0.01} = 611$

The stock price is $20{,}847$.

ε is sampled as -0.86.

$\Delta S = 0.14 \times 20847 \times 0.01 + 0.2 \times 20847 \times (-0.86) \times \sqrt{0.01} = -329$

Stock Price	Random Sample	Change in Stock Price
20,000	0.52	236
20,236	1.44	611
20,847	−0.86	−329

Example

관악기업 주가의 기대수익률은 연 14%이고, 표준편차는 연 20%이다. 어떤 날의 관악기업의 주가가 20,000원이고, 시간의 길이는 0.01일 때, 빈칸의 값들을 채우시오.

주가	랜덤샘플	주가의 변화분
20,000	0.5	
	1.4	
	−0.8	

Example

$\Delta S = \mu S \Delta t + \sigma S \varepsilon \sqrt{\Delta t}$

Suppose that the expected return is 10% per annum and that the standard deviation of the return is 20% per annum.

$\Delta t = 0.0192$

0.0192 year or 7 days

$\Delta S = 0.1 \times S \times 0.0192 + 0.2 \times S \times \epsilon \sqrt{0.0192}$

The initial stock price is assumed to be KRW 10,000.

ε is sampled as 0.72.

$\Delta S = 0.1 \times 10000 \times 0.0192 + 0.2 \times 10000 \times 0.72 \times \sqrt{0.0192} = 219$

The stock price is 10,219.

ε is sampled as 1.54.

$\Delta S = 0.1 \times 10219 \times 0.0192 + 0.2 \times 10219 \times 1.54 \times \sqrt{0.0192} = 456$

The stock price is 10,675.

ε is sampled as -0.76.

$\Delta S = 0.1 \times 10675 \times 0.0192 + 0.2 \times 10675 \times (-0.76) \times \sqrt{0.0192} = -204$

The stock price is 10,471.

Example

Suppose that a stock price has an expected return of 10% per annum and a volatility of 20% per annum. When the stock price at the end of a certain day is KRW 10,000, fill in the missing values in the table.

$\Delta t = 0.01$

Stock Price	Random Sample	Change in Stock Price
10,000	0.3	
	0.4	
	−0.8	

Solution

$\Delta S = \mu S \Delta t + \sigma S \varepsilon \sqrt{\Delta t}$

ε is sampled as 0.3.

$\Delta S = 0.1 \times 10{,}000 \times 0.01 + 0.2 \times 10{,}000 \times 0.3 \times \sqrt{0.01} = 70$

The stock price is 10,070.

$\Delta S = 0.1 \times 10{,}070 \times 0.01 + 0.2 \times 10{,}070 \times 0.4 \times \sqrt{0.01} = 91$

The stock price is 10,161.

Example

Suppose that a stock price has an expected return of 20% per annum and a volatility of 30% per annum. When the stock price at the end of a certain day is KRW 30,000, fill in the missing values in the table.

$\Delta t = 0.01$

Stock Price	Random Sample	Change in Stock Price
30,000	0.6	
	1.5	
	−0.8	

Taylor's theorem

In the one-dimensional case we can evaluate the function $y = f(x)$ around the point a in terms of its derivatives as follows:

$$f(x)= f(a)+f'(a)(x-a)+\frac{f''(a)(x-a)^2}{2!}+\frac{f'''(a)(x-a)^3}{3!}+\cdots+\frac{f^{(n)}(a)(x-a)^n}{n!}$$

$$\Delta y=\frac{dy}{dx}\Delta x+\frac{1}{2}\frac{d^2y}{dx^2}(\Delta x)^2+\frac{1}{6}\frac{d^3y}{dx^3}(\Delta x)^3+\cdots$$

Example

Expand the quadratic function

$f(x)= 5+2x+x^2$

around $x_0 = 1$, with $n = 1$.

Solution

$f(1)=8$

$f'(x)=2+2x$, $f'(1)=4$

$f(x)=8+4(x-1)+R_1$

R_1 denotes a remainder.

Example

Expand the quadratic function

$f(x)=5+2x+x^2$

around $x_0 = 3$, with $n = 1$.

Solution

$f(3)=20$

$f'(x)=2+2x$, $f'(3)=8$

$f(x)=20+8(x-3)+R_1$

R_1 denotes a remainder.

Example

Expand the quadratic function

$f(x) = 5 + 2x + x^2$

around $x_0 = 1$, with $n = 2$.

Solution

$f(1) = 8$

$f'(x) = 2 + 2x$, $f'(1) = 4$

$f''(x) = 2$, $f''(1) = 2$

$f(x) = 8 + 4(x-1) + (x-1)^2 + R_2$

R_2 denotes a remainder.

Example

Expand the quadratic function

$f(x) = 5 + 2x + x^2$

around $x_0 = 3$, with $n = 2$.

Solution

$f(3) = 20$

$f'(x) = 2 + 2x$, $f'(3) = 8$

$f''(x) = 2$, $f''(3) = 2$

$f(x) = 20 + 8(x-3) + (x-3)^2 + R_2$

R_2 denotes a remainder.

Example

Expand the quadratic function

$f(x) = 8 + 3x + 5x^2$

around $x_0 = 2$, with $n = 1$.

Example

Expand the quadratic function

$f(x) = 8 + 3x + 5x^2$

around $x_0 = 2$, with $n = 2$.

Example

$f(x) = e^x$ around $x_0 = 0$

$$e^x = 1 + x + \frac{x^2}{2!} + \cdots = \sum_{i=0}^{\infty} \frac{x^i}{i!}$$

Example

Expand the function

$f(x) = e^x$

around $x_0 = 0.1$, with $n = 2$.

Solution

$$f(x) = e^{0.1} + e^{0.1}(x - 0.1) + \frac{1}{2}e^{0.1}(x - 0.1)^2 + R_2$$

Derivation of Ito's Lemma

Suppose that G is some function of x and t.

The Taylor series expansion of ΔG is

$$\Delta G = \frac{\partial G}{\partial x}\Delta x + \frac{\partial G}{\partial t}\Delta t + \frac{1}{2}\frac{\partial^2 G}{\partial x^2}\Delta x^2 + \frac{\partial^2 G}{\partial x \partial t}\Delta x \Delta t + \frac{1}{2}\frac{\partial^2 G}{\partial t^2}\Delta t^2 + \cdots$$

Suppose that x follows the Ito process.

$$dx = a(x,t)dt + b(x,t)dz$$

$$\Delta x = a(x,t)\Delta t + b(x,t)\varepsilon\sqrt{\Delta t}$$

If arguments are dropped,

$$\Delta x = a\Delta t + b\varepsilon\sqrt{\Delta t}\,.$$

$$\Delta x^2 = b^2\varepsilon^2\Delta t + terms\ of\ higher\ order\ in\ \Delta t$$

$$\Delta x^2 = b^2\varepsilon^2\Delta t\,.$$

$$Var(\varepsilon^2) = 1 = E(\varepsilon^2) - [E(\varepsilon)]^2$$

Because $E(\varepsilon)=0, E(\varepsilon^2)=1$.

$E(\Delta x^2)=b^2\Delta t$

$Var(\Delta x^2)$ is of order Δt^2.

Δx^2 becomes non-stochastic and equal to $b^2 dt$ as Δt tends to zero.

$$dG=\frac{\partial G}{\partial x}dx+\frac{\partial G}{\partial t}dt+\frac{1}{2}\frac{\partial^2 G}{\partial x^2}b^2 dt$$

$$dx = adt + bdz$$

$$dG=\frac{\partial G}{\partial x}(adt+bdz)+\frac{\partial G}{\partial t}dt+\frac{1}{2}\frac{\partial^2 G}{\partial x^2}b^2 dt$$

$$dG=\left(\frac{\partial G}{\partial x}a+\frac{\partial G}{\partial t}+\frac{1}{2}\frac{\partial^2 G}{\partial x^2}b^2\right)dt+\frac{\partial G}{\partial x}bdz$$

Ito process

The variable x follows an Ito process:

$dx = a(x,t)dt + b(x,t)dz$

where a and b are functions of the value of the underlying variable x and time, t.

A variable z follows a Wiener process

It has a drift rate of a and a variance rate of b^2.

$$dG=\left(\frac{\partial G}{\partial x}a+\frac{\partial G}{\partial t}+\frac{1}{2}\frac{\partial^2 G}{\partial x^2}b^2\right)dt+\frac{\partial G}{\partial x}bdz$$

G follows an Ito process.

It has a drift rate of $\left(\frac{\partial G}{\partial x}a+\frac{\partial G}{\partial t}+\frac{1}{2}\frac{\partial^2 G}{\partial x^2}b^2\right)$ and a variance rate of $\left(\frac{\partial G}{\partial x}b\right)^2$.

Example

We define F as the forward contract and S the stock price.

$$F = Se^{r(T-t)}$$

Assume that $dS = \mu S dt + \sigma S dz$.

Find dF.

Solution

$$\frac{\partial F}{\partial S} = e^{r(T-t)}, \frac{\partial^2 F}{\partial S^2} = 0, \frac{\partial F}{\partial t} = -rSe^{r(T-t)}$$

$$dF = \left(\frac{\partial F}{\partial S} a + \frac{\partial F}{\partial t} + \frac{1}{2}\frac{\partial^2 F}{\partial S^2} b^2 \right) dt + \frac{\partial F}{\partial S} b dz$$

$$= \left(e^{r(T-t)} \mu S - rSe^{r(T-t)} \right) dt + e^{r(T-t)} \sigma S dz$$

Substituting $F = Se^{r(T-t)}$, this becomes

$$dF = (\mu - r) F dt + \sigma F dz.$$

Normal Distribution

If $X \sim N(\mu_X, \sigma_X^2)$, $Y \sim N(\mu_Y, \sigma_Y^2)$, and X and Y are independent, then

$$X + Y \sim N(\mu_X + \mu_Y, \sigma_X^2 + \sigma_Y^2)$$

Lognormal Distribution

$Y = \ln X$

If Y has a normal distribution, then X is said to have a lognormal distribution.

The density of a lognormal distribution is given by

$$f(x;\mu,\sigma^2) = \frac{1}{x\sqrt{2\pi}\sigma}\exp\left[-\frac{1}{2\sigma^2}(\ln x - \mu)^2\right] I_{(0,\infty)}(x)$$

$$E(X) = e^{\mu+\frac{1}{2}\sigma^2}, \quad Var(X) = e^{2\mu+2\sigma^2} - e^{2\mu+\sigma^2}$$

$$E(\ln X) = \mu, Var(\ln X) = \sigma^2$$

A variable that has a lognormal distribution can take any value between zero and infinity.

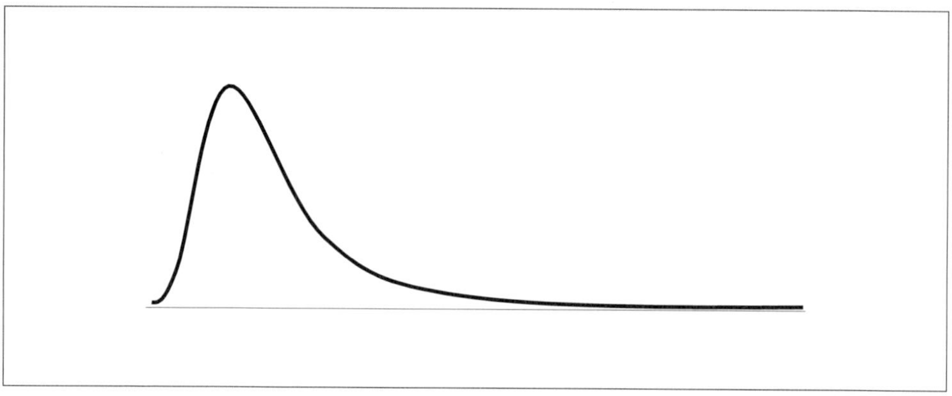

The lognormal distribution is skewed to the right.

The lognormal distribution is bounded from below by zero so that it is useful for modeling asset prices which never take negative values.

Continuously compounded rate of return

$$r_t = \ln\left(\frac{S_t}{S_{t-1}}\right)$$

The holding rate of return

$$r_t = \frac{S_t - S_{t-1}}{S_{t-1}}$$

$\ln y$ can be expanded in a series as

$$\ln y = (y-1) + \frac{(y-1)^2}{2} + \cdots$$

Omitting the small terms of second order and higher, we obtain the approximate equality

$$\ln y \approx (y-1)$$

$$\ln\left(\frac{S_t}{S_{t-1}}\right) = \frac{S_t}{S_{t-1}} - 1 = r_t$$

The monthly variance and the annual variance

The monthly variance and the annual variance of continuously compounded rates of return

Denote by S_{12} the price at the end of the year.

$$S_{12} = S_0 e^{r_1} e^{r_2} \cdots e^{r_{12}}$$

$$\ln\left(\frac{S_{12}}{S_0}\right) = r_1 + r_2 + \cdots + r_{12} = r_A$$

Denote by r_A the annual rate of return.

Assuming independence of the monthly rates of return, we obtain for the variance of the annual rate of return

$$Var(r_A) = Var(r_1) + Var(r_2) + \cdots + Var(r_{12}).$$

If we further assume that the distribution of the monthly rates of return is stationary over time, so that $Var(r_1) = Var(r_2) = \cdots = Var(r_{12}) = \sigma_1^2$, then we obtain:

$$Var(r_A) = 12\sigma_1^2$$

Derivation of the Option Value

$$c = Max(S_T - K, 0)$$

The call price is equal to the expected value discounted at the risk-free rate.

$$c_o = e^{-r}E(c) = e^{-r}\int_{-\infty}^{\infty} c \cdot f(c)dc = e^{-r}\int_{K}^{\infty}(S_t - K)f(S_t)dS_t$$

$f(S_t)$ is assumed to be lognormal.

$$E(\ln X) = \mu$$

$$E(X) = e^{\mu + \frac{1}{2}\sigma^2}$$

$$\ln[E(X)] = \mu + \frac{1}{2}\sigma^2$$

Define a new variable

$$Q = \frac{\ln S_t - \mu}{\sigma}$$

This variable is normally distributed with a mean of zero and a standard deviation of 1.0.

Denote the density function for Q by $h(Q)$ so that

$$h(Q) = \frac{1}{\sqrt{2\pi}}\exp\left(-\frac{Q^2}{2}\right)$$

$$c_0 = e^{-r}\int_{K}^{\infty}(S_t - K)f(S_t)dS_t$$

$$c_0 = e^{-r}\int_{K}^{\infty} S_t f(S_t)dS_t - e^{-r}K\int_{k}^{\infty} f(S_t)dS_t$$

$$= e^{-r}\int_{\frac{\ln K - \mu}{\sigma}}^{\infty}\exp(Q\sigma + \mu)h(Q)dQ - e^{-r}K\int_{\frac{\ln K - \mu}{\sigma}}^{\infty}h(Q)dQ$$

$$\exp(Q\sigma + \mu)h(Q) = \frac{1}{\sqrt{2\pi}}\exp\left(Q\sigma + \mu - \frac{Q^2}{2}\right)$$

$$= \frac{1}{\sqrt{2\pi}} \exp\left(\mu + \frac{\sigma^2}{2} - \frac{(Q-\sigma)^2}{2} \right)$$

$$= \exp\left(\mu + \frac{\sigma^2}{2} \right) \frac{1}{\sqrt{2\pi}} \exp\left(-\frac{(Q-\sigma)^2}{2} \right)$$

$$= \exp\left(\mu + \frac{\sigma^2}{2} \right) h(Q-\sigma)$$

$$c_0 = e^{-r} \int_{\frac{\ln K-\mu}{\sigma}}^{\infty} \exp(Q\sigma + \mu) h(Q) dQ - e^{-r} K \int_{\frac{\ln K-\mu}{\sigma}}^{\infty} h(Q) dQ$$

$$= e^{-r} \exp\left(\mu + \frac{\sigma^2}{2} \right) \int_{\frac{\ln K-\mu}{\sigma}}^{\infty} h(Q-\sigma) dQ - e^{-r} K \int_{\frac{\ln K-\mu}{\sigma}}^{\infty} h(Q) dQ$$

We define $N(x)$ as the probability that a variable with a mean of zero and a standard deviation of 1.0 is less than x.

The first integral is

$$1 - N\left[\frac{\ln K - \mu}{\sigma} - \sigma \right]$$

or

$$N\left[-\frac{\ln K - \mu}{\sigma} + \sigma \right]$$

$$\ln[E(S_t)] = \mu + \frac{1}{2}\sigma^2$$

We have another expression for $E(S_t)$,

$$E(S_t) = S_0 e^r$$

$$\ln[E(S_t)] = \mu + \frac{1}{2}\sigma^2$$

$$\ln[S_0 e^r] = \mu + \frac{1}{2}\sigma^2$$

$$\ln[S_0] + r = \mu + \frac{1}{2}\sigma^2$$

$$N\left[-\frac{\ln K - \mu}{\sigma} + \sigma \right]$$

or

$$N\left[\frac{\ln S_0 - \ln K + r + \frac{1}{2}\sigma^2}{\sigma}\right]$$

$$c_0 = e^{-r}\exp\left(\mu + \frac{\sigma^2}{2}\right)N(d_1) - Ke^{-r}N(d_2)$$

$$c_0 = e^{-r}\exp(\ln[S_0] + r)N(d_1) - Ke^{-r}N(d_2)$$

$$c_0 = S_0 N(d_1) - Ke^{-r}N(d_2)$$

where N stands for the cumulative normal distribution,

$$d_1 = \frac{\ln\left(\frac{S_0}{K}\right) + \left(r + \frac{1}{2}\sigma^2\right)}{\sigma}$$

$$d_2 = \frac{\ln\left(\frac{S_0}{K}\right) + \left(r - \frac{1}{2}\sigma^2\right)}{\sigma}$$

The Black and Scholes Valuation Model

$$c_0 = e^{-rt}E(c) = e^{-rt}\int_{-\infty}^{\infty} c \cdot f(c)dc = e^{-rt}\int_{K}^{\infty}(S_t - K)f(S_t)dS_t$$

$$c_0 = S_0N(d_1) - Ke^{-rt}N(d_2)$$

where N stands for the cumulative normal distribution,

$$d_1 = \frac{\ln\left(\frac{S_0}{K}\right) + \left(r + \frac{1}{2}\sigma^2\right)t}{\sigma\sqrt{t}}$$

$$d_2 = \frac{\ln\left(\frac{S_0}{K}\right) + \left(r - \frac{1}{2}\sigma^2\right)t}{\sigma\sqrt{t}}$$

$$d_2 = d_1 - \sigma\sqrt{t}$$

r : the continuously compounded annual risk-less rate of interest

σ : the standard deviation of the continuously compounded annual rate of return, representing the volatility of the stock price

t : the remaining time to the expiration of the call expressed as a fraction of a year

Example

$N(0.45)$와 $N(0.5)$는 얼마인가?

Solution

$N(0.45) = 0.6736$

$N(0.5) = 0.6915$

Example

주식가격: 9,000원, 행사가격: 10,000원, 만기까지의 잔여기간: 6개월, 표준편차: 0.5, 무위험이자율: 0.1 이면 콜옵션의 가치는 얼마인가?

Solution

$$d_1 = \frac{\ln\left(\frac{S_0}{K}\right) + \left(r + \frac{1}{2}\sigma^2\right)t}{\sigma\sqrt{t}}$$

$$d_1 = \frac{\ln\left(\frac{9,000}{10,000}\right) + \left(0.1 + \frac{1}{2}0.5^2\right)0.5}{0.5\sqrt{0.5}} = 0.02$$

$$d_2 = \frac{\ln\left(\frac{S_0}{K}\right) + \left(r - \frac{1}{2}\sigma^2\right)t}{\sigma\sqrt{t}}$$

$$d_2 = \frac{\ln\left(\frac{9,000}{10,000}\right) + \left(0.1 - \frac{1}{2}0.5^2\right)0.5}{0.5\sqrt{0.5}} = -0.33$$

$N(0.02) = 0.508$

$N(-0.33) = 0.3707$

$$c_0 = S_0 N(d_1) - Ke^{-rt}N(d_2)$$

$$c = 9,000 \times 0.508 - \frac{10,000}{e^{0.1 \times 0.5}}0.3707 = 1,046 \text{ 원}$$

Factors affecting option prices

There are six factors affecting the price of a stock option:

① The current stock price

② The strike price

③ The time to expiration

④ The volatility of the stock price

⑤ The risk-free interest rate

⑥ The dividends expected during the life of the option

Stock Price and Strike Price

The higher the current stock price S_0, and the lower the strike price K, the higher will be the call option value c_0.

The time to expiration

The longer the time to expiration t, the greater is the chance that a profit will be made on the call and hence the higher is the call value.

The volatility of the stock price

Call option values increase with the volatility of the underlying stock price.

Example

Suppose the exercise price on a call option is $30.

High-Volatility Scenario

Stock price	10	20	30	40	50
Option payoff	0	0	0	10	20

Low-Volatility Scenario

Stock price	20	25	30	35	40
Option payoff	0	0	0	5	10

Despite the fact that the average stock price in each scenario is $30, the average option payoff is greater in the high-volatility scenario.

Volatility

The volatility of a stock price, σ, is defined so that $\sigma\sqrt{\Delta t}$ is the standard deviation of the return on the stock in a short length of time, Δt.

It is a measure of how uncertain we are about future stock price movements.

As volatility increases, the chance that the stock will do very well or very poorly increases.

The volatility is the standard deviation of the continuously compounded rate of return in 1 year.

The risk-free interest rate

$$c \geq S_0 - \frac{K}{1+r}$$

As r increases, $\left(S_0 - \frac{K}{1+r}\right)$ increases and the lower bound on the call price increases.

옵션민감도분석

Delta

$$\delta = \frac{\Delta C}{\Delta S}$$

델타는 기초자산가격이 1단위 변화할 때 옵션가격의 변화분이다. 기초자산의 가격이 변화함에 따라 옵션가격이 얼마나 변화하는가의 비율을 나타낸다.

Gamma

$$\gamma = \frac{\Delta\delta}{\Delta S} = \frac{\Delta^2 C}{\Delta S^2}$$

기초자산가격의 변화에 대한 델타의 변화율을 의미한다.

Theta

$$\theta = \frac{\Delta C}{\Delta T}$$

세타는 잔존기간의 변화에 따라 옵션의 가치가 변화하는 정도를 의미한다.

Vega

$$\upsilon = \frac{\Delta C}{\Delta \sigma}$$

베가란 변동성의 변화에 대한 옵션가격의 변화를 측정하는 지표이다.

Rho

$$\rho = \frac{\Delta C}{\Delta r}$$

로는 무위험이자율의 변화에 따른 옵션가격의 변화분이다.

Example

델타가 0.6이고 감마는 0.02인 콜옵션 10계약 매수와 델타가 -0.8이고 감마는 0.03인 풋옵션 5계약 매수의 포지션에서 기초자산의 가격이 1단위 상승하는 경우, 전체 포지션의 델타는 어떻게 되는가?

Solution

$(0.6+0.02)\times 10+(-0.8+0.03)\times 5=2.35$

2.35 단위만큼 상승한다.

Cost of Carry Model

보유비용모형

선물의 이론가격은 현물가격과 현물을 만기까지 보유하는 데 필요한 비용을 합한 금액에서 현물 보유자에게 지불되는 이자나 배당을 제외한 값이다. 즉, 현물을 보유하는 순비용이 현물가격에 더해져 선물의 이론가격이 결정되는 것이다.

주가지수선물 이론가격 = 현물가격 + (만기까지 현물을 보유함으로써 발생하는 자본조달비용 − 만기까지 현물을 보유함으로써 발생하는 배당금)

KOSPI200선물이론가격 = KOSPI200 × {1 + 금리 × (산출잔존기간의 일수/365)} − 선물배당지수의 합계

선물배당액지수 = (현금배당금총액/기준시가총액) × {1 + 금리 × (배당락잔존기간의 일수/365)} × 100

Example

KOSPI200지수가 110pt이며, 91일물 CD수익률이 5%, 배당수익률이 3%일 때, 만기가 3개월 남아 있는 KOSPI200지수선물의 이론가격은 얼마인가?

Solution

$$=110+110(0.05-0.03)\frac{3}{12}=110.55$$

Example

주가지수선물 이론가격 결정변수와 선물가격의 관계를 나타내면 다음과 같다.

KOSPI ↑⇒ 선물이론가격 ↑

이자율 ↑⇒ 선물이론가격 ↑

배당수익율 ↑⇒ 선물이론가격 ↓

잔존만기 ↑⇒ 선물이론가격 ↑

Equity as a Call option

Black and Scholes were the first to point out that the equity in a levered firm is a call option on the value of the firm.

Assume that the firm only two sources of capital : equity and risky debt.
The debt is a zero coupon bond and has a face value D.
S : the equity in a levered firm
V : the market value of the firm

$$S = Max(0, V - D)$$

If, on the maturity ate, the value of the firm exceeds the face value of the bonds, the shareholders exercise their call option by paying off the bonds and keeping the excess. On the other hand, if the value of the firm is less than the face value of the bonds, the shareholders will default on the debt.

Real Options
Options to modify projects

Value at Risk

VaR is an attempt to provide a single number for senior management summarizing the total risk in a portfolio of financial assets.
The VaR calculation is aimed at making a statement of the following form:

"We are X percent certain that we will not lose more than V dollars in the next N days."

VaR는 특정 목표보유기간(target holding period)과 신뢰수준(confidence level)을 전제로 할 때, 정상적인 시장조건하에서 발생할 수 있는 포트폴리오의 최대손실예상액 추정값이다. 예를 들어, 포트폴리오의 VaR가 1일 동안 신뢰수준 95%에서 10억원이라면, 이는 이 포트폴리오를 보유함으로써 향후 1일 동안 10억원 이상의 손실을 보게 될 확률이 5%임을 의미한다.

신뢰수준 95%에서 1주일 동안의 VaR이 5억원이면, 현재 포지션을 유지하는 경우 1주일 동안 발생가능한 손실이 5억원보다 클 확률이 5%라는 의미이다.

신뢰수준(confidence level)이란 실제 거래에서 발생하는 손실이 VaR를 넘지 않을 확률을 의미한다.

VaR는 시장이 불리한 방향으로 움직일 경우 보유한 포트폴리오에서 일정기간 동안에 발생하는 최대 손실 가능액을 주어진 신뢰구간하에서 통계적 방법을 이용하여 추정한 수치이다.

Example

"99% 신뢰수준하의 10일 VaR가 5억원이다"가 의미하는 것은 "향후 10일 동안에 손실금액이 5억원 이내일 가능성이 99%이다"라는 것이다.

Delta analysis method

델타분석법은 정규분포를 가정하여 VaR를 계산하는 것으로 95% 신뢰수준하에서의 VaR는 1.65σ, 97.5% 신뢰수준하에서는 1.96σ, 그리고 99% 신뢰수준하에서는 2.33σ를 사용한다.

Example

장동건이 삼성전자 주식에 300억원을 투자한다고 하자. 1일 수익률의 표준편차가 2%라면, 99% 신뢰도 1일 VaR는 얼마인가?

Solution

$300 \times 2.33 \times 2\% = 13.98$ 억원

Example

수진이가 주식에 100만원을 투자한다고 하자. 1일 수익률 표준편차가 3%라면, 99% 신뢰도 1일 VaR는 얼마인가?

Solution

$100 \times 2.33 \times 3\% = 6.99$

Example

유진이가 X주식에 100만원을 투자한다고 하자. 이 주식의 1일 수익률이 정규분포를 하고 표준편차가 3%라면, 95% 신뢰도 1일 VaR는 얼마인가?

Solution

$100 \times 1.65 \times 3\% = 4.95$

Example

유진이가 X주식에 100만원을 투자한다고 하자. 이 주식의 1일 수익률이 정규분포를 하고 표준편차가 3%라면, 95% 신뢰도 10일 VaR는 얼마인가?

Solution

보유기간별 VaR는 1일 VaR를 측정한 후 $\sqrt{trading\ days}$ 를 곱하는 방법으로 측정한다.

$4.95 \times \sqrt{10} = 15.65$

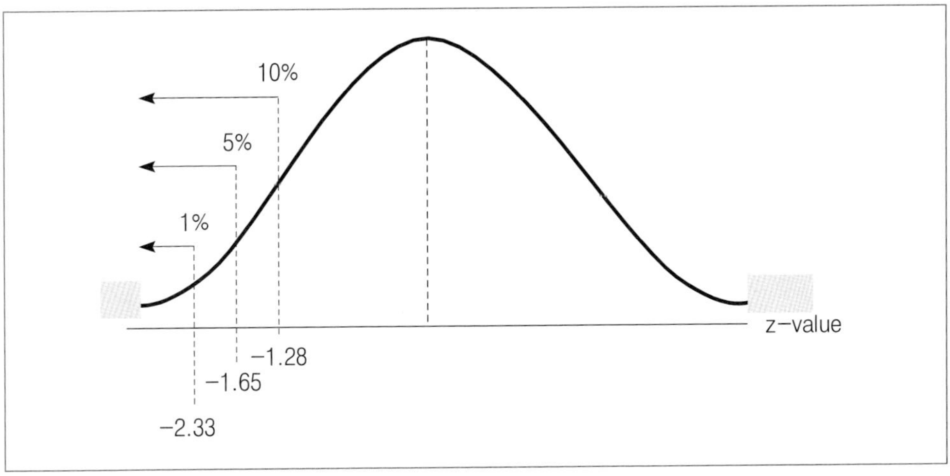

Example

If the asset has a daily standard deviation of returns equal to 1.4% and the asset has a current value of $5 million, calculate the VAR(5%).

Solution

The appropriate critical z-value for a VAR(5%) is 1.65.

VAR(5%)$=1.65\times 0.014\times 5,000,000=115,500$

There is a 5% probability that, on any given day, the loss in value on this particular asset will equal or exceed $115,500.

The resulting VAR estimate would be the percentage loss in asset value that would only be exceeded 5% of the time.

VAR(X%) : the X% probability value at risk

Example

If the asset has a daily standard deviation of returns equal to 1.4% and the asset has a current value of $5 million, calculate the 1-week VAR(5%).

Solution

The appropriate critical z-value for a VAR(5%) is 1.65.

VAR(5%)$=1.65\times 0.014\times 5,000,000=115,500$

1-week VAR(5%) $=115,500\times\sqrt{7}=305,584$

VAR methods

Local-valuation methods measure risk by valuing the portfolio at one point in time and then using derivative formulas to predict changes in value. This group includes the delta-normal method, which uses linear or delta derivatives to describe the relationships and assumes that the variables are normally distributed.

Full-valuation methods fully reprice the portfolio for each scenario encountered over a historical period, or over a great number of hypothetical scenarios developed through Monte Carlo simulation.

Historical Method

The way to calculate the 5% daily VAR using the historical method is to accumulate a number of past daily returns, rank the returns from highest to lowest, and identify the lowest 5% of returns. The highest of these lowest 5% of returns is the 1-day, 5% VAR.

Example

You have accumulated 100 daily returns for your $1,000,000 portfolio. After ranking the returns from highest to lowest, you identify the lowest five returns:

−0.0012, −0.0025, −0.0037, −0.0092, −0.0103

Calculate VAR at 5% significance using the historical method.

Solution

The fifth lowest return (−0.0012) is the 5% VAR.

$1,200

Example

You have accumulated 200 daily returns for your $5,000 portfolio. After ranking the returns from highest to lowest, you identify the lowest ten returns:

−0.02, −0.05, −0.07, −0.08, −0.09, −0.13, −0.15, −0.17, −0.18, −0.19

Calculate VAR at 5% significance using the historical method.

Credit Derivatives

신용파생상품은 특정 자산의 신용상태를 기초자산으로 하여 현금흐름이 결정되는 파생상품이다. 싱용파생상품을 통한 신용리스크의 거래는 신용리스크 인수자가 신용리스크 매도자로부터 신용리스크 인수의 대가로 수수료를 받는 대신, 신용리스크를 이전하고자 하는 대상자산의 채무불이행 등 신용사건(credit event) 발생시에는 신용리스크 인수자가 신용리스크 매도자의 손실의 일부 또는 전부를 보전해주기로 약정하는 방식으로 이루어진다.

신용파생상품 거래의 정산방식은 현물결제(physical settlement)와 현금결제(cash

settlement)의 두 가지가 있다. 현물결제는 현물을 직접 인도하는데 따라 발생하는 여러 가지 문제점 및 절차상의 번거로움이 있기 때문에 대부분의 신용파생상품 거래에서 현금결제방식이 선호되고 있다. 단수명의 신용디폴트스왑(single-name CDS)는 거래당사자의 이해관계에 따라 현물결제가 이루어지는 경우가 대부분이다.
현물결제는 보장매도자가 준거자산의 액면에 해당하는 금액을 지급하고 보장매입자에게 준거자산을 직접 인도받는 정산방식이다. 현금결제는 보장매도자가 보장매입자의 준거자산 보유에 따른 순손실만을 지급하는 정산방식으로, 보장매입자의 순손실은 준거자산의 액면금액에서 시장가치를 차감하는 방식으로 계산한다.

Example

다음과 같은 준거자산이 1개인 단수명의 CDS의 스왑 프리미엄 계산에 대해 설명하라.

거래일	2013년 11월 26일
만기일	2018년 11월 26일
준거자산	서울기업의 채권
스왑 프리미엄	410 bp
명목금액	$10,000,000

Solution

CDS의 일반적인 계약형태에서 스왑 프리미엄은 분기별로 지급되며, 일수계산방식은 act/360이다. 따라서 스왑 프리미엄은 다음과 같이 결정되며, 신용사건이 발생하지 않으면 CDS 매수자는 매도자에게 분기마다 프리미엄을 지급한다.

$$\$10,000,000 \times 0.0410 \times \frac{92}{360} = 104,777.8$$

FINANCIAL MANAGEMENT

chapter 8

The value of the firm

Working capital

Working capital, sometimes called gross working capital, simply refers to current assets used in operations.

A firm's investments in short-term assets — cash, marketable securities, inventory, and accounts receivable.

Net working capital

순운전자본

Net working capital is defined as current assets minus current liabilities.

Net working capital is positive when current assets are greater than current liabilities. This means the cash that will become available over the next 12 months will be greater than the cash that must be paid out.

Example

(million won)

	Y1	Y2
Current Assets	707	761
Current liabilities	455	486
Net working capital	252	275

The change in net working capital in Y2 is the difference between the net working capital in Y2 and Y1; that is, 275 − 252 = 23(million won). The change in net working capital is usually positive in a growing firm.

Example

(million won)

	Y1	Y2
Current Assets	700	800
Current liabilities	400	450

Calculate the change in the net working capital.

Solution

(million won)

	Y1	Y2
Current Assets	700	800
Current liabilities	400	450
Net working capital	300	350

350－300＝50

운전자본관리

운전자본관리는 현금관리, 유가증권관리, 매출채권관리, 재고자산관리 등 유동자산의 관리는 물론 외상매입금·단기부채·미지급비용 등 유동부채관리도 포함한다.

Accounts receivable

매출채권(accounts receivable)은 일반적인 상거래에 따라 발생하는 것으로, 매출액 중에서 아직 회수되지 않은 부분을 말한다.

현금보유동기

거래동기(transaction motive)란 영업활동을 원활히 하기 위해 거래에 필요한 현금을 충분히 보유하는 것을 말한다.
예비동기(precautionary motive)는 비상사태나 우발적인 사태에 대비하기 위하여 현금을 보유하는 것을 말한다.
투기동기(speculative motive)는 장래에 큰 이익을 얻을 수 있는 투자기회에 투자할 목적으로 현금을 보유하려는 것이다.

The value of the firm

Relative Valuation

One illustration of this approach is the use of an industry-average price/earnings ratio to value a firm, the assumption being that the other firms in the industry are comparable to the firm being valued and that the market, on average, prices these firms correctly.

EV/EBITDA multiple

기업의 가치가 영업활동을 통한 이익의 몇 배인가를 나타내는 지표.

EBITDA

Earnings Before Interest, Taxes, Depreciation, and Amortization
Estimated by adding depreciation and amortization back to operating income.

EBITDA는 현금지출이 없는 비용인 감가상각비를 비용에서 제거함으로써 영업활동을 통한 현금창출 능력을 보다 잘 알 수 있게 해준다. 또한 국가간 또는 기업간에 순이익이 상이하게 계산되는 요인(세제, 감가상각 방법의 차이)이 제거되므로, 기업의 수익창출 능력을 비교할 수 있는 지표로 널리 활용된다.

EBITDA는 수익성을 나타내는 지표로, 순이익 개념을 확장시킨 것이다. 순이익을 산출할 때, 회계처리 과정에서 이자비용과 세금, 감가상각비 등을 빼게 되는데, 이 중 감가상각비 관련 항목은 나라마다 회계기준이 달라 실제 수익 규모를 부풀리거나 줄여서 보여줄 수 있으며, 금융비용과 세금을 빼게 되면 그 회사가 순수하게 기본적인 영업활동에서 수익을 지속적으로 창출할 수 있는 능력이 제대로 드러나지 않는 문제점이 생길 수 있다. 이런 관점에서, 일반적인 영업실적에 표시되는 순이익의 보조지표로 이자비용, 세금, 감가상각비를 빼지 않은 수익지표인 EBITDA를 활용하는 것이다.
EV는 타인자본까지 포함한 기업의 시장가치를, EBITDA는 기업의 실질적인 수익 창출 능력을 표시한다. 이 둘을 비교하면 기업의 시장가치가 순수한 영업활동을 통한 이익의 몇 배로 형성되어 있는지를 알 수 있다.
EV/EBITDA 비율은 EV를 EBITDA로 나눈 값으로 표시하며, 그 비율이 낮다면 회사의 주가가 기업가치에 비해 저평가되었다고 볼 수 있다.

EBITDA is commonly used in the telecommunications industry to analyze companies on the basis of operating performance, leverage and liquidity. Since the telecommunications business is a very capital intensive business, capital expenditures and level of debt and interest expenses may have a significant impact on net income for companies with similar operating results. Therefore, EBITDA provides a more accurate reflection of the company's operating results.

Depreciation and Amortization

While depreciation and amortization are treated as tax-deductible expenses in an income statement, they are different from other expenses because they are non-cash charges.

Goodwill

영업권

기업이 다른 동종의 기업들에 비하여 초과수익력(超過收益力)을 가질 경우 그 배타적 영리기회를 가질 수 있는 권리. 영업권이 생기는 원인은 입지조건·생산기술·조직의 우수성, 상호·상표·상품에 대한 신용, 거래선이나 단골과의 특수관계, 제조·판매면에서의 법적·경제적 독점성, 고객 등 이해자 집단의 호의, 기업의 역사 등이 있는데, 이것들이 결합하여 초과수익력이 되는 것이 보통이다.

Amortization of goodwill

영업권의 상각

Intangible asset

A legal claim to some future benefit, typically a claim to future cash. Goodwill, intellectual property, patents, copyrights, and trademarks are examples of intangible assets.

Tangible asset

An asset whose value depends on particular physical properties. These include reproducible assets such as buildings or machinery and non-reproducible assets such as land, a mine, or a work of art. Also called real assets.

Example

MBC와 SBS 두 기업이 비교가능할 때, 다음 빈 칸을 채우시오. SBS는 5년 감가상각이고, MBC는 10년 감각상각을 한다.

	SBS	MBC
Current Assets	3,000	4,500
Fixed Assets	5,000	
Revenues	10,000	
Cost of Goods Sold	6,000	
Depreciation		
EBIT		
EV/EBIT		
EBITDA		
EV/EBITDA		

Solution

$$\frac{Current\ Assets}{Fixed\ Assets}=\frac{3}{5},\quad \frac{Cost\,of\ Goods\ Sold}{Revenues}=\frac{6}{10}$$

$$\frac{Reveunes}{Assets}=\frac{10,000}{8,000}$$

	SBS	MBC
Current Assets	3,000	4,500
Fixed Assets	5,000	7,500
Revenues	10,000	15,000
Cost of Goods Sold	6,000	9,000
Depreciation	1,000	750
EBIT	3,000	5,250
EV/EBIT	2.67	2.29
EBITDA	4,000	6,000
EV/EBITDA	2	2

Example

대한항공과 아시아나항공 두 기업이 비교가능할 때, 다음 빈 칸을 채우시오. 대한항공는 5년 감가상각이고, 아시아나항공은 10년 감각상각을 한다.

	대한항공	아시아나
Current Assets	2,000	6,000
Fixed Assets	5,000	
Revenues	10,000	
Cost of Goods Sold	6,000	
Depreciation		
EBIT		
EV/EBIT		
EBITDA		
EV/EBITDA		

Example

Assume that an analyst is valuing K company. The EV/EBITDA multiples for comparable firms are as follows:

Firm	EV/EBITDA
1	8.1
2	11.5
3	5.7
4	7.6
5	9.8

Average: 8.5

While the average EV/EBITDA for comparable firms is 8.5, an analyst can believe K company should trade at 5.0 EV/EBITDA. The rationale behind 5.0 EV/EBITDA can be due to high sovereign risk and unfriendly regulatory environment.
Given that no two firms are exactly similar in terms of risk and growth, the definition of comparable firms is a subjective one.

Analyst

Employee of a brokerage or fund management house who studies companies and makes buy-and-sell recommendations on their stocks. Most specialize in a specific industry.

Example

Assume that an analyst is valuing J company.

J Company has 50 shares of common stock outstanding, EBITDA of 2,000,000 won and Net Debt of 3,000,000 won.

The EV/EBITDA multiples for comparable firms are as follows:

Firm	EV/EBITDA
1	5.2
2	3.4
3	5.7
4	7.6
5	9.8

What's the target price of J Company?

Solution

Average: 6.3

$$6.3 = \frac{EV}{2,000,000}$$

Value per Share: $\frac{2,000,000 \times 6.3 - 3,000,000}{50} = 192,000$ won

EPS

$$\frac{(Net\ profit\ after\ taxes) - (Preferred\ stock\ dividends)}{Average\ number\ of\ common\ shares}$$

Earnings Per Share (EPS) shows the after-tax earnings generated for each share of common stock.

PER

$$PER = \frac{Price}{EPS}$$

주가수익비율(Price Earnings Ratio)은 주식시장 투자지표 중에서 가장 대표적으로 활용되고 있는 지표 중 하나이다. PER는 현재주가를 1주당순이익으로 나눈 비율로써 주가가 1주당순이익의 몇 배가 되는가를 측정하는 지표이다. 기업의 단위당 수익력

(수익가치)에 대한 투자자들의 질적 평가로서 상대적인 주가수준을 평가하는데 활용되고 있다. 일반적으로 PER수준을 측정하여 과거와 비교함으로써 과거보다 높고 낮음에 따라 주가수준의 고평가 또는 저평가 정도를 판단하는데 활용되고 있다. 만일 과거에 비해 PER가 낮을 경우 현재주가는 주당이익 1원에 대해 시장에서 저평가되고 있다는 것으로 주가가 상승할 가능성이 높다고 판단할 수 있다. 이는 향후 주가가 적정하게 평가될 경우 주가가 상승하리라는 믿음에서 비롯된 것이다. 즉, 투자자들은 기업의 수익력에 근본적인 변화가 없다고 할 경우 PER가 과거평균수준으로 회귀할 것으로 예측한다는 것이다. 과거 PER수준과 비교하는데 활용되는 것 외에도 어느 한 시점에서 산업 또는 시장평균 PER수준과 비교하여 해당기업의 주가수준의 고평가 또는 저평가정도를 판단하는데 활용되기도 한다. 최근에는 주식투자가 글로벌화 되면서 국가 또는 거래소시장 평균 PER를 비교함으로써 국가 또는 거래소시상 전체의 상대적 주가수준을 평가하기도 한다.

PBR

$$PBR = \frac{Price}{BPS}$$

Price Book Value Ratio

현재의 주가를 주당순자산으로 나눈 것으로 현주가가 1주당 순자산의 몇 배인가를 나타낸다.

PER가 기업의 수익성측면에서 주가를 판단하는 지표인데 비해 PBR은 재무상태 또는 재산상태 면에서 주가를 판단하는 지표라고 할 수 있다.

Example

다음의 진술이 맞으면 T, 틀리면 F를 하시오.

PBR은 주당순이익의 몇 배가 주가로 나타나는가를 의미하는 비율이다. (　　)

정답 F

Example

Assets	Debt	20,000,000
	Equity	50,000,000
70,000,000		70,000,000

K Corporation has 2,000 shares of common stock outstanding that are currently being sold for 30,000 won per share. The firm's debt is 20 million won.

$$BPS = \frac{50{,}000{,}000}{2{,}000} = 25{,}000$$

$$PBR = \frac{Price}{BPS} = \frac{30{,}000}{25{,}000} = 1.2$$

Example

Assume that an analyst is valuing K company.

K Company has 5 million shares of common stock outstanding and Net Income of 30,000 million won.

The PE multiples for comparable firms are as follows:

Firm	PE
1	8.1
2	11.5
3	5.7
4	7.6
5	9.8

What's the target price of K Company?

Solution

Average: 8.5

EPS: 6,000 won

Target price: $8.5 \times 6{,}000 = 51{,}000$ won

Tobin' s *q*-ratio

$$\frac{\text{The market value of assets}}{\text{The replacement value of assets}}$$

기업의 자산에 대한 시장가치를 그 자산의 대체원가(replacement cost of its physical capital) 나눈 값이다.

The ratio of the market value of assets to their replacement value at the end of the most recent fiscal year. The market value of assets is proxied by the book value of assets minus the book value of equity minus deferred taxes plus the market value of common stock. The replacement value of assets is proxied by the book value of assets.

일반적으로 q비율이 1보다 큰 경우에는 자본설비(capital equipment)의 시장가치가 대체원가 보다 큰 가치를 가지므로 기업이 투자하려는 유인(incentive)을 갖게 되며, q비율이 1보다 적으면 투자유인이 없다고 할 수 있다.

Example

다음 괄호 안에 들어갈 적절한 말을 쓰시오.

( )는 기업의 부채 및 자기자본의 시장가치를 보유자산의 대체비용으로 나눈 비율이다.

정답 Tobin's q

Example

피자헛은 EBITDA가 5,000원이고, 순이익이 4,000원이다. 순부채가 1,000원이고, 주식수가 20주이다. 부채는 2,000원이고, 자본은 6,000원이다.

	EV/EBITDA	PER	PBR	Tobin's Q
미스터피자	2	3	3	3
도미노피자	1	4	5	1
파파존스	3	5	7	5

1) EV/EBITDA에 따른 피자헛의 주당 주식가치는?

2) PER에 따른 피자헛의 주당 주식가치는?

3) PBR에 따른 피자헛의 주당 주식가치는?

4) Tobin's Q에 따른 피자헛의 주당 주식가치는?

Solution

1) $Average = 2 = \frac{EV}{5{,}000}$

$EV = 10{,}000$

Equity Value: 9,000원, Value per Share: 450원

2) Average:4, EPS: 200원,

$4 = \frac{Price}{200}$

Value per Share: 800원

3) Average: 5, BPS: 300원,

$5 = \frac{Price}{300}$

Value per Share: 1,500원

4) Average: 3,

$3 = \frac{8{,}000 - 6{,}000 + Equity\ Value}{8{,}000}$

Equity Value: 22,000원, Value per Share: 1,100원

Example

두산건설은 EBITDA가 8,000원이고, 순이익이 3,000원이다. 순부채가 1,000원이고, 주식수가 50주이다. 부채는 2,000원이고, 자본은 7,000원이다.

	EV/EBITDA	PER	PBR	Tobin's Q
현대건설	5	3	6	3
벽산건설	1	7	5	4
동부건설	3	5	7	5

1) EV/EBITDA에 따른 두산건설의 주당 주식가치는?
2) PER에 따른 두산건설의 주당 주식가치는?
3) PBR에 따른 두산건설의 주당 주식가치는?
4) Tobin's Q에 따른 두산건설의 주당 주식가치는?

Example

서울기업의 내년도 예상주당순이익은 12,000원으로 예측된다. 이 기업의 평균 PER은 약 10배~15배 사이로 형성되고 있다. PER모형에 의하여 서울기업의 주가를 추정하면?

Solution

120,000원~180,000원

Absolute Valuation

FCF

$EBIT(1-t)$

$+ Depreciation$

$- Capital\ \ Expenditures$

$- Working\ Capital\ Change$

$= FCF$

Example

L company reported earnings before interest and taxes of 3,482 won in Y_0. It had depreciation of 4,613 won and capital expenditures of 5,560 won in Y_0. In addition, the working capital increased from 14,306 won in Y_{-1} to 15,405 won in Y_0. The earnings before interest and taxes is expected to increase to 3,967 in Y_1. Capital expenditures, depreciation, and working capital are all expected to increase by 5% in Y_1. The firm had a tax rate of 38% in Y_0. Calculate the free cash flows to the firm for Y_0 and Y_1.

Solution

$Working\ Capital\ Change_0 = 15{,}405 - 14{,}306 = 1{,}099$

$Working\ Capital\ Change_1 = 15{,}405 \times 0.05 = 770$

	Y0	Project Y1
EBIT(1-t)	2,159	2,460
Depreciation	4,613	4,844
Capital Expenditures	5,560	5,838
Working Capital Change	1,099	770
FCF	114	696

Example

L company reported earnings before interest and taxes of 5,000 won in Y_0. It had depreciation of 2,000 won and capital expenditures of 3,500 won in Y_0. In addition, the working capital increased from 14,300 won in Y_{-1} to 15,400 won in Y_0. The earnings before interest and taxes is expected to increase to 6,000 in Y_1. Capital expenditures, depreciation, and working capital are all expected to increase by 5% in Y_1. The firm had a tax rate of 20% in Y_0. Calculate the free cash flows to the firm for Y_0 and Y_1.

Solution

	Y0	Y1
EBIT(1-t)	4,000	4,800
Depreciation	2,000	2,100
Capital Expenditures	3,500	3,675
Working Capital Change	1,100	770
FCF	1,400	2,455

The free cash flows to the firm approach

The value of the firm can be written as the present value of expected FCF:

$$V=\sum_{t=1}^{\infty}\frac{FCF_t}{(1+r_W)^t}$$

r_W : WACC

If the firm reaches steady stage after n years and starts growing at a stable growth rate g after that, the value of the firm can be written as:

$$V=\sum_{t=1}^{n}\frac{FCF_t}{(1+r_W)^t}+\frac{FCF_{n+1}}{(1+r_W)^{n+1}}+\frac{(FCF_{n+1})\cdot(1+g)}{(1+r_W)^{n+2}}+\cdots$$

$$V=\sum_{t=1}^{n}\frac{FCF_t}{(1+r_W)^t}+\frac{\dfrac{FCF_{n+1}}{(1+r_W)^{n+1}}}{1-\dfrac{1+g}{1+r_W}}$$

$$V=\sum_{t=1}^{n}\frac{FCF_t}{(1+r_W)^t}+\frac{FCF_{n+1}}{(r_W-g)(1+r_W)^n}$$

If the firm reaches steady stage after n years and starts growing at a stable growth rate 0 after that, the value of the firm can be written as:

$$V=\sum_{t=1}^{n}\frac{FCF_t}{(1+r_W)^t}+\frac{FCF_{n+1}}{(1+r_W)^{n+1}}+\frac{FCF_{n+1}}{(1+r_W)^{n+2}}+\cdots$$

$$V=\sum_{t=1}^{n}\frac{FCF_t}{(1+r_W)^t}+\frac{\dfrac{FCF_{n+1}}{(1+r_W)^{n+1}}}{1-\dfrac{1}{1+_W}}$$

$$V=\sum_{t=1}^{n}\frac{FCF_t}{(1+r_W)^t}+\frac{FCF_{n+1}}{r_W(1+r_W)^n}$$

Net Debt

Net Debt means total interest bearing indebtedness minus cash, cash equivalents, short-term financial instruments and marketable securities.

Example

Given the following Balance Sheet,

(million won)

Cash and Cash Equivalents	2,000	Accounts payable	2,000
Accounts receivable	1,000	Bonds	3,000
Inventories	2,000	Equity	3,000
Fixed Assets	3,000		
Total Assets	8,000	Total liabilities and shareholders' equity	8,000

Find Net Debt.

Solution

$Net\ Debt = 3{,}000 - 2{,}000 = 1{,}000$ million won

Example

Given the following Balance Sheet,

(million won)

Cash and Cash Equivalents	2,800	Accounts payable	2,300
Accounts receivable	1,700	Bonds	3,600
Inventories	2,200	Equity	4,300
Fixed Assets	3,500		
Total Assets	10,200	Total liabilities and shareholders' equity	10,200

Find Net Debt.

Solution

Bonds: 3,600

Cash and Cash Equivalents: 2,800

Net Debt $= 3{,}600 - 2{,}800 = 800$

Free cash flow is a measure of cash that is available for discretionary purposes.

FCFF

Free cash flow to the firm(FCFF) is the cash available to all investors, both equity owners and debt holders.

FCFF can be calculated from net income as:

$FCFF = NI + NCC + Int(1-t) - NCE - WCI$

NCC: noncash charges (depreciation and amortization)

Int: interest expense

NCE: net capital expenditures

WCI: working capital investment

FCFF can be calculated from operating cash flow as:

$FCFF = CFO + Int(1-t) - NCE$

Free cash flow to equity(FCFE) is the cash flow that would be available for distribution to common shareholders.

FCFE can be calculated as follows:

$FCFE = CFO - NCE - NB$

NB: Net borrowing = debt issued - debt repaid

ROIC

Return On Invested Capital
투자자본수익률
투자자본수익률(ROIC)은 세후순영업이익을 투자자본으로 나눈 값으로 기업이 투자자본을 가지고 고유의 영업활동을 통해 창출한 이익정도를 나타내준다.

MVA

미래에 발생될 수 있는 경제적 부가이익을 현재가치로 할인한 가치

Economic Value Added

경제적 부가가치

Value added to shareholders by management during a given year.
기업이 영업활동을 통하여 새로이 창출한 부가가치
EVA = EBIT(1 − Corporate tax rate) − (Total capital)(After-tax cost of capital)
Total capital includes long-term debt, preferred stock, and common equity.
EVA is an estimate of a business's true economic profit for the year.
EVA represents the residual income that remains after the cost of all capital has been deducted.

EVA는 타인자본은 물론 자기자본에 대한 자본비용을 차감한 이익이다.

기업이 양(+)의 EVA를 창출한다는 것은 영업용투자자본을 가지고 영업활동을 통해 발생한 이익이 자본조달비용을 지불하고도 기업이 부가적인 이익이 창출되었다는 것이다.
EVA가 다른 경영성과지표와 비교하여 보다 우월하게 평가받고 있는 이유는 기업 고유의 영업활동에 투자된 자산과 영업성과를 통해 창출된 이익으로 평가한다는 점과 주주의 기회비용인 자기자본비용을 고려한다는 점이다.

손익계산서의 당기순이익은 자본비용 중 타인자본에 대한 이자비용만을 차감한 이익인데 반하여 EVA는 자기자본비용도 차감하기 때문에 경영의사결정 시 투하자기자본을 고려하게 한다.

NOPAT

Net Operating Profit After Tax

세후순영업이익

기업이 순수영업으로부터 창출한 이익에서 법인세를 차감한 이익

Example

괄호 안을 채우시오.

EVA는 ( )에서 투하자본에 대한 자본비용을 차감하여 계산된다.

Solution

(세후순영업이익)

Example

Last year K Inc. reported the following income statement:

Sales	2,000,000
Cost of goods sold	1,200,000
Depreciation	500,000
Operating income(EBIT)	300,000
Interest expense	100,000
EBT	200,000
Taxes (40%)	80,000
Net income	120,000

The company had a total of $250,000 of capital, and it estimates that its after-tax cost of capital is 10 percent. Assume that K's only noncash item was depreciation.

What was the company's EVA?

Solution

EVA

=EBIT(1−Corporate tax rate)−(Total capital)(After-tax cost of capital)

= $300,000(1−0.4)−($250,000)(0.1)=$155,000

Example

Last year J Inc. had $5,000,000 in operating income(EBIT). The company had a depreciation expense of $1,000,000 and an interest expense of $1,000,000; its corporate tax rate was 40 percent. The company had a total of $25,000,000 of capital, and it estimates that its after-tax cost of capital is 10 percent. Assume that R's only noncash item was depreciation.

1. What was the company's net income for the year?
2. What was the company's EVA?

Solution

1.

EBIT	5,000,000
Interest	1,000,000
EBT	4,000,000
Taxes (40%)	1,600,000
Net income	2,400,000

2. EVA

$$=\text{EBIT}(1-\text{Corporate tax rate})-(\text{Total capital})(\text{After-tax cost of capital})$$

$$=\$5{,}000{,}000(1-0.4)-(\$25{,}000{,}000)(0.1)=\$500{,}000$$

Corporate Governance

기업지배구조

Corporate governance is the system of checks and balances that serves to align the decisions of corporate managers with the desire of shareholders to maximize the value of their investments.

Corporate governance addresses the agency problems that are induced by the separation of ownership and control in the modern corporation.

The successful corporate governance systems rely on some combination of concentrated ownership and legal protection of investors.

기업지배구조는 기업의 소유지분구조 및 권력구조를 통칭한다. 기업의 소유지분구조는 주식의 분포형태 측면을 의미하며 주로 법적, 제도적, 재무적 측면에서 기업지배구조를 다루는 것이다. 권력구조는 소유경영자의 권력적 특성, 소유경영자와 전문경영자와의 역학관계, 이해관계자 집단과의 대응관계, 그 밖의 주요한 경영시스템을 규명하는 사회문화적, 권력적 측면에서의 기업지배구조를 다룬다. 이처럼 기업지배구조는 기업의 소유권과 경영권의 소재형태와 소유권과 경영권을 지닌 사람들간의 권력관계를 총칭하는 말이다.

미국의 기업지배구조의 특징은 일반적으로 소유와 경영이 분리되어 있고 이에 따른 대리인 문제는 시장규율을 통해 완화된다. 반면 일본이나 독일의 경우에는 기업지배형태가 조직을 통한 통제로 특징지어진다. 흔히 은행을 중심으로 하는 일본의 계열집단은 기업간 주식의 상호보유를 통한 장기적 유대관계를 형성하고 있다. 자금조달이나 기업지배에 있어서 이러한 결속이 기업네트워크 형성을 촉진하고 또 기업의 금융적 안정성을 제고하며 장기적 관점의 경영전략 추진을 용이하게 하는 것으로 평가된다. 또 이러한 일본의 기업소유 지배구조는 주주,종업원,은행 등 금융기관, 고객 나아가 공급자 등 다양한 기업 이해관계자 간의 관계를 조화시키는 것으로 평가되고 있다.

미국은 장기성장보다 단기수익을 중시하는 기업경영행태로 인해 장기적 안목의 투자가 소홀하게 되는데, 이는 미국적 기업소유지배구조의 특성에 기인한 것으로 분석되고 있다. 경영자는 주식시장에서의 단기적 주가변동이 경영자의 능력을 반영하는 것으로 인식할 뿐만 아니라 적대적 기업인수에 대항하기 위해서도 주가를 높이는 것을 중시하여 기술개발이나 시설투자 등 장기 성장발전을 위한 투자를 희생하고라도 단기수익을 극대화하려는 경향이 강하다. 반면 일본이나 독일은 장기 안정적 투자자 기반을 가지는 것으로 인식되고 있다. 미국기업이 가지지 못하는 "인내심 있는 자본" 또는 "헌신적 자본"을 제공하는 주주층이 형성되어 있는 것이 특징이다. 기업간 주식의 상호보유나 기업-은행간 긴밀한 연계관계에 의해 안정주주층이 형성되어 있어 일본, 독일 기업의 경영전략이 단기경영실적이나 그에 따른 주가관리보다 장기적인 관점에서 적극적인 기술개발이나 개발된 기술의 상업적 응용 및 전파를 촉진하는 기반역할을 하는 것으로 평가되고 있다. 특히 일본의 기업계열조직과 주거래은행 제도에 의한 은행과 기업간의 연계관계는 기업의 장기적이며 적극적인 투자(risk-taking)를 촉진하는 긍정적 측면이 큰 것으로 평가되고 있다.

Propping(i.e., Negative Tunneling)

For example, Lee Kun Hee, chairman of Samsung Electronics and head of the family that controls Samsung Group, donated some of his personal wealth to pay off the debts of Samsung Motors Inc, a subsidiary that was on the verge of bankruptcy in summer 1999.

Mitton (1999) finds evidence of propping in diversified firms in Indonesia, the Philippines, Korea, Malaysia, and Thailand during the "Asian crisis" of 1997-98.

Holding Company

A corporation that owns sufficient common stock of another firm to achieve working control over it.

The holding company system

Large business groups in Korea were criticized for their cross-investment practice among affiliates, which allowed affiliates to hold ownership in multiple affiliated companies with low shareholding ratios. As shareholders, they shunned responsibilities but only exercised their rights.

Under the holding company system, investment will be made by the holding company and business will be conducted by the affiliates. Then, the business companies will be

able to concentrate their efforts on their business, without worrying about investment and corporate competitiveness and value will be enhanced to a great extent.
지주회사제는 현행 대기업집단의 복잡한 순환출자구조가 지주회사를 중심으로 한 수직적 체계로 전환되어 대기업집단 지분소유구조가 단순·투명해짐으로써 기업지배구조 개선을 위한 상법, 증권거래법 등에 마련되어 있는 각종 제도적 장치가 제기능을 발휘할 수 있게 되고, 분사화를 통한 사업의 분리·매각이나 유연한 사업의 진입·퇴출이 가능하여 원활한 구조조정에 유용한 수단이 될 수 있는 장점이 있다.
그러나, 지주회사는 적은 자본으로 다수 기업을 용이하게 지배할 수 있어 지배력 확장 수단으로 이용될 수 있는 문제점도 있다.

Pure holding company
순수지주회사
타회사의 주식을 보유하고 지배할 뿐 사업활동은 하지 않는 지주회사

Operating holding company
사업지주회사
타회사를 지배하는 동시에 자신도 직접 사업을 영위하는 지주회사

금융지주회사

미국은 글래스 스티걸법(Glass-Steagal Act of 1933)에 따른 은행, 증권간 업무분리로 미국 금융회사들이 유럽의 유니버셜 뱅킹에 비해 경쟁력이 떨어진다는 인식하에, 1999년 11월 GLB법(Gramm-Leach-Bliley Act : 금융서비스현대화법 Financial Service Modernization Act)을 제정하여 금융지주회사를 통한 은행, 증권 및 보험업 간의 겸업화를 허용하였다.

Monopoly regulation and fair trade act

Article 2) Definition
"Holding Company" means any company whose primary business concern is to control domestic firms by owning shares (including equity; the same shall apply hereinafter) and whose total assets exceed the amount set forth in the Presidential Decree. The standards

for primary business area of the holding companies shall be determined by the Presidential Decree.

Article 7) Restrictions on Business Combinations

No person shall, directly or through specially related persons provided for by the Presidential Decree (hereinafter, "Specially Related Person"), engage in any acts that fall under one of the following categories (hereinafter, "Business Combination") which substantially restricts competition in a Given Area of Trade; provided, however, that when the act specified in Subparagraph 2 is carried out by a person other than Enterprises whose total assets or turnover (total asset or turnover of affiliates combined) meets the criteria provided for by the Presidential Decree (hereinafter, "Large-Scale Enterprise"), the foregoing shall not apply.

Prohibition on Cross Share-holdings

No corporation belonging to a Business Group which meets the criteria set forth in the Presidential Decree, including the criteria concerning total assets (hereinafter referred to as "Large Business Group"), shall acquire or own any shares of any Affiliated Corporations which have acquired or own some of its shares.

Ceiling on Total Amount of Equity Investment

No corporation belonging to a Large Business Group (except corporations and holding companies engaging in financial or insurance businesses. Hereinafter in this Article, the same shall apply) shall acquire or own shares in other domestic companies whose sum of acquisition value exceeds twenty-five percent (25%) of the net assets of the corporation (hereinafter referred to as "Investment Ceiling Amount").

출자총액제한제도는 계열사간 출자로 연결고리가 형성되어 일부 계열사의 부실이 전체기업집단의 동반부실화를 초래하는 선단식 경영의 폐해와 외부유입되는 실질적 자기자본의 증가없는 자산규모 확대로 재무구조 부실화 및 계열사간 순환 출자를 통해 지배력을 확장하는 대기업집단의 왜곡된 소유지배구조의 폐해를 차단하기 위해 1987년부터 시행되었으며, 1998년 2월 외환위기 때 잠시 폐지되었다가 순환출자의 폐해가 다시 재발함에 따라 2001년 4월 재도입하여 시행되고 있다.

계열사간 거미줄식 출자를 통해 총수 1인이 수많은 기업을 선단식으로 경영하는 폐해를 차단하기 위해 2001년 4월부터 재시행된 출자총액제한제도에 대해 재계가 경제여건의 어려움을 이유로 폐지를 요구함에 따라 정부와 재계는 2001.5.31 투자활성화 및 기업경영여건 개선 등을 위해 출자총액제한제도를 정비하기로 합의하였다. 정부와 재계는 수많은 논의와 토론을 거쳐 기업의 경쟁력 강화 및 핵심역량으로의 집중을 위한 출자는 자유롭게 하고 한도초과 출자의 해소부담은 완화하되, 기업의 경쟁력강화에 기여하지 못하는 무분별한 외형확장을 위한 출자는 제한하기로 제도의 개선방향을 마련하였다.

Prohibitions on Debt Guarantees for Affiliated Corporations

No corporation (excluding those engaged in financial or insurance businesses) belonging to a Large Business Group which meets the criteria set forth in the Presidential Decree (hereinafter referred to as "Large Business Groups Subject to Limitations on Debt Guarantees") shall provide debt guarantees for its domestic Affiliated Corporations.

상호출자

서로 독립된 법인끼리 자본을 교환 형식으로 출자하는 것을 말한다.
상호출자는 일반적으로 재벌그룹 계열사간에 결속력을 강화하거나 자기자본을 부풀려 은행융자나 회사채 발생 한도 확대 등 유리한 여건을 조성하려는 목적으로 이뤄지는 경우가 많다.

미국의 경우 1960~70년대에 융성했던 콩글로머리트(conglomerate)의 다각화현상이 1980년대 들어서 약화되었는데, 이것은 외부자본시장이 정교해지고 발전하면서 다각화기업이 갖는 내부자본시장의 장점들을 압도하기 시작했기 때문이다. 미국에서는 1980년대에 들어서 기관투자가의 비중이 크게 확대되고 자본시장에 대한 규제완화로 자본시장 내의 금융기관들간 경쟁이 크게 강화되며 뮤츄얼펀드, 연금기금 등 기관투자자들의 기업 감시와 성과 분석능력이 크게 강화되고 기관투자자들이 기업 정보 공개를 강력하게 요구하면서 외부투자자와 기업간의 정보비대칭성도 크게 완화되었다.

Cross shareholding matrix

Cross shareholding distorts the size and the distribution of equity.

Let S_{ij} be firm i's share of firm j.

(s_{ij})

Internal shareholding structure

Let S_{ij} be firm i's share of firm j.

(s_{ij})

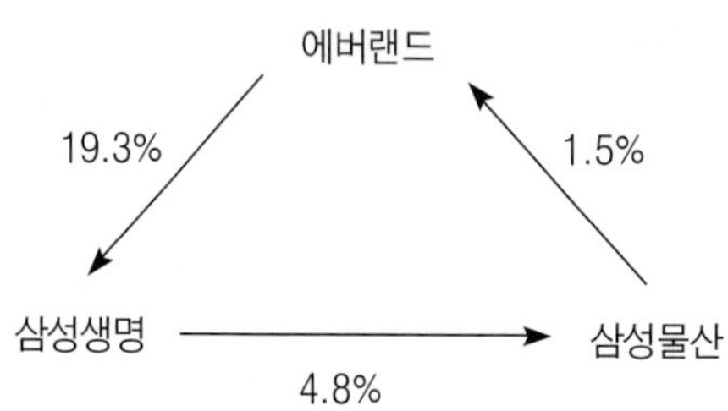

$$\begin{pmatrix} 0 & 0.015 & 0 \\ 0 & 0 & 0.193 \\ 0.048 & 0 & 0 \end{pmatrix}$$

삼성물산, 에버랜드, 삼성생명

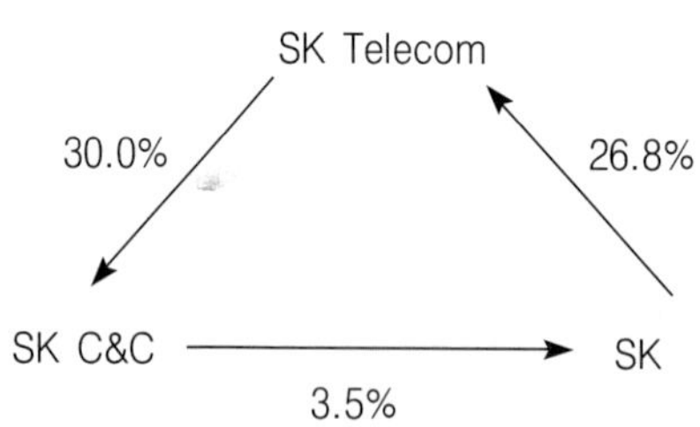

(March, 2002)

$$\begin{pmatrix} 0 & 0.268 & 0 \\ 0 & 0 & 0.3 \\ 0.035 & 0 & 0 \end{pmatrix}$$

SK, SK Telecom, SK C&C

Finding the inverse matrix

Given $X = \begin{pmatrix} a & b \\ c & d \end{pmatrix}$

$$X^{-1} = \frac{1}{ad - bc}\begin{pmatrix} d & -b \\ -c & a \end{pmatrix}$$

Example

Find the inverse of $X = \begin{pmatrix} 3 & 2 \\ 1 & 0 \end{pmatrix}$.

Solution

$$X^{-1} = -\frac{1}{2}\begin{pmatrix} 0 & -2 \\ -1 & 3 \end{pmatrix}$$

3×3 matrix

Given $A = \begin{pmatrix} a_{11} & a_{12} & a_{13} \\ a_{21} & a_{22} & a_{23} \\ a_{31} & a_{32} & a_{33} \end{pmatrix}$

its determinant has the value

$$|A| = a_{11}a_{22}a_{33} + a_{12}a_{23}a_{31} + a_{13}a_{32}a_{21} - a_{11}a_{32}a_{23} - a_{12}a_{21}a_{33} - a_{13}a_{22}a_{31}$$

The cofactor matrix is

$$C = \begin{pmatrix} \begin{vmatrix} a_{22} & a_{23} \\ a_{32} & a_{33} \end{vmatrix} & -\begin{vmatrix} a_{21} & a_{23} \\ a_{31} & a_{33} \end{vmatrix} & \begin{vmatrix} a_{21} & a_{22} \\ a_{31} & a_{32} \end{vmatrix} \\ -\begin{vmatrix} a_{12} & a_{13} \\ a_{32} & a_{33} \end{vmatrix} & \begin{vmatrix} a_{11} & a_{13} \\ a_{31} & a_{33} \end{vmatrix} & -\begin{vmatrix} a_{11} & a_{12} \\ a_{31} & a_{32} \end{vmatrix} \\ \begin{vmatrix} a_{12} & a_{13} \\ a_{22} & a_{23} \end{vmatrix} & -\begin{vmatrix} a_{11} & a_{13} \\ a_{21} & a_{23} \end{vmatrix} & \begin{vmatrix} a_{11} & a_{12} \\ a_{21} & a_{22} \end{vmatrix} \end{pmatrix}$$

$$A^{-1} = \frac{1}{|A|}C^{T}$$

where C^{T}: the transpose of C

Example

Find the inverse of $A = \begin{pmatrix} 4 & 1 & -1 \\ 0 & 3 & 2 \\ 3 & 0 & 7 \end{pmatrix}$.

Solution

$|A| = 99$

The cofactor matrix is

$$C = \begin{pmatrix} 21 & 6 & -9 \\ -7 & 31 & 3 \\ 5 & -8 & 12 \end{pmatrix}$$

$$A^{-1} = \frac{1}{99}\begin{pmatrix} 21 & -7 & 5 \\ 6 & 31 & -8 \\ -9 & 3 & 12 \end{pmatrix}$$

Example

Evaluate the following determinant.

$$\begin{vmatrix} 2 & 1 & 3 \\ 4 & 5 & 6 \\ 7 & 8 & 9 \end{vmatrix}$$

Solution

$$\begin{vmatrix} 2 & 1 & 3 \\ 4 & 5 & 6 \\ 7 & 8 & 9 \end{vmatrix} = -9$$

Example

Evaluate the following determinant.

$$\begin{vmatrix} -7 & 0 & 3 \\ 9 & 1 & 4 \\ 0 & 6 & 5 \end{vmatrix}$$

Solution

$$\begin{vmatrix} -7 & 0 & 3 \\ 9 & 1 & 4 \\ 0 & 6 & 5 \end{vmatrix} = 295$$

Example

Find the inverse of $A = \begin{pmatrix} 1 & 0 & -1 \\ 0 & 3 & 2 \\ 2 & 3 & 4 \end{pmatrix}$.

Example

$$A = \begin{pmatrix} 1 & 3 \\ 3 & 4 \end{pmatrix}$$

$$X = \begin{pmatrix} x_1 \\ x_2 \end{pmatrix}$$

$$X'AX = x_1^2 + 4x_2^2 + 6x_1x_2$$

$$\frac{\partial X'AX}{\partial X} = \begin{pmatrix} 2x_1 + 6x_2 \\ 6x_1 + 8x_2 \end{pmatrix}$$

$$\frac{\partial X'AX}{\partial X} = \begin{pmatrix} 2 & 6 \\ 6 & 8 \end{pmatrix}\begin{pmatrix} x_1 \\ x_2 \end{pmatrix} = 2AX$$

which is the general result when A is a symmetric matrix.

Example

A행렬이 다음과 같을 때, $\frac{\partial X'AX}{\partial X}$를 구하시오.

$$A = \begin{pmatrix} 3 & 2 \\ 2 & 4 \end{pmatrix}$$

Solution

$$\frac{\partial X'AX}{\partial X} = 2AX$$

Example

A행렬과 X행렬이 다음과 같을 때, $\frac{\partial X'A}{\partial X} = A$ 임을 보이시오

$$A = \begin{pmatrix} 3 & 2 \\ 2 & 4 \end{pmatrix}, \ X = \begin{pmatrix} x_1 \\ x_2 \end{pmatrix}$$

Cash flow rights

Cash flow rights are the ultimate cash flow right of the controlling shareholder in the sample firm. Cash flow rights are computed as the product of all the equity stakes along the control chain.

Control rights

Control rights are equal to the fraction of the firm's voting rights owned by its controlling shareholder. To measure control we combine a shareholder's direct (*i.e.* through shares registered in her name) and indirect (*i.e.* through shares held by entities that, in turn, she controls) voting rights in the firm. A shareholder has an x% indirect control over firm 1 if: she controls directly firm 2 which, in turn, directly controls x% of the votes in firm 1; or (2) she controls directly firm 3 which in turn controls firm 2 (or a sequence of firms leading to firm 2 each of which has control over the next one, i.e. they form a control chain) which, in turn, directly controls x% of the votes in firm 1. A group of n companies form a chain of control if each firm 1 through n-1 controls the consecutive firm. A firm in our sample has a controlling shareholder if the sum of her direct and indirect voting rights exceeds twenty percent. When two or more shareholders meet our criteria for control, we assign control to the shareholder with the largest voting stake.

Cash flow rights leverage

Degree of separation of managerial ownership and control

It is computed as the ratio of the management group's control rights to its cash flow tights.

Example

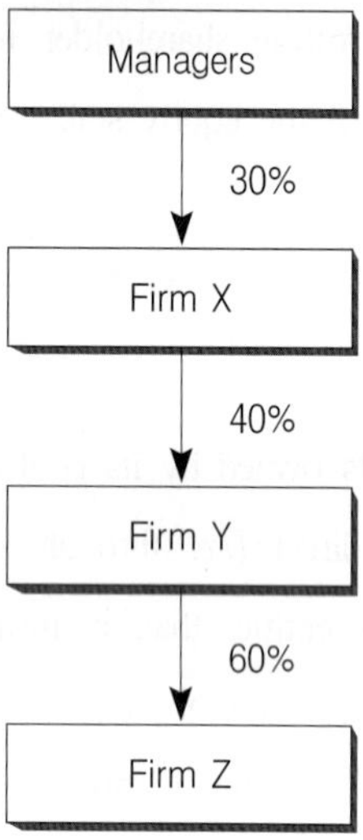

기업 Y의 control rights, cash flow rights, cash flow rights leverage는 얼마인가?
기업 Z의 control rights, cash flow rights, cash flow rights leverage는 얼마인가?

Solution

Calculations for Firm Y

Management control rights: 0.4

Management cash flow rights: $0.3 \times 0.4 = 0.12$

Cash flow rights leverage: $\frac{0.4}{0.12} = 3.3$

Calculations for Firm Z

Management control rights: 0.6

Management cash flow rights: $0.3 \times 0.4 \times 0.6 = 0.072$

Cash flow rights leverage: $\frac{0.6}{0.072} = 8.3$

Ownership structure

Conflict of interest between corporate insiders (controlling shareholders and managers) and outside investors is central to the analysis of the modern corporation in which insiders have less than full ownership of the cash flow rights of the firm (Berle and Mean (1932) and Jensen and Meckling (1976)). These analyses suggest that the firm's ownership structure is a primary determinant of the extent of agency problems between controlling insiders and outside investors, which has important implications for the valuation of the firm.

The insiders who control corporate assets can potentially expropriate outside investors by diverting resources for their personal use or by committing funds to unprofitable projects that provide private benefits. By diverting resources for private benefit, controlling managers have the opportunity to increase their current wealth or perquisite consumption without bearing the full cost of their actions.

Insiders can divert funds including outright theft, asset sales to themselves or other corporations they control at favorable prices, or transfer pricing with other entities they control.

독점규제 및 공정거래에 관한 법률

제10차 독점규제 및 공정거래에 관한 법률의 개정은 1997년 외환위기 이후 기업의 지배구조개선 및 경영투명성 제고 등을 위한 각종 제도가 도입되어 기업 내·외부의 감시장치가 강화되는 등 그 동안 달라진 경제여건에 맞게 대기업집단정책을 합리적으로 개편하기 위해 추진되었다. 우선 자산순위에 의해 일률적으로 규제하던 대규모 기업집단제도를 행태별 규율방식으로 전환하였다. 아울러, 지배력의 확장을 위한 과도한 출자행위는 계속 억제하되 기업의 경쟁력 강화 및 핵심역량으로의 집중을 위한 출자는 자유롭게 할 수 있도록 하는 한편, 기업구조조정을 촉진하기 위해 구조조정관련 출자의 예외인정 시한을 연장하는 등 출자총액제한제도를 개선하였다.

금융 · 보험사의 의결권제한 완화

산업자본에 의해 지배되는 금융기관이 산업자본의 계열확장 내지 계열지배 강화의 확대재생산 통로로 이용되는 것을 차단하기 위해 대규모기업집단에 속하는 금융·보험회사는 자기 계열회사에 대하여 의결권을 행사하지 못하게 하였으나, 외환위기 이후 대규모 우량상장사들의 외국인 지분이 계속 늘어남에 따라 경영권방어 목적의 중요 결정사항에 대해서는 의결권을 행사할 수 있도록 하였다. 다만, 의결권 제한 완화가 계열사에 대한 지배력 강화 수단으로 악용될 소지를 방지하기 위해 경영권 방어와 직접적으로 관련되는 임원임면, 정관변경, 합병 및 영업양도에 관한 사항에 대해서만 동일인과 특수관계인의 지분과 합하여 30%까지만 행사할 수 있도록 하였다.

Business concentration

기업집중

개별기업이 상호간 불필요한 경쟁을 배제하고 독점적 이익 · 경영적 이익 등을 얻기 위해 타기업과 행하는 갖가지 복합적인 기업결합.

Kartell

카르텔은 참가기업이 법률적 · 경제적 독립성을 유지하면서 협정에 의하여 결합하는 연합체이며, 시장에서의 경쟁제한이라는 소극적 목적을 가진 동종 산업 사이의 결합이 중심이 된다.

Trust

시장지배를 통한 독점이라는 적극적인 목적에서 참가기업이 각자의 독립성을 버리고 결합하면 트러스트가 된다. 이 경우, 참가기업이 법률적으로 독립성을 유지하는 사례도 있으나, 최소한 경제적으로는 독립성이 상실되며, 전형적으로는 명실공히 합병해 버린다.

Konzern

콘체른은 자본결합을 중심으로 한 다각적인 기업결합이며, 모회사를 중심으로 한 산업자본형 콘체른과, 재벌과 같은 금융자본형 콘체른이 있다.

Financing to corporations

In some countries, large institutions such as banks play a bigger role in supplying financing to corporations than they do in the United States, where households play a greater role.
In Germany and Japan, banks vote significant blocks of shares, sit on boards of directors, and play a dominant role in lending.

The image of the modern corporation

The Modern Corporation and Private Property,
Adolph Berle and Gardiner Means, 1932

Ownership is dispersed.
Control is concentrated.

Well-developed financial markets have allowed U.S. public corporations to distribute their stock widely. Already in the 1930s, concern arose that the diffuse ownership of U.S. public corporations might undermine their efficiency.

Management ownership of stock in U.S. public corporations appears to have increased since the 1930s.
The proportion of shares owned by managers of public corporations actually grew between 1935 and 1995, from an average of 12.9 percent to an average of 21.1 percent. This increase appears to have occurred between the 1930s and 1970s: little change occurred between 1980 and 2001.

Managers' ownership of stock in companies in the utilities industry and other regulated industries is less concentrated than it is in other industries, on average, and this pattern was present in both 1935 and 1995.
This evidence is consistent with the views of many economists that an important function of management ownership of stock is to reduce the cost of separating ownership from

control by aligning management's incentives more closely with the investors' interest in ways that outsider investors can readily observe.

Agency Theory

The theory of the relationship between principals and agents. It involves the nature of the costs of resolving conflicts of interest between principals and agents.

Shareholders are the Principals.

Managers are the Agents.

Agency problem

An agency problem arises when managers own only a fraction of the ownership shares of the firm. This partial ownership may cause managers to work less vigorously than otherwise and to consume more perquisites because the majority owners bear most of the cost.

Agency problems may arise if managers and shareholders have different objectives.

Perquisites

Luxurious offices, company car, membership in clubs

Jensen and Meckling

Jensen, M., and W. Meckling, Theory of the Firm: Managerial Behavior, Agency Costs, and Ownership Structure, Journal of Financial Economics, October 1976.

Agency relationship

We define an agency relationship as a contract under which the principals engage the agent to perform some service on their behalf which involves delegating some decision making authority to the agent.

1인 이상의 사람(주인: principal)이 다른 사람(대리인: agent)에게 자신을 대신하여 의사결정을 할 수 있도록 의사결정권한을 위임한 계약관계

Agency costs

We define agency costs as the sum of:

① the monitoring expenditures by the principal,

The principal can limit divergences from his interest by establishing appropriate incentives for the agent and by incurring monitoring costs designed to limit the aberrant activities of the agent.

② the bonding expenditures by the agent,

It will pay the agent to expend resources to guarantee that he will not take certain actions which would harm the principal.

③ the residual loss.

There will be some divergence between the agent's decisions and those decisions which would maximize the welfare of the principal.

기업을 둘러싸고 있는 이해관계자들이 자신들의 이익을 극대화하기 위해 노력하는 과정에서 나타나는 이해나뭄으로 인헤 발생하는 비용을 대리비용(agency cost)이라 한다.

When a firm has debt, conflicts of interest arise between stockholders and bondholders.

Monitoring cost

감시비용(monitoring cost)는 대리인의 행위가 주인의 이익으로부터 이탈하는 것을 감시하는 데 드는 비용을 말한다.

Bonding cost

확증비용(bonding cost)은 대리인이 주인에게 해가 되는 행위를 하고 있지 않음을 보증하는 과정에서 발생하는 비용을 말한다.

Residual loss

잔여손실(residual loss)은 대리인의 의사결정과 주인의 입장에서 본 최적의사결정 사이에 존재하는 차이로 말미암아 나타나는 부의 감소를 의미한다.

The corporate ownership structure

S_i : inside equity held by the manager,

S_o : outside equity held by anyone outside of the firm,

B : debt

S : the total market value of the equity

$S = S_i + S_o$

V : the total market value of the firm

$V = S + B$

E : the ratio of outside equity

$E \equiv \dfrac{S_o}{B + S_o}$ for a given firm size V^*

Minimum total agency costs

$A_T(E)$: Total agency costs

$A_{S_o}(E)$: agency costs associated with outside equity

$A_B(E)$: agency costs associated with debt

$A_T(E^*)$: minimum total agency costs at optimal fraction of outside financing E^*

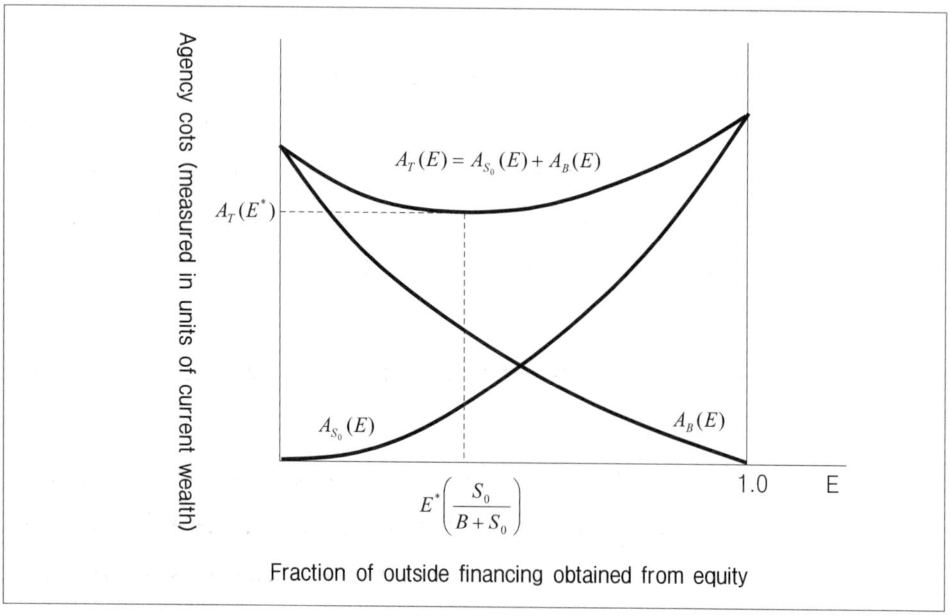

Example

Given that

$$B + S_o = 20{,}000$$

$$A_{S_o}(E) = 3E^2$$

$$A_B(E) = 2(E-1)^2$$

where

S_o : outside equity held by anyone outside of the firm,

B : debt

E : the ratio of outside equity

$A_{S_o}(E)$: agency costs associated with outside equity

$A_B(E)$: agency costs associated with debt,

Draw the total agency costs and find the corporate ownership structure.

Solution

$$A_T(E) = 3E^2 + 2(E-1)^2$$

$$A_T(E) = 5E^2 - 4E + 2 = 5(E - \frac{2}{5})^2 + \frac{6}{5}$$

$$E \equiv \frac{S_o}{B + S_o} = \frac{2}{5}$$

$$S_o = 8{,}000, \qquad B = 12{,}000$$

$$A_{S_o}(E) = A_B(E) = 3E^2 = 2(E-1)^2$$

$$E^2 + 4E - 2 = 0$$

$$E = -2 + \sqrt{6}$$

$$\frac{2}{5} < (-2 + \sqrt{6})$$

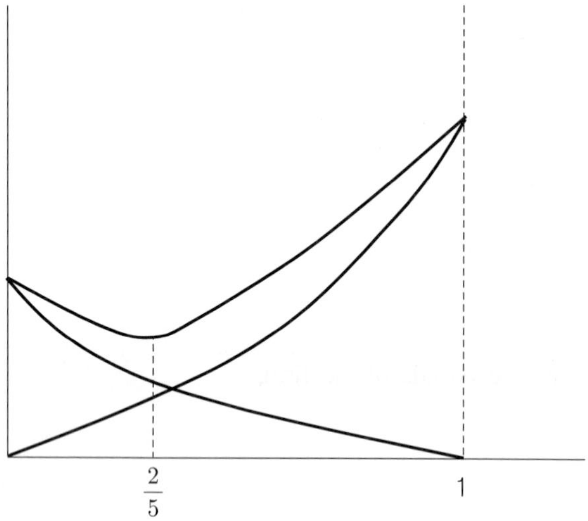

Example

Given that

$B + S_0 = 20{,}000$

$A_{S_o}(E) = 2E^2$

$A_B(E) = 3(E-1)^2$

where

S_o : outside equity held by anyone outside of the firm,

B : debt

E : the ratio of outside equity

$A_{S_o}(E)$: agency costs associated with outside equity

$A_B(E)$: agency costs associated with debt,

Draw the total agency costs and find the corporate ownership structure.

Solution

$A_T(E) = 2E^2 + 3(E-1)^2$

$A_T(E) = 5E^2 - 6E + 3 = 5(E - \frac{3}{5})^2 + \frac{6}{5}$

$E \equiv \frac{S_o}{B + S_o} = \frac{3}{5}$

$S_o = 12,000, \qquad B = 8,000$

$A_{S_o}(E) = A_B(E) = 2E^2 = 3(E-1)^2$

$E^2 - 6E + 3 = 0$

$E = 3 - \sqrt{6}$

$(3 - \sqrt{6}) < \frac{3}{5}$

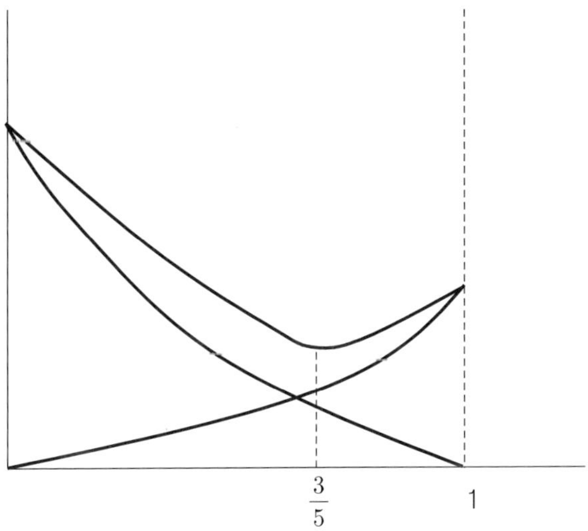

Example

Given that

$B + S_o = 50,000$

$A_{S_0}(E) = 2E^2$

$A_B(E) = 5(E-1)^2$

where

S_o : outside equity held by anyone outside of the firm,

B : debt

E : the ratio of outside equity

$A_{S_o}(E)$: agency costs associated with outside equity

$A_B(E)$: agency costs associated with debt,

Draw the total agency costs and find the corporate ownership structure.

Game Theory

Game theory is concerned with the general analysis of strategic interaction.

Player

경기자는 게임에 참여하는 사람으로 게임의 의사결정주체이다.

Strategy

경기자가 게임 도중 사용할 수 있는 행동의 집합

Pay-off

경기자의 행동 결과 얻게 되는 이득

Dominant Strategy

우월전략

Optimal choice of strategy for each player no matter what the other player does.

		Player B: b_1	Player B: b_2
Player A	a_1	(1,2)	(0,1)
	a_2	(2,0)	(1,0)

The equilibrium strategy is for A to play a_2 and B to play b_1.

Example

		Player B	
		b_1	b_2
Player A	a_1	(5,5)	(15,2)
	a_2	(2,15)	(10,10)

우월전략균형은 (a_1, b_1)

Example

(a_2, b_1)이 우월전략균형이 되기 위한 조건은?

		Player B	
		b_1	b_2
Player A	a_1	$(x,3)$	$(5,y)$
	a_2	$(2,z)$	$(7,4)$

Solution

$x < 2, y < 3, z > 4$

Example

(a_1, b_1)이 우월전략균형이 되기 위한 조건은?

		Player B	
		b_1	b_2
Player A	a_1	$(a,3)$	$(5,b)$
	a_2	$(2,c)$	$(d,4)$

Solution

$a > 2, b < 3, c > 4, d < 5$

Nash Equilibrium

If A's choice is optimal, given B's choice, and B's choice is optimal given A's choice.

		Player B	
		b_1	b_2
Player A	a_1	(2,1)	(0,0)
	a_2	(0,0)	(1,2)

If A chooses a_1, then the best thing for B to do is to choose b_1. And if B chooses b_1, then the best thing for A to do is to choose a_1.

The strategy (a_1,b_1) is a Nash equilibrium.

If A chooses a_2, then the best thing for B to do is to choose b_2. And if B chooses b_2, then the best thing for A to do is to choose a_2.

The strategy (a_2,b_2) is a Nash equilibrium.

Example

철수와 영희가 데이트를 하려고 하는데, 철수는 산에 가기를 주장하고, 영희는 영화 감상을 주장한다. 각자의 선택에 따른 효용은 아래와 같다.

		영희	
		등산	영화
철수	등산	(7,5)	(3,3)
	영화	(1,1)	(5,7)

내쉬균형은 (등산,등산),(영화,영화)의 2개가 존재한나

Example

민수는 미영을 짝사랑한다. 각자의 선택에 따른 효용은 아래와 같다.

		미영	
		축구	댄스
민수	축구	(3,0)	(1,1)
	댄스	(0,0)	(2,1)

내쉬균형은 (댄스,댄스)이다.

Example

롯데마트와 E-마트가 관악구에 신규점포 개설여부를 고려하고 있다. 한 기업만 진입하면 20억원의 이윤을 얻게 되나, 두 기업이 모두 진입하면 과당경쟁으로 모두 10억원의 손실이 발생한다.

		E-마트	
		진입	포기
롯데마트	진입	(−10, −10)	(20,0)
	포기	(0,20)	(0,0)

(진입,포기), (포기,진입)의 2개의 내쉬균형이 존재한다.

Example

		Player B	
		b_1	b_2
Player A	a_1	(1,2)	(0,1)
	a_2	(2,1)	(1,0)

The strategy (a_2,b_1) is a Nash equilibrium.

Example

		Player B	
		b_1	b_2
Player A	a_1	(2,2)	(−1,5)
	a_2	(5, −1)	(1,1)

The strategy (a_2,b_2) is a Nash equilibrium.

A game with no Nash equilibrium

		Player B b_1	Player B b_2
Player A	a_1	(0,0)	(0, −1)
Player A	a_2	(1,0)	(−1,3)

The Prisoner's Dilemma

		Player B Confess	Player B Deny
Player A	Confess	(−3, −3)	(0, −6)
Player A	Deny	(−6,0)	(1, −1)

The unique Nash equilibrium for this game is both players to confess.

The strategy (deny, deny) is Pareto efficient.

The problem is that there is no way for the two prisoners to coordinate their actions.

Example

(a_1, b_1)이 내쉬균형이 되기 위한 조건은?

		B	
		b_1	b_2
A	a_1	$(a,1)$	$(1,c)$
	a_2	$(b,1)$	$(1,d)$

Solution

$c < 1, a > b$

Example

(a_2, b_2)이 내쉬균형이 되기 위한 조건은?

		B	
		b_1	b_2
A	a_1	$(a,3)$	$(5,b)$
	a_2	$(2,c)$	$(d,4)$

Solution

$c < 4, d > 5$

M&A

mergers and acquisitions

합병은 규모의 경제, 시장경쟁력의 강화, 경영상의 비효율성 제거, 시너지효과, 제품의 다양화, 위험분산, 재무구조의 개선 및 조세효과 등을 목적으로 둘 이상의 기업이 일정한 법률적 절차에 따라 하나의 기업을 형성하는 것이다.

Merger

Merger means any transaction that forms one economic unit from two or more previous ones.

The combination of two firms to form a single firm.

Acquiring Company

A company that seeks to acquire another firm.

Target Company

Target firm

A firm that another company seeks to acquire.

A firm that is the object of a takeover by another firm.

Tender offer

주식의 공개매수제의

Horizontal merger

A horizontal merger involves two firms operating in the same kind of business activity.

Vertical mergers

Vertical mergers involve different stages of production operations.

Conglomerate mergers

Conglomerate mergers involve firms engaged in unrelated types of business activity.

Theories of M&A activity

Efficiency Explanations

If the management of firm X is more efficient that the management of firm Y, and if after firm X acquires firm Y, the efficiency of firm Y is brought up to the level of efficiency of firm X, efficiency is increased by merger.
기업 Y의 효율성이 기업 X의 효율성 보다 낮을 경우, 두 기업이 합병하면 기업 Y의 효율성이 기업 X의 수준으로 향상될 것이기 때문에 합병이 발생한다는 이론이다.

Efficiency theories also include the possibility of achieving some form of synergy.
If synergy occurs the value of the combined firm exceeds the value of the individual firms brought together by the mergers.

$V_{XY} > V_X + V_Y$

합병 후의 기업가치가 협병 전의 개별기업의 가치를 합한 것보다 클 것이라는 이론이다.

$$synergy = V_{XY} - (V_X + V_Y)$$

$$premium = C_0 - V_Y$$

C_0: 인수가격

An acquisition premium is the difference between the actual price paid to acquire a company and the estimated value of the acquired company before the acquisition.

Let's assume Company X wants to acquire Company Y. If Company Y is worth $20 per share but Company Y offers $25 per share, this means Company X is willing to pay a 25% acquisition premium.

$$\text{합병의 NPV} = synergy - premium$$
$$= V_{XY} - V_X - C_0$$

Example

서울기업은 관악기업을 흡수합병하려고 한다. 합병 후 기업가치는 70억원이 될 것으로 예상되는데, 관악기업의 주주들은 현재 주가보다 40% 높은 인수가격을 요구하고 있다. 두 기업의 재무자료는 다음과 같다.

	서울기업	관악기업
기업가치	40억원	10억원
발행주식수	20만 주	10만 주
주가	2만원	1만원

1) 인수대금을 현금으로 지급하는 경우, 합병의 NPV는?
2) 인수대금을 주식으로 교부하는 경우, 합병의 NPV는?

Solution

1) $synergy = 70 - 50 = 20$

$premium = 14 - 10 = 4$

$NPV = 16$

2) $\text{교부주식수} = \dfrac{1,400,000,000}{20,000} = 70,000\text{주}$

합병 후 기업가치는 70억원이고, 발행주식수는 27만 주가 된다.

7만 주의 가치는 다음과 같다.

$70 \times \dfrac{7}{27} = 18.15\text{억원}$

$premium = 18.15 - 10 = 8.15$

$NPV = 11.85\text{억원}$

Example

서울기업은 관악기업을 흡수합병하려고 한다. 합병 후 기업가치는 10억원이 될 것으로 예상되는데, 관악기업의 주주들은 현재 주가보다 50% 높은 인수가격을 요구하고 있다. 두 기업의 재무자료는 다음과 같다.

	서울기업	관악기업
발행주식수	15,000 주	20,000 주
주가	20,000 원	10,000 원

1) 인수대금을 현금으로 지급하는 경우, 합병의 NPV는?
2) 인수대금을 주식으로 교부하는 경우, 합병의 NPV는?

Solution

1) 4억원, 2) 2억원

Example

서울기업은 관악기업을 흡수합병하려고 한다. 합병 후 기업가치는 7억원이 될 것으로 예상되는데, 관악기업의 주주들은 현재 주가보다 40% 높은 인수가격을 요구하고 있다. 두 기업의 재무자료는 다음과 같다.

	서울기업	관악기업
기업가치	300,000,000 원	100,000,000 원
발행주식수	15,000 주	10,000 주
주가	20,000 원	10,000 원

1) 인수대금을 현금으로 지급하는 경우, 합병의 NPV는?

2) 인수대금을 주식으로 교부하는 경우, 합병의 NPV는?

Solution

1) 시너지: 3억원

프리미엄: 4천만원

NPV: 26천만원

2) 교부주식수: $= \dfrac{140,000,000}{20,000} = 7,000$

$7 \times \dfrac{7}{22} = 2.23$억원

프리미엄: 1.23억원

NPV: 1.73억원

Information Theories

The information hypothesis refers to the revaluation of the ownership shares of firms owing to new information that is generated during the merger negotiations.

합병을 위한 협상이나 공개매수 과정에서 합병대상기업에 대한 새로운 정보가 시장으로 하여금 기업의 가치를 재평가하게 한다는 이론

Repurchase standstill agreement

재매입 불가침 조약
자사를 인수하려는 목적으로 시장에서 주식을 매집하여 일정한 지분을 확보하고 있는 투자자에게 시장가격에 프리미엄을 더한 가격으로 그들이 확보하고 있는 자사주식을 재매입해주는 조건으로 인수기도를 포기하도록 하는 것이다.

Greenmail

Premium buybacks represent the repurchase of a substantial stockholder's ownership interest at a premium above the market price.
인수를 기도하는 투자자로부터 프리미엄이 붙은 높은 가격으로 자사주식을 재매입하는 것이다.

LBO

Leveraged buyout
인수자가 인수대상기업의 자산을 담보로 차입을 하여 조달한 자금으로 기업을 인수하는 것이다.

Golden parachute

Golden parachutes award large termination payments to existing management if control of the firm is changed and management is terminated.
기업이 제3자에게 인수되어 경영진이 교체될 경우에 거액의 퇴직보상금을 경영진에게 지급하도록 하는 내용을 경영진의 고용계약에 규정하여 인수시의 기업가치가 크게 하락하게 하여 인수기도를 어렵게 만드는 방법이다.

Poison pill

인수합병 후에 형성된 새기업의 주식의 상당량을 할인된 가격으로 살 수 있는 권리를 기존의 주주들에게 부여하는 규정을 정하여 제3자가 기업을 인수할 경우에 피해를 입히는 방법이다.

Supermajority voting provisions

초다수 의결규정
합병의결에 대한 주주총회의 의결요건을 강화하는 조항

Spinoff

An independent company created from an existing part of another company through a divestiture, such as a sale or distribution of new shares.

P&A

Purchase of assets & Assumption of liabilities
부실금융기관의 부실채권을 제외한 자산과 부채를 우량금융기관에 인수시키는 방식이다. 부실금융기관의 우량예금과 일부 부채를 우량은행에 넘기고 남은 부실자산과 부채를 예금보험공사나 정부 주도로 청산 절차를 밟는다.
내용이나 절차면에서 보면 M&A와 비슷하나 우량자산과 부채의 선별 인수가 가능하고 직원을 계속해서 고용해야 할 의무가 없는 것이 특징이다.
부실금융기관의 정리에 따른 사회적 충격을 최소화할 수 있는 방법으로 각국에서 선호하고 있으며, 이때 팔리지 않는 부실자산과 부채만을 인수하는 기관을 배드뱅크(bad bank)라고 한다.

The Balance sheet

대차대조표
The balance sheet states what the firm owns and how it is financed.
Assets = Liabilities + Stockholders' equity

대차대조표란 일정시점에서의 기업의 재무상태 즉 자산, 부채 및 자본의 내용을 수록한 표이다.
대차대조표는 자산과 이를 구입하기 위해 투입한 자본 및 부채를 좌우로 나눠 표로 정리한 것이다.
자본과 부채는 대차대조표의 오른쪽인 대변에 기록되어 자금의 조달원천을 나타내고 자산은 대차대조표의 왼쪽인 차변에 기록되어 조달된 자금의 운용상태를 나타낸다.
An asset is a resource controlled by the enterprise as a result of past events and from which future economic benefits are expected to flow to the enterprise.

The Income statement

손익계산서
The income statement measures performance over a specific period of time.
Revenue − Expenses = Income
손익계산서는 일정기간의 기업 경영성과를 나타내는 표이다.
생산이나 판매 등 기업의 고유한 영업활동의 결과로 발생한 손익은 영업손익이라 하고 이자의 수입과 지급 등 영업외적인 활동의 결과로 발생한 손익은 영업외손익으로 각각 구분하고 이들 활동과는 관계없이 발생한 손익을 특별손익, 기업이 얻은 모든 수익에서 기업이 지출한 모든 비용을 차감하여 순수하게 기업에 이익으로 남은 몫을 당기순이익이라 한다.

Statement of Cash Flows

A statement reporting the impact of a firm's operating, investing and financing activities on cash flows over an accounting period.
현금흐름표는 일정기간 동안 기업이 조달한 현금 내역과 조달된 현금이 어떻게 이용되었는가 하는 운용내역을 영업활동, 투자활동 및 재무활동으로 나누어 정리한 표이다.
현금은 기업이 경영활동을 수행하는 데 있어서 가장 중요한 재원일 것이다. 사람에게는 체내의 혈액순환이 건강을 유지하는데 중요하듯이 기업의 경우는 현금의 흐름이 중요하다.

Net Cash Flow

The actual net cash, as opposed to accounting net income, that a firm generates during some specified period.

Net cash flow = Net income + Depreciation

The primary example of a noncash charge is depreciation. This item reduces net income but is not paid out in cash, so we add it back to net income when calculating net cash flow. Likewise, some taxes may be deferred and some revenues may not be collected in cash during the year, and these items must be subtracted from net income when calculating net cash flow. Typically, though, depreciation is by far the largest noncash item, and the other items often roughly net out to zero. Therefore, unless otherwise indicated, we will assume that noncash items other than depreciation sum to zero. Given the assumption, net cash flow equals net income plus depreciation.

Depreciation

減價償却

Depreciation refers to two very different but related concepts:

1. the decline in value of assets, and
2. the allocation of the cost of assets to periods in which the assets are used.

The former affects values of businesses. The latter affects net income.

Depreciation is an annual charge against income which reflects the estimated dollar cost of the capital equipment used up in the production process.
유형자산은 용역잠재력이라는 물적 속성과 원가라는 가격속성을 갖고 있으며, 자산의 취득시에는 두 속성이 일치하였으나 시간이 지나고 사용함에 따라 용역잠재력이 감소하는 감가현상이 나타난다. 이러한 용역잠재력의 감소를 원가에 일치시키기 위하여 일정한 원가배분절차를 사용하며 이것이 감가상각이고 원가배분액이 감가상각비이다.
이것은 결국 상각자산이 수익을 획득하기 위하여 공헌한 가액을 평가하여 수익과 대응시키고 그 장부가치를 결정하는 것이다.

감가상각은 유형자산의 사용에 따른 수익과 비용의 적절한 대응을 위하여 유형자산의 원가를 효익이 실현되는 기간에 체계적이고 합리적인 방법으로 배분하는 원가배분의 과정이다.

감가상각비는 현금유출이 아닌 비용으로 이익을 감소시키는 효과가 있기 때문에 현금흐름에 영향을 주게 된다.
감가상각비의 감세효과는 [법인세율×감가상각비] 만큼의 현금유입으로 나타난다.

Straight-line Method

$$Depreciation\ \ Expense = \frac{Acquisition\ \cos t - Salvage\ value}{The\ Life\ of\ \ a\ machine}$$

정액법(straight-line method)은 자산의 내용년수 동안 매년 같은 금액의 감가상각비를 인식하는 방법이다.

In straight line depreciation method, depreciation is charged uniformly over the life of the asset. In this method, residual value of an asset is subtracted from its cost to get the depreciable amount. The depreciable amount is then divided by the useful life of the asset in number of periods to get the depreciation expense per period.

Salvage value

The estimated value of an asset at the end of its useful life.

Constant percentage Method

$$Percentage = 1 - \sqrt[n]{\frac{Salvage\ value}{Acquisition\ \cos t}}$$

정률법(constant percentage method)은 내용년수 말의 자산의 장부가치가 잔존가치와 일치하도록 매년 사용할 일정한 상각률을 계산한 후 특정년도의 감가상각비를 [기초장부가치×감가상각률]로 계산하는 방법이다.

Example

Show $Percentage = 1 - \sqrt[n]{\frac{Salvage\ Value}{Acquisition\ Cost}}$ in Constant percentage method.

Solution

0	1	2	3	⋯	n-1	n
A	$A(1-P)$	$A(1-P)^2$	$A(1-P)^3$	⋯	$A(1-P)^{n-1}$	$A(1-P)^n$
	$A \cdot P$	$A(1-P)P$	$A(1-P)^2 P$	⋯	$A(1-P)^{n-2}P$	$A(1-P)^{n-1}P$

$$A(1-P)^n = S$$

$$(1-P)^n = \frac{S}{A}$$

$$1-P = \sqrt[n]{\frac{S}{A}}$$

$$P = 1-\sqrt[n]{\frac{S}{A}}$$

Example

양순이는 1,500,000원짜리 컴퓨터를 샀는데, 앞으로 2년 동안 사용한 후에 300,000원에 중고품으로 팔 예정이다. 정액법과 정률법에 따라 년도별 감가상각비와 장부가치를 구하라.

Solution

Straight-line Method

$$Depreciation\ \ Expense = \frac{Acquisition\ \cos t - Salvage\ value}{The\ Life\ of\ \ a\ machine} = 600,000$$

Year	0	1	2
Book Value	1,500,000	900,000	300,000
Depreciation		600,000	600,000

Constant percentage Method

$$Percentage = 1 - \sqrt{\frac{Salvage\ value}{Acquisition\ \cos t}} = 1 - \sqrt{\frac{300,000}{1,500,000}} = 1 - \sqrt{0.2} = 55.3\%$$

Year	0	1	2
Book Value	1,500,000	670,820	300,000
Depreciation		829,180	370,820

Example

대한기업은 내용년수가 5년인 기계를 구입하려고 한다. 이 기계의 구입원가는 10,000만원이며 5년 후의 잔존가치는 2,000만원이 될 것이라고 예상하고 있다. 이 회사의 법인세율이 30%일 때, 감가상각 방법으로 정액법을 이용하는 경우에 감가상각비와 감가상각비의 감세효과를 계산하면?

Solution

	1	2	3	4	5
감가상각비	1,600	1,600	1,600	1,600	1,600
감세효과	480	480	480	480	480

Example

대한기업은 내용년수가 5년인 기계를 구입하려고 한다. 이 기계의 구입원가는 10,000만원이며 5년 후의 잔존가치는 2,000만원이 될 것이라고 예상하고 있다. 이 회사의 법인세율이 30%일 때, 감가상각방법으로 정률법을 이용하는 경우에 감가상각비와 감가상각비의 감세효과를 계산하면?

Solution

$$Percentage = 1 - \sqrt[5]{\frac{2,000}{10,000}} = 27.52\%$$

	1	2	3	4	5
장부가치	7,248	5,253	3,808	2,760	2,000
감가상각비	2,752	1,995	1,446	1,048	459
감세효과	826	598	434	314	228

Noncash Items

The most important of these is depreciation.

Another noncash expense is deferred taxes.

Example

Suppose an asset with a five year life and no resale value is purchased for 2,500,000 won. According to accountants, the 2,500,000 won cost must be expensed over the useful life of the asset. From a finance perspective, the cost of the asset is the actual negative cash flow incurred when the asset is acquired.

Operating Cash Flow

That cash flow which arises from normal operations

$$Operating\ cash\ flow = (Operating\ income)(1 - Tax\ rate) + Depreciation$$

$$\begin{aligned} Net\ Income &= EBT - Tax = EBT - t \times EBT = EBT(1-t) \\ &= (EBIT - Interest\ Expense) - t \times EBT \\ &= (EBIT - Interest\ Expense) - t(EBIT - Interest\ Expense) \\ &= (EBIT - Interest\ Expense)(1-t) \\ &= (Operating\ income - Interest\ Expense)(1-t) \end{aligned}$$

EBIT

Earning Before Interest & Tax

Operating Income

The amount of profit realized from a business's operations after taking out operating expenses.

Revenue

The amount of money that a company actually receives during a specific period. Revenue is calculated by multiplying the price at which goods or services are sold by the number of units or amount sold.

COGS

An income statement figure which reflects the cost of obtaining raw materials and producing finished goods that are sold to consumers.

Example

Last year K Inc. reported the following income statement:

Sales	2,000,000
Cost of goods sold	1,200,000
Depreciation	500,000
Operating income(EBIT)	300,000
Interest expense	100,000
EBT	200,000
Taxes (40%)	80,000
Net income	120,000

Assume that K's only noncash item was depreciation.

1) What was the company's net cash flow?

2) What was the company's operating cash flow?

Solution

1) Net cash flow = Net income + Depreciation

$$= \$120{,}000 + \$500{,}000 = \$620{,}000$$

2) Operating cash flow = (Operating income)(1 − Tax rate) + Depreciation

$$= \$300{,}000(1-0.4) + \$500{,}000$$

$$= \$680{,}000$$

Example

Last year J Inc. had \$5,000,000 in operating income(EBIT). The company had a depreciation expense of \$1,000,000 and an interest expense of \$1,000,000; its corporate tax rate was 40 percent. Assume that J's only noncash item was depreciation.

1. What was the company's net income for the year?
2. What was the company's net cash flow?
3. What was the company's operating cash flow?

Solution

1.

EBIT	5,000,000
Interest	1,000,000
EBT	4,000,000
Taxes (40%)	1,600,000
Net income	2,400,000

2. Net cash flow = Net income + Depreciation

$$= \$2,400,000 + \$1,000,000 = \$3,400,000$$

3. Operating cash flow = (Operating income)(1 − Tax rate) + Depreciation

$$= \$5,000,000(1-0.4) + \$1,000,000$$

$$= \$4,000,000$$

Example

수정이는 그동안 저축한 돈 1억원과 은행에서 10%로 대출받은 2,000만원을 합쳐, 학교 앞에 옷가게를 하나 차렸다. 옷가게는 동대문에서 여성의류를 가져다가 판매를 하는데, 동대문 가격에 30%를 붙여 옷가게에서 판매한다. 1년 동안 5,000만원의 매출을 기록하였고, 옷가게 인테리어 관련 감가상각비는 800만원이다. 세율 20%일 때, 수정이네 옷가게의 대차대조표와 손익계산서를 작성하고, 순현금흐름과 영업현금흐름을 계산하시오.

Solution

Asset 12,000	Debt 2,000
	Equity 10,000

$x \times 1.3 = 5{,}000$

$x = 3{,}846$

Sales	5,000
Cost of goods sold	3,846
Depreciation	800
EBIT	354
Interest expense	200
EBT	154
Taxes	31
Net income	123

Net cashflow = 923

Operating cashflow $= 354(1-0.2)+800 = 1{,}083$

Profit percentage

Profit as percentage of cost price

Profit margin

Profit as percentage of selling price

Example

cost price: $100

selling price: $150

$$profit = 50$$

$$profit\ percentage = \frac{50}{100} = 50\%$$

$$profit\ margin = \frac{50}{150} = 30.3\%$$

Financial Analysis

Financial ratios are useful byproducts of financial statements and provide standardized measures of a firm's profitability and riskiness.

Liquidity Ratios

Liquidity Ratios are used to examine the firm's ability to meet short-term cash outflow needs.

Current Ratio

$$Current\ Ratio = \frac{Current\ Assets}{Current\ Liabilities}$$

Indicator of company's ability to pay it's short term liabilities

유동비율(current ratio)은 대차대조표상에 있는 유동자산을 유동부채로 나눈 것이다. 유동자산에는 현금·시장성이 있는 유가증권·외상매출금과 재고자산 등이 포함되며, 유동부채에는 장기부채 중 1년내에 만기가 되는 부분과 외상매입금 등 단기부채, 그 밖에 미지급비용(accrued expenses) 등이 포함된다.

Quick Ratio

$$Quick\ Ratio = \frac{Current\ \ Assets - Inventories}{Current\ \ Liabilities}$$

Quick Ratio measures ability to pay off short term obligations excluding inventory.

당좌비율(quick ratio)은 산성시험비율(acid test ratio)이라고도 하는 것으로, 유동자산 중에서 재고자산을 뺀 부분을 유동부채로 나눈 것이다. 유동자산 중에서 재고자산은 유동성이 가장 낮은 항목일 뿐만 아니라 처분할 때에도 손실을 입을 위험이 크다. 그러므로 기업이 재고자산을 처분하지 않고서도 단기부채를 갚을 수 있는가가 중요하다. 이런 의미에서 당좌비율은 유동비율보다 더 엄격히 유동성을 측정하는 비율이다.

Leverage Ratios

Leverage Ratios assess the ability of the firm to cover long-term debt obligations.

Debt-to-asset ratio

$$Debt - to - asset\ \ Ratio = \frac{Total\ Debt}{Total\ \ Assets}$$

Debt-to-asset ratio measures extent to which borrowed funds have been used to finance the firm's operations. Includes long term, short term debt.

Debt-to-equity ratio

$$Debt - to - equity\ \ Ratio = \frac{Total\ Debt}{Total\ \ stockholder's\ equity}$$

Debt-to-equity ratio provides another measure of the funds provided by creditors vs. funds provided by owners.

Times Interest Earned Ratio

$$Times\ \ Interest\ \ Earned = \frac{EBIT}{Interest\ \ Expense}$$

이자보상비율(times interest earned 또는 interest coverage ratio)은 타인자본의 사용으로 발생하는 금융비용 즉, 이자가 기업에 어느 정도의 압박을 가져오는가를 보기 위한 것이다. 기업의 영업이익(이자 및 납세전이익)이 매년 지급해야 할 금융비용의 몇 배에 해당하는가를 나타내는 비율이다.

A ratio that measures the firm's ability to meet its annual interest obligations, calculated by dividing earnings before interest and taxes by interest charges.

Profitability Ratios

Profitability Ratios are ratios used to measure the profitability of the firm.

Net Profit Margin

$$\frac{Net\ profit\ after\ taxes}{net\ sales}$$

Net Profit Margin shows how much after tax profits are generated by each dollar of sales.

Gross Profit Margin

$$\frac{Sales - Cost\ of\ goods\ sold}{net\ sales}$$

Gross Profit Margin indicates the total margin available to cover other expenses beyond cost of goods sold, and still yield a profit.

ROI

$$\frac{Net\ profit\ after\ taxes}{Total\ assets}$$

Return on Investment (ROI): a measure of a company's efficiency, it shows the return on all assets under it's control.

듀퐁(Du Pont)사에서 개발되어 1930년대부터 사용되기 시작한 ROI기법은 기업의 목표를 투자수익률로 하여 이를 결정하는 재무요인을 체계적으로 관찰해서 문제가 발생되는 재무요인을 중점적으로 통제하는 방법이다.

ROE

$$\frac{Net\ profit\ after\ taxes}{Shareholder's\ equity}$$

Return on Equity (ROE) measures rate of return on the book value of shareholder's total investment in the company.

Activity Ratios

활동성 비율

Activity Ratios measure the efficiency with which the firm conducts its business.

Inventory turnover

재고자산회전율(inventory turnover)은 매출액을 재고자산으로 나눈 값으로, 재고자산이 한 회계연도 즉, 1년 동안에 몇 번이나 당좌자산(현금 또는 매출채권)으로 전환되었는가를 측정하는 것이다. 재고자산회전율이 낮다는 것은 매출액에 비하여 과다한 재고를 소유하고 있다는 것이며, 높다는 것은 적은 재고자산으로 생산과 판매활동을 효율적으로 수행하고 있다는 뜻이다.

Receivables turnover

매출채권회전율(receivables turnover)은 매출액을 외상매출금으로 나눈 값이다. 같은 매출액에 비하여 외상매출금이 적을수록 매출채권관리를 잘하고 있다고 볼 수 있으므로, 매출채권회전율은 클수록 좋다.

Total assets turnover

총자산회전율(total assets turnover)은 매출액을 총자산으로 나눈 것이다. 총자본은 자기자본과 타인자본을 합한 것으로 총자산과 같은 크기를 가지므로 총자산회전율은 총자본회전율이라고도 한다. 이 비율은 기업의 총자본(또는 총자산)이 1년에 몇 번이나 회전하였는가를 나타내므로 기업이 사용한 총자산의 효율적인 이용도를 종합적으로 표시하는 것이다.

총자산회전율이 높으면 유동자산·고정자산 등이 효율적으로 이용되고 있다는 것을 뜻하며, 이 회전율이 낮으면 과잉투자와 같은 비효율적인 투자를 하고 있다는 것을 의미한다.

Fixed asset turnover

고정자산회전율

매출액을 고정자산으로 나눈 값이다. 고정자산이 얼마만큼 효율적으로 이용되었는가를 측정한다.

유형자산회전율

유형자산회전율 = 매출액 / 유형자산

유형자산회전율이 높을수록 유형자산을 효율적으로 활용하고 있음을 나타내고, 낮으면 유형자산에 대한 과도한 투자를 의미한다.

Example

한국기업

(단위: 백만원)

현금	20	지급어음	10
외상매출금	10	외상매입금	10
재고자산	20	유동부채 합계	20
유동자산 합계	50	사채	30
고정자산	30	자본금	30
계	80	계	80

한국기업

(단위: 백만원)

매출액	500
매출원가	300
영업비용	130
영업이익	70
이자	20
세전이익	50
세금	20
당기순이익	30

한국기업의 Current Ratio는 (a), Quick Ratio는 (b), Debt-to-equity Ratio는 (c)이다. 한국기업의 이자 20 백만원을 25% 감소시키면,

Net Profit Margin은 (d)에서 (e)로 증가하고,

ROI는 (f)에서 (g)로 증가하며,

ROE는 (h)에서 (i)로 증가한다.

괄호(a~i)에 적당한 값을 계산하라.

Solution

(a) $$Current\ Ratio = \frac{Current\ Assets}{Current\ Liabilities} = 250\%$$

(b) $$Quick\ Ratio = \frac{Current\ Assets - Inventories}{Current\ Liabilities} = 150\%$$

(c) $$\text{Debt-to-equity Ratio} = \frac{Total\ Debt}{Total\ stockholder's\ equity} = 167\%$$

$$Net\ Profit\ Margin = \frac{Net\ profit\ after\ taxes}{Net\ sales}$$

(d) 6% (e) 7%

$$ROI = \frac{Net\ profit\ after\ taxes}{Total\ assets}$$

(f) 37.5% (g) 41.3%

$$ROE = \frac{Net\ profit\ after\ taxes}{Shareholder's\ equity}$$

(h) 100% (i) 110%

Example

서울기업

(단위: 백만원)

현금	30	지급어음	10
외상매출금	20	외상매입금	20
재고자산	20	유동부채 합계	30
유동자산 합계	70	사채	30
고정자산	30	자본금	40
계	100	계	100

서울기업

(난위: 백만원)

매출액	700
매출원가	500
영업비용	120
영업이익	80
이자	10
세전이익	70
세금	14
당기순이익	56

서울기업의 Current Ratio는 (1), Quick Ratio는 (2), Debt-to-equity Ratio는 (3)이다.
Times Interest Earned Ratio는 (4), ROI는 (5), Fixed asset turnover는 (6)이다.
Gross Profit Margin은 (7)이다.
서울기업의 이자 10백만원을 20% 감소시키면,
Net Profit Margin은 (8)에서 (9)로 증가한다.

Solution

(1) Current Ratio: $\frac{70}{30} = 233\%$,

(2) $\frac{50}{30} = 167\%$, (3) $\frac{60}{40} = 150\%$, (4) $\frac{80}{10} = 8$

(5) $\frac{56}{100} = 56\%$, (6) $\frac{700}{30} = 23.3$ (7) $\frac{200}{700} = 28.6\%$ (8) $\frac{56}{700} = 8\%$

(9) 세전이익: 72, 세금: 14.4, 순이익: 57.6, net profit margin: $\frac{57.6}{700} = 8.2\%$

손익분기점 분석

손익분기점(break-even point)은 기업의 판매 또는 생산활동에서 총수입과 총비용이 같아지는 점이다. CVP analysis 이라고도 한다.

원가(cost), 판매액(volume), 이익(profit)

(p−v): 공헌이익(contribution margin)

p: 단위당 판매가격, v: 단위당 변동비

$\frac{p-v}{p}$: 공헌이익률(contribution margin ratio)

$TR = p \cdot Q$

$TC = FC + VC = FC + v \cdot Q$

FC: 고정비, VC: 변동비

생산량의 손익분기점

$p \cdot Q^* = FC + v \cdot Q^*$

$Q^* = \frac{FC}{p-v}$

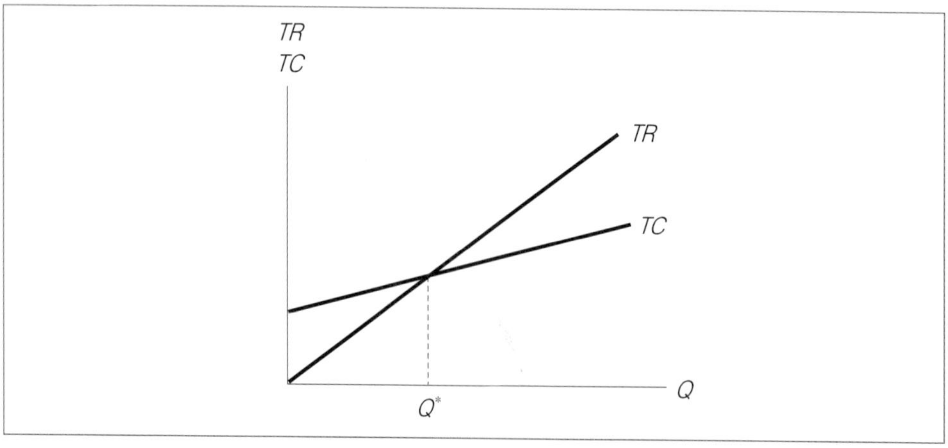

고정비는 매출액의 크기가 변하더라도 영향을 받지 않고 일정하게 발생하는 비용이다. 고정비의 성격을 갖는 비용으로는 감가상각비, 이자비용 등을 들 수 있다.

변동비는 매출액이 변할 때 매출액의 크기에 따라 일정 비율로 같이 변하는 비용이다. 변동비로 분류될 수 있는 비용항목으로는 재료비, 노무비 등을 들 수 있다.

Example

지은이는 학교 앞에서 액세서리 가게를 운영하는데, 남대문에서 600원에 사다가 1,000원에 판매한다. 점포를 빌리는데 한 달에 6만원이 들고, 감가상각비로 2만원이 드는 경우, 한 달에 몇 개를 팔아야 영업손실을 면할 수 있을까?

Solution

$$Q^* = \frac{FC}{p-v} = \frac{80,000}{1,000-600} = 200$$

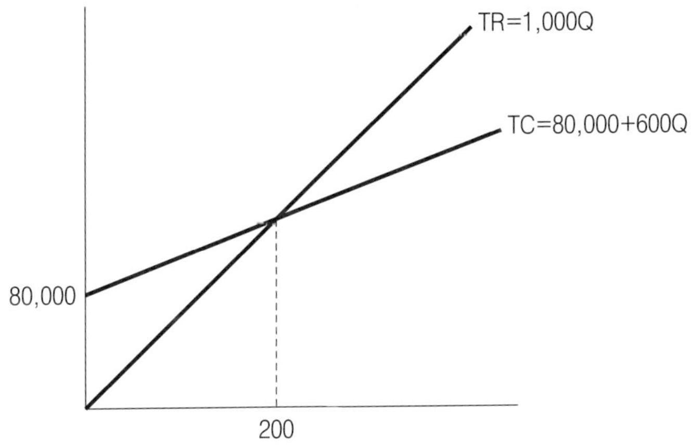

Example

판매가격은 100원이고, 고정비는 350,000원, 단위당 변동비는 50원인 경우, 손익분기점의 매출량은?

Solution

$$Q^* = \frac{FC}{p-v} = \frac{350,000}{100-50} = 7,000$$

영업레버리지

매출액의 변화율보다 영업이익의 변화율이 더 크게 나타나는 현상을 영업레버리지 효과(operating leverage effect)라고 한다.

Example

매출액	1,000	1,100
고정비	300	300
변동비	500	550
영업이익	200	250

매출액이 1,000만원에서 1,100만원으로 10% 증가한 경우, 영업이익은 25% 증가한다.

영업레버리지도

DOL (degree of operating leverage)

$$DOL = \frac{\frac{\triangle EBIT}{EBIT}}{\frac{\triangle Q}{Q}}$$

$$EBIT = Q(p-v) - FC$$
$$\triangle EBIT = \triangle Q(p-v)$$

$$DOL = \frac{Q(p-v)}{EBIT}$$

Example

매출단가: 100원, 고정비: 28,000원, 단위당 변동비: 30원인 경우, 매출량이 500개일 때, 영업레버리지도를 구하면?

Solution

$$EBIT = Q(p-v) - FC = 500 \times 70 - 28,000 = 7,000$$

$$DOL = \frac{Q(p-v)}{EBIT} = \frac{35,000}{7,000} = 5$$

Example

매출단가: 100원, 고정비: 28,000원, 단위당 변동비: 30원인 경우, 매출량이 500개일 때, 매출량이 10% 증가하면 영업이익은 몇 % 증가하는가?

Solution

매출량이 500개일 때, 영업이익은 다음과 같다.

$$EBIT = Q(p-v) - FC = 500 \times 70 - 28,000 = 7,000$$

매출량이 550개일 때, 영업이익은 다음과 같다.

$$EBIT = Q(p-v) - FC = 550 \times 70 - 28,000 = 10,500$$

영업이익은 50% 증가한다.

Example

수진이는 학교 앞에서 액세서리 가게를 운영하는데, 남대문에서 400원에 사다가 900원에 판매한다. 점포를 빌리는데 한 달에 5만원이 들고, 감가상각비로 1만원이 드는 경우,

1) 한 달에 몇 개를 팔아야 영업손실을 면할 수 있을까?

2) 판매량이 200개일 때, 영업레버리지도는?

Solution

1) $Q^* = \frac{FC}{p-v} = \frac{60,000}{900-400} = 120$

2) $EBIT = Q(p-v) - FC = 200 \times 500 - 60,000 = 40,000$

$DOL = \frac{Q(p-v)}{EBIT} = \frac{100,000}{40,000} = 2.5$

The interpretation of DOL of 2.5 is that 1 percent change in sales results in 2.5 percent change in EBIT.

[Example]

Calculate DOL from the following price and cost data.

Sale price per unit: $30

Variable cost per unit: $6

Fixed cost: $80,000

Sales units: 5,000

Financial leverage effect

재무레버리지효과

영업이익의 변화율보다 세후 순이익의 변화율이 크게 나타나는 현상

Example

관악기업의 영업이익이 1억원이며, 매년 지불해야 하는 이자는 2,000만원이다. 법인세율을 50%라고 가정하면, 세후 순이익은 4,000만원이다. 만약 영업이익이 40% 증가하면, 세후 순이익은 50% 증가하게 된다.

영업이익	10,000	14,000
이자	2,000	2,000
세전이익	8,000	12,000
법인세	4,000	6,000
세후 순이익	4,000	6,000

자본조달분기점

Financial break-even point

주당 이익을 같게 하는 점

$$EPS_1 = EPS_2$$

$$\frac{(EBIT - I_1)(1-t)}{n_1} = \frac{(EBIT - I_2)(1-t)}{n_2}$$

Example

관악기업은 10,000만원의 자금을 조달하는 방법으로 다음과 같은 2가지 안을 가지고 있다.

제 1안은 5,000만원은 부채로, 5,000만원은 자기자본으로 조달하는 경우

제2안은 8,000만원은 부채로, 2,000만원은 자기자본으로 조달하는 경우

이자율은 10%, 세율은 50%, 주당 가격은 100원인 경우, 자본조달분기점에서의 영업이익은?

Solution

$$\frac{(EBIT-I_1)(1-t)}{n_1}=\frac{(EBIT-I_2)(1-t)}{n_2}$$

$$\frac{(EBIT-500)(1-0.5)}{50}=\frac{(EBIT-800)(1-0.5)}{20}$$

$$\frac{(EBIT-500)}{100}=\frac{(EBIT-800)}{40}$$

$$EBIT=1,000$$

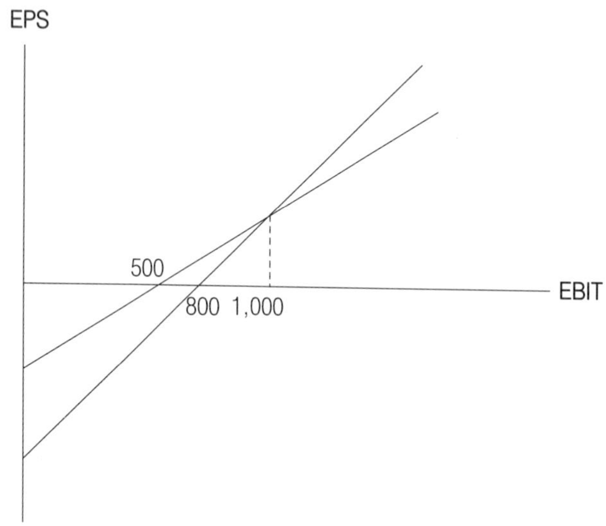

Example

K company is considering two financing plans. The key information is as follows:

(a) Total funds to be raised, $400,000.

(b) Financing plans

Plans	Equity	Debt
A	20%	80%
B	40%	60%

(c) Cost of debt: 5%

(d) Tax rate: 20%

(e) Stock price: $500

Find financial break-even point.

Solution

EBIT: 20,000

Example

K company is considering two financing plans. The key information is as follows:

(a) Total funds to be raised, $2,000,000.

(b) Financing plans

Plans	Equity	Debt
A	50%	50%
B	40%	60%

(c) Cost of debt: 8%

(d) Tax rate: 20%

(e) Stock price: $5,000

Find financial break-even point.

DFL

재무레버리지도(degree of financial leverage)

$$DFL = \frac{\frac{\Delta EPS}{EPS}}{\frac{\Delta EBIT}{EBIT}}$$

$$\frac{\Delta EPS}{EPS} = \frac{\frac{\Delta EBIT(1-t)}{n}}{\frac{(EBIT-I)(1-t)}{n}} = \frac{\Delta EBIT}{EBIT-I}$$

$$DFL = \frac{\frac{\Delta EPS}{EPS}}{\frac{\Delta EBIT}{EBIT}} = \frac{EBIT}{EBIT-I}$$

Example

관악기업은 10,000만원의 자금을 조달하는 방법으로 다음과 같은 2가지 안을 가지고 있다.

제 1안은 5,000만원은 부채로, 5,000만원은 자기자본으로 조달하는 경우

제2안은 8,000만원은 부채로, 2,000만원은 자기자본으로 조달하는 경우

이자율은 10%이고 영업이익은 1,000만원일 때, 재무레버리지도는?

Solution

제1안: $DFL = \frac{1,000}{1,000-500} = 2$

제2안: $DFL = \frac{1,000}{1,000-800} = 5$

회귀분석법에 의한 소요자금예측

회귀분석에 의한 소요자금예측은 소요자금과 상관관계가 가장 큰 항목이 매출액이라는 가정에서 출발한다. 즉, 과거의 매출액 변화와 소요자금 변화와의 상관관계로부터 미래매출액 증가에 따른 소요자금을 예측하는 방법이다.

Example

연도	매출액	소요자금
2004	24	17
2005	26	18
2006	29	21
2007	33	24
2008	36	27

$y = -3.52 + 0.842x$

2009년의 매출액이 40억원으로 예상될 때, 회귀방정식에 의해 소요자금을 산출하면 약 30억원이 된다.

$y = -3.52 + 0.842 \times 40 = 30$

Example

Last year K Inc. reported the following income statement:

Sales	$2,000,000
Cost of goods sold	1,200,000
Depreciation	500,000
Operating income(EBIT)	300,000
Interest expense	100,000
EBT	200,000
Taxes (40%)	80,000
Net income	120,000

The company's CEO was unhappy with the firm's performance. This year, he would like to see net income doubled to $240,000. Depreciation, interest expense, and tax rate will all remain constant, and the cost of goods will also remain at 60 percent of sales. How much sales must the company generate to achieve the CEO's net income target?

Solution

$(X - 0.6X - 500,000 - 100,000)(1 - 0.4) = 240,000$

$X = \$2,500,000$

질적분석

질적분석이란 기업마다 가지고 있는 질적인 특성, 즉 기업의 연혁, 경영자의 능력, 기업고유의 경영전략, 다른 기업이 흉내 낼 수 없는 노하우, 회사의 존속기간 등을 분석하는 것을 말한다.

NPV

Net Present Value method

The present value of future net cash flows, discounted at the cost of capital.

$$NPV = CF_0 + \sum_{t=1}^{n} \frac{CF_t}{(1+r)^t}$$

순현가법(net present value method)은 투자로 인하여 발생할 미래의 모든 현금흐름을 적절한 할인율로 할인하여 현가로 나타내서 투자결정에 이용하는 기법이다.

Decision criteria

$NPV > 0 \Rightarrow$ Accept the project.

The larger NPV, the better.

Example

Given the following cash flows,

Year	0	1
Project X	−100	110
Project Y	−100	120
Project Z	−100	130

Find NPV discounted at 20%.

Solution

$$NPV_X = -100 + \frac{110}{1.2} = -8$$

$$NPV_Y = -100 + \frac{120}{1.2} = 0$$

$$NPV_Z = -100 + \frac{130}{1.2} = 8$$

Example

Given the following cash flows,

(million won)

Year	0	1	2
Project X	−100	70	170
Project Y	−100	150	250

Based on the NPV rule, which project should be chosen?

Suppose the discount rate is 20%.

Solution

$$NPV_X = -100 + \frac{70}{1.2} + \frac{170}{1.2^2} = 76$$

$$NPV_Y = -100 + \frac{150}{1.2} + \frac{250}{1.2^2} = 199$$

Project Y should be chosen.

Example

Given the following cash flows,

(million won)

Year	0	1	2
Project X	−110	100	120
Project Y	−110	150	250

Based on the NPV rule, which project should be chosen?

Suppose the discount rate is 20%.

Solution

$NPV_X = 57$, $NPV_Y = 189$

Project Y should be chosen.

IRR

Internal Rate of Return method

내부수익률(internal rate of return : IRR)이란 미래현금흐름의 순현가를 0으로 만드는 할인율을 말한다.

The discount rate which equates the present value of cash inflows to the present value of cash outflows

$$CF_0 + \sum_{t=1}^{n} \frac{CF_t}{(1+r)^t} = 0$$

The IRR rule

Accept the project if IRR is greater than the discount rate.

Reject the project if IRR is less than the discount rate.

Hurdle Rate

The discount rate which the IRR must exceed if a project is to be accepted.

Example

Given the following cash flows,

Year	0	1
Project X	−50	51
Project Y	−50	52
Project Z	−50	53

Based on the IRR rule, which project should be chosen?

Solution

$$-50 + \frac{51}{1+r_X} = 0 \quad , \qquad r_X = 2\%$$

$$-50 + \frac{52}{1+r_Y} = 0 \quad , \qquad r_Y = 4\%$$

$$-50 + \frac{53}{1+r_Z} = 0 \quad , \qquad r_Z = 6\%$$

Project Z should be chosen.

Example

Given the following cash flow,

(million won)

Year	0	1	2
Cash flow	−100	70	170

Find IRR.

Solution

$$-100+\frac{70}{1+r}+\frac{170}{(1+r)^2}=0$$

$$-10(1+r)^2+7(1+r)+17=0$$

$$-10r^2-13r+14=0$$

$$10r^2+13r-14=0$$

$$(r+2)(10r-7)=0$$

$$r=-2,\quad 0.7$$

Example

Given the following cash flow,

(million won)

Year	0	1	2
Cash flow	−100	150	250

Find IRR.

Solution

$$-100+\frac{150}{1+r}+\frac{250}{(1+r)^2}=0$$

$$-10(1+r)^2+15(1+r)+25=0$$

$$-10r^2-5r+30=0$$

$$2r^2+r-6=0$$

$$(r+2)(2r-3)=0$$

$$r=-2,\quad 1.5$$

Example

Given the following cash flow,

(million won)

Year	0	1	2
Cash flow	−100	70	150

Find IRR.

Solution

$$-100+\frac{70}{1+r}+\frac{150}{(1+r)^2}=0$$

$$-10(1+r)^2+7(1+r)+15=0$$

$$10r^2+13r-12=0$$

$$r=\frac{-13\pm\sqrt{13^2+480}}{20}=\frac{-13\pm\sqrt{649}}{20}$$

$$r=0.62,\quad -1.92$$

Cf.

$$ax^2+bx+c=0$$

$$x=\frac{-b\pm\sqrt{b^2-4ac}}{2a}$$

Example

70,000천원이 현재 소요되는 투자안으로부터 1년 후 78,400천원의 현금유입이 예상된다. 다른 투자안을 수행할 때 연 10%의 이익을 올릴 수 있다면 이 투자안의 NPV, IRR은?

Solution

$$-70{,}000+\frac{78{,}400}{1+0.1}=1{,}273$$

$$-70{,}000+\frac{78{,}400}{1+r}=0$$

$$r=0.12$$

Opportunity cost

The return on the best alternative use of an asset.

Example

다음과 같은 현금흐름을 가지는 투자안에서 현금흐름 A가 증가함에 따라 내부수익률이 증가함을 보여라.

Year	0	1
Cash flow	−10	A

Solution

$$-10+\frac{A}{1+r}=0$$

$$r=\frac{1}{10}A-\frac{1}{10}$$

$$\frac{dr}{dA}=\frac{1}{10}>0$$

Example

Suppose L Inc. plans to replace equipment worth \$ 30,000 will result in additional revenues of \$ 28,000 but also increased costs of \$ 15,000 each year for the next three years. L Inc. will claim additional depreciation of \$ 10,000 per year over the three year life of the new equipment. If k=5% and T=30%, find NPV of the replacement.

Solution

	0	1	2	3
Investment	−30,000			
Increase in Revenues		28,000	28,000	28,000
Increase in Costs		15,000	15,000	15,000
Increase in Depreciation		10,000	10,000	10,000
Increase in PBT		3,000	3,000	3,000
Tax		900	900	900
Increase in PAT		2,100	2,100	2,100
Add back Depreciation		10,000	10,000	10,000
Net cash flows	−30,000	12,100	12,100	12,100
NPV	2,951			

$$NPV=-30,000+\frac{12,100}{1.05}+\frac{12,100}{1.05^2}+\frac{12,100}{1.05^3}=2,951$$

Example

Suppose L Inc. plans to replace equipment worth \$ 30,000 will result in additional revenues of \$ 28,000 but also increased costs of \$ 7,000 each year for the next two years. L Inc. will claim additional depreciation of \$ 15,000 per year over the two year life of the new equipment. If k=10% and T=20%, find NPV of the replacement.

Solution

	0	1	2
Investment	−30,000		
Increase in Revenues		28,000	28,000
Increase in Costs		7,000	7,000
Increase in Depreciation		15,000	15,000
Increase in PBT		6,000	6,000
Tax		1,200	1,200
Increase in PAT		4,800	4,800
Add back Depreciation		15,000	15,000
Net cash flows	−30,000	19,800	19,800

$$NPV = -30,000 + \frac{19,800}{1.1} + \frac{19,800}{1.1^2} = 4,364$$

Comparison of the NPV and IRR methods

투자규모가 서로 다른 경우

Example

	0	1
Project A	− 1,000,000	1,290,000
Project B	− 100	130

$$NPV_A = -1,000,000 + \frac{1,290,000}{1.1} = 172,727$$

$$NPV_B = -100 + \frac{130}{1.1} = 18$$

$$-1,000,000 + \frac{1,290,000}{1+r_A} = 0, \quad r_A = 29\%$$

$$-100+\frac{130}{1+r_B}=0,\quad r_B=30\%$$

Reinvestment Rate Assumption

The assumption that cash flows from a project can be reinvested at the cost of capital, if using the NPV method, or at the internal rate of return, if using the IRR method.

내부수익률이 존재하지 않는 경우

Example

Given the following cash flow,

Year	0	1	2
Cash flow	1,000	−2,000	3,000

Find IRR.

Solution

$$1{,}000-\frac{2{,}000}{1+r}+\frac{3{,}000}{(1+r)^2}=0$$

$$r^2+2=0$$

내부수익률이 존재하지 않는다.

내부수익률이 복수해가 존재하는 경우

Example

Given the following cash flow,

Year	0	1	2
Cash flow	− 1,000	2,300	− 1,320

Find IRR.

Solution

$$-1{,}000+\frac{2{,}300}{1+r}-\frac{1{,}320}{(1+r)^2}=0$$

$$100(1+r)^2-230(1+r)+132=0$$

The investment has an IRR of both 10 and 20 percent.

Example

Given the following cash flow,

Year	0	1	2	3
Cash flow	−15,000	1,000	8,000	14,000

① Find Payback Period.

② Find ARR.

③ Find NPV discounted at 10%.

④ Find IRR.

Solution

Payback Period: $2+\dfrac{6,000}{14,000}=2.43\text{years}$

Year	0	1	2	3
Cash flow	−15,000	1,000	8,000	14,000
Dep		5,000	5,000	5,000
NI		−4,000	3,000	9,000
Book Values	15,000	10,000	5,000	0

$$Yearly\ mean\ of\ Net\ Incomes=\frac{-4,000+3,000+9,000}{3}=2,667$$

$$Yearly\ mean\ of\ Amounts\ Invested=\frac{15,000}{2}=7,500$$

$$ARR=\frac{2,667}{7,500}=35.56\%$$

$$NPV=-15,000+\frac{1,000}{1.1}+\frac{8,000}{1.1^2}+\frac{14,000}{1.1^3}=3,039$$

$$-15,000+\frac{1,000}{1+r}+\frac{8,000}{(1+r)^2}+\frac{14,000}{(1+r)^3}=0$$

IRR=18.3%

r	NPV
0.0%	8,000
5.0%	5,302
10.0%	3,039
15.0%	1,124
17.0%	440
18.0%	114
18.1%	82
18.2%	50
18.4%	−14
18.5%	−46
19.0%	−203
20.0%	−509

Example

어느 투자안의 현금흐름이 다음과 같다.

Year	0	1	2
Cash flow	−1,000	800	900

1) 회수기간은 얼마인가?
2) 평균이익률은?
3) 할인율이 10%일 때, 순현가는?
4) 내부수익률은?

Perfect competition

Perfect competition exists when many firms all sell the same identical product, each firm is small relative to the total market, and there are no barriers to entry or exit.

Monopolisitic competition

Monopolistic competition refers to a market in which a large number of competition produce slightly differentiated products.

Oligopoly

Oligopoly refers to a market in which a small number of firms sell products that may or may not be differentiated, and decisions made by one firm directly affect the demand, price, and profit of its competitors.

Monopoly

Monopoly markets have one seller of a specific, well-defined product that has no good substitutes and high barriers to entry.

Four firm concentration ratio

The four-firm concentration ratio is the percentage of total industry sales made by the four largest firms in an industry. A highly competitive industry may have a four-firm concentration ratio near zero, while the ratio is 100% for a monopoly. A four-firm concentration ratio below 40% is considered an indication of a competitive market, and a four-firm ratio greater than 60% indicates an oligopoly.

Herfindahl Hirschman Index

The HHI is calculated by summing the squared percentage market shares of the 50 largest firms in an industry. The HHI is very low in a highly competitive industry and increases to 10,000 for an industry with only one firm. An HHI between 1,000 and 1,800 is considered moderately competitive, while an HHI greater than 1,800 indicates a market that is not competitive.

Least-Squares Estimators

$$\varepsilon_i = Y_i - \hat{Y}_i, \qquad i = 1, \cdots, n$$

$$\varepsilon_i = Y_i - (a + bX_i), \qquad i = 1, \cdots, n$$

Select a, b to minimize the residual sum of squares.

$$RSS = \sum_{i=1}^{n} \varepsilon_i^2$$

$$\sum_{l=1}^{n} \varepsilon_i^2 = \sum_{i-1}^{n} (Y_i - a - bX_i)^2$$

$$\frac{\partial\left(\sum_{i=1}^{n} \varepsilon_i^2\right)}{\partial a} = -2\sum_{i=1}^{n}(Y_i - a - bX_i) = -2\sum_{i=1}^{n}\varepsilon_i = 0$$

$$\frac{\partial\left(\sum_{i=1}^{n} \varepsilon_i^2\right)}{\partial b} = -2\sum_{i=1}^{n}X_i(Y_i - a - bX_i) = -2\sum_{i=1}^{n}X_i\varepsilon_i = 0$$

$$\sum_{i=1}^{n}(Y_i - a - bX_i) = 0$$

$$\sum_{i=1}^{n}X_i(Y_i - a - bX_i) = 0$$

$$\sum_{i=1}^{n} Y_i = na + b\sum_{i=1}^{n} X_i$$

$$\sum_{i=1}^{n} X_i Y_i = a\sum_{i=1}^{n} X_i + b\sum_{i=1}^{n} X_i^2$$

The first equation may be rewritten as

$$a = \overline{Y} - b\overline{X}$$

$$a = \frac{\sum_{i=1}^{n} Y_i}{n} - b\frac{\sum_{i=1}^{n} X_i}{n}$$

Least Squares Principle

Determining a regression equation by minimizing the sum of the squares of the vertical distances between the actual Y values and the predicted values of Y.

Regression Line

The regression line is the line that minimizes the squared deviations between the line and the actual data points.

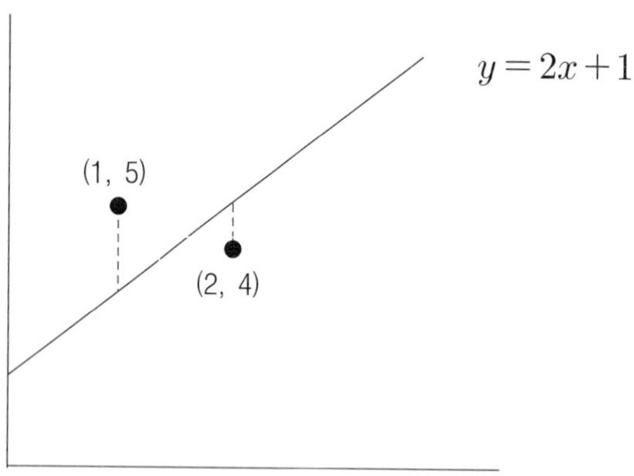

$(5-3)^2$, $(4-5)^2$

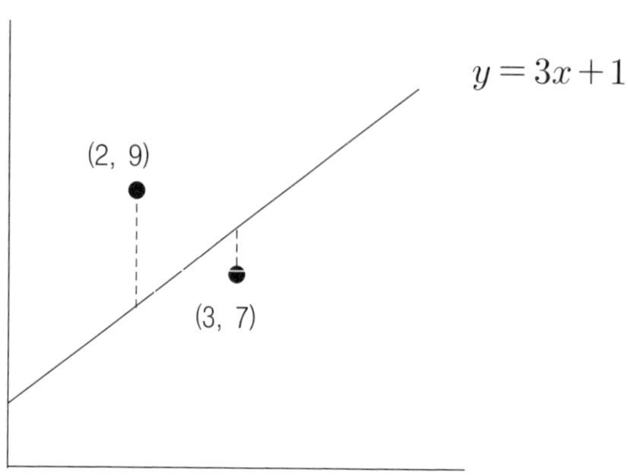

Example

Given the following data,

Y_i	X_i
4	2
7	3
3	1
9	5
17	9

Find the least-squares line.

Solution

$$\sum_{i=1}^{n} Y_i = na + b\sum_{i=1}^{n} X_i$$

$$\sum_{i=1}^{n} X_i Y_i = a\sum_{i=1}^{n} X_i + b\sum_{i=1}^{n} X_i^2$$

	Y_i	X_i	$X_i Y_i$	X_i^2	$1+1.75X_i$	ϵ_i	$X_i \epsilon_i$
	4	2	8	4	4.5	−0.5	−1.00
	7	3	21	9	6.25	0.75	2.25
	3	1	3	1	2.75	0.25	0.25
	9	5	45	25	9.75	−0.75	−3.75
	17	9	153	81	16.75	0.25	2.25
Sums	40	20	230	120	40	0	0

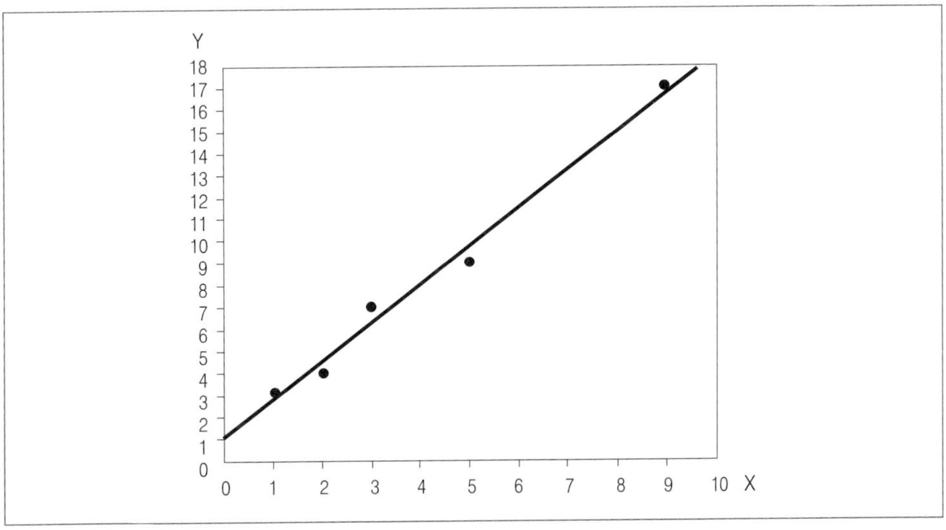

$40 = 5a + 20b$

$230 = 20a + 120b$

$a = 1,\ b = 1.75$

$\hat{Y}_i = 1 + 1.75X_i$

Cf.

$\hat{Y}_i = 1 + 1.75 \times 6 = 11.5$

Example

Consider the data on advertising expense (x) and sales revenue (y). The observations are as follows:

(million won)

y	x
7	2
3	1
8	3
10	4

1) Determine the regression equation.

2) Estimate sales when 3 million won is spent on advertising.

Solution

1) $\sum_{i=1}^{n} y_i = na + b\sum_{i=1}^{n} x_i$

$\sum_{i=1}^{n} x_i y_i = a\sum_{i=1}^{n} x_i + b\sum_{i=1}^{n} x_i^2$

	y	x	xy	x^2
	7	2	14	4
	3	1	3	1
	8	3	24	9
	10	4	40	16
Total	28	10	81	30

$$28 = 4a + 10b$$

$$81 = 10a + 30b$$

$$a = 1.5, \quad b = 2.2$$

$$\hat{y} = 1.5 + 2.2x$$

2) $\hat{y} = 1.5 + 2.2 \times 3 = 8.1$

8.1 million won.

Cf.

	y	x	xy	x^2	$\hat{y}$
	7	2	14	4	5.9
	3	1	3	1	3.7
	8	3	24	9	8.1
	10	4	40	16	10.3
Total	28	10	81	30	28

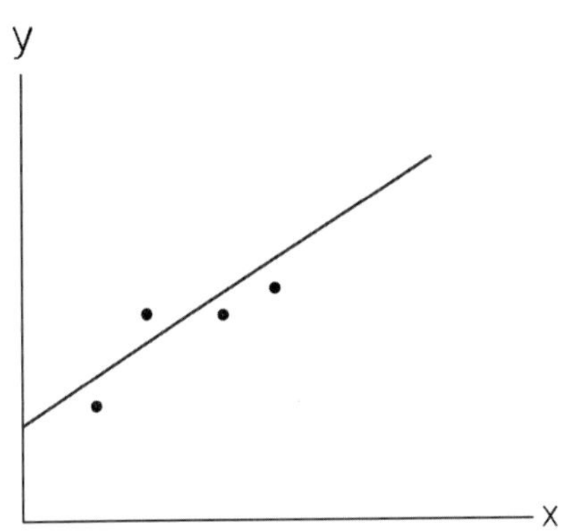

Example

Given the following data,

y	x
7	2
3	1
8	3

Find the least-squares line.

Solution

$\varepsilon_i = Y_i - (a + bX_i), \quad i = 1, \cdots, n$

$$\sum_{i=1}^{n} \varepsilon_i^2 = \sum_{i=1}^{n} (Y_i - a - bX_i)^2$$

$$\sum_{i=1}^{n} \epsilon_i^2 = (7 - a - 2b)^2 + (3 - a - b)^2 + (8 - a - 3b)^2$$

$$\frac{\partial \left(\sum_{i=1}^{n} \epsilon_i^2 \right)}{\partial a} = -2\{(7 - a - 2b) + (3 - a - b) + (8 - a - 3b)\} = 0$$

$$\frac{\partial \left(\sum_{i=1}^{n} \epsilon_i^2 \right)}{\partial b} = -2\{2(7 - a - 2b) + (3 - a - b) + 3(8 - a - 3b)\} = 0$$

$18 = 3a + 6b$

$14 + 3 + 24 = 6a + 14b$

$6a + 12b = 36$

$6a + 14b = 41$

$b = 2.5, \ a = 1$

$\hat{y} = 1 + 2.5x$

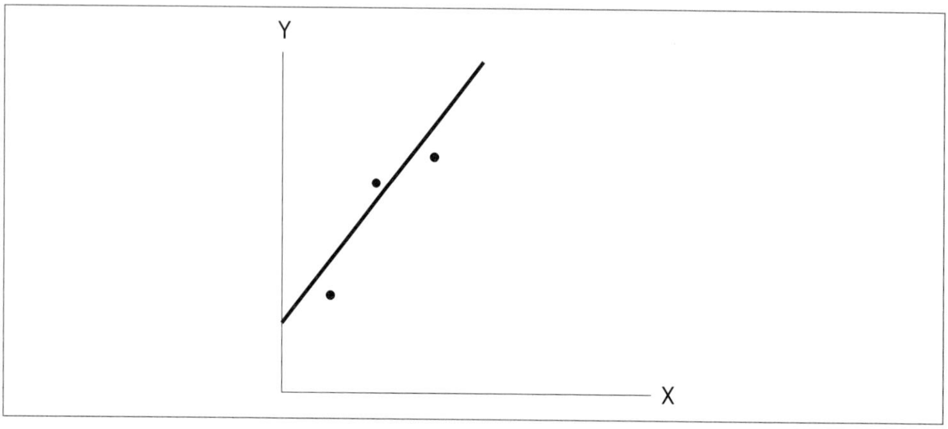

Example

In the model $y_i = a + bx_i + e_i$, $i = 1, \cdots, n$, the following sample moments have been calculated from 10 observations:

$\sum y_i = 8$, $\sum x_i = 40$, $\sum y_i^2 = 26$, $\sum x_i^2 = 200$, $\sum x_i y_i = 20$

Calculate the predictor of y for $x = 10$.

Solution

$$\sum_{i=1}^{n} y_i = na + b\sum_{i=1}^{n} x_i$$

$$\sum_{i=1}^{n} x_i y_i = a\sum_{i=1}^{n} x_i + b\sum_{i=1}^{n} x_i^2$$

$$8 = 10a + 40b$$

$$20 = 40a + 200b$$

$$a = 2,\ b = -0.3$$

$$\hat{y} = 2 - 0.3x$$

$\hat{y} = -1$ for $x = 10$

Example

In the model $y_i = a + bx_i + e_i$, $i = 1, \cdots, n$, the following sample moments have been calculated from 5 observations:

$\sum y_i = 40$, $\sum x_i = 20$, $\sum x_i^2 = 120$, $\sum x_i y_i = 230$

Calculate the predictor of y for $x = 10$.

Solution

$$\sum_{i=1}^{n} y_i = na + b\sum_{i=1}^{n} x_i$$

$$\sum_{i=1}^{n} x_i y_i = a\sum_{i=1}^{n} x_i + b\sum_{i=1}^{n} x_i^2$$

$$\hat{y}_i = 1 + 1.75\hat{x}_i$$

$x = 10$, $\hat{y} = 18.5$

Example

In the model $y_i = a + bx_i + e_i,\ i = 1, \cdots, n,$ the following sample moments have been calculated from 4 observations:

$\sum y_i = 28,\ \sum x_i = 10,\ \sum x_i^2 = 30,\ \sum x_i y_i = 81$

Calculate the predictor of y for $x = 3$.

Example

Consider the data on advertising expense (x) and sales revenue (y). The observations are as follows:

(million won)

y	x
2	3
5	4
7	5

1) Determine the regression equation.

2) Estimate sales when 2 million won is spent on advertising.

Solution

$$\sum_{i=1}^{n} \varepsilon_i^2 = (2-a-3b)^2 + (5-a-4b)^2 + (7-a-5b)^2$$

$$\frac{\partial\left(\sum_{i=1}^{n} \varepsilon_i^2\right)}{\partial a} = -2\{(2-a-3b)+(5-a-4b)+(7-a-5b)\} = 0$$

$$\frac{\partial\left(\sum_{i=1}^{n} \varepsilon_i^2\right)}{\partial b} = -2\{3(2-a-3b)+4(5-a-4b)+5(7-a-5b)\} = 0$$

$3a + 12b = 14$

$12a + 50b = 61$

$\hat{y} = -5.3 + 2.5x$

$\hat{y} = -0.3$

The algebra of least squares

The least-squares principle is to choose b to minimize the residual sum of squares, $e'e$.

$e = y - Xb$

$$
\begin{aligned}
RSS &= e'e \\
&= (y - Xb)'(y - Xb) \\
&= y'y - b'X'y - y'Xb + b'X'Xb \\
&= y'y - 2b'X'y + b'X'Xb
\end{aligned}
$$

The transpose of a scalar is the scalar.

$$\frac{\partial(RSS)}{\partial b} = -2X'y + 2X'Xb = 0$$

$$X'Xb = X'y$$

$$b = (X'X)^{-1}X'y$$

Example

Given the following data,

y	x
7	2
3	1
8	3

$$e = y - Xb = \begin{pmatrix} 7 \\ 3 \\ 8 \end{pmatrix} - \begin{pmatrix} 1 & 2 \\ 1 & 1 \\ 1 & 3 \end{pmatrix} \begin{pmatrix} a \\ b \end{pmatrix}$$

$$y'y = \begin{pmatrix} 7 & 3 & 8 \end{pmatrix} \begin{pmatrix} 7 \\ 3 \\ 8 \end{pmatrix}$$

$$b'X'y = \begin{pmatrix} a & b \end{pmatrix} \begin{pmatrix} 1 & 1 & 1 \\ 2 & 1 & 3 \end{pmatrix} \begin{pmatrix} 7 \\ 3 \\ 8 \end{pmatrix}$$

$$y'Xb = \begin{pmatrix} 7 & 3 & 8 \end{pmatrix} \begin{pmatrix} 1 & 2 \\ 1 & 1 \\ 1 & 3 \end{pmatrix} \begin{pmatrix} a \\ b \end{pmatrix}$$

$$b'X'Xb = \begin{pmatrix} a & b \end{pmatrix} \begin{pmatrix} 1 & 1 & 1 \\ 2 & 1 & 3 \end{pmatrix} \begin{pmatrix} 1 & 2 \\ 1 & 1 \\ 1 & 3 \end{pmatrix} \begin{pmatrix} a \\ b \end{pmatrix}$$

$$2X'y = 2\begin{pmatrix} 1 & 1 & 1 \\ 2 & 1 & 3 \end{pmatrix} \begin{pmatrix} 7 \\ 3 \\ 8 \end{pmatrix}$$

$$2X'Xb = 2\begin{pmatrix} 1 & 1 & 1 \\ 2 & 1 & 3 \end{pmatrix} \begin{pmatrix} 1 & 2 \\ 1 & 1 \\ 1 & 3 \end{pmatrix} \begin{pmatrix} a \\ b \end{pmatrix}$$

Least Squares Regression

Population regression

모집단 회귀모형

$y_i = X_i'\beta + \varepsilon_i$

β, ε_i : population quantities

Sample regression

표본회귀모형

$y_i = X_i'b + e_i$

b, e_i : sample estimates

$\widehat{y_i} = X_i'b$

Mean and Variance of b

$y = X\beta + u$

Assumptions

$E(u) = 0$

$Var(u) = E(uu') = \sigma^2 I$

$$b = (X'X)^{-1}X'y$$
$$= (X'X)^{-1}X'(X\beta + u) = \beta + (X'X)^{-1}X'u$$

$$b - \beta = (X'X)^{-1}X'u$$

$$E(b-\beta) = (X'X)^{-1}X'E(u) = 0$$

$$E(b) = \beta$$

$$Var(b) = E[(b-\beta)(b-\beta)']$$
$$= E[(X'X)^{-1}X'uu'X(X'X)^{-1}]$$
$$= (X'X)^{-1}X'E(uu')X(X'X)^{-1}$$
$$= \sigma^2(X'X)^{-1}$$

Example

Given the following data,

y	x
7	2
3	1
8	3

$$e_i = Y_i - (b_0 + b_1 X_i), \qquad i = 1, \cdots, n$$

$$\hat{\sigma^2} = \frac{\Sigma \hat{e_i^2}}{n-2}$$

$$\hat{y} = 1 + 2.5x$$

$$\hat{\sigma^2} = \frac{3}{2}$$

$$Var(b) = \frac{3}{2}\begin{pmatrix} \frac{7}{3} & -1 \\ -1 & \frac{1}{2} \end{pmatrix}$$

$$Var(b_0) = \frac{7}{2}, \qquad se(b_0) = \sqrt{\frac{7}{2}}$$

$$Var(b_1) = \frac{3}{4}, \qquad se(b_1) = \sqrt{\frac{3}{4}}$$

Matrix formula

$$\sum_{i=1}^{n} Y_i = na + b\sum_{i=1}^{n} X_i$$
$$\sum_{i=1}^{n} X_i Y_i = a\sum_{i=1}^{n} X_i + b\sum_{i=1}^{n} X_i^2$$

$$\begin{pmatrix} n & \sum X_i \\ \sum X_i & \sum X_i^2 \end{pmatrix}\begin{pmatrix} a \\ b \end{pmatrix} = \begin{pmatrix} \sum Y_i \\ \sum X_i Y_i \end{pmatrix}$$

Let $X = \begin{pmatrix} 1 & X_1 \\ 1 & X_2 \\ \vdots & \vdots \\ 1 & X_n \end{pmatrix}$.

$$X'X = \begin{pmatrix} n & \sum X_i \\ \sum X_i & \sum X_i^2 \end{pmatrix}$$

$$X'y = \begin{pmatrix} 1 & 1 & \cdots & 1 \\ x_1 & x_2 & \cdots & x_n \end{pmatrix} \begin{pmatrix} y_1 \\ y_2 \\ \vdots \\ y_n \end{pmatrix} = \begin{pmatrix} \sum y_i \\ \sum x_i y_i \end{pmatrix}$$

$$X'X \begin{pmatrix} a \\ b \end{pmatrix} = \begin{pmatrix} \sum Y_i \\ \sum X_i Y_i \end{pmatrix}$$

$$X'y = \begin{pmatrix} \sum y_i \\ \sum x_i y_i \end{pmatrix}$$

$$X'X \begin{pmatrix} a \\ b \end{pmatrix} = X'y$$

$$B = \begin{pmatrix} a \\ b \end{pmatrix}$$

$$X'XB = X'y$$

We premultiply both sides of equation by $(X'X)^{-1}$.

$$(X'X)^{-1}X'XB = (X'X)^{-1}X'y$$

This procedure yields

$$B = (X'X)^{-1}X'y.$$

Example

$X = \begin{pmatrix} 1 & 2 \\ 1 & 1 \\ 1 & 3 \end{pmatrix}$ and $y = \begin{pmatrix} 7 \\ 3 \\ 8 \end{pmatrix}$

1) Find $X'X$, $X'y$ and $(X'X)^{-1}$.

2) Find $B = (X'X)^{-1}X'y$.

Solution

1)

$$X'X=\begin{pmatrix}1&1&1\\2&1&3\end{pmatrix}\begin{pmatrix}1&2\\1&1\\1&3\end{pmatrix}=\begin{pmatrix}3&6\\6&14\end{pmatrix}$$

$$X'y=\begin{pmatrix}18\\41\end{pmatrix}$$

$$(X'X)^{-1}=\frac{1}{42-36}\begin{pmatrix}14&-6\\-6&3\end{pmatrix}=\begin{pmatrix}\frac{7}{3}&-1\\-1&\frac{1}{2}\end{pmatrix}$$

2) $$B=(X'X)^{-1}X'y=\begin{pmatrix}1\\2.5\end{pmatrix}$$

Example

$X=\begin{pmatrix}1&3\\1&4\\1&5\end{pmatrix}$ and $y=\begin{pmatrix}2\\5\\7\end{pmatrix}$

1) Find $X'X$, $X'y$ and $(X'X)^{-1}$.

2) Find $B=(X'X)^{-1}X'y$.

Solution

1) $$X'X=\begin{pmatrix}1&1&1\\3&4&5\end{pmatrix}\begin{pmatrix}1&3\\1&4\\1&5\end{pmatrix}=\begin{pmatrix}3&12\\12&50\end{pmatrix}$$

$$X'y=\begin{pmatrix}1&1&1\\3&4&5\end{pmatrix}\begin{pmatrix}2\\5\\7\end{pmatrix}=\begin{pmatrix}14\\61\end{pmatrix}$$

$$(X'X)^{-1}=\frac{1}{150-144}\begin{pmatrix}50&-12\\-12&3\end{pmatrix}=\begin{pmatrix}\frac{25}{3}&-2\\-2&\frac{1}{2}\end{pmatrix}$$

2) $$B=(X'X)^{-1}X'y=\begin{pmatrix}-\frac{16}{3}\\\frac{5}{2}\end{pmatrix}$$

Example

다음 데이터를 이용하여 아래 질문에 답하시오.

y	x
4	2
3	3
2	1

1) 회귀식 $y = b_0 + b_1 x$를 추정하시오.

2) $\widehat{\sigma^2} = \dfrac{\sum \widehat{e_i^2}}{n-2}$ 를 구하시오.

3) $\sum_{i=1}^{3} (x_i - \bar{x})^2$를 구하시오.

4) $\widehat{var(b_1)}$를 구하시오.

5) $\widehat{var(b_1)}$의 White's approximate estimator를 구하시오.

Solution

1)

$$X'X = \begin{pmatrix} 1 & 1 & 1 \\ 2 & 3 & 1 \end{pmatrix} \begin{pmatrix} 1 & 2 \\ 1 & 3 \\ 1 & 1 \end{pmatrix} = \begin{pmatrix} 3 & 6 \\ 6 & 14 \end{pmatrix}$$

$$X'y = \begin{pmatrix} 9 \\ 19 \end{pmatrix}$$

$$(X'X)^{-1} = \frac{1}{42-36} \begin{pmatrix} 14 & -6 \\ -6 & 3 \end{pmatrix} = \begin{pmatrix} \frac{7}{3} & -1 \\ -1 & \frac{1}{2} \end{pmatrix}$$

$$B = (X'X)^{-1} X'y = \begin{pmatrix} 2 \\ 0.5 \end{pmatrix}$$

2)

y	x	e
4	2	1
3	3	−0.5
2	1	−0.5

$$\widehat{\sigma^2} = 1^2 + (-0.5)^2 + (-0.5)^2 = 1.5 = \frac{3}{2}$$

3) $\begin{pmatrix} x_1 - \bar{x} \\ x_2 - \bar{x} \\ \vdots \\ x_n - \bar{x} \end{pmatrix} = \left(X - \frac{1}{n} ii' X \right) = \left(IX - \frac{1}{n} ii' X \right)$

$= \left(I - \frac{1}{n} ii' \right) X = M^0 X$

M^0: Its diagonal elements are all $\left(1 - \frac{1}{n}\right)$, and its off-diagonal elements are $\left(-\frac{1}{n}\right)$.

$\sum_{i=1}^{3} \left(x_i - \bar{x}\right)^2 = X' M^0 X = 2$

4) $\widehat{var}(b_1) = \frac{\widehat{\sigma^2}}{\Sigma (x_i - \bar{x})^2} = \frac{3}{4}$

5) $\widehat{var}(b_1) = \frac{(2-2)^2 \times (1)^2 + (3-2)^2 \times (-0.5)^2 + (1-2)^2 \times (-0.5)^2}{4} = 0.125$

Example

다음 데이터를 이용하여 아래 질문에 답하시오.

y	x
2	1
5	2
7	3

1) 회귀식 $y = b_0 + b_1 x$를 추정하시오.

2) $\widehat{\sigma^2} = \dfrac{\sum \widehat{e_i^2}}{n-2}$ 를 구하시오.

3) $\sum_{i=1}^{3} (x_i - \bar{x})^2$ 를 구하시오.

4) $\widehat{var(b_1)}$ 를 구하시오.

5) $\widehat{var(b_1)}$의 White's approximate estimator 를 구하시오.

Heteroskedasticity

unequal dispersion

$$\hat{y} = b_1 + b_2 x$$

$$\hat{e}_i = y_i - \hat{y}_i$$

$$\hat{\sigma}^2 = \frac{\Sigma \hat{e}_i^2}{n-2}$$

The variance of the least squares estimator

$$\widehat{var}(b_2) = \frac{\hat{\sigma}^2}{\Sigma (x_i - \bar{x})^2}$$

White's Approximate Estimator

$$\widehat{var}(b_2) = \frac{\Sigma \left[x_i - \bar{x})^2 \, \hat{e}_i^2 \right]}{(\Sigma (x_i - \bar{x})^2)^2}$$

Heteroskedasticity

$$y = X\beta + u$$

Assumptions

$$E(u) = 0$$

$$Var(u) = E(uu') = \sigma^2 \Omega$$

$$b - \beta = (X'X)^{-1} X'u$$

$$E(b - \beta) = (X'X)^{-1} X' E(u) = 0$$

$$E(b) = \beta$$

$$\begin{aligned} Var(b) &= E\left[(b-\beta)(b-\beta)'\right] \\ &= E\left[(X'X)^{-1} X'uu'X(X'X)^{-1}\right] \\ &= (X'X)^{-1} X' E(uu') X (X'X)^{-1} \\ &= \sigma^2 (X'X)^{-1} X'\Omega X (X'X)^{-1} \end{aligned}$$

평균오차

Mean error

$$ME = \frac{\sum_{t=1}^{n}(A_t - F_t)}{n}$$

A_t: 실제치(actual value)

F_t: 예측치(forecasted value)

평균자승오차(mean squared error)

$$MSE = \frac{\sum_{t=1}^{n}(A_t - F_t)^2}{n}$$

평균절대편차(mean absolute deviation)

$$MAD = \frac{\sum_{t=1}^{n}|A_t - F_t|}{n}$$

Projection matrix

$P = X(X'X)^{-1}X'$

P is called a projection matrix, since postmultiplication by y gives the projection of the y vector onto the x vector.

Example

$X = \begin{pmatrix} 1 \\ 2 \end{pmatrix}$

$X(X'X)^{-1}X' = \frac{1}{5}\begin{pmatrix} 1 & 2 \\ 2 & 4 \end{pmatrix}$

$y = \begin{pmatrix} 2 \\ 3 \end{pmatrix}$

$X(X'X)^{-1}X'y = \frac{8}{5}\begin{pmatrix} 1 \\ 2 \end{pmatrix}$

$y = \begin{pmatrix} 1 \\ 3 \end{pmatrix}$

$X(X'X)^{-1}X'y = \frac{7}{5}\begin{pmatrix} 1 \\ 2 \end{pmatrix}$

[Example]

$X = \begin{pmatrix} 1 \\ 3 \end{pmatrix}$, $y = \begin{pmatrix} 2 \\ 1 \end{pmatrix}$

y벡터를 X벡터에 projection한 벡터를 Z이라 할 때,

(1) Z을 구하라.

(2) X, y, Z을 Graphically 나타내시오.

Degrees of freedom

The number of items in a sample that are free to vary.

Suppose there are two items in a sample, and we know the mean. We are free to specify only one of the two values because the other value is automatically determined. If the mean is 6, we are free to choose only one value. Choosing 4 makes the other value 8. So there is 1 degree of freedom in this illustration.

Omitted Variable Bias

Suppose that $X=(X_1\ X_2)$ and $\beta=\begin{pmatrix}\beta_1\\ \beta_2\end{pmatrix}$.

The true model is $y=X_1\beta_1+X_2\beta_2+\epsilon$.

Assume that we fit the model $y=X_1\beta_1+\epsilon$.

The least squares estimator of β_1 is given by

$$b_1=(X_1^TX_1)^{-1}X_1^Ty$$
$$=\beta_1+(X_1^TX_1)^{-1}X_1^TX_2\beta_2+(X_1^TX_1)^{-1}X_1^T\epsilon\ .$$

The conditional expectation of b_1 given X is

$$E(b_1|X)=\beta_1+(X_1^TX_1)^{-1}X_1^TX_2\beta_2$$

The bias is given by the second term and is zero only if $X_1^TX_2=0$.

Reverse Regression

Minimize the sum of squares of the horizontal distances of the points in the scatter diagram from the line.

The direct regression is the regression of y on x.

The reverse regression is the regression of x on y.

$$\epsilon_i=X_i-\widehat{X_i}\ ,\qquad i=1,\cdots,n$$
$$\epsilon_i=X_i-(a+bY_i)\ ,\quad i=1,\cdots,n$$

Select a,b to minimize the residual sum of squares

$$RSS=\sum_{i=1}^{n}\epsilon_i^2$$

$$\sum_{i=1}^{n}\epsilon_i^2=\sum_{i=1}^{n}(X_i-a-bY_i)^2$$

Example

Given the following data,

y	x
7	2
3	1
8	3

Find the reverse regression line.

Solution

$$\sum_{i=1}^{n} \epsilon_i^2 = \sum_{i=1}^{n} (X_i - a - bY_i)^2$$
$$= (2-a-7b)^2 + (1-a-b)^2 + (3-a-8b)^2$$

Decomposition of Squaring

$y = \hat{y} + e$

$X'e = 0$ by the normal equations

$e'X = 0$

$\hat{y}^T e = (Xb)'e = b'X'e = 0$

$e'\hat{y} = 0$

$y'y = (\hat{y}+e)'(\hat{y}+e) = \hat{y}^T\hat{y} + \hat{y}^T e + e'\hat{y} + e'e = \hat{y}^T\hat{y} + e'e$.

which is

$\sum y_i^2 = \sum \hat{y}_i^2 + \sum e_i^2$

$y'y$: Total Sum of Squares

$\hat{y}^T\hat{y}$: Explained Sum of Squares

$e'e$: Residual Sum of Squares

The sum of squares of observed values is equal to the sum of squares of the fitted values plus the sum of squares of the residuals.

$$1=\frac{\hat{y}^T\hat{y}}{y'y}+\frac{e'e}{y'y}$$

$$R^2=1-\frac{e'e}{y'y}$$

Uncentered R^2

$$\hat{y}=Xb$$

$\hat{y}=P_Xy$, where $P_X=X(X'X)^{-1}X'$

$$P_XP_X=P_X$$

$$\hat{y}^T\hat{y}-(P_Xy)'(P_Xy)=y'P_Xy$$

$$e=y-\hat{y}=y-P_Xy=(I-P_X)y$$

$$(I-P_X)(I-P_X)=I-P_X$$

$$e'e=y'(I-P_X)'(I-P_X)y=y'(I-P_X)y$$

$$\bar{y}=\frac{1}{n}\sum y_i$$

$$\sum y_i=\sum\hat{y}_i+\sum e_i$$

$$\sum(y_i-\bar{y})=\sum(\hat{y}_i-\bar{y})+\sum e_i$$

$$\hat{y}^Te=(Xb)'e=b'X'e=0$$

$$\bar{y}\sum e_i=0$$

$$\sum(y_i-\bar{y})^2=\sum(\hat{y}_i-\bar{y})^2+\sum e_i^2$$

$$1=\frac{\sum(\hat{y}_i-\bar{y})^2}{\sum(y_i-\bar{y})^2}+\frac{\sum e_i^2}{\sum(y_i-\bar{y})^2}$$

$$R^2=1-\frac{\sum e_i^2}{\sum(y_i-\bar{y})^2}$$

$$P_i=i(i'i)^{-1}i'=\frac{1}{n}ii'$$

$$\sum(y_i - \bar{y})^2 = y'(I - P_i)y$$

$$e'e = y'(I - P_X)'(I - P_X)y = y'(I - P_X)y$$

$$R^2 = 1 - \frac{\sum e_i^2}{\sum(y_i - \bar{y})^2} = 1 - \frac{y'(I - P_X)y}{y'(I - P_i)y}$$

Equation in Deviation Form

$Y_i = b_0 + b_1 X_{1i} + b_2 X_{2i} + e_i$

Averaging over the sample observations gives

$\overline{Y} = b_0 + b_1 \overline{X_1} + b_2 \overline{X_2}$

Subtracting the second equation form the first gives

$y_i = b_1 x_{1i} + b_2 x_{2i} + e_i$

$\sum e_i^2 = \sum(y_i - b_1 x_{1i} - b_2 x_{2i})^2$

The multiple regression coefficients come from the normal equations

$$\begin{pmatrix} \sum x_{1i}^2 & \sum x_{1i}x_{2i} \\ \sum x_{1i}x_{2i} & \sum x_{2i}^2 \end{pmatrix}\begin{pmatrix} b_1 \\ b_2 \end{pmatrix} = \begin{pmatrix} \sum y_i x_{1i} \\ \sum y_i x_{2i} \end{pmatrix}$$

Solving for b_1 shows

$$b_1 = \frac{(\sum x_{2i}^2)(\sum y_i x_{1i}) - (\sum x_{1i}x_{2i})(\sum y_i x_{2i})}{(\sum x_{1i}^2)(\sum x_{2i}^2) - (\sum x_{1i}x_{2i})^2}$$

$$Var(b) = \sigma^2 \begin{pmatrix} \sum x_{1i}^2 & \sum x_{1i}x_{2i} \\ \sum x_{1i}x_{2i} & \sum x_{2i}^2 \end{pmatrix}^{-1}$$

$$= \sigma^2 \frac{1}{(\sum x_{1i}^2)(\sum x_{2i}^2) - (\sum x_{1i}x_{2i})^2} \begin{pmatrix} \sum x_{2i}^2 & -\sum x_{1i}x_{2i} \\ -\sum x_{1i}x_{2i} & \sum x_{1i}^2 \end{pmatrix}$$

$$Var(b_1)=\frac{\sigma^2}{\left(\sum x_{1i}^2\right)-\frac{\left(\sum x_{1i}x_{2i}\right)^2}{\left(\sum x_{2i}^2\right)}}$$

$$=\frac{\sigma^2}{\left(\sum x_{1i}^2\right)\left(1-\frac{\left(\sum x_{1i}x_{2i}\right)^2}{\left(\sum x_{1i}^2\right)\left(\sum x_{2i}^2\right)}\right)}$$

$$=\frac{\sigma^2}{\left(\sum x_{1i}^2\right)\left(1-r_{12}^2\right)}$$

$$Var(b_2)=\frac{\sigma^2}{\left(\sum x_{2i}^2\right)-\frac{\left(\sum x_{1i}x_{2i}\right)^2}{\left(\sum x_{1i}^2\right)}}$$

$$=\frac{\sigma^2}{\left(\sum x_{2i}^2\right)\left(1-\frac{\left(\sum x_{1i}x_{2i}\right)^2}{\left(\sum x_{1i}^2\right)\left(\sum x_{2i}^2\right)}\right)}$$

$$=\frac{\sigma^2}{\left(\sum x_{2i}^2\right)\left(1-r_{12}^2\right)}$$

where r_{12} is the correlation between X_1 and X_2

Increasing correlation between the explanatory variables inflates the standard errors beyond those that would pertain in the orthogonal case. The more the X's look alike, the more imprecise is the attempt to estimate their relative effects. This situation is referred to as multicollinearity.

Euclidean space

Euclidean n-space, denoted $\mathbb{R}^n$, consists of all ordered n-tuples of real numbers. Symbolically,

$$\mathbb{R}^n = \{(x_1, \cdots, x_n) \mid x_1, \cdots, x_n \in \mathbb{R}\}$$

Minkowski space is the mathematical setting in which Einstein's theory of special relativity is most conveniently formulated. In this setting the three ordinary dimensions of space are combined with a single dimension of time to form a four-dimensional manifold for representing a spacetime.

The lim superior is denoted by

lim sup x_n, lim $sup_{n\to\infty} x_n$, or $\overline{\lim} x_n$

and the limit inferior by

$\lim inf\, x_n$, $\lim inf_{n\to\infty} x_n$, or $\underline{\lim} x_n$

The length or norm of a vector x in $\mathbb{R}^n$ is defined by

$$\| x \| = \sqrt{\sum_{i=1}^{n} x_i^2}$$

The inner product of x and y is defined by

$$\langle x, y \rangle = \sum_{i=1}^{n} x_i y_i$$

Let $\{a_j\}_{j=1}^{\infty}$ be a sequence of real numbers. Define

$A_j = inf\{a_j, a_{j+1}, a_{j+2}, \dots\}$

and let $c = \lim(A_j)$. Then c is called the **limit inferior** of the sequence $\{a_j\}_{j=1}^{\infty}$.

Let $\{a_j\}_{j=1}^{\infty}$ be a sequence of real numbers. Define

$B_j = SUP\{a_j, a_{j+1}, a_{j+2}, \dots\}$

and let $c = \lim(B_j\}$. Then c is called the limit superior of the sequence $\{a_j\}_{j=1}^{\infty}$.

In shot, we have:

1. $\lim inf(a_j) = \lim(A_j)$, $where\ A_j = inf\{a_j, a_{j+1}, a_{j+2}, \dots\}$
2. $\lim sup(a_j) = \lim(B_j)$, $where\ B_j = sup\{a_j, a_{j+1}, a_{j+2}, \dots\}$

Asymptotics

점근 분석

The pdf is assumed to possess at least a finite mean μ and finite variance σ^2. Let n values be drawn independently from this distribution and denote the sample mean by $\overline{x_n}$, where the n subscript indicates the number of observations on which the mean is based.

Convergence in Probability

$$\lim_{n\to\infty} \Pr\{|\overline{x_n} - \mu| < \epsilon\} = 1$$

The probability of $\overline{x_n}$ lying in an arbitrarily small interval about μ can be made as close to unity as we desire by letting n become sufficiently large.

An equivalent statement is

$$\text{plim}\,\overline{x_n} = \mu$$

where plim is an abbreviation of probability limit.

Convergence in Distribution

$$\sqrt{n}\,\overline{x_n} \xrightarrow{d} N(\sqrt{n}\,\mu, \sigma^2)$$

$\sqrt{n}\,\overline{x_n}$ tends in distribution to a normal variable with mean $\sqrt{n}\,\mu$ and variance σ^2.

$$\overline{x_n} \overset{a}{\sim} N\left(\mu, \frac{\sigma^2}{n}\right)$$

$\overline{x_n}$ is asymptotically normally distributed with mean μ and variance $\frac{\sigma^2}{n}$.

표준정규분포표

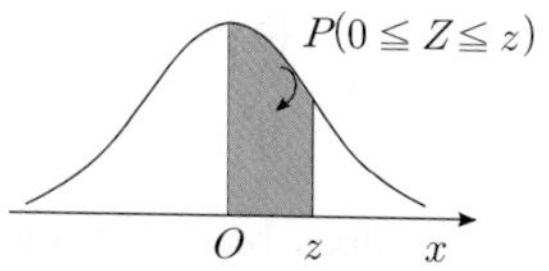

$$P=(0 \leqq Z \leqq z)=\int_{0}^{z} \frac{1}{\sqrt{2\pi}} e^{-\frac{x^2}{2}} dx$$

z	0.00	0.01	0.02	0.03	0.04	0.05	0.06	0.07	0.08	0.09
0.0	.0000	.0040	.0080	.0120	.0160	.0199	.0239	.0279	.0319	.0359
0.1	.0398	.0438	.0478	.0517	.0557	.0596	.0636	.0675	.0714	.0753
0.2	.0793	.0832	.0871	.0910	.0948	.0987	.1026	.1064	.1103	.1141
0.3	.1179	.1217	.1255	.1293	.1331	.1368	.1406	.1443	.1480	.1517
0.4	.1554	.1591	.1628	.1664	.1700	.1736	.1772	.1808	.1844	.1879
0.5	.1915	.1950	.1985	.2019	.2054	.2088	.2123	.2157	.2190	.2224
0.6	.2257	.2291	.2324	.2357	.2389	.2422	.2454	.2486	.2518	.2549
0.7	.2580	.2611	.2642	.2673	.2704	.2734	.2764	.2794	.2823	.2852
0.8	.2881	.2910	.2939	.2967	.2995	.3023	.3051	.3678	.3106	.3133
0.9	.3159	.3186	.3212	.3238	.3264	.3289	.3315	.3340	.3365	.3389
1.0	.3413	.3438	.3461	.3485	.3508	.3531	.3554	.3577	.3599	.3621
1.1	.3643	.3665	.3686	.3708	.3729	.3749	.3770	.3790	.3810	.3830
1.2	.3849	.3869	.3888	.3907	.3925	.3944	.3962	.3980	.3997	.4015
1.3	.4032	.4049	.4066	.4082	.4099	.4115	.4131	.4147	.4162	.4117
1.4	.4192	.4207	.4222	.4236	.4251	.4265	.4279	.4292	.4306	.4319
1.5	.4332	.4345	.4357	.4370	.4382	.4394	.4406	.4418	.4429	.4441
1.6	.4452	.4463	.4474	.4484	.4495	.4505	.4515	.4525	.4535	.4545
1.7	.4554	.4564	.4573	.4582	.4591	.4599	.4608	.4616	.4625	.4633
1.8	.4641	.4649	.4656	.4664	.4671	.4678	.4686	.4693	.4699	.4706
1.9	.4713	.4719	.4726	.4732	.4738	.4744	.4750	.4756	.4761	.4767
2.0	.4772	.4778	.4783	.4788	.4793	.4798	.4803	.4808	.4812	.4817
2.1	.4821	.4826	.4830	.4834	.4838	.4842	.4846	.4850	.4854	.4857
2.2	.4861	.4864	.4868	.4871	.4875	.4878	.4881	.4884	.4887	.4890
2.3	.4893	.4896	.4898	.4901	.4904	.4906	.4909	.4911	.4913	.4916
2.4	.4918	.4920	.4922	.4925	.4927	.4929	.4931	.4932	.4934	.4936
2.5	.4938	.4940	.4941	.4943	.4945	.4946	.4948	.4949	.4951	.4952
2.6	.4953	.4955	.4956	.4957	.4959	.4960	.4961	.4962	.4963	.4964
2.7	.4965	.4966	.4967	.4968	.4969	.4970	.4871	.4972	.4973	.4974
2.8	.4974	.4975	.4976	.4977	.4977	.4978	.4979	.4980	.4980	.4981
2.9	.4981	.4982	.4983	.4983	.4984	.4984	.4985	.4985	.4986	.4986
3.0	.4987	.4987	.4987	.4988	.4988	.4989	.4989	.4989	.4990	.4990
3.1	.4990	.4991	.4991	.4991	.4992	.4992	.4992	.4992	.4993	.4993

INDEX

저 / 자 / 소 / 개

❖ 김남곤

서울대학교 경영학과 졸업

서울대학교 대학원 경영학 석사

서울대학교 대학원 경영학 박사

동덕여자대학교 경영학과 교수

투자론 Investments

저 자 김 남 곤

발행자 한 헌 주

발행처 도서출판 **경문사**

서울특별시 서대문구 독립문로 21-9

전화 738-7035 FAX. 722-4678

E-mail : kmsp@korea.com

홈페이지 : http://www.kmsp.co.kr

등 록 1995년 11월 9일 제300-1995-138호

2014년 8월 8일 초판 인쇄

2014년 8월 14일 초판 발행

• **정가 28,000원**

ISBN 978 89-420-0809-4 93320